Vidas escandalosas
Antología de la diversidad sexual en textos literarios latinoamericanos de 1850 a 1950

Daniel Balderston
Claudia Salazar Jiménez
Ricardo Vázquez Díaz
editores

ISBN: 1-930744-94-3
© Serie S • Sexo y sexualidades, 2021
INSTITUTO INTERNACIONAL DE
LITERATURA IBEROAMERICANA
Universidad de Pittsburgh
1312 Cathedral of Learning
Pittsburgh, PA 15260
(412) 624-5246 • (412) 624-0829 fax
iili@pitt.edu • www.iilionline.org

Colaboraron con la preparación de este libro:

Composición y diseño gráfico: Erika Arredondo
Corrector: Oscar Zapata García
Diseñador de la tapa: Mario Puerta Díaz de Villegas
Imagen para la tapa: *La primera dama*, de Roberto Montenegro
                    Colección Andrés Blaisten, México

Índice

Introducción 11

LUIS JOSÉ JUNQUEIRA FREIRE
    A um moçoilo 17

MARIA FIRMINA DOS REIS
    A uma amiga 21

LOURENÇO FERREIRA DA SILVA LEAL
    Um homem gasto 23

RAÚL POMPÉIA
    O Ateneu 46

JULIÁN DEL CASAL
    Autobiografía 56
    El camino de Damasco 59
    Prometeo 61
    Venus Anadyomena 61
    Carta a Magdalena Peñarredonda 62
    El amante de las torturas 65

ALUÍSIO AZEVEDO
    O cortiço 71

ADOLFO CAMINHA
    Bom Crioulo 77

AMADO NERVO
    Lubricidades tristes, 1896 88

RUBÉN DARÍO
    Paul Verlaine 91

Vidas escandalosas

Francisca Júlia da Silva
    Danças das centauras 97

Eduardo A. Castrejón
    Los 41: novela crítico-social 99

Joaquim Maria Machado de Assis
    Pílades e Orestes 113

Ángel Falco
    Flor neutra 123
    Hora pascual 124

João do Rio
    A fisionomia dos jardins 125
    História de gente alegre 130

"Bahiano"
    O Francesco 139

Alberto Nin Frías
    Marcos, amador de la belleza (Cuento florentino) 141
    Hiera Odos (El camino sagrado). Meditación sobre el atleta
    helénico 144

José González Castillo
    Los invertidos 149

Capadócio Maluco
    Menino de Gouveia 195

Efrén Rebolledo
    El beso de Safo 203

José Manuel Poveda
    Los cuerpos 205

Índice

Enrique Loynaz Muñoz
Has llegado cuando estaba en el remanso............................... 207

Augusto D'Halmar
La sombra del humo en el espejo 210

Miguel Rasch Isla
Culto a Safo 215

Porfirio Barba Jacob
Retrato de un jovencito 218
Canción delirante 218
Primera canción delirante 220
Balada de la loca alegría 222
Elegía platónica 225
Elegía del marinero ilusorio 225

Salvadora Medina Onrubia
La casa de enfrente 227

Pablo Palacio
Un hombre muerto a puntapiés 253

Alfonso Hernández-Catá
El ángel de Sodoma 264

Teresa de la Parra
Ifigenia. Diario de una señorita que escribió porque se fastidiaba 278
Las memorias de Mamá Blanca 283
Cartas a Lydia Cabrera 293

Delia Colmenares Herrera De Fiocco
Confesiones de Dorish Dam 298

Ofelia Rodríguez Acosta
La vida manda 308

Vidas escandalosas

José María Vargas Vila
    En los jardines de Lesbos 314

Bernardo Arias Trujillo
    Por los caminos de Sodoma. Confesiones de un homosexual 328
    La infancia en la penumbra 331
    Canción a Roby Nelson 334

Cantáridas
    VI: O Sacanaz 340
    XXI: Os três frescos de Alagoas 340
    XXXI: Vinte e quatro 341
    XXXVI: Seu rabo… 341
    LXXXIV. Cu guloso 342
    XCII. Belo horrível 343
    C. Tesão de cu! 343
    CXIII Florações de cu 344
    CXXI Divagações 344

Otto Miguel Cione
    Luxuria: La vida nocturna de Buenos Aires 347

José Urbano Escobar
    Vereda del norte 357

Hilarión Cabrisas
    A Safo 377

Mário de Andrade
    Cabo Machado 379
    Improviso do rapaz morto 381
    Girassol da madrugada 383
    Soneto 385
    Frederico Paciéncia 386

Gabriela Mistral
    Amo amor 404
    La extranjera 406

Índice

La flor del aire 406
La que camina 409
Niña errante. Cartas a Doris Dana 411

César Moro
Vienes en la noche con el humo fabuloso de tu cabellera 417
La leve pisada del demonio nocturno 419
La vida escandalosa de César Moro 421
El fuego y la poesía 423
Antonio 424
Cartas a Antonio 425

Xavier Villaurrutia
Nocturno de la estatua 431
Nocturno amor 432
Nocturno de los ángeles 433
Nocturno de la alcoba 435
Amor condusse noi ad una morte 437
Soneto de la esperanza 438
Décimas de nuestro amor 440
Nuestro amor 443
Inventar la verdad 445
Deseo 445
Cartas a Salvador Novo 446

José Diez Canseco
Duque 452

Emilio Ballagas
De otro modo 466
Retrato de tu voz 467
Declara qué cosa sea amor 469
Estrofas para un lirio 473
Del fuego inmaterial 474
Soneto agonizante 475

Cronología de literatura de temática LGBTQ en América Latina
de 1850 a 1970 477

Bibliografía
    Antologías 479
    Estudios críticos 483

Coordinadores 487

Para Sylvia Molloy, fundadora de este campo, con todo nuestro cariño

Introducción

Vidas escandalosas es la primera antología de textos literarios latinoamericanos de la segunda mitad del siglo XIX y la primera mitad del siglo XX que tienen que ver con el amplio registro de la diversidad sexual. Nuestro propósito es poner en circulación textos desconocidos, además de algunos conocidos, que muestran la gran variedad de expresiones del deseo homoerótico, y a veces de la homofobia y la transfobia, recordando –como dicen Peter Stallybrass y Allon White en su clásico estudio de la poética y la política de la transgresión– que el asco a veces lleva la marca del deseo.

Una de las finalidades de esta antología es hacer accesible estos textos para los numerosos cursos sobre género y sexualidad en América Latina que se enseñan en diversas latitudes. Es ideal publicarla en el Instituto Internacional de Literatura Iberoamericana –organismo fundado en México en 1938 que publica la *Revista Iberoamericana*– debido a la amplia circulación mundial de sus publicaciones. Este es el segundo título de la nueva Serie S, que se inauguró en 2019 con la edición crítica que publicó Daniel Balderston –uno de los editores de esta antología– de la importante novela chilena *Pasión y muerte del cura Deusto* de Augusto D'Halmar de 1924. Como en esa edición, hemos incluido introducciones, notas explicativas y una cronología para ayudar al lector a situar los textos y a entenderlos en su plenitud, un asunto a veces espinoso con textos de temática controvertida, o a veces poco explícita, como son estos, muy anteriores de los movimientos de liberación LGBTI. Las notas incluidas al inicio de cada selección incluyen algunas referencias biográficas de los autores, un breve comentario crítico de la selección y referencias a otros estudiosos del autor.

Son de difícil acceso muchos de los textos anteriores al surgimiento de los movimientos de liberación (que tuvo eco inmediato en textos ya clásicos de José Donoso, Manuel Puig, Caio Fernando Abreu, Sylvia Molloy, Severo Sarduy y Néstor Perlongher, para solo citar algunos nombres muy conocidos). Considerando la extensión de los derechos de autor, hemos tenido que excluir a autores muertos después de los años 50, con pocas excepciones.

Vidas escandalosas

Los primeros textos incluidos son los de Junqueira Freire (1850) y Maria Firmina dos Reis (1863). Los últimos que hemos podido incluir, por cuestiones de derechos, son de la década de 1940, así que la antología abarca el siglo que va de 1850 a 1950. Sería interesante en un futuro, cuando sea posible, hacer otra selección con textos posteriores a esa última fecha (y algunos escritos en fechas anteriores por autores longevos, cuyos derechos no quedan claros en este momento). Si no fuera por esa limitación, podríamos haber incluido textos de Rafael Arévalo Martínez, Salvador Novo, Carlos Montenegro, Cassandra Ríos, José Lezama Lima, Virgilio Piñera, José Bianco, Lydia Cabrera, René Marqués, Carlos Correas, José Donoso, etc. Muchos de estos autores tienen obras que son de interés para esta antología. En determinadas ocasiones (por ejemplo, en las notas sobre Barba Jacob, Mistral y Ballagas) los citaremos brevemente.

Virgilio Piñera escribe en "Ballagas en persona", publicado poco después de la muerte de Emilio Ballagas en 1954:

> Si los franceses escriben sobre Gide tomando como punto de partida el homosexualismo de este escritor, si los ingleses hacen lo mismo con Wilde, yo no veo por qué los cubanos no podemos hablar de Ballagas en tanto que homosexual. ¿Es que los franceses y los ingleses tienen la exclusiva de tal tema? (194)

La referencia a Wilde y a Gide es interesante: se toman menciones explícitas de la temática homoerótica en esas literaturas hegemónicas. Ya había habido muchos textos latinoamericanos sobre el tema: una de las primeras novelas en el mundo sobre el deseo homosexual masculino es *Bom Crioulo* de Adolfo Caminha (1895), de la que incluimos una selección. La sexualidad de Porfirio Barba Jacob y de Gabriela Mistral eran secretos abiertos en su época, y el guatemalteco Rafael Arévalo Martínez no dudó en revelarlos en sus cuentos "El hombre que parecía un caballo" (1914) y "La signatura de la esfinge" (1933). Sylvia Molloy ha escrito elocuentemente de la retórica del deseo lésbico en la vida y obra de Teresa de la Parra (y de Lydia Cabrera), y Licia Fiol-Matta, entre otros, ha explorado la obra de Gabriela Mistral. La obra de teatro *Los invertidos* (1914) de José González Castillo (que incluimos en su totalidad aquí) es una denuncia de la decadencia burguesa desde un lente anarquista, donde un mundo no demasiado oculto de homosexuales de clase alta es explorado explícitamente. Y ya en 1936 Xavier Villaurrutia escribe una de

Introducción

las celebraciones más hermosas de ese deseo en su poema "Nocturno de los ángeles". Hasta aquí, son textos bastante conocidos, pero descubrirá el lector que hay muchos otros, algunos de muy difícil acceso, incluidos en esta antología.

Aclaramos que muchos de los textos no son necesariamente de autores queer o LGBTI. Cuando la identidad sexual queda clara lo hemos dicho en las notas introductorias. La falta de biografías serias de algunos de los autores hace difícil la aclaración entre su literatura y su vida; como verán en las selecciones que hemos hecho de algunos de los textos tempranos (Junqueira Freire y Maria Firmina dos Reis, por ejemplo) no se sabe demasiado de las circunstancias de composición de algunos de los textos incluidos. En casos como los de la peruana Delia Colmenares o la cubana Ofelia Rodríguez, poco se sabe de sus circunstancias vitales íntimas o de sus años finales. En el caso de los sonetos pornográficos de *Cantáridas*, es imposible distinguir entre lo que habrá sido una larga serie de bromas privadas y la vida pública de los tres autores (que solo indicaron su autoría con iniciales).

En muchos casos lo homoerótico no es el tema principal de un texto sino un sub-tema o un episodio. En varias de las novelas de las que hemos incluido selecciones, por ejemplo en el caso de *La vida manda* de Ofelia Rodríguez Acosta, lo seleccionado aquí aparece brevemente para luego desaparecer en el resto de la obra. Hay textos que habría que recuperar en su totalidad, como hizo Robert McKee Irwin con *Los 41*, atribuido al seudónimo de Eduardo Castrejón (1906); un caso notable, del que incluimos partes de dos capítulos, es *Luxuria: La vida nocturna de Buenos Aires* del paraguayo-uruguayo Otto Miguel Cione, un texto que no ha sido reeditado desde su primera publicación en 1936. Hay ediciones recientes de algunos textos: la de Madeleine Cámara de *La vida manda*, la de Maite Zubiaurre de *El ángel de Sodoma* del hispano-cubano Alfonso Hernández Catá, la ya mencionada de *Pasión y muerte del cura Deusto*, es decir que poco a poco se está construyendo una biblioteca de la disidencia sexual latinoamericana de principios del siglo XX (y del XIX en el caso de *Bom Crioulo*).

Entendemos lo "queer" o "cuir", o "LGBTI", en sentidos amplios. Como verán, algunos de los textos juegan con las distintas posibilidades de nombrar la diversidad sexual, desde términos que vienen de la Biblia y la teología (sodomita, pecado nefando) a los griegos (efebo, sáfico, centauros y centauras, hermafrodita, etc.) al código penal y la medicina (tercer sexo, uranismo, y eventualmente homosexual, lésbico, transexual, etc.). La inestabilidad de las maneras de nombrar esa diversidad forma parte del interés de los textos: a veces en una misma selección conviven términos que vienen de registros muy diferentes. Es de notar también que la distinción entre activo y pasivo que tantas veces se usa como tipología de la homosexualidad masculina se utiliza en la novela de Cione y en la de Colmenares para hablar de distintas variedades de lesbianas. Otros textos como los de Ofelia Rodríguez, Gabriela Mistral o Salvadora Medina Onrubia, establecen una danza entre miradas y silencios para representar el deseo lésbico. Por su parte, la tradición anarquista, con su celebración del amor libre, no está exenta de una fuerte marca homofóbica en algunos textos. No hemos incluido textos anarquistas que celebran el amor heterosexual fuera de las restricciones del matrimonio, pero recomendamos la consulta de *Amor libre*, una selección de los "interviews voluptuosos" del uruguayo Roberto de las Carreras (2018), así como la antología *El amor libre* de Osvaldo Baigorria (2006). Los textos incluidos de Ángel Falco, José González Castillo y Salvador Medina Onrubia son de autores vinculados al anarquismo de diversos modos.

No hemos incluido textos de ciencias sociales o médicas del período abarcado en esta antología. Algunos de estos ya han sido estudiados por Sylvia Molloy (sobre José Ingenieros), Pablo Piccato y Rob Buffington (sobre literatura carcelaria), Oscar Montero (sobre Benjamín Céspedes) y Jorge Salessi (sobre Francisco de Veyga, Ingenieros y otros).

Muchos de los textos incluidos aquí tienen finales truculentos: suicidio, violencia, asesinatos. En *Luxuria: la vida nocturna en Buenos Aires* todos los personajes principales acaban muertos, como había sucedido dos décadas antes en *Los invertidos*, y anteriormente también en *Bom Crioulo*. Parte del aspecto melodramático de esos desenlaces responde a expectativas de la época, y no solo en América Latina: E. M. Forster dejó para una publicación póstuma, en 1971, su novela homoerótica *Maurice*, que tiene un final feliz. Sin duda algunos de los escritores buscaban celebrar el amor en su diversidad, tal vez con más facilidad en la poesía (Barba Jacob, Villaurrutia, Novo, Mário de Andrade) que en la narrativa. Sin duda algunos de los escritores hubieran preferido una literatura homoerótica no trágica, como se ve en la referencia en *Paradiso* de José Lezama Lima a Barba Jacob, o el balance que propone Piñera en "Ballagas en persona".

Introducción

También es frecuente no nombrar directamente el deseo: Novo y Villaurrutia, por ejemplo, hacen malabarismos a veces para no indicar el género del amado. Gabriela Mistral y Teresa de la Parra insinúan mucho más de lo que dicen, como es también el caso del bello cuento que incluimos de Salvadora Medina Onrubia. La sexología del siglo diecinueve y comienzos del veinte asignaba roles rígidos, como se ve en las selecciones aquí de *Bom Crioulo* y *Luxuria*.

En cuanto a la poesía, llama la atención el peso del soneto dentro de las formas poéticas escogidas para abordar esta temática. Tal es el caso de los mexicanos Amado Nervo, Efrén Rebolledo y Xavier Villaurrutia; de los brasileños Francisca Julia da Silva, Mário de Andrade y de las *Cantáridas* de los hermanos Jayme y Guilherme Santos Neves y su amigo Paulo Vellozo, del uruguayo Ángel Falco y del cubano Emilio Ballagas. Tanto por su tradicional asociación con la poesía amorosa, como por la renovación que recibió en lengua española durante el modernismo, el soneto seguía siendo una forma poética muy activa; pero no deja de ser interesante que una forma clásica, de marcada rigidez formal, contenga el escándalo de estas vidas andróginas, centáuricas, obscenas, agonizantes.

Una estrategia interesante en muchos textos es ubicar la acción del texto en otra época u otro lugar: eso se ve en "As centauras", en *Por los caminos de Sodoma* y en los textos incluidos de Alberto Nin Frías. *Por los caminos de Sodoma* comienza con un epígrafe que recuerda el consejo de Wilde a Gide, de no decir nunca yo: el desplazamiento es una estrategia frecuente. Pero algunos de los escritores incluidos buscan el escándalo, y hacen alarde de la desfachatez. Por ejemplo, los sucesivos seudónimos de Miguel Ángel Osorio (Maín Jiménez, Ricardo Arenales, Porfirio Barba Jacob) acaban siendo una performance, y de cierto modo el texto homofóbico que escribió Rafael Arévalo Martínez sobre él, "El hombre que parecía un caballo", le permite expresar su sexualidad de modo teatral. Hay toques de exotismo y primitivismo en algunos casos: la bailarina tuareg en *Luxuria*, el guía egipcio en *La sombra del humo en el espejo*, el marco de la antigüedad en los textos de Nin Frías.

Reconocemos el aporte de varias antologías de literaturas nacionales (entre otros, *Poemas do amor maldito* para el Brasil y *A corazón abierto* para Chile) y el trabajo de investigadores de sus literaturas (Denilson Lopes para el Brasil, León Guillermo Gutiérrez, Robert McKee Irwin y Claudia Schaefer Rodríguez para México, Gisela Kozak para Venezuela, José Maristany y Adrián Melo para la Argentina, Carla Giaudrone para el

Uruguay, Víctor Fowler para Cuba, entre muchos otros). Esta antología no hubiera sido posible sin la búsqueda de textos olvidados: de la primera edición de *Los 41* parece haber sobrevivido un solo ejemplar, la novela de Cione nunca ha sido reeditada, mientras que la de Delia Colmenares acaba de ser reeditada y prologada por Claudia Salazar Jiménez y la editorial Gafas Moradas en Lima-Perú, los sonetos de *Cantáridas* circularon de forma clandestina, etc. Muchos se publicaron bajo seudónimos, y en algunos casos no sabemos todavía quienes se esconden detrás de esas máscaras. Un tópico en muchos textos (en Teresa de la Parra, José María Vargas Vila a Bernardo Arias Trujillo, por ejemplo) es la publicación por otra persona de un manuscrito inédito, una forma de poner en circulación un texto sin tomar plena responsabilidad por su contenido, o de fingir que entre el autor explícito y el contenido del texto hay una distancia.

A pesar de que Mario Vargas Llosa retrata a César Moro como un recatado profesor de literatura, su escritura no lo es. No en vano tomamos el título de su poema "La vida escandalosa de César Moro" para nuestra antología. Rubén Darío tituló su galería de héroes (que incluía a Paul Verlaine) *Los raros*: algunos de estos textos, y sus autores, hacían ruido en su época por no caber del todo. Lo raro, lo escandaloso, lo tenebroso son también maneras de comenzar a nombrar otros amores, identidades otras, vidas otras, escandalosas.

Quisiéramos agradecer a las numerosas personas que nos ayudaron a lo largo de este complejo proyecto, sobre todo a Helder Thiago Maia, César Braga Pinto, Cristina Pinto-Bailey, Federico Botana, Jorge Vergara, Gisela Kozak, Jorge Vergara, Ernesto Reséndiz Oikión, César Cañedo, Jairo Hoyos, Emy Takada y Christopher Warnes Pacheco.

Luis José Junqueira Freire

(Salvador, Bahia, Brasil, 1832-1855)

Monge beneditino que parece ter tido uma vida libertina logo de abandonar o convento. Discípulo do poeta português Bocage. Sua poesia é pessimista, com temática de loucura e decadência. Suas obras são: *Inspirações do claustro* (1855), *Contradições poéticas* (de data incerta, incluído na terceira edição das *Obras póstumas*, na edição de Franklin Dória) e *Elementos de retórica nacional* (1869).

O poema que incluímos, "A um moçoilo", não foi publicado na vida do autor. Foi encontrado num caderno intitulado *Miscelânea* que tem a data de 1850, e foi publicado pela primeira vez numa biografia de Junqueira Freire por Homero Pires em 1929: *Junqueira Freire: sua vida, sua época, sua obra*. Foi incluído na *História do amor maldito* de Gasparino Damata, Octávio de Freitas e Aníbal Monteiro Machado (1967), por Luiz Mott em *Homossexuais da Bahia* (1999, pp. 124-25) e em *Poesia gay brasileira* de Amanda Machado e Marina Moura (2017, pp. 149-52). Moura e Machado dizem que foi "destinado a um amor homossexual" (149), e Luiz Mott pensa isso também mas o Vagner Camilo expressa dúvidas sobre o caráter autobiográfico do texto no seu excelente artigo "Da sátira obscena ao axioma do frei: poesia romântica e homoerotismo no Brasil (1850-1964)".

A um moçoilo

Eu que te amo tão deveras,
A quem tu, louro moçoilo,
Me fazes chiar e amolas,
Qual canivete em rebolo;
Eu que, qual anjo, te adoro,
Então, menino, eu sou tolo?

Quem te venera e te serve,
Te serve de coração;
Quem a nada mais atende,
Senão à sua paixão;

Vidas escandalosas

Quem sustém por ti a vida,
Tolo não pode ser, não.

Quem te olhando a áurea face,
Lá se queda enamorado;
Te olhando os olhos ferventes,
Permanece endeusado;
Esse que chame-lo tolo,
Esse sim, vai enganado.

Quem tanto por um só perde,
Que a ninguém quer antepô-lo,
Quem vê-lo só quer num trono,
Num trono só de ouro pô-lo;
Esse que tolo xingá-lo,
Esse sim – êsse é que é o tolo.

Quem já em ver seu queixinho
Bipartido se mantém;
Quem embebido em seu todo
Horas, dias gasto tem;
Quem no cárcere do corpo
A alma por ele sustêm;

Avanço axioma certo, –
Que esse não é tolo, não;
Que esse ama angelicamente
Fora da contagião;
Que esse que tolo xingá-lo,
Esse sim – é toleirão.

E tu me xingaste tolo,
Meu moço, anjinho feliz!
Só porque amar-te deveras
Meu Deus, minha sina quis.
Só porque certo bem maus
Deus versos te dei que fiz.

Luis José Junqueira Freire

Meu anjo me olha e despreza
Com mirar tão furibundo!
Já não hei mais esperança,
De ter serafim jucundo.
Que aos céus me leve risonho,
Quando me for deste mundo.

Mas se tolo é admirá-lo
A todo mundo interpô-lo,
Querer lá vê-lo num trono,
Num leito dourado e pô-lo,
Além beijá-lo e gozá-lo,
Então sim quero ser tolo!

1850

[Luiz Mott. *Homossexuais da Bahia*, 1999]

Maria Firmina dos Reis

(1822-1917)

A primeira romancista brasileira, autora de obras sobre a situação da mulher, especialmente da mulher negra. Abolicionista. Fundadora de uma escola em São Luis do Maranhão e professora. Autora dos romances *Úrsula* (1859) e *Gupeva* (1861-1862), do conto "A escrava" (1887) e dos livros de poemas *Cantos à beira-mar* (1871) e *Hino da libertação dos escravos* (1888). Seu poema "A uma amiga" foi incluído na antologia *Poesia gay brasileira* de Amanda Machado e Marina Moura. A "amiga" que inspirou o poema parece ser Terezinha de Jesus. O poema foi escrito em 1865 e foi publicado em 1871.

A uma amiga

Eu a vi – gentil mimosa,
Os lábios da cor da rosa,
A voz um hino de amor!
Eu a vi, lânguida, e bela:
E ele a rever-se nela:
Ele colibri – ela flor.

Tinha a face reclinada
Sobre a débil mão nevada:
Era a flor à beira-rio.
A voz meiga, a voz fluente,
Era um arrulo cadente,
Era um vago murmúrio.

No langor dos olhos dela
Havia expressão tão bela,
Tão maga, tão sedutora,
Que eu mesmo julguei-a anjo,
Eloá, fada, ou arcanjo,
Ou nuvem núncia d'aurora.

Vidas escandalosas

Eu vi – o seio lhe arfava:
E ela... ela cismava,
Cismava no que lhe ouvia;
Não sei que frase era aquela:
Só ele falava a ela,
Só ela a frase entendia.

Eu tive tantos ciúmes!...
Teria dos próprios numes,
Se lhe falassem de amor.
Porque, querê-la – só eu.
Mas ela! – a outra ela deu
Meigo riso encantador...
Ela esqueceu-se de mim
Por ele... por ele, enfim.

[*Cantos à beira-mar*. São Luís do Maranhão, 1871]

Lourenço Ferreira da Silva Leal

(Rio de Janeiro, 30 de agosto de 1850-15 de abril de 1914)

Apesar de ser médico, tornou-se mais conhecido como escritor graças a seus dois romances naturalistas: *Um homem gasto* (1885) e *O suplício de um marido* (1888). Devido ao tema de ambos, esses romances circularam nas livrarias populares sob a categoria de "literatura para homens". Pelo mesmo motivo, ele assinou suas obras como L.L.

Ainda que a homossexualidade não seja o tema central deste romance epistolar (só é discutida abertamente na carta XXII), *Um homem gasto* se destaca por ser um dos primeiros textos da literatura brasileira a abordar esse assunto. Apesar de suas questionáveis qualidades literárias, merece atenção por seu valor documental enquanto obra pioneira no tratamento de temas tabus para sua época.

Como grande parte das histórias recolhidas nesta antologia, o autor recorre à estratégia do manuscrito encontrada em um quadro narrativo que lhe permite um julgamento moral que o livra de responsabilidades. Selecionamos as frações desse quadro – Diálogo Preambular e Conclusões – bem como os capítulos voltados para o personagem de Alberto de Freitas.

A recente edição do texto da editora O Sexo da Palavra faz parte de uma tentativa de resgate de obras literárias esquecidas e inclui um estudo de Helder Thiago Maia sobre o autor.

Um homem gasto

Diálogo Preambular

Deu-me um dia para visitar o meu venerando amigo dr. A***, a cuja casa eu era compelido pelo desejo de saldar uma dívida de gratidão.

Rastejava ele pelos sessenta e cinco anos, estampados na fisionomia com o relevo primoroso dos homens de vida sempre sã e farta de virtudes. Desciam-lhe em caracóis pelas espáduas sedosos fios de alvos cabelos a emoldurarem-lhe a fronte larga, apenas sulcada dos vincos da meditação. O nariz aquilino, sobreposto a lábios finos e bem talhados, separava-lhe dois rasgados olhos, através de cujas pupilas transpareciam a profundeza dos espíritos cultos e sagazes e a serenidade das almas perfeitamente organizadas. A barba, enfim, pouco espessa e alvinitente, aureolava-lhe a curva inferior do mento saliente, reflexo de portentosa energia moral.

Vidas escandalosas

Sentado em larga poltrona, na sua varanda convizinha ao mar, o tronco envolto em casacão abotoado até a gola, donde surgiam os colarinhos brancos, corretamente cingidos pela gravata de cetim preto, di-lo-iam um busto vivo daqueles vultos legendários que a natureza sói fazer brotar a espaços na estrada ainda obscura de progresso, para mais lhe dilatar a esfera de iluminação.

Perto dele sentia-se a gente a cômodo e mais confiada em si própria. Há homens assim. Na peleja tumultuosa da vida, quando mais fundas nos turbilhonam as paixões no peito, e a nossa individualidade, cansada do batalhar improfícuo, tende para a inação do desânimo, procurai esses entes superiores e ser-vos-á bem fácil verificar o poder imenso, a influência benéfica, que eles têm o condão de exercer. Aquela placidez severa, aquele juízo reto e incisivo, aquela decisão, pronta e inabalável, postos em confronto com o vosso desconceito, a vossa desordem e hesitação, primeiro correr-vos-á de vergonha e, depois, preparar-vos-á confortos de tal ordem, que vos sentireis desde logo transfigurados. É que essa atmosfera respeitável, que os envolve e em que vos aprazeis de respirar, sustenta em si todos os germens das virtudes, todas as forças vivas neutralizantes e aniquiladoras dos vícios.

Corria por algum tempo a instrutiva conversação, quando, com os instintos de literato farejador de matéria para novelas, interpelei o velho amigo nos seguintes termos:

– V. Ex. tem observado muito?

Encarou-me meio surpreso e, não podendo atinar de pronto com o fim da interrogativa, refletiu:

– É verdade: mas em que sentido pergunta?

– Falo respectivamente à vida moral, retorqui.

– A vida moral, replicou o ancião, abanando mesuradamente a cabeça, é organismo complicado, e mais que a vida física; porém, há muito quem se atire a dissecá-lo, pouco se lhe dando da qualidade e escolha do escalpelo, da firmeza e segurança da mão e sobretudo da clareza e retidão nas apreciações experimentais. Resulta daí essa aluvião de observações defeituosas e apontadas por verdadeiras a baralharem-se, sem refletirem luz alguma, deixando cada vez mais embaraçada a dificuldade do problema.

– Assim o creio, redargui meio desorientado com a lembrança de que semelhante alusão bem poderia competir aos meus fumos de homem de letras.

E continuei mais seguro de mim:

– V. Ex. na sua posição excepcional, com tantas habilitações, deve ter colhido muito fruto sazonado nessa ordem de cultura.

– Não o nego. Com um pouco de curiosidade discreta e de atildamento, não é demais, no curso de uma vida extensa, o ter-se aprendido alguma coisa.

– E por que não publica o fruto de seus estudos práticos? Aventurei resolutamente.

– Pela simples razão de me não sobrar tempo.

– É pena! Exclamei com o pesar disfarçado de quem vê na oferta dos serviços próprios meio fácil de eliminar a dificuldade.

– Olhe, reclamou o doutor a sorrir-se, como se me tivesse compreendido, sei que se dedica com aptidão pouco vulgar ao cultivo das letras e, já que me falou em assuntos sociais, quero fornecer-lhe um bom tema para romance, ou antes um romance quase feito. Aceita?

– Se aceito! Retorqui, não cabendo em mim de contente, por ver surtido o êxito desejado.

– Observo-lhe, contudo, que o tema não deixa de ser escabroso.

– Por quê?

– Porque se refere muito de perto às realidades quase inconciliáveis com o decoro da narração.

– Quanto a isso, não lhe dê cuidado. Esforçar-me-ei por conservá-lo predominante e, nos passos mais difíceis, prometo valer-me do seu criterioso concurso.

– Bem; mas imponho ainda uma condição.

– Qual?

– A de não fazer alteração nos pontos cardeais, por mais ouriçados que lhe pareçam.

– Se reconhece nisso vantagem...

– De certo, atalhou o velho com visível convicção. A verdade diz-se nua e crua, apenas revestida, nos casos melindrosos, do sendal transparente da forma artística. O romance não deve ser, em absoluto, um tratado de moral, mas cumpre-lhe não descurar indiretamente esse requisito de perfeição, se quer adquirir os foros de superioridade. O belo é essencialmente incompatível com o falso e vai em mau caminho o autor de qualquer obra de arte, se não rende preito à verdade. Talvez este meu modo de ver seja defeito adquirido na profissão, onde a máxima virtude consiste na exposição fiel do observado; mas quer seja, quer não, já agora é princípio enraizado, perrice de velho, de que me não é dado afastar. Pensa comigo?

– Salvo pequenas restrições, objetei mais no propósito de elucidar-me que de discutir.

– Que vem a ser? Interrogou A***.

– O perigo da leitura para as almas demasiadamente cândidas.

– Ou essa candura deseja ser conservada, o que se previne com uma advertência preliminar, ou não. No último caso, toda a vantagem consiste no descrever as coisas como são e não com o podiam ser.

– E os atrativos do vício? Insisti.

– De que atrativos fala? Reais, não pode o vício tê-los; artificiais, correm mais por conta do escritor que do escrito; e por essa mesma razão requeiro a verdade em toda a sua nudez.

– De acordo, repliquei completamente convencido. E ajuntei: – Mas poderá V. Ex. referir-me já qual o ponto ferido no romance?

– É interessantíssimo: diz respeito ao casamento, essa base essencial da sociabilidade. Como sabe, quando tal instituição falseia na prática, as consequências são desastrosíssimas. É por isso que a análise das anomalias respectivas tem merecido e merecerá ainda os mais variados estudos. O ponto de apreciação nesta verídica história tem o mérito da novidade, pelo menos em trabalhos desta ordem. O fato tem-se verificado amiúde e verificar-se-á com toda a brutalidade, enquanto o bom senso não for suficiente para objurgá-lo. Por ele verá como a higiene entretém relações de intimidade com a moral e como a transgressão dos preceitos, estabelecidos pela primeira, gera inevitavelmente o dano da segunda.

Todo o pai se empenha cordialmente pela felicidade da filha; mas grande número de vezes essa felicidade sotopõe-se-lhe aos olhos com aparências falaciosas. Apela-se de ordinário para a probidade do noivo, para os meios facultativos do confortável à noiva, mas não se cura dos requisitos sanitários, não menos importantes, considerados os funestíssimos prejuízos que a sua carência pode originar. Demonstre-se à evidência essa grande verdade, ponha-se o dedo na ferida e aplique-se-lhe o bálsamo cicatrizador.

– Muito bem, Exm., apoiei com o antegosto de quem se propõe à execução de uma boa obra. Forneça-me os dados e dirija-me, que prometo obedecer-lhe cegamente.

Nesta conjuntura, A*** ergueu-se, caminhou para o interior da casa e voltou dali a pouco com um rolo de papel.

– Aqui os tem, disse-me. Pouco terá que trabalhar. O essencial está feito. Uniformize o estilo, corrija alguns erros de expressão e mude, se quiser, a forma do romance, visto hoje considerarem a epistolar obsoleta. Não penso do mesmo modo: todas as formas são boas, desde que as saibam tratar; mas não discuto esse ponto, sujeito-o à sua deliberação autorizada. Se precisar de algum esclarecimento, procure-me.

Senhor do precioso manuscrito corri à casa, alegre de ter feito, sem esperar, um achado valioso. Li-o e reli-o com sofreguidão. Posso asseverar que o dou à estampa tal qual o recebi, tão insignificantes foram as alterações de necessidade. Limitei-me apenas ao trabalho de coordenação.

Quanto às impressões que me produziu e ao modo por que o aprecio, é meu dever omiti-los ante o juízo mais autorizado do leitor.

[...]

XXI
De Pedro de Oliveira a Alberto de Freitas

5 de abril

Há seis meses passados, quando pela primeira vez me consultaste acerca do teu projeto de casamento, expus-te com entranhada lealdade e franqueza as razões que me levavam a impugná-lo. A tua preferida era, indubitavelmente, condigna a todos os respeitos desse posto honrosíssimo da família. Além de dotes físicos inestimáveis, deixados na sombra, como secundários, pelo meu encarecimento, prendavam-na todas as flores imarcescíveis com que soe a virtude compor a preciosa grinalda das virgens; e ainda mais: quanto a foros de raridade, possuía ela espírito fino e atilamento não vulgares, reforçados por cuidadosa instrução. Não te era dado, pois, tender a melhor alvo, nem tinha que ver a minha reprovação com tão judiciosa escolha.

Externei, entretanto, gravíssima ponderação, que a mágoa de transmitir-te me a teria feito abafar, se, mais forte que a última, o dever sagrado da amizade me a não viesse arrancar do peito. Eras já adiantado em idade, para aspirares com jus incontestado à aliança de tão virente e desabrochadora mocidade. Nunca jamais outono que calveja e se resseca subsistiu tão mão por mão com florida primavera; nunca jamais se quedou em intacta cristalização gelo assim exposto à reverberação dos raios quentes do sol! Essa combinação dissonante que buscaste transformar em mavioso acorde, falsearia forçosamente na execução, iludindo-te o empenho dispendido e dando em resultado um desconchavo.

Vidas escandalosas

Não me eram estranhas, de mais a mais as condições precárias da tua saúde, naquele ponto imprescindível para a obtenção do objetivo completo do matrimônio, a não ser que pretendesses com platonismo obrigado e inevitável, restringir a ação do sacramento procriador. Apelavas para não sei que pareceres de abalizados profissionais, que te aconselhavam semelhante passo como expediente terapêutico eficaz. Desgraçado arrojo de reflexão que pôr-te-ia em relevo insensatez e desfaçamento descomunais, se não fora uma sorte de tábua de salvação na luta tempestuosa, travada no teu espírito entre a razão e o sentimento!

Foste pusilânime, Alberto; encegueceste ao fitar a luz deslumbrante da formosura, que já se não refletia para ti; não tiveste a prudência, a coragem bastante, para impedir a centelha de propagar-se à substância explosiva do teu coração. A consequência foi essa paixão, rebentada em peito de homem amadurecido, onde é de lei arraigar-se mais vivaz que no do moço. Cerrando ouvidos pertinazes a amigas admoestações, casaste e deste margem ao cumprimento formal e desgraçado dos meus vaticínios.

Sim, Alberto, és extremamente infeliz! Este martírio horrível do tabescente recrudesceu, quando tentavas aplacá-lo. Dolorosa situação a tua, em que buscas improficuamente o comparte de regalias que tua esposa tem o sagrado direito de exigir de ti! O abutre do desespero devora-te as entranhas, adejando-te por sobre o corpo de Prometeu, agrilhoado ao poste graníteo da impossibilidade!

Nessas conjunturas lastimáveis, um novo erro, erro grave, patenteou sê-te como remédio lícito e possível. Aviltaste-te ainda mais, criando no organismo esgotado posições falsas, situações artificiais, sem calculares que, com tal expediente, derruías de todo em todo a saúde já solapada, e maculavas, perante a consciência da razão, as vestes alvas da candura.

Uma carta de tua mulher acaba de revelar o teu grave delito à sua amiga Cecília. No auge da solicitude conjugal quis ela saber que moléstia extraordinária a distanciava de dia em dia de ti. Via-te minguar progressivamente, inscrevia sê-te no rosto a esqualidez da fome do tormento, cavavam sê-te as órbitas entre círculos pesados, depauperavam sê-te as forças do corpo e do espírito. Umas noites fugias dela, outras a procuravas com afã desusado e pavoroso. A pobre vítima, receosa do teu destino, amedrontada pela ideia de desfecho lúgubre, requisitou de sua amiga Cecília a explicação dos teus males físicos, por intermédio do dr. Paulo; e para facilitar a capitulação da moléstia, enviou-lhe o frasquinho que tiveste a imprevidência de não inutilizar, nas vésperas da partida para Barbacena.[1]

Chegou à carta ao destino e as recomendações de tua esposa foram fielmente cumpridas. O dr. Paulo reconheceu o líquido suspeito e desde logo descobriu a origem dos teus males. Que explicação se lhe sugeriu para satisfação da curiosidade da mulher, não sei; mas a verdade é que, por delicadeza fácil de apreciar, procurou-me como o único autorizado a prevenir-te contra imprudências ulteriores.

– Guardaria absoluto silêncio sobre tão desastrado incidente, disse-me ele em tom lastimoso, se me não corresse na profissão que exerço o dever sagrado de evitar porvindouros e terríveis sofrimentos para quem quer que seja e, sobretudo, para o nosso amigo. Conheço-o como distintíssimo cavalheiro e, sob minha palavra, garanto que ninguém mais que eu deplora tão tremenda desventura. Nem por isso ficou o sr. Alberto aviltado aos meus olhos, pois compreendo as cruéis torturas que o propeliram a tão desesperada resolução. Veja, entretanto, se o desvia do mal fadado caminho!

Compreendes agora o alcance do teu erro nefando?[2] Mediste bem a profundeza do abismo em que te precipitaste, ao resvalar do primeiro passo no íngreme despenhadeiro? Quanto foste imprudente, pobre amigo, e como te lastimo!

Ânimo! Ânimo! O mal está consumado, convém remediá-lo. Não te deixes abater por tão extensa calamidade.

Mais do que pelo predomínio físico, se cativa a mulher pelos dotes do coração e do espírito. Não te faltam recursos para prender Luiza pelos únicos liames de que dispões. Importa delir da mente, de uma vez para sempre, a ideia prática dos meios artificiais, entestados com a infâmia.

Reduza-lhe muito embora, por esse lado, a viuvez precoce e enche-lhe de carícias o vácuo, que lhe provém da abstenção do elemento material. Será fácil contentá-la; a mulher é tão resignada de natureza!

Aconselha semelhante procedimento, não o pecaminoso egoísmo, senão a sã virtude, justificada pela força das circunstâncias. O celibato, a profissão, a abstinência, são em todo caso preferíveis a qualquer meio ilícito e desonesto. Forçoso é, bem que te pese, conformares-te com o

---

[1] Município do estado de Minas Gerais, no Brasil, a meio caminho entre Rio de Janeiro e Belo Horizonte.
[2] Variante do termo teológico *pecado nefando* para sodomia.

decreto da sorte, afivelando mesmo a máscara do regozijo, ainda com o coração submerso no oceano da desventura.

Aí vem o tempo consolador, por excelência, das mais carregadas mágoas, precioso manancial de esperanças jamais esgotadas.

Alberto, ouve-me e convence-te!

XXII
De Alberto de Freitas ao Dr. Paulo de Andrade

15 de abril

Antes de dar um passo definitivo e meditadamente deliberado, nesta cruel situação a que me arrojou fatal imprevidência, permita-me, caro doutor, visto o acaso havê-lo tornado senhor do meu segredo, lhe manifeste franca e fielmente o conjunto das circunstâncias que a isso me decidem.

Tal confidência visa a dois fins: servirá de justificativa ao ato próximo e ministrar-lhe-á futuras precauções para o exercício da espinhosa missão de pai de família, que o amigo está provavelmente votado a preencher em tempo não remoto.

As minhas dificuldades atuais são apenas funesta consequência e expiação de anteriores desmandos, uns provocados pelo influxo dos meios, outros procedentes da índole que, por hereditariedade, me tocou por sorte.

Foi o internato[3] o primeiro elemento dissolvente, cuja ação perniciosa se me repercutiu na individualidade. O internato, meu caro amigo, e principalmente o internato dirigido por eclesiásticos, esses hilotas da família, a cujos apetites naturais a sociedade impõe barreiras, levantadas por uma falsa moral, é fonte de incalculáveis perigos para a criança desprecavida.

Tão condenável instituição pedagógica como é, nem por isso calou ainda bem fundo no ânimo de governantes conscienciosos, para incitá-los a derrocá-la sem tréguas, sem escrúpulos, como peçonha corrosiva, inoculada no organismo infantil.

Arrebatada do lar doméstico, onde a vigilância e os carinhos maternais a resguardam da mácula exterior, e arremessada, a título de cultivo

---

[3] A questão da sexualidade nos internatos também aparecerá em *O Ateneu*, *Los invertidos* e *Duque*.

de espírito, nos torpes focos sociais, denominados colégios, a criança começa a perverter-se no contato de companheiros de todas as idades e propensões, muitas vezes despejadamente adestrados na impureza pelas sugestões de professorado ignóbil.

É aí que o neófito se sente despertado curiosamente para o esboço de uma função nova, paralelo orgânico de outra indiferente. Instruem-no em processo econômico e fácil de derivação de prazeres ignotos, facilitando-lhe, no ser moral, a entrada da mais infame das depravações pela porta da procriação infecunda. Ao depois ou simultaneamente, aos gozos do isolamento se lhe adjudicam análogos de aliança dupla, e os escaninhos do recreio, a penumbra dos dormitórios e até os esconderijos cloacinos testificam frequentes manipulações ou superposições odiosas.

Daí, além dos consequentes padecimentos físicos, cujo efeito é a efeminação e o esgotamento do sistema nervoso, a larga ceifa de virtudes, empreendida pelo vício asqueroso no campo da entidade moral. O desrespeito próprio engendra o rebaixamento da dignidade e o alheio o mais desastroso e petulante dos orgulhos. A pobre criança indefesa, seduzida pelos mais idosos e mais práticos, uma vez satisfeitos os caprichos dos dominadores, é vilipendiada e cala-se remordida, conhecendo o erro e atabafando covardemente qualquer reação impossível. Feliz, quando horrorizada da própria degradação, encontra paradeiro na ladeira resvaladia, salvando-se do abismo na tábua do arrependimento.

A maior parte das vezes não sucede assim. Caminha a idade e trocam-se os papéis. Ora por vingança ou restabelecimento de créditos, ora pelo apetecimento do vício entranhado, o menino provecto faz ao iniciado o mesmo que lhe fizeram; e alguns tanto se chafurdam pelo charco da podridão adentro, que jamais conseguem emancipar-se.

Passeei a vista larga pelo hospício social e verá quantas vítimas animadas existem da gafa, adquirida quase sempre no contagião dos colégios. Se se quiser dar ao trabalho ingrato de visitar a espécie de estrumeira teatral, estabelecida impunemente numa rua das mais frequentadas da capital,[4] terá ocasião de ver para lá entrar, às noites de espetáculo, de parceria com meretrizes, rapazotes almiscarados, ressuscitados Bathylos de Horácio,[5] de pantalonas retesadas entre o cós e a presilha, corretamente amoldadas às saliências avolutadas do

---
[4] Nesse momento, Rio de Janeiro.
[5] Bathilo de Samos, um jovem famoso por sua beleza mencionado por Horácio em *Epodo* XIV.

corpo, afim de realçá-las aos olhos dos cobiçosos. Repare nos meneios sarabandeados, nas olhaduras invidativas, no descaimento lateral do pescoço e em vários ademanes, parodiados da mulher degradada, e ficará em dúvida se esses nojentos modilhos pertencem realmente ao nosso sexo, ou se constituem grotescos disfarces do homem, a coberto do alcance das proibições policiais!

E tal exemplo ostentoso não se teme de afrontar descarado o asco da sociedade limpa! Quantos análogos descortinará nos recantos sombrios da clandestinidade! Não lhe será difícil ouvir apregoar, como sectários fanáticos de tão hedionda corrupção, nomes proverbiais, aliás distintos a outros respeitos e altamente considerados!

— Mas objetar-me-á o seu ânimo justamente indignado, semelhantes monstruosidades não podem perdurar em condições viáveis; terão fatalmente de extinguir-se nas garras da miséria, afiadas pelo desamparo público e provocarão a repugnância que inspiram os torpes receptáculos de matérias putrefatas.

— Engano, meu honrado amigo! Há por aí, patinhando na vasa social, pituitárias tão embotadas às perfumarias usuais, que no se regalam de delícias na absorção do mefitismo das alfurjas.

Vê acolá aquele homem espadaúdo, de repas grisalhas, andar sacudido, fala vibrante e sarcástica para todos, porém melíflua e insinuante para os modernos Adônis? É sevandija dos citados esterquilínios. Um dia teve a lembrança de casar-se e, pouco depois, distribuía-se por sórdida bigamia. Seria capaz de transformar em impuro hermafrodita[6] o segundo objeto dos seus amores, se a consorte verdadeira o permitisse.

Quando tiver filho pubescente, acautele-o do contato da abjeta alimária, para não se arriscar a vê-lo também contaminado. Não faz ideia dos engenhosos recursos de sedução, explorados pela seita dos imundos sátiros. Especiarias, bugigangas, chocarrices, o conjunto dos nonadas chochos, que tanto ferem e encantam a imaginação da meninice, tudo aproveitam os azevieiros para a obtenção do danado intento. E alcançam-no, porque a criança, na sua inexperiência, é por natureza frágil como o vidro fino que se estilhaça ao mínimo abalo.

Quer saber agora donde promana exuberante tão lastimável laxidão de costumes? Estude o internato e verá que não fantasio. Se alguma vez,

---

[6] Nessa época, o termo hermafrodita era usado para se referir a uma variedade de identidades sexuais.

com o escapelo da observação dissecou fibra a fibra o espírito humano, terá notado as condições da ativa receptividade infantil para as impressões exteriores. Nessa fase da existência predomina o exercício da sensibilidade; a criança pouco raciocina, adere, sem sujeitá-la previamente à análise, a qualquer ideia derivada da sensação, e, o que é tudo, a ideia formada, móvel de porvindouras ações, grava-se-lhe tanto na lousa interna, que a esponja da razão é impotente para delir-lhe os traços fundos. Que intensidade adquirem os preconceitos de educação no amadurecimento da idade e da cultura intelectual!

Complete agora o justo horror que lhe estão a inspirar os nefandos produtos do internato, lembrando-se que as tristes prerrogativas, exaradas aqui, não pertencem exclusivamente aos indivíduos de nosso sexo e são, com maior ou menor número de variantes, deplorável apanágio dos internatos. Elas também, as desditosas educandas, de lá se retiram, em superabundância, rosas esmaecidas, lírios desbotados, pendidos do hastil, pelo bafo atrofiante do ambiente infeccionado. As heroínas de Belot,[7] Saphos hodiernas, entidades epicenas e anfibológicas da gramática da impudicícia, constituem seita muito mais extensa do que é dado supor, dispersa em rede emaranhada pelos interstícios sociais.

Tal foi, meu amigo, o lôbrego antro de perversidade, onde me vi soterrado, desde o verdejar dos anos. Comecei de ser o Antinôo de muitos Adrianos até subir à graduação de Adriano de muitos Antinôos. O principal dos meus requestadores foi o professor de português, homem versado em latinidades, onde bebeu quiçá os gérmens dos próprios indecoros. Distinguiu-me entre todos os condiscípulos, como o talento mais aproveitável e como tal apresentou-me ao diretor. Esses dotes, reais ou exaltados, valeram-me privilegiado acesso no seu aposento particular, onde me abarrotava de confeitos e especiarias, arrematadas adrede para prêmio do adiantamento. Em compensação, não havia paixão caprina com que não me enodoasse, de tal forma que nunca o deixava no aposento, sem lhe haver esvurmado toda a peçonha da impudica bostela.

Aos quinze anos mudei de colégio e de norma de vida.

Já me sentia estafado dos privilégios do favoritismo. Os motejos mordazes, as ironias repassadas de fel e ódio e, máxime, o asco que

---

[7] Louis Marc Adolphe Belot foi um dramaturgo e romancista francês. Ele escreveu o romance *Mademoiselle Giraud, ma femme* em 1870, centrado em um jovem ingênuo e sua esposa de mesmo nome que se recusa a consumar seu casamento. Tiene una obra de teatro em cinco atos titulada *Saphos* (1885), adaptação da novela de Alphonse Daudet.

me votavam parte dos colegas, acabaram por me dissipar as névoas da inexperiência, em que me envolvera por dilatado tempo, confiado nas sofísticas prédicas do preceptor.

Desenvolveu-se-me então a tendência de vingativa represália, revigorada pelo estabelecimento definitivo da puberdade. Atafulhei-me na ceva da depravação, com a indecência de que era capaz a idade fogosa e o temperamento incandescente. Atasquei-me até a boca no lodaçal de impurezas, na retaliação excessiva, aproveitando antigas instruções, só parei às primeiras convulsões das consequentes epilepsias.

Nesse entrementes, meu pai, ou por iniciativa própria, ou por insinuação alheia, entendeu de bom conselho acudirme aos reclamos das necessidades mundanas. Abasteceu-me de mesada farta e soltou-me as rédeas sofreadas da liberdade doméstica. Um amigo prático conduziu-me pelos meandros da carreira nova.

Os homens, moldados pela minha têmpera, encerram dentro em si próprios um gérmen fecundo de desventuras: a dose maior de imaginativa e a sentimentalidade mui suscetível. Tenta inutilmente a razão lutar com tão rebeldes vassalos; a pugna estabelece-se, mas a dominadora do espírito vê usurpada a soberania. Surge a desordem, a anarquia, o desenfreamento; e o estado íntimo pouco a pouco se decompõe.

Foi o que me sucedeu. Nos primeiros anos não ultrapassei certos limites; terminara o tirocínio escolástico e havia-me afeiçoado a uma infeliz rapariga, arrojada aos tremedais do vício pela maldade do homem. Distraíram-me, por tempos, do caminho de outras loucuras, essas relações de caráter um tanto estável.

Discorridos dois anos, embarquei para a Europa com o fim de aperfeiçoar os conhecimentos adquiridos, nos grandes centros científicos da França, da Inglaterra e da Alemanha. Confiado em demasia no meu aparente critério, o autor de meus dias, opulento e carinhoso, com tal deliberação, concorreu, sem o pressentir, para me precipitar a queda. Logo que cheguei, tocado de curiosidade pelo aspecto das coisas ignotas e grandiosas, que me foram aparecendo, não tive ocasião de dar folga aos assomos sensuais. Os prodígios das artes, das ciências e das indústrias, as maravilhas do engenho humano me ocuparam completamente a atenção.

Após recreativa peregrinação por diversos países, fixei-me em Paris onde tencionava levar a cabo os meus projetos.

Recebi então a notícia do infausto passamento paterno. De tão lamentável acontecimento data a série progressiva das minhas desventuras. Contava vinte e três anos, advinha-me por herança uma fortuna colossal e possuía o prestígio de vantajosa conformação, incrementadora do vício. De mais a mais demorava em Paris, onde liberto da tutela paterna, perdi o único obstáculo, que se me pudera antepor com bom êxito aos desregramentos.

Em Paris, a Babilônia moderna, lavra endemicamente a febre da dissolução. As mulheres do segundo império, na gentileza, amabilidade e espiritualização sensível, são verdadeiras potências demoníacas, corruptoras das obras do bem com as seduções insuperáveis do inferno. Em terreno tão adubado, quão ubérrimo, eu não podia fugir ao cultivo fervoroso das orgias descabeladas. Dormia de dia e velava noites inteiras à luz amarelenta dos prostíbulos.

Merece-me demasiado respeito para me permitir que lhe desvende sem escrúpulos o quadro nauseabundo dos meus excessos. Para lhe dar, aproximada ideia da realidade, basta referir-lhe que me tomei companheiro inseparável e respeitado do conde de Bobinaud, a maior celebridade crapulosa dos anais da devassidão parisiense, autor do famoso paradoxo de que a realização exclusiva do ato vulgar amoroso coloca o homem a par dos irracionais, cumprindo-lhe, para emancipar-se de tão aviltante pecha, o aperfeiçoamento do gênero, assinalado na transformação da mulher em máquina de omnicorpóreas sensações. Era assim que, para nós ambos, tudo quanto a pintura e a literatura pornográficas podiam imaginar de mais variegado e extravagante era ardegamente aceito e executado.

Na correnteza vertiginosa da dissolvente lubricidade não podia perdurar a integridade física sem grave abalo. Com efeito, aos trinta e cinco anos de idade, comecei a sentir-me extenuado.

Se não fora talvez a constituição robusta por natureza, eu já devera ter sucumbido por essa época ao esfalfamento precoce. Dei outrossim balanço nos haveres e verifiquei grande desfalque de caixa. Resolvi então vir ao Rio de Janeiro regularizar os rendimentos e associar-me ao nosso amigo Pedro de Oliveira no estabelecimento, que ainda hoje dirige com tanta proficiência.

Mal havia assinado o contrato social e solidamente garantido o futuro dos meus haveres, quando, na insipidez da ociosidade, me atacou a nostalgia de Paris e a necessidade de voltar para lá aos hábitos inveterados.

Voltei, mas a extenuação caminhava a passos agigantados e de tal forma que, daí por pouco, tive necessidade de recorrer à ação da medicina.

Conseguiu o dr. Fleury, no seu estabelecimento hidroterápico de Bellevue, melhorar-me a culminação dos achaques patológicos; mas impôs-me o sábio professor um regime, a cuja severidade eu não me quis sujeitar completamente, de onde resultou a perda ulterior dos benefícios colhidos.

Por outro lado, foi-se-me tornando cada vez mais atribulada a assistência em Paris. Assoberbava-se tumultuosa a onda da saciedade e enfado consecutivo. Eu que, ao princípio, nas eras de vigor inquebrantável, fora procurado, requestado, endeusado pelas mais cobiçadas mulheres da vida galante, via-me agora, proscrito do amor, posto de todo à margem, preterido à maior parte, apenas tolerado pela sordidez do lucro e muitas vezes ridicularizado por motejos à boca pequena e comiserações ignominiosas. E, então, no isolamento do gabinete sós a sós com a consciência, eu remordia-me e inveja ao considerar o meu triste estado, posto em confronto com os dos meus rivais, e deplorava as loucuras do passado, objurgando-me cheio de cóleras.

Uma noite, depois de vergonhosa retirada, em que recente insucesso me valera chasqueadores apupos de mulher que eu desejara ardentemente, recolhi-me, dominado de profunda tristeza e desânimo. Depois de me haver revolvido por compridas horas no duro leito de insônia, antolhouse-me ao vivo o gracioso painel da família. Pensei na figura veneranda de meu pai, rejuvenescida e transportada à época, em que, derrancado em amores, osculava minha mãe, a embalar-me nos braços, desfeita em ternuras.

Acudiram-me reminiscências vagas da segunda infância, discorrida na chácara do Andaraí,[8] entre flores e borboletas, almas carícias e esperanças verdes.

E, acompanhando o fio do pensamento, no entressonhar acordado:
– Não era preferível, reflexionei, que eu tivesse experimentado as doçuras familiares, imitando tão salutar exemplo? Em companhia de senhora digna e virtuosa, que distribuísse exclusivamente comigo o melhor das qualidades afetivas, que me fizesse provar o amor sem mácula e livre de interesse, que me permitisse devotada prole, reflexo da própria vida, prolongada na série dos tempos, não teria eu cumprido proficuamente a missão terrena, não me sentiria mais feliz, mais satisfeito,

---

[8] Município do estado da Bahia, no Brasil.

Lourenço Ferreira da Silva Leal

com a íntima remuneração de quem compreendeu e pôs por obra o dever sacrossanto, mantendo, ileso de impurezas, o legado paterno de virtudes? E dor pungente, remordimento interno, exagerado pela exacerbação nervosa da insônia, apoderou-se de mim. O silêncio do quarto mergulhado em trevas, apenas interrompido pelo tic-tac monótono de relógio de parede, recrudescia-me ainda a mágoa funda. E, na jactitação, com os olhos escancarados, apareceram-me visões informes e ressoaram-me aos ouvidos batimentos metálicos de bigorna. Ergui-me de um salto, febricitante, e abri de par em par a janela. O ar gélido da noite fustigou-me a face ardente; erguia-se de baixo o tumulto surdo da rua e nos claros do alto céu, recamado de nuvens fugitivas, tremeluziam miríadas de estrelas.

A contemplação atenta da natureza sugeriu-me a concepção filosófica de Deus e a noção da vida futura. Eu era ateu, uma denegação viva da espiritualidade. Locke e Condillac, David Hume e o barão de Holbein, a série inteira dos materialistas antigos e modernos, ministravam-me o corpo de doutrinas coadunado com o meu intelecto. Para mim, como para Cabanis e Flourens,[9] o pensamento era secreção do cérebro; a vida combinação de moléculas, decomposta nos elementos e na força de união pela ação da morte. A unidade, a independência do ser espiritual, repasto para a química subterrânea, encarregada de confundi-lo na grande massa universal. Depois da morte o aniquilamento do ser, o esquecimento eterno. Daí a ilação moral de ser a vida o gozo, o gozo de Sardanapalo,[10] a inspiração precipitada dos perfumes das rosas, antes de emurchecidas.

Depois, um abalo íntimo, uma crispação inenarrável, me percorreu, como descarga elétrica, as fibras do ser. Os espetáculos sublimes haviam-me provocado em todos os tempos um moto extranatural que eu não pudera, nem pretendera analisar na modorra moral, em que me conservava imerso. Mas, ao influxo dos nervos irritados, naquelas circunstâncias anormais, encarei face a face o insondável problema e perguntei de mim para mim se a verdadeira felicidade poderia reduzir-se àquilo só.

---

[9] Pierre-Jean-Georges Cabanis (1757-1808), fisiologista e filósofo francês, reformador do educação médica. Jean Pierre Flourens (1794-1867), fisiologista francês, criador da ciência experimental cerebral e um dos pioneiros na anestesia.
[10] Último rei da Assíria, segundo Ctésias de Cnido. Segundo Diodoro, ele ultrapassou todos os seu antecessores em ociosidade e luxúria.

– Como! O ideal é o gozo, o que equivale a dizer, é a saciedade? Viver é a submissão estúpida e tirânica à gleba dos sentidos? E nada mais? Se assim é, ó potestade soberana e criadora, eu pudera maldizer-te do alto da minha humilhação, e alçar para ti, como o anjo das trevas, o braço rancoroso da revolta!...

E levantava os punhos para a imensidade dos céus, ao mesmo passo que o ar da noite, osculando-me a face de mansinho, me evaporava as bagas de suor frio.

Mas o céu sempre tranquilo, imperturbável, cintilante, parecia sorrir-se-me condolente da mesquinhez, ostentando a solene majestade, através do infinito do espaço, nas asas do infinito do tempo!

Senti-me então dominado por uma calma confortadora.

– O universo é toda vida, raciocinei. Ali também naquela enorme estrela há seres que pululam, mais perfeitos que nós, sem dúvida, e que percorrem a vasta escala das transformações.

Por que não há de haver imortalidade? Se a filosofia é o terreno da pura hipótese, a geradora ubérrima da dúvida, não será melhor orientação admitir, como base fundamental da prática da vida, um princípio fecundo e consentâneo com a ordem natural que a tudo preside? Quem sabe? Não será isto mais que o prólogo do futuro livro do destino? Um preparo, um aperfeiçoamento para a ordem superior? Quem desvenda os mistérios de além túmulo?

E se porventura for essa a verdade, que contas poderei eu dar da minha missão na terra? No augusto tribunal da eternidade, perante o juiz inflexível, curvarei a cabeça, corrido e vilipendiado ante a própria consciência, quando a auréola da glória coroar de esplendor inapagável a fronte de outros homens?

Não, é forçoso mudar de rumo, asseverei convicto. Aproveitem-se ao menos os anos restantes na labutação do bem. Para trás o covarde egoísmo, inepto, estéril. Votar-me-ei de hoje em diante ao exclusivo culto da pátria e da humanidade. Sinto-me ainda com forças para tal fim. E neste momento solene juro-o no altar da consciência, sob o dossel do firmamento constelado – rematei, estendendo as mãos do abertas pelo vazio o espaço.

Foi uma verdadeira transformação, meu caro doutor. Isto passava-se em abril de 1864, quando eu completara trinta e oito anos. Dissipou-sê-me, como por encanto, a exaltação; recolhi-me ao leito e dormi sono tranquilo e profundo até às oito horas da manhã. Nesse mesmo dia tomei passagem para o Rio no primeiro paquete esperado da companhia Messageries maritimes.

Quando, um mês depois, o gageiro anunciou terras da pátria, senti dilatar sê-me em insólito contentamento fibras íntimas de há muito contractas.

– Enfim! Balbuciei no desafogo de um suspiro, expectorando nas amplidões da atmosfera densa coluna de gás asfixiante.

Ao abraçar-me a bordo, Pedro de Oliveira achou-me desfigurado e teve sérias apreensões pela minha saúde.

Confessei-lhe, à puridade, os primeiros desmandos, o ulterior arrependimento e as disposições que me animavam a tornar-me útil para o diante. Com fervoroso assentimento, protestou ele desde logo aplainar-me o terreno, aprestando-se a facilitar-me todos os meios possíveis.

Encetei a série de estudos por investigações atinentes às necessidades da lavoura e do comércio. Foi-me fácil angariar ascendência e consideração no círculo dos colegas. Fiz parte de quase todas as associações comerciais importantes onde cedo fui eleito para cargos elevados. Entrei na direção do banco do Brasil e conquistei as simpatias de algumas influências políticas, que me garantiram a deputação geral na primeira legislatura.[11] Redigi também artigos de interesse público, bem acolhidos nas principais folhas da corte.

Trabalhava febrilmente, desejando recuperar em pequeno prazo e em resultados práticos de importância todo o tempo esperdiçado inutilmente. Muitas vezes Pedro, receoso de que eu enfermasse, vinha-me arrancar à mesa das labutações para digressões por ele maquinadas adrede.

Escoaram-se dois anos desta vida ativa. Uma noite o meu amigo convidou-me para uma festa de família no Andaraí, onde um capitalista comemorava estrondosamente o natalício da filha.

Foi nessa ocasião que vi Luiza pela primeira vez e com ela entabulei relações. Destacava-se tanto do grupo das outras senhoras concorrentes, que me quedei desde logo absorto, avassalado pela soberania das graças que a envolviam.

---

[11] A Câmara dos Deputados foi criada pela primeira Constituição brasileira, em 1824. Imposta pelo imperador d. Pedro 1º, a Constituição do Império instituiu a Assembleia Geral Legislativa, composta pela Câmara dos Deputados, e pela Câmara dos Senadores. Assim, o Parlamento brasileiro já nasceu com o sistema bicameral que vigora até hoje. A sessão de abertura da primeira legislatura da Assembleia Geral Legislativa ocorreu em 6 de maio de 1826.

Vidas escandalosas

Dias depois fui visitá-la a sua casa, que, por coincidência, era justamente a mesma onde eu nascera e discorrera os primeiros tempos da infância. A modéstia, a gentileza, as prendas morais que a encarecem, acenderam-me o desejo ardente de possuí-la por esposa. Infelizmente verificou-se reciprocidade de simpatias e, apesar da nossa diferença de idade, reparei que ela não propendia menos para o consórcio.

Tremendo, insuperável obstáculo, porém, surdiu-me, formidoloso espectro, atrozmente entreposto aos olhos!

Quando uma lei da natureza é transgredida, a própria legisladora se encarrega de punir o transgressor, proporcionando-lhe ao delito castigo exatamente compensador. Que um corpo se desvie, no centro de gravidade, da vertical que lhe vai cair dentro da base de sustentação, e a consequência inevitável será o desequilíbrio e a queda. No exercício dos amores, abusei em demasia do compatível com as forças naturais. Era uma transgressão, a natureza despicou-se, neutralizando-me precocemente a atividade orgânica.

Tomei-me tabescente aos quarenta anos, quadra em que todo o vigor é ainda permitido à maioria dos homens. E, o que é ainda mais cruel, a deficiência não foi absoluta. Inflamava-me muito a miúdo a imaginação, em labaredas vorazes, o incêndio de indomáveis desejos. Se alguns preliminares, só exequíveis por indivíduos degradados do sexo, eram postos artificiosamente em pratica, podiam sê-me de alguma forma realizar as aspirações. No caso contrário, a consciência da fraqueza, o vexame, o receio do insucesso, a insensibilidade do embotamento, impossibilitavam-me toda tentativa frutífera.

Depois que amei Luiza, porém, elemento novo, extraordinário, intrometeu sê-me nas condições preexistentes. Perante a minha adorada ser-me-ia fácil alforriar-me do antigo pé de restrições? Deixadas fora de conta as qualidades corpóreas dela, jamais encontradas em mulher alguma, num tal requinte de perfeições, perdurar-me-ia paralisada a vitalidade, aquecida aos cintilantes raios do primeiro, do único, do verdadeiro amor? Não formava essa moça um ente à parte, tão diverso de todos com quem eu havia convivido até então? Não era certo que o contato puro do seu colo virginal operaria o milagre de ressurreição? Eu acreditava na solução positiva de tal questão melindrosa.

Não quis, todavia, arriscar o passo definitivo, sem fundamentá-lo justificadamente em competência de autoridades. Procurei, nesse intuito,

Lourenço Ferreira da Silva Leal

o meu amigo, Dr. E***, e expus-lhe francamente a situação, sem faltar a minudência alguma. Arranquei-lhe parecer favorável.

– Era mesmo esse, asseverou-me, o único meio de confiança curativo da sua enfermidade. Pedro de Oliveira, consultado também, contra a minha expectativa, ergueu-sê-me formalmente contraposto à almejada resolução. Fechei-lhe ouvidos, menoscabando-lhe os argumentos.

Casei-me. Data-me desse dia fatal o longo e constante martirológio. Defrontado com um tesouro de delícias, carecia de forças para atraí-lo à minha posse.

Tântalo amaldiçoado, perseguido pelo estigma da física degeneração, apenas consegui humedecer na ânfora dourada os lábios, calcinados pela febre de sede devoradora. Impotentes, improfícuos me foram os mais bem combinados esforços.

É bastante inteligente para avaliar até que ponto me atingiu o desespero. Em face da mulher amada, formosa, casta, rica de seiva e de exuberância, predestinada para o santo mister da família, eu ocioso, inerme, organicamente incapaz, senti-me defraudador da sublime prerrogativa, da preciosa herança, legada pela natureza a um dos seus seres mais prediletos, votado a honrá-la em si mesmo e na descendência.

Finalmente, no desalento da última esperança, repudiado pelo amparo da ciência, ridículo aos próprios olhos, num dia de suprema desolação, lancei mão de um recurso artificial.

Foi um sofisma réprobo, uma vitória de Pirro, precursora da inevitável e sucessiva catástrofe, que por um triz me abriu as portas do túmulo. Quis o acaso que o doutor não fosse estranho a essa desgraça.

Medi então o alcance do meu erro nefando e achei me abominável, infame. O que fazer em tão extremadas condições? Como salvaguardar dos meus próprios atentados os direitos sagrados de minha esposa tão pura, tão imaculada? Como libertá-la de um destino inglório que a prejudica sanitária e moralmente? Como restituir-lhe, enfim, a auréola de esplendores, que a deve coroar no grêmio da sociedade?

Só há um meio, meu estimado amigo, de que lançarei mão, sem rebuços, daqui a momentos. Toda esta carta não é mais que uma justificação desse meu ato perante o seu prezadíssimo conceito.

XXXIII
De Alberto a Pedro de Oliveira

16 de abril

Pedro, o teu critério venceu-me a insensatez. Contraí uma dívida que me cumpre liquidar. Exige-o a boa razão e a justiça.
Olha por Luiza e... adeus!...

XXIV
De Alberto a Luiza

16 de abril

Renunciar ao egoísmo próprio pela tua felicidade completa; abrir-te largo os horizontes do destino glorioso que mereces e de que eu te extorquia, vivendo; perder-te na convivência, mas ganhar-te na estima, na memória compadecida e grata; tais são as obrigações que me impõem circunstâncias imprevistas.
Chorar-me-ás sem dúvida, sentirás acerbamente a minha falta; mas, em câmbio, se te tornares a casar, como desejo e como encarecidamente te peço, convencer-te-ás de que não te enganei e que a tua ventura era incompatível com a minha existência.
Ouve os conselhos experientes de Pedro de Oliveira. Consulta-o em todos os passos da vida. É o melhor amigo que te deixo.
Adeus!... Num momento em que se me apagar a luz dos olhos e reventar-sê-me de todo o fio da vida, nos meus lábios contraídos, o teu nome só, Luiza, será surpreendido pela gelidez da imobilidade!...

Conclusão
No dia 18 de abril de 1867, os leitores das folhas diárias do Rio de Janeiro comentavam uma local, inserta nos noticiários, que para aqui transcrevemos textualmente, escolhendo a que nos pareceu mais minuciosa e exata.
Escrevem-nos de Petrópolis:
Suicidou-se anteontem, na sua residência, à boca da noite, o distintíssimo cavalheiro e considerado capitalista dessa praça, Alberto M. de Freitas, que para aqui viera, há meses, passar os primeiros tempos da sua vida conjugal.

Lourenço Ferreira da Silva Leal

Serviu-se para esse fim de um par de pistolas, que disparou simultaneamente nos ouvidos, penetrando-lhe os projéteis na massa encefálica, como foi verificado na respectiva autópsia.

Não se sabe com certeza o motivo que levou o desditoso cavalheiro a tão lastimável atentado. Supõe-se, com visos de probabilidade, que muito concorreu, senão totalmente, para tal resolução, uma enfermidade que o afligia de há muito e que se exacerbara nos últimos dias. Consta mais que fora, há pouco, a Barbacena consultar o ilustre médico, Barão de P***, e que de lá voltara inteiramente desanimado de restabelecer-se.

Deixou três cartas: uma endereçada à sua jovem e inconsolável esposa, outra ao seu amigo e sócio Pedro de Oliveira e a última ao dr. Paulo de Andrade.
Concorreram-lhe ao enterro todas as pessoas gradas de Petrópolis, testemunhando assim as simpatias e a consideração de que gozava o ilustre finado.

1885

[*Um Homem Gasto*. Uberlândia (MG): O Sexo da Palavra, 2019]

Raúl Pompéia
(1863-1895)

Romancista brasileiro conhecido pelo seu Bildungsroman *O Ateneu*. Republicano e abolicionista, estudou no Imperial Colégio de D. Pedro II em Rio de Janeiro (o modelo do colégio no romance) e na Faculdade de Direito da Universidade de São Paulo. Trabalhou em diversos jornais, e publicou *O Ateneu* como folhetim na *Gazeta de Notícias*. Logo da proclamação da República, foi nomeado diretor da Biblioteca Nacional e presidente da Academia de Belas Artes, mas depois da morte de Floriano Peixoto, durante a presidência de Prudente de Morais, foi expulsado dos dois trabalhos. Suicidou-se, deixando uma declaração que era um homem honesto.

O Ateneu, que tem como subtítulo "Crônica de saudades", é um dos primeiros romances brasileiros que abordam o tema dos relacionamentos homossexuais, embora de modo secundário. É sobre tudo um romance sobre a decadência moral num liceu nos últimos anos do Império brasileiro, com características típicas do *Bildungsroman*. O "ateneu" em questão, "o grande colégio da época" (13), aberto só a rapazes, é dirigido por Aristarco Argolo de Ramos, parente do Visconde de Ramos, e forma uma parte importante da cultura imperial no final do largo reinado de Dom Pedro II. O jovem narrador, deixado por seu pai no colégio no começo do romance, é advertido muito cedo da subordinação dos mais novos aos mais velhos:

> Os génios fazem aqui dois sexos, como se fôsse uma escola mista. Os rapazes tímidos, ingênuos, sem sangue, são brandamente impelidos para o sexo da fraqueza; são dominados, festejados, pervertidos como meninas ao desamparo. Quando, em segrêdo dos pais, pensam que o colégio é a melhor das vidas, com o acolhimento dos mais velhos, entre brejeiro e afetuoso, estão perdidos ...Faça-se homem, meu amigo! Comece por não admitir protetores. (33-34)

Mais para frente o narrador, já formando parte de esse grupo dos mais velhos, percebe as atrações dos mais novos: "os risonhos meninos nus, fraternais, em gêsso puro e inocência. Senti-me velho. Que longa viagem de desenganos!" (121) e faz um comentário sobre "a educação do instinto sexual" (97). O narrador recebe uma carta difamante de "Cândida", pseudónimo do professor Cândido, que o acusa de formar parte dum grupo de "mulheres" dentro do colégio: "É muito grave o que tenho a fazer. Amanhã é o dia de justiça! É para prevenir: todo aquêle que direta ou indiretamente se acha envolvido nesta miséria ... tenho a lista dos comprometidos ... e que negar espontâneo auxílio ao procedimento da justiça, será reputado cúmplice e como tal: punido!" (133). No troço selecionado aqui, do capítulo 9 do romance, o narrador fica fascinado por um dos parceiros, mas quando essa atração fica explícita sua atitude converte-se em frialdade.

O Ateneu

Capítulo 9
A anistia dos revolucionários aproveitou por extensão aos execrandos réus da moralidade. Já frouxa a fibra dos rigores, Aristarco despediu-os do gabinete com a penitência de algumas dezenas de páginas de escrita e reclusão por três dias numa sala. Desprestigiava-se a lei, salvavam-se, porém, muitas coisas, entre as quais o crédito do estabelecimento, que nada tinha a lucrar com o escândalo de um grande número de expulsões. Quanto ao encerramento dos culpados na trevosa cafua, impossível, que lá estava o Franco, por exigência expressa do Silvino, como causador primeiro das inqualificáveis perturbações da ordem no *Ateneu*.

Esta resolução agradou-me sumamente. Pena seria, na verdade, que perdesse eu, logo depois de Bento Alves, tão desastradamente concluído na história sentimental das minhas relações, o meu amigo Egbert.

Adquirira-o com a transição para as aulas secundárias, onde o encontre com outros adiantados. Vizinhos de banco, compreendemo-nos, mutuamente simpáticos, como se um propósito secreto de coisa necessária tivesse guiado o acaso da colocação.

Conheci pela primeira vez a amizade. A insignificância cotidiana da vida escolar em que a gente se aborrece, é favorável ao desenvolvimento de inclinações mais sérias que as de simples conveniência menineira. O aborrecimento é um feitio da ociosidade, e da mãe proverbial dos vícios gera-se também o vício de sentir.

A convivência do Sanches fôra apenas como o afeiçoamento aglutinante de um sinapismo, intolerável e colado, espécie de escravidão preguiçosa da inexperiência e do temor; a amizade de Bento Alves fôra verdadeira, mas do meu lado havia apenas gratidão, preito à força, comodidade da sujeição voluntária, vaidade feminina de dominar pela fraqueza, todos os elementos de uma forma passiva de afeto, em que o dispêndio de energia é nulo, e o sentimento vive de descanso e de sono. Do Egbert, fui amigo. Sem mais razões, que a simpatia não se argumenta. Fazíamos os temas de colaboração; permutávamos significados, ninguém ficava a dever. Entretanto, eu experimentava a necessidade deleitosa da dedicação. Achava-me forte para querer bem e mostrar. Queimava-me o ardor inexplicável do desinterêsse. Egbert merecia-me ternuras de irmão mais velho.

Tinha o rosto irregular, parecia-me formoso. De origem inglesa, tinha os cabelos castanhos entremeados de louro, uma alteração exótica na pronúncia, olhos azuis de estrias cinzentas, oblíquos, pálpebras negligentes, quase a fechar, que se rasgavam, entretanto, a momentos de conversa, em desenho gracioso e largo.

Vizinhos ao dormitório, eu, deitado, esperava que ele dormisse para vê-lo dormir e acordava mais cedo para vê-lo acordar. Tudo que nos pertencia, era comum. Eu por mim positivamente adorava-o e o julgava perfeito. Era elegante, destro, trabalhador, generoso. Eu admirava-o, desde o coração, até a cor da pele e à correção das formas. Nadava como as toninhas. A água azul fugia-lhe diante em marulho, ou subia-lhe aos ombros banhando de um lustre de marfim polido a brancura do corpo. Dizia as lições com calma, dificilmente às vezes, embaraçado por aspirações ansiosas de asfixia. Eu mais o prezava nos acessos doentios da angústia. Sonhava que ele tinha morrido, que deixara bruscamente o *Ateneu*; o sonho despertava-me em susto, e eu, com alívio, avistava-o tranqüilo, na cama próxima, uma das mãos sob a face, compassando a respiração ciciante. No recreio, éramos inseparáveis, complementares como duas condições recíprocas de existência. Eu lamentava que uma ocorrência terrível não viesse de qualquer modo ameaçar o amigo, para fazer valer a coragem do sacrifício, trocar-me por ele no perigo, perder-me por uma pessoa de quem nada absolutamente desejava. Vinham-me reminiscências dos exemplos históricos de amizade; a comparação pagava bem.

No campo dos exercícios, à tarde, passeávamos juntos, voltas sem fim, em palestra sem assunto, por frases soltas, estações de borboleta sobre as doçuras de um bem-estar mútuo, inexprimível. Falávamos baixo, bondosamente, como temendo espantar com a entonação mais alta, mais áspera, o favor de um gênio benigno que estendia sobre nós a amplidão invisível das asas. *Amor unus erat.*

Vidas escandalosas

Entrávamos pelo gramal. Como ia longe o burburinho de alegria vulgar dos companheiros! Nós dois sós! Sentávamo-nos à relva. Eu descansando a cabeça aos joelhos dele, ou ele aos meus. Calados, arrancávamos espiguilhas à grama. O prado era imenso, os extremos escapavam já na primeira solução de crepúsculo. Olhávamos para cima, para o céu. Que céus de transparência e de luz! Ao alto, ao alto, demorava-se ainda, em cauda de ouro, uma lembrança de sol. A cúpula funda descortinava-se para as montanhas, diluição vasta, tenuíssima de arco-íris. Brandos reflexos de chama; depois, o belo azul de pano, depois a degeneração dos matizes para a melancolia noturna, prenunciada pela última zona de roxo doloroso. Quem nos dera ser aquelas aves, duas, que avistávamos na altura, amigas, declinando o vôo para o ocaso, destino feliz da luz, em pleno dia ainda, quando na terra iam por tudo as sombras!

Outras vezes, subíamos ao duplo trapézio. Embalávamo-nos primeiro brando, afrontando a carícia rápida do ar. Pouco a pouco aumentava o balanço e arriscávamos loucuras de arremesso, assustando o *Ateneu*, levados em vertigem, distendidos os braços, pés para frente, cabeça para baixo, cabelos desfeitos, ébrios de perigos, ditosos se as cordas rompessem e acabássemos os dois, ali, como uma só vida, no mesmo arranco.

Líamos muito em companhia. Páginas que não terminavam, de leituras delicadas, fecundas em cisma: Robinson Crusoé, a solidão e a indústria humana; *Paulo e Virgínia*, a solidão e o sentimento. Construíamos risonhas hipóteses: que faria um de nós, vendo-se nos aparos de uma ilha deserta?

– Eu, por mim, iniciava logo uma furiosa propaganda a favor da imigração e ia clamar às praias, até que me ouvisse o mundo.

– Eu faria coisa melhor: decretava preventivamente o casamento obrigatório e punha-me a esperar pelo tempo.

A pastoral de Bernardin de Saint-Pierre foi principalmente o nosso enlevo. Parecia-nos ter o poema no coração. *A baia do Túmulo*, de águas profundas e sombrias, festejada apenas algumas horas pelo sol a prumo, em suave tristeza sempre; ao longe, por uma bocaina, a fachada, à vista, branca, da igreja rústica de Pamplemousses.

Ideávamos vagamente, mas inteiramente, na meditação sem palavras do sentimento, quadro de manchas sem contorno, ideávamos bem as cenas que líamos da singela narrativa, almas que se encontram, dois coqueiros esbeltos crescendo juntos, erguendo aos poucos o feixe de grandes folhas franjadas, ao calor da felicidade e do trópico. Compreendíamos os pequeninos amantes de um ano, confundidos no berço, no sono, na inocência.

Revivíamos o idílio todo, instintivo e puro. "Virginie, elle sera heureuse!..." Animávamo-nos da animação daquelas correrias de crianças na liberdade agreste, gozávamos o sentido daquela topografia de denominações originais – descobertas da Amizade, Lágrimas Enxugadas, ou de alusões à pátria distante. Ouvíamos palmear a revoada dos pássaros, disputando, ao redor de Virgínia, a ração de migalhas. Percebíamos sem raciocínios a filosofia sensual da mimosa entrevista.

"*Est-ce par ton esprit? Mais nos mères en ont plus que nous deux. Est-ce par tes caresses? Mais elles m'embrassent plus souvent que toi... Je crois que c'est par ta bonté... Mais, auparavant, repose-toi sur mon sein et je serai délassé. – Tu me demandes pourquoi tu m'aimes. Mais tout ce qui a été élevé ensemble s'aime. Vois nos oiseaux élevés dans les mêmes nids, ils s'aiment comme nous; ils sont toujours ensemble comme nous. Écoute comme ils s'appellent et se répondent d'un arbre à l'autre...*"

Confrangia-nos, enfim, ao voltar das páginas, a dificuldade cruel das objeções de fortuna e de classe, o divórcio das almas irmãs, quando os coqueiros ficavam juntos. E a iminência constritora do austro, da catástrofe, a lua cruenta de presságios sobre um céu de ferro...

E guardávamos do livro, cântico luminoso de amor sobre a surdina escura dos desesperos da escravidão colonial, uma lembrança, misto de pesar, de encanto, de admiração. Que tanto pôde o poeta: sobre o solo maldito, onde o café floria e o níveo algodão e o verde claro dos milhos de uma rega de sangue, altear a imagem fantástica da bondade. Virgínia coroada; como o capricho onipotente do sol, formando em glória os filetes vaporosos que os muladares fumam, que um raio chama acima e doura.

Com o Egbert experimentei-me às escondidas no verso. Esboçamos em colaboração um romance, episódios medievais, excessivamente trágicos, cheios de luar, cercados de ogivas, em que o mais notável era um combate devidamente organizado, com fuzilaria e canhões, antecipando-se de tal maneira a *invenção de Schwartz*,[1] que ficávamos para todo o sempre, em literatura, a salvo da increpação de não descobrir a pólvora.

---

[1] Berthold Schwarz, franciscano e alquimista do século XIV de Freiburg im Breisgau. Segundo a lenda, ele descobriu a pólvora negra.

Vidas escandalosas

Quando ouvi-lhe o nome, à chamada dos comprometidos no processo, sofri como a surpresa de um golpe. Desesperou-me não achar o meio de compartir com ele a vergonha.

Qual a espécie de cumplicidade que se atribuía? Não quis saber; fosse o mais torpe dos réus, era o meu amigo: tudo que sofresse, muito culpado embora, era, no meu conceito, uma provação da fatalidade. E fazia-me estremecer a idéia de que iam maltratar criatura tão mansa, tão complacente, tão amável, feita de sensibilidade e brandura, contra quem o mal seria sempre uma injustiça, que eu prezaria com todos os defeitos, com todas as máculas, na facilidade de perdão das cegueiras sentimentais, estranhezas da preferência, que envolve tudo, no ser querido, a frase límpida do olhar ou o cheiro acre, mesmo impuro, da carne.

Quando nos tornamos a ver, nenhum teve para o outro a mínima palavra; ficamos a um banco, lado a lado, em expansivo silêncio. E nunca, depois, nem por alusão distante, nos referimos ao caso. Coincidência instintiva de um respeito recíproco, ódio talvez comum de uma recordação ominosa.

Desde o mês de julho do ano anterior, cursava os estudos elementares das línguas, alegrando-me a aquisição do vocábulo estrangeiro, comércio com a linguagem dos grandes povos, como se provasse a goles a civilização, como se bebesse a realidade do movimento humano nos países remotos que os cosmoramas pintam, em que vagamente acreditávamos como se acredita em romances.

Seguiu-se a maçada dos intermináveis temas.

Nas aulas superiores, a facilidade adquirida amenizava o trabalho. As páginas sorriam de literatura, com o sorriso conhecido dos objetos familiares.

Os professores eram bons e moderados. O de francês, M. Delille, nome de poeta[2] aplicado a um urso, honrado urso, inofensivo e benévolo; saudoso do terceiro império, cujo desastre o deportara para a vida de aventuras além-mar; barbado como um colchão de crinas, por um vigor de cabelo denso, luxuriante, ruivo queimado no lugar da boca, mais longe preto, através do qual passavam-nos simultaneamente baforadas expressivas de cachaça e *regras de Halbout*. O professor de inglês, Dr.

---

[2] Jacques Delille (1738-1813), poeta francês que ganhou destaque nacional com sua tradução de *Georgics* de Virgílio. Ele mal sobreviveu ao massacre da Revolução Francesa e viveu alguns anos fora da França, da mesma forma que o personagem que leva seu nome no romance.

Raúl Pompéia

Velho Júnior, nome de contradição ainda, o melhor dos homens; zeloso, explicador detalhado, sem exaltar-se nunca, calvo como a ocasião, mas que excelente ocasião de se estimar e querer bem!

A companhia do Egbert ultimava a situação e o estudo era uma festa.

Professor Venâncio lecionava também inglês; escapei-lhe às garras, felizmente: uma fera! chatinho sob o diretor, terrível sobre os discípulos; a um deles arremessou-o contra um registro de gás, quebrando-lhe os dentes. Mânlio, além das primeiras letras, regia a cadeira especial de português.

Graças ao estudo do outro ano, alcancei sofrivelmente o meu atestado de vernaculismo, garantido pela competência oficial; graças também às tinturas do latim, em que me iniciara o padre-mestre Frei Ambrósio, respeitável, de nariz entupido, gesticulando com o Alcobaça, rezando a artinha com a entonação oca e funda das missas contadas, consumidor de rapé por um convento, culpado, assim, de cheirar-me ainda hoje a Paulo Cordeiro o magnífico *idioma do qui, quoe, quod*, e produzir-me espirros uma simples reminiscência de Salústio.[3]

Era costume no Ateneu licenciar-se um pouco do regimento da casa a estudante de certa ordem, que estivesse em véspera de exame. Saia-se então para o jardim com os livros e a comodidade do trabalho a bel-prazer. Companheiros sempre, aproveitávamos, eu e o Egbert, com toda vontade, a regalia consuetudinária. Antes da data memorável do francês, muito passeamos pelas avenidas de sombra Chateaubriand, Corneille, Racine, Molière. O teatro clássico dava para grandes efeitos de declamação. Quanta tragédia perdida sobre as folhas secas! Quanto gesto nobre desperdiçado! Quantas soberbas falas confiadas à viração leviana e passageira!

Um era Augusto, outro Cina; um Nearco, outro Poliúto; um Horácio, outro Curiácio, D. Diogo e o Cid, Joas e Joad, Nero e Burro, Filinto e Alceste, Tartufo e Cleanto. O arvoredo era um cenário deveras. Dialogávamos, com toda a força das encarnações dramáticas, a bravura cavalheiresca, o civismo romano, as apreensões de rei ameaçado, o heroísmo da fé, os arrufos da misantropia, as sinuosidades do hipócrita. Uma estátua de deusa anônima, de louça esfolada, verde de velhice, constituía o auditório,

---

[3] Caio Salústio Crispo (86 a.C.-34 a.C), um dos grandes escritores e poetas da literatura latina, sobretudo pelos relatos sobre a política da República Romana.

auditório atento fixamente, comedido, sem demasias de aplauso nem reprovação, mas constante e infatigável.

Para o desempenho dos papéis femininos havia dificuldades; cada um queria a parte mais enérgica do recitativo. Tirava-se a sorte; e, segundo o acaso, um de nós ou o outro enfiava sem cerimônia as saias de qualquer dama e ia perfeita a *toilette* do sentimento, noivado de Chimène, desespero de Camila, luto de Paulina, ambição de Agripina, soberania de Ester, astúcia de Elmira, dubiedade de Celiméne. Outro papel custoso de distribuir era o de Burro, papel honesto, entretanto, e altamente simpático. Ninguém o queria fazer, o virtuoso conselheiro de Nero.

Melhor que a prerrogativa do estudo livre era uma espécie de prêmio, não catalogado nos estatutos, com que Aristarco gentilmente obsequiava *os distintos*. Levava-os a jantar em sua casa, uma honra! à mesma toalha com a Princesa Melica, dos olhos grandes.

Quis o bom fado que obtivéssemos, os dois amigos, a prezada nota, e, registre-se perene! examinados pelo Professor Courroux, o tremendo *Catão das bolas pretas*, terror universal dos *bichos!*

O diretor recebeu-me da Instrução com um abraço contrafeito de estilo; percebi que ainda escorria a fístula dos ressentimentos. Convidado Egbert, força era que o fosse eu também, e o fui, demi vontade, por fórmula. Cumpria-me forjar pretexto e recusar o convite, mas atraia-me certo número de curiosidades, por exemplo: ver como comia a Melica, uma coisa de subido interesse.

Lembro-me, entretanto, que havia flores sobre a mesa, que estava a queimar a sopa; não reparei sequer se esteve presente a filha do diretor.

Uma atenção absorveu-me exclusiva e única. D. Ema reconheceu-me: era aquele pequeno das madeixas compridas! Conversou muito comigo. Um fiapo branco pousava-me ao ombro do uniforme; a boa senhora tomou-o finamente entre os dedos, soltou-o e mostrou-me, sorrindo, o fio levíssimo a cair lentamente no ar calmo... Estava desenvolvido! Que diferença do que era há dois anos. Tinha idéia de haver estado comigo rapidamente, no dia da exposição artística...

– Um peraltinha! interrompeu Aristarco, entre mordaz e condescendente, de uma janela a cujo vão conversava com o Professor Crisóstomo.

Eu quis inventar uma boa réplica sem grosseria, mas a senhora me prendia a mão nas dela, maternalmente, suavemente, de tal modo que me prendia a vivacidade também, prendia-me todo, como se eu existisse apenas naquela mão retida.

Depois da interrupção de Aristarco, não sei mais nada precisamente do que se passou na tarde.

Miragem sedutora de branco, fartos cabelos negros colhidos para o alto com infinita graça, uma rosa nos cabelos, vermelha como são vermelhos os lábios e os corações, vermelha como um grito de triunfo. Nada mais. Ramalhetes à mesa, um caldo ardente, e sempre a obsessão adorável do branco e a rosa vermelha.

Estava a meu lado, pertinho, deslumbrante, o vestuário de neve. Serviam-me alguns pratos, muitas carícias; eu devorava as carícias; Não ousava erguer a vista. Uma vez ensaiei. Havia sobre mim dois olhos perturbadores, vertendo a noite. Parece que me olhava também, não tenho certeza, do outro lado, por entre as flores, o Professor Crisóstomo. Empossado no seu grande orgulho, que mesmo em casa fazia valer, Aristarco presidia: tão alto, porém, e tão longe, que dir-se-ia um ausente.

De volta ao *Ateneu*, senti-me grande. Crescia-me o peito indefinivelmente, como se me estivesse a fazer homem por dilatação. Sentia-me elevado, vinte anos de estatura, um milagre. Examinei então os sapatos, a ver se haviam crescido os calcanhares. Nenhum dos sintomas estranhos constatei. Mas uma coisa apenas: olhava agora para Egbert como para uma recordação e para o dia de ontem.

Daí começou a esfriar o entusiasmo da nossa fraternidade.

1888

[*O Ateneu*. Rio de Janeiro: Edições de Ouro, 1965]

Julián del Casal

(La Habana 1863-1893)

Poeta y periodista, una de las voces mayores de la poesía cubana del siglo XIX. Iniciador del Modernismo junto a Manuel Gutiérrez Nájera y José Asunción Silva. Colaboró en importantes publicaciones periódicas cubanas y extranjeras, particularmente con *La Habana Elegante, El Fígaro* y *La Habana Literaria*. A pesar de sus ansias por conocer otras tierras, solo visitó Madrid brevemente en 1888. Publicó las colecciones poéticas *Hojas al viento* (1890) y *Nieve* (1892). Antes de morir súbitamente por un aneurisma que le ocasionó un ataque de risa, el 21 de octubre de 1893, había dejado lista las pruebas de un nuevo libro de poemas: *Bustos y rimas* (1893). Como ha sucedido con la mayoría de los escritores modernistas, con el paso de los años se empezó a estudiar su prosa, y particularmente sus crónicas, que se consideran hoy como excelentes reflejos de La Habana que recorría vestido con un kimono japonés.

Casal debió enfrentar por años el reto de haber escrito una poesía hedonista en un momento nacionalista, de poseer una personalidad queer y de defender en sus textos zonas "raras" de la sexualidad. En su magnífico estudio *Erotismo y representación en Julián del Casal*, Oscar Montero afirma: "Lo erótico en la obra de Casal se vela, se disfraza, se borra retóricamente y sin embargo insiste casi violentamente en todo lo que escribe. El 'problema' del erotismo de Casal es el problema de una tradición crítica que ha manejado incómodamente el tema" (ii).

Su condición enfermiza contrasta con las hazañas, públicas e íntimas, de muchos de los sujetos que representa en sus textos. Esta especie de desdoble coincide con su amor por el disfraz, por las máscaras –según Lezama, que pudo verla, la máscara japonesa que atesoraba Casal representaba un guerrero–, por los retratos –que coleccionaba–, en fin, por lo performático, lo que podría revelar una identidad ambigua y un descontento intenso con el cuerpo propio. Hemos seleccionado poemas, un relato y una carta que reflejan tanto ese descontento como la intensa admiración que le hicieron sentir los cuerpos de los otros.

Vidas escandalosas

Autobiografía

Nací en Cuba. El sendero de la vida
firme atravieso, con ligero paso,
sin que encorve mi espalda vigorosa
la carga abrumadora de los años.

Al pasar por las verdes alamedas,
cogido tiernamente de la mano,
mientras cortaba las fragantes flores
o bebía la lumbre de los astros,
vi la Muerte, cual pérfido bandido,
abalanzarse rauda ante mi paso
y herir a mis amantes compañeros,
dejándome, en el mundo, solitario.

¡Cuán difícil me fue marchar sin guía!
¡Cuántos escollos ante mí se alzaron!
¡Cuán ásperas hallé todas las cuestas!
Y ¡cuán lóbregos todos los espacios!
¡Cuántas veces la estrella matutina
alumbró, con fulgores argentados,
la huella ensangrentada que mi planta
iba dejando, en los desiertos campos,
recorridos en noches tormentosas,
entre el fragor horrísono del rayo,
bajo las gotas frías de la lluvia
y a la luz funeral de los relámpagos!

Mi juventud, herida ya de muerte,
empieza a agonizar entre mis brazos,
sin que la puedan reanimar mis besos,
sin que la puedan consolar mis cantos.
Y al ver, en su semblante cadavérico,
de sus pupilas el fulgor opaco
–igual al de un espejo desbruñido–,
siento que el corazón sube a mis labios,

Julián del Casal

cual si en mi pecho la rodilla hincara
joven titán de miembros acerados.[1]

Para olvidar entonces las tristezas
que, como nube de voraces pájaros
al fruto de oro entre las verdes ramas,
dejan mi corazón despedazado,
refúgiome del Arte en los misterios
o de la hermosa Aspasia[2] entre los brazos.

Guardo siempre, en el fondo de mi alma,
cual hostia blanca en cáliz cincelado,
la purísima fe de mis mayores,
que por ella, en los tiempos legendarios,
subieron a la pira del martirio,
con su firmeza heroica de cristianos,
la esperanza del cielo en las miradas
y el perdón generoso entre los labios.

Mi espíritu, voluble y enfermizo,
lleno de la nostalgia del pasado,
ora ansía el rumor de las batallas,
ora la paz de silencioso claustro,
hasta que pueda despojarse un día,
—como un mendigo del postrer andrajo—
del pesar que dejaron en su seno
los difuntos ensueños abortados.
Indiferente a todo lo visible,
ni el mal me atrae, ni ante el bien me extasío,
como si dentro de mi ser llevara

---

[1] En esta imagen poética, el sujeto se enfrenta a un titán que lo derriba en un cuerpo a cuerpo tal vez más erótico que bélico.
[2] Aspasia de Mileto, maestra de retórica que tuvo gran influencia política en la Atenas del siglo V a.n.e por su relación con Pericles y, luego de la muerte de este, con Lisicles. Tuvo también fama de cortesana, y de rentar un burdel, aunque esa teoría ha sido desechada hoy día. Tal vez Casal sigue aquí la idea de una Aspasia cortesana, pero no deja de ser interesante que se trate de una mujer con un poder cultural y político a la par del de los grandes hombres de su época, una especie de Sócrates femenino, como la presenta Cicerón.

Vidas escandalosas

el cadáver de un Dios, ¡de mi entusiasmo!
Libre de abrumadoras ambiciones,
soporto de la vida el rudo fardo,
porque me alienta el formidable orgullo
de vivir, ni envidioso ni envidiado,
persiguiendo fantásticas visiones,
mientras se arrastran otros por el fango
para extraer un átomo de oro
del fondo pestilente de un pantano.

De *Hojas al viento*, 1890

[Tomado de *Páginas de vida. Poesía y prosa*. Ángel Augier, comp. Caracas: Biblioteca Ayacucho, 2007]

Julián del Casal. Fuente: La Habana Elegante.

Julián del Casal

El camino de Damasco

A Manuel Gutiérrez Nájera

Lejos brilla el Jordán de azules ondas
que esmalta el Sol de lentejuelas de oro,
atravesando las tupidas frondas,
pabellón verde del bronceado toro.
Del majestuoso Líbano en la cumbre
erige su ramaje el cedro altivo,
y del día estival bajo la lumbre
desmaya en los senderos el olivo.

Piafar se escuchan árabes caballos
que, a través de la cálida arboleda,
van levantando con sus férreos callos,
en la ancha ruta, opaca polvareda.

Desde el confín de las lejanas costas,
sombreadas por los ásperos nopales,[3]
enjambres purpurinos de langostas
vuelan a los ardientes arenales.

Ábrense en las llanuras las cavernas
pobladas de escorpiones encarnados,
y al borde de las límpidas cisternas
embalsaman el aire los granados.

En fogoso corcel de crines blancas,
lomo robusto, refulgente casco,
belfo espumante y sudorosas ancas,
marcha por el camino de Damasco,

---

[3] Especie anacrónica en el contexto del poema. Casal parece ignorar que los nopales son endémicos de México.

Vidas escandalosas

Saulo, elevada su bruñida lanza
que, a los destellos de la luz febea,
mientras el bruto relinchando avanza,
entre nubes de polvo centellea.

Tras las hojas de oscuros olivares
mira de la ciudad los minaretes,
y encima de los negros almenares
ondear los azulados gallardetes.

Súbito, desde lóbrego celaje
que desgarró la luz de hórrido rayo,
oye la voz de célico mensaje,
cae transido de mortal desmayo,

bajo el corcel ensangrentado rueda,
su lanza estalla con vibrar sonoro
y, a los reflejos de la luz, remeda
sierpe de fuego con escamas de oro.[4]

De *Nieve*, 1892

[Tomado de *Páginas de vida. Poesía y prosa*. Ángel Augier, comp. Caracas: Biblioteca Ayacucho, 2007]

---

[4] Todo el poderío de Saulo, triunfante sobre ese paisaje apocalíptico que ocupa la mayor parte del poema, es reducido a un desmayo producido por la voz divina. Los últimos versos están cargados de símbolos fálicos –la lanza convertida en sierpe–, mientras la luz, que ha sido catalogada de febea –de Febo, Apolo, por ende, masculina– le hace vibrar.

Julián del Casal

Prometeo[5]

Bajo el dosel de gigantesca roca
yace el Titán, cual Cristo en el Calvario,
marmóreo, indiferente y solitario,
sin que brote el gemido de su boca.
Su pie desnudo en el peñasco toca
donde agoniza un buitre sanguinario
que ni atrae su ojo visionario
ni compasión en su ánimo provoca.

Escuchando el hervor de las espumas
que se deshacen en las altas peñas,
ve de su redención luces extrañas,

junto a otro buitre de nevadas plumas,
negras pupilas y uñas marfileñas
que ha extinguido la sed en sus entrañas.[6]

Venus Anadyomena[7]

Sentada, al pie de verdinegras moles,
sobre la espalda de un delfín cetrino
que de la aurora el rayo purpurino
jaspea de brillantes tornasoles;
envuelta en luminosos arreboles,
Venus emerge el cuerpo alabastrino
frente al húmedo borde del camino
alfombrado de róseos caracoles.
Moviendo al aire las plateadas colas,
blancas nereidas surgen de las olas

---

[5] Este poema y el siguiente forman parte de una serie de Casal en la que homenajea a Gustave Moreau y en el que explora sexualidades diversas.
[6] "Prometeo" muestra otra variante del héroe entregado al sufrimiento y la rajadura de su carne.
[7] Representación de la diosa Afrodita saliendo del mar, en el momento de su nacimiento, muy visitada por los pintores de todas las épocas desde la que realizó el pintor griego Apeles, hoy desaparecida, que conocemos por la descripción que de ella hace Plinio en *Naturalis Historia*.

Vidas escandalosas

y hasta la diosa de ojos maternales
llevan, entre las manos elevadas,
níveas conchas de perlas nacaradas,
ígneas ramas de fúlgidos corales.[8]

De *Nieve*, "Mi museo ideal (Diez cuadros de Gustavo Moreau)", 1892

[Tomado de *Páginas de vida. Poesía y prosa*. Ángel Augier, comp. Caracas: Biblioteca Ayacucho, 2007]

Carta a Magdalena Peñarredonda

Habana, 1 de agosto de 1890

Sra. Magdalena Peñarredonda
Mi buena e inolvidable amiga:

Cuando me disponía a dirigirle severos reproches por su largo e inmotivado silencio, me trajo el correo un sobre que contenía dos retratos, uno de Poe y otro de Turguéniev, enviado por usted; pero sin una sola línea, contra lo que esperaba, para refrescar un momento mi corazón.

Nada le digo de los retratos, porque usted adivinará la sorpresa agradable que me proporcionó el recibirlos.

He sabido, por Ana María, que está usted pasando una temporada divertidísima en uno de los pueblos cercanos a New York y que, por ahora, no piensa usted volver.

Lo primero me agrada, pero lo segundo no.

A pesar de que estoy colocado en La Discusión,[9] gano lo suficiente para cubrir mis necesidades y gozo de simpatías generales, nunca he estado más aburrido, más desencantado y más descontento que ahora. Estoy como una persona que se encontrara de visita en una casa de gentes insoportables y no pudiera salir a la calle porque estaba cayendo

---

[8] En el cuadro de Moreau que sirve de inspiración a este poema dos figuras rinden tribute a Venus: una mujer que le ofrece una concha, y un hombre que le ofrece un coral. En el poema de Casal ambas figuras, tributarias de estos símbolos sexuales, son femeninas.
[9] Otra revista en la que colaboró Casal.

una tempestad de agua, viento, vapor y truenos. Estoy de Cuba hasta por encima de las cejas. Ya no veo nada.

Y más que de Cuba, de sus habitantes.

Solo he encontrado, en estos tiempos, una persona que me ha sido simpática.

¿Quién se figura usted que es? Maceo.[10]

Ya sabrá usted que vino a La Habana por algunos meses. Pues bien; nadie me ha agradado tanto como él.

Es un hombre bello, de complexión robusta, dotado de una inteligencia clarísima y de un gran corazón. tiene una voluntad de hierro y un entusiasmo épico por la causa de la independencia de Cuba. Este, su único ideal. Aunque yo soy enemigo acérrimo de la guerra, me he convencido, al oírlo hablar, de que es necesaria e inevitable. Creo que dentro de un año estaremos en la manigua. Hay mucha desesperación y, como usted sabe, esa es la que puede llevarnos a pelear. Resumiendo mi juicio sobre Maceo le diré que, después de Carmela y de usted, es la persona que más quiero y la que me ha reconciliado algo con la vida, infundiéndome un poco de amor patrio entre la negrura de mi corazón.

Yo no sé si esa simpatía que siento por nuestro general es efecto de la neurosis que tengo y que me hace admirar los seres de condiciones y cualidades opuestas a las mías; pero lo que le aseguro es: que pocos hombres me han hecho una impresión tan grande como él.

Ya se ha marchado y no sé si volverá.

Después de todo me alegro, porque las personas aparecen mejores a nuestros ojos vistas desde lejos.

Supongo que Carmela le habrá participado que Manolo se recibió y se han ido a Remedios. Allí creo que están bien, sobre todo mejor que en La Habana.

Ana María me encargó que pidiera a París unos libros de Paul Bourget que usted desea y que no se encuentran en La Habana. Ya lo he hecho y vendrán de aquí a mes y medio o dos meses.

Hoy pienso ir a comer con ella y, como es natural, hablaremos mucho de usted.

---

[10] Antonio Maceo y Grajales (1845-1896), el Titán de Bronce, Teniente General del Ejército Libertador cubano. Casal se reúne con él en la primavera de 1890, unas semanas después, Maceo dedica su retrato a Casal –incluido en esta antología–, y luego Casal se hace retratar con el hombre que le inspiró tamaña admiración. La foto de ambos, hoy desaparecida, junta dos cuerpos dispares de la misma nación: el del guerrero descendiente de esclavos y el del poeta.

Vidas escandalosas

No se puede usted figurar el deseo que tengo de volverla a ver. Contésteme pronto y disponga de su amigo que mucho la quiere,

Julián del Casal

P. D.: Dispense el papel, la letra, el estilo y todo lo dispensable, porque estoy ocupadísimo y escribo al vapor.

[Tomado de Epistolario. Leonardo Sarría, comp. La Habana: Editorial UH, 2018]

Foto autógrafa de Antonio Maceo. Tomado de Julián del Casal, Epistolario. Leonardo Sarría, comp. Editorial UH, 2018.

Julián del Casal

El amante de las torturas

¿Está el dueño? Pregunté al dependiente de la librería que, con el rostro vuelto hacia la espalda, desde los últimos peldaños de una escalera, clavaba en mí sus pupilas asombradas.
 —Tome asiento —me contestó— que ahora viene.
 Mientras lo aguardaba, yo me puse a hojear, con mano distraída las páginas de un volumen de versos, forrado de seda malva, con rótulo violeta, que descansaba encima de otros varios, hasta que un perfume sutil, mitad de iglesia, mitad de alcoba, me hizo levantar la cabeza, obligándome a tender la vista por mi alrededor.
 Apenas hice un movimiento, mis ojos encontraron, frente por frente, a un joven de alta estatura, vestido con extremada elegancia, que se paseaba indiferentemente por entre los estantes de libros, como un príncipe hastiado por los bazares de esclavas sin fijar su atención en ninguno de ellos. Parecía ser uno de los familiares de la casa, porque le bastaba echar una simple ojeada a los anaqueles, para cerciorarse de que allí se encontraban siempre las mismas obras. Cuando veía, en el suelo, algún libro desconocido, se inclinaba a cogerlo, pero luego lo arrojaba, con visible repugnancia, sin ocuparse del sitio en que iba a caer. Al mirar el pliegue desdeñoso de sus labios, creeríase que había abierto un fruto lleno de gusanos o que había palpado la piel viscosa de un vientre de reptil. Así anduvo algunos instantes, de un extremo a otro de la librería, dejando a su paso la estela de un perfume singular, de un perfume que parecía combinado con granos de incienso y con flores de resedá, cuando lo vi detenerse ante una pila de volúmenes amarillos, dilatar las fosas nasales, ponerse lívido de emoción, abrir sus pupilas fosforescentes y, estirando su mano, como una garra de marfil, apoderarse de uno de los libros que, horizontalmente superpuestos, se escalonaban a sus pies.
 Como el dueño no había regresado, vino a sentarse, con su presa en la mano, cerca de mi asiento, brindándome ocasión para observarlo mejor. A pesar de su juventud, porque representaba a lo sumo unos treinta años, había en su persona tales huellas de cansancio, de agotamiento y hasta de decrepitud, que su figura producía cierto vago malestar. Daba la impresión de un convaleciente que salía del lecho después de una larga y dolorosa enfermedad. Bastaba fijarse en las partes laterales de su cabeza, donde la calvicie abría ya surcos irregulares, en el color vidrioso de sus pupilas, donde las miradas parecían emigrar por algunos

instantes, en el afilamiento de la nariz, donde la respiración se deslizaba con dificultad, en la palidez casi diáfana de su rostro, donde la piel se adhería estrechamente a los huesos, en el arco violáceo de los labios, donde la púrpura de la sangre no brillaba jamás, y en los sacudimientos nerviosos de su persona, donde se advertía el paso del dolor físico que lo obligaba a cambiar frecuentemente de postura; para comprender que en su organismo se operaba, desde hacía algún tiempo, la absoluta descomposición, sin que fuesen poderosas para detenerla, ni la fuerza de sus pocos años, ni la estricta observancia de los más sabios preceptos facultativos.

Inclinada la cabeza sobre el pecho, como el cáliz de una flor sobre su tallo, examinaba las páginas lustrosas del volumen que sostenía encima de sus rodillas, extasiándose en unas, doblando rápidamente otras, hasta que, al llegar el librero, se acercó a hablarle y, con el libro bajo el brazo, desapareció sin saludar.

—¿Quién es ese joven? —pregunté al dueño de la tienda que, acariciándose la barba, sonrió con cierta malignidad.

—Es un antiguo marchante mío, que usted debe haber visto aquí algunas veces. Yo no lo conozco bien, ni creo que nadie se pueda preciar de conocerlo, pero lo tengo por uno de los hombres más raros, más sombríos y más originales que se pueden encontrar. Todas las mañanas, si el día no se presenta nublado, porque entonces se queda en su casa, temeroso del aire húmedo, que le produce no sé qué enfermedad, lo encontrará recorriendo las librerías. Es un hombre que anda siempre a caza de libros, pero no los libros que le agradan a todo el mundo, sino de ciertos libros que solo le he visto comprar a él. Cada semana, me trae una lista de obras que pide al extranjero, por conducto de la casa, los cuales me dejan siempre lleno de estupefacción. Todas tienen unos títulos muy raros, como Campanas en la noche, de un tal Retté,[11] o la Imitación de Nuestra Señora la Luna, de cierto Jules Laforgue que, según me dijo, había sido lector de la Emperatriz Augusta.[12] No siempre

---

[11] Adolphe Retté (París, 1863-1930), poeta simbolista francés, anarquista. *Cloches en la nuit* (1889) fue su primer libro.

[12] Jules Laforgue (Uruguay, 1860-París, 1887), crítico y poeta simbolista. Introductor del verso libre en francés junto a Rimbaud. Obsesionado con la muerte y el spleen, término popularizado por Baudelaire. *L'imitation de Notre-Dame de la Lune* (1886), fue su segundo libro de poesía. Desde noviembre de 1881 hasta 1886 fue una suerte de consejero cultural de la Emperatriz Augusta.

viene lo que encarga, porque el corresponsal me escribe que casi todo está agotado, pero entonces, sin que sepa yo de qué medios se vale él, las llega a conseguir.

—Y ¿qué libro ha comprado hoy?

—Una especie de historia de los martirios que se imponen a los misioneros católicos en las comarcas salvajes. En la biblioteca hay muchas obras de esa índole. Todo cuanto se publica sobre esas materias lo manda de seguida a hacer. Yo le aseguro que no hay otro ente, en el mundo entero, que se le parezca. Le gusta todo lo deforme, lo monstruoso, lo sangriento, lo torturado, lo que le hace sufrir. Es un hombre que se martiriza para conjurar el spleen.[13] ¿No ha notado usted que muchas veces se introduce la mano por lo alto del pantalón y que, a los pocos momentos, empieza a hacer contorsiones al andar? Pues es porque lleva un cilicio a la cintura y, cada vez que se le afloja, se lo ciñe a la piel. Además, usa siempre un perfume muy extraño, un perfume de templo, a la vez que de lupanar, un perfume que se respira en su casa por todas partes.

—¿Ha estado usted en ella alguna vez?

—Sí, una vez estuve, pero no pienso volver más.

—¿Le pasó a usted algo malo?

—No me pasó nada, pero me quedé más de una semana sin dormir. Imagínese que ese hombre vive, en un barrio lejano, casi fuera de la población, por el que no se encuentran más que tipos enfermos, siniestros y espectrales. Vista por fuera, su casa no tiene nada de extraño, como no sea su estado ruinoso, capaz de amedrentar al que se pasee por debajo de sus balcones. Pero desde que traspasa el umbral, donde se encuentra un viejo paralítico, con unos espejuelos verdes y una barba blanca, que le cubre todo el pecho, se experimenta cierta opresión, cierto temor a algo inexplicable, cierto malestar análogo al que nos produciría la entrada en un panteón. Uno siente el deseo de alejarse, de echar a correr, como al abrir los ojos después de una noche de pesadilla, pero al mismo tiempo se encuentra uno dominado por una fuerza misteriosa que le paraliza la acción. Hay mañanas que, al verlo llegar, me ataca el deseo de interrogarle acerca de su modo de vivir, pero es tan frío, tan silencioso, tan despreciativo que nunca me atrevo a satisfacer mi curiosidad.

—Pero, por fin, ¿qué vio usted en aquella casa?

---

[13] Esplín: bazo, hipocondria. Referido aquí a la melancolía, el hastío de vivir.

—Después que el portero, por medio de un niño, rubio como un ángel y hermoso como un efebo, anunció mi visita, se me ordenó subir al piso superior. Yo fui introducido, en un gabinete, severamente amueblado, pero donde nada me hería por su extrañeza. Empezaba a atribuir mi sensación de malestar a aquel perfume de que le he hablado a usted al principio. Lo único que me inquietaba era que el hombre tardaba en salir. Libre ya por completo de preocupaciones, comencé a escuchar, en el silencio de la pieza, una especie de chasquido acompañado de sollozos, como si se azotase a alguno en la casa, pero alguno que se encontraba imposibilitado para exhalar su dolor. Al mismo tiempo, el perfume se hacía más intenso, como también me parecía que una bocanada de humo se escapaba por la cerradura de la puerta inmediata. Ya me disponía a bajar, cuando vi deslizarse por una galería contigua, a una hermana de la Caridad, ajustándose la toca, que llevaba en la mano derecha un nimbo de oro, y, bajo el mismo brazo, un manto de Dolorosa, todo de terciopelo negro, cuajado de estrellas. Detrás de ésta apareció otra hermana, pálida y sofocada, que doblaba una túnica de merino azul, de ésas que envuelven los cuerpos de las Magdalenas en las antiguas pinturas italianas. Y, por último, después de las dos, surgió a mi vista la parte superior de una cruz de madera negra, de tamaño colosal, que un mestizo lívido con traje de sayón, cargaba sobre sus hombros agobiados.

—¿Estarían representando alguna escena de la Pasión?

—No lo sé; pero ya tenía el sombrero en la mano, cuando vi que aquel hombre, pálido hasta la transparencia y delgado hasta lo cadavérico, me hacía señas, a través de una nube de humo, desde la pieza inmediata, de que podía pasar.

Yo había ido a llevarle unos libros que me había encargado y que llegaron en uno de esos períodos en que se solía eclipsar. Mientras se entretenía en examinarlos, me puse a observar con bastante detenimiento, todo lo que se encontraba a mi alrededor. Estábamos en una pieza vasta, casi cuadrada, cubierta por una alfombra roja, de un rojo quemado, floreada de mandrágoras, de euforbios, de eléboros y de todo género de plantas letales. Una red inmensa, tramada de hilos de seda, cubría las vigas del techo, mostrando en el centro, a manera de roseta, un quitasol japonés, de fondo plateado, donde se abrían flores monstruosas, quiméricas, extravagantes y amenazadoras. En cada uno de los ángulos del techo, se destacaba la silueta de un animal, bordada en relieve sobre los hilos de la red, pero trabajada con arte, que yo sentía acrecentarse mi malestar. En el uno, se veía un murciélago, abierta las alas de terciopelo gris, próxima ya a agitarse sobre nuestras cabezas; en el otro, un cocodrilo estiraba su cuerpo de un verde metálico, como dispuesto a abalanzarse sobre la presa olfateada; en éste, una serpiente desenroscaba sus anillos, erectando su lengua húmeda de baba; en aquél un dragón de fauces abiertas, deshacía con su garra el cuerpo de un faisán. Entre los intersticios, se destacaban otros animales pequeños, como lagartos, erizos y escorpiones, que parecían disecados, más bien que construidos por medios artificiales. La mesa en que escribía, toda de ébano, con incrustaciones de marfil, estaba cubierta de objetos adecuados, pero todos representaban, desde el tintero hasta la espátula, instrumentos de tortura. Junto a un lapicero, se veía un brazalete de oro, cubierto de esmalte negro, ensangrentado de rubíes, que parecía haberse desceñido de un brazo en aquellos momentos. Arañas velludas trepaban por las cortinas de encajes que ondeaban detrás de los balcones, por cuya vidriera de color de topacio se filtraba una luz de cirio, una luz fúnebre que melancolizaba la atmósfera de la habitación.

Los cuadros que colgaban de las paredes entapizadas de un papel verde oscuro, rameado de hojas de otoño, también representaban escenas de tortura, escenas de sangre, escenas de crueldad, escenas de desolación.

Terminada su narración, el viejo librero, enjugándose la frente, emperlada de sudor, se fue a colocar detrás de la carpeta, atestada de libros, periódicos y cartas.

Y, sin decir una palabra, estreché su mano, cogí el sombrero y me refugié en mi soledad, donde he pensado mucho y donde pienso todavía en aquel extraño joven que, para conjurar su spleen, ha hecho del sufrimiento una voluptuosidad.

La Habana Elegante, 26 de febrero de 1893

[Tomado de *Páginas de vida. Poesía y prosa.* Comp. Ángel Augier. Caracas: Biblioteca Ayacucho, 2007]

Aluísio Azevedo
(1857-1913)

Escritor, jornalista, dramaturgo e diplomata brasileiro. Muito jovem viajou para o Rio de Janeiro para seguir carreira nas Artes Plásticas, mas com a morte do seu pai, em 1878, teve de retornar a São Luís. E é lá que inicia a sua carreira literária e jornalística. Foi um dos fundadores do jornal anticlerical e abolicionista "O Pensador". Em 1881 publicou o romance *O mulato*, considerado o primeiro texto naturalista do Brasil. Fez muito sucesso, voltou ao Rio de Janeiro, onde publicou *O cortiço* em 1890. Além de escrever e publicar suas próprias criações, entre 1882 e 1895 escreveu uma série de peças teatrais em conjunto com seu irmão Artur e seu amigo Emílio Rouede, centradas nas temáticas da infidelidade e do adultério: *Um caso da idade adulta, Lições para maridos e In flagrante delito*, entre outras.

Azevedo foi incorporado como membro da Academia Brasileira de Letras e a partir de 1895 iniciou uma carreira diplomática que o levou a ser cônsul em Vigo, Nápoles, Tóquio, Assunção e Buenos Aires, onde faleceu.

O cortiço é considerada uma das obras canônicas da literatura brasileira, dentro da estética naturalista. Como a maioria de sua obra, esta novela explora a sociedade brasileira e seus diversos tipos sociais, principalmente as classes populares, apresentando situações grotescas, prostituição, adultério e diversidade sexual. Na seleção desta antologia, vemos o encontro lésbico entre Léonie e Pombinha através de um olhar centralmente masculino, quase pornográfico, muito em linha com as representações mais comuns da sexualidade lésbica escritas por homens no século XIX.

O cortiço

XI
Às duas da tarde, Léonie, por sua própria mão serviu às visitas um pequeno lanche de foie-gras, presunto e queijo, acompanhado de champanha, gelo e água de Seltz; e, sem se descuidar um instante da rapariga, tinha para ela extremas solicitudes de namorado; levava-lhe a comida à boca, bebia do seu copo, apertava-lhe os dedos por debaixo da mesa.

Vidas escandalosas

Depois da refeição, Dona Isabel, que não estava habituada a tomar vinho, sentiu vontade de descansar o corpo; Léonie franqueou-lhe um bom quarto, com boa cama, e, mal percebeu que a velha dormia, fechou a porta pelo lado de fora, para melhor ficar em liberdade com a pequena. Bem! Agora estavam perfeitamente a sós!

–Vem cá, minha flor!... disse-lhe, puxando-a contra si e deixando-se cair sobre um divã. Sabes? Eu te quero cada vez mais!... Estou louca por ti!

E devorava-a de beijos violentos, repetidos, quentes, que sufocavam a menina, enchendo-a de espanto e de um instintivo temor, cuja origem a pobrezinha, na sua simplicidade, não podia saber qual era.

A cocote percebeu o seu enleio e ergueu-se, sem largar-lhe a mão.

–Descansemos nós também um pouco... propôs, arrastando-a para a alcova.

Pombinha assentou-se, constrangida, no rebordo da cama e, toda perplexa, com vontade de afastar-se, mas sem animo de protestar, por acanhamento, tentou reatar o fio da conversa, que elas sustentavam um pouco antes, à mesa, em presença de Dona Isabel. Léonie fingia prestar-lhe atenção e nada mais fazia do que afagar-lhe a cintura, as coxas e o colo. Depois, como que distraidamente, começou a desabotoar lhe o corpinho do vestido.

–Não! Para quê!... Não quero despir-me...

–Mas faz tanto calor... Põe-te a gosto...

–Estou bem assim. Não quero!

–Que tolice a tua...! Não vês que sou mulher, tolinha?... De que tens medo?... Olha! Vou dar exemplo!

E, num relance, desfez-se da roupa, e prosseguiu na campanha.

A menina, vendo-se descomposta, cruzou os braços sobre o seio, vermelha de pudor.

–Deixa! segredou-lhe a outra, com os olhos envesgados, a pupila trêmula.

E, apesar dos protestos, das súplicas e até das lágrimas da infeliz, arrancou-lhe a última vestimenta, e precipitou-se contra ela, a beijar-lhe todo o corpo, a empolgar-lhe com os lábios o róseo bico do peito.

–Oh! Oh! Deixa disso! Deixa disso! reclamava Pombinha estorcendo-se em cócegas, e deixando ver preciosidades de nudez fresca e virginal, que enlouqueciam a prostituta.

–Que mal faz?... Estamos brincando...

–Não! Não! balbuciou a vítima, repelindo-a.

–Sim! Sim! insistiu Léonie, fechando-a entre os braços, como entre duas colunas; e pondo em contato com o dela todo o seu corpo nu.

Pombinha arfava, relutando; mas o atrito daquelas duas grossas pomas irrequietas sobre seu mesquinho peito de donzela impúbere e o rogar vertiginoso daqueles cabelos ásperos e crespos nas estações mais sensitivas da sua feminilidade, acabaram por foguear lhe a pólvora do sangue, desertando-lhe a razão ao rebate dos sentidos.

Agora, espolinhava-se toda, cerrando os dentes, fremindo-lhe a carne em crispações de espasmo; ao passo que a outra, por cima, doida de luxúria, irracional, feroz, revoluteava, em corcovos de égua, bufando e relinchando.

E metia-lhe a língua tesa pela boca e pelas orelhas, e esmagava-lhe os olhos debaixo dos seus beijos lubrificados de espuma, e mordia-lhe o lóbulo dos ombros, e agarrava-lhe convulsivamente o cabelo, como se quisesse arrancá-lo aos punhados. Até que, com um assomo mais forte, devorou-a num abraço de todo o corpo, ganindo ligeiros gritos, secos, curtos, muito agudos, e afinal desabou para o lado, exânime, inerte, os membros atirados num abandono de bêbedo, soltando de instante a instante um soluço estrangulado.

A menina voltara a si e torcera-se logo em sentido contrário à adversária, cingindo-se rente aos travesseiros e abafando o seu pranto, envergonhada e corrida.

A impudica, mal orientada ainda e sem conseguir abrir os olhos, procurou animá-la, ameigando-lhe a nuca e as espáduas. Mas Pombinha parecia inconsolável, e a outra teve de erguer-se a meio e puxá-la como uma criança para o seu colo, onde ela foi ocultando o rosto, a soluçar baixinho.

–Não chores assim, meu amor!...

Pombinha continuou a soluçar.

–Vamos! Não quero ver-te deste modo!... Estás zangada comigo?...

–Não volto mais aqui! nunca mais! exclamou por fim a donzela, desgalgando o leito para vestir-se.

–Vem cá! Não sejas ruim! Ficarei muito triste se estiveres mal com a tua negrinha![1]... Anda! Não me feches a cara!...

–Deixe-me!

---

[1] Termo racial também usado como uma fórmula de afeto.

–Vem cá, Pombinha!
–Não vou! Já disse!
E vestia-se com movimentos de raiva. Léonie saltara para junto dela e pôs-se a beijar-lhe, à força, os ouvidos e o pescoço, fazendo se muito humilde, adulando-a, comprometendo-se a ser sua escrava, e obedecer-lhe como um cachorrinho, contanto que aquela tirana não se fosse assim zangada.
–Faço tudo! tudo! mas não fiques mal comigo! Ah! se soubesse como eu te adoro!...
–Não sei! Largue-me!...
–Espera!
–Que amolação! Oh!
–Deixa de tolice!... Escuta, por amor de Deus!
Pombinha acabava de encasar o último botão do corpinho, e repuxava o pescoço e sacudia os braços, ajustando bem a sua roupa ao corpo. Mas Léonie caíra-lhe aos pés, enleando-a pelas pernas e beijando-lhe as saias.
–Olha!... Ouve!... Deixa-me sair!
–Não! Não hás de ir zangada, ou faço aqui um escândalo dos diabos! E que mamãe já acordou com certeza!...
–Que acordasse!
Agora a meretriz defendia a porta da alcova.
–Oh! meu Deus! Deixe-me sair!
–Não deixo, sem fazermos as pazes...
–Que aborrecimento!
–Dá-me um beijo!
–Não dou!
–Pois então não sais!
–Eu grito!
–Pois grita! Que me importa!
–Arrede-se daí, por favor!...
–Faz as pazes...
–Não estou zangada, creia! Estou é indisposta... Não me sinto boa!
–Mas eu faço questão do beijo!
–Pois bem! Está ai!
E beijou-a.
–Não quero assim! Foi dado de má vontade!...
Pombinha deu-lhe outro.
–Ah! Agora bem! Espera um nada! Deixa arranjar-me! É um instante!

Aluísio Azevedo

Em três tempos, lavou-se ligeiramente no bidê, endireitou o penteado defronte do espelho, num movimento rápido de dedos, e empoou-se, perfumou-se, e enfiou camisa, anágua e penteador, tudo com uma expedição de quem está habituada a vestir-se muitas vezes por dia. E, pronta, correu uma vista de olhos pela menina, desenrugou-lhe a saia, consertou-lhe melhor os cabelos e, readquirindo o seu ar tranquilo de mulher ajuizada, tomou-a pela cintura e levou-a vagarosamente até à sala de jantar, para tomarem vermute com gasosa.

1890

[*O cortiço*. Dirce Côrtes Riedel, traços biográficos, bibliografia e introdução. Rio de Janeiro: Edições de Ouro, 1958]

Adolfo Caminha
(1867-1897)

Romancista brasileiro. Nasceu em Aracati no Ceará mas depois da morte da sua mãe foi para Fortaleza e em seguida para o Rio de Janeiro. Estudou na Escola Naval mas foi expulso por um discurso contra a escravidão e contra o Império. Publicou um livro de poemas em 1886, antes de fazer viagens às Antilhas e aos Estados Unidos. Em 1889, o ano da declaração da República, apaixonou-se pela esposa de um oficial, e pelo escândalo que houve teve que sair da Marinha. Publicou o romance *A normalista* em 1893 e *Bom Crioulo* em 1895. Morreu de tuberculose em 1897.

Sua obra mais conhecida, *Bom Crioulo*, é um dos primeiros romances brasileiros que tratam do amor homosexual de forma central, e que têm uma personagem negra (*Úrsula* de Maria Firmina dos Reis é anterior no tratamento de assuntos raciais). De fato, foi publicado no mesmo ano que *Escal-Vigor*, o romance de temática homossexual do escritor belga Georges Eekhoud (1854-1927). A ação do romance acontece durante os últimos anos do Império de Dom Pedro Segundo: Aleixo, "um belo marinheirito de olhos azuis", e Amaro, o "Bom Crioulo" do título, têm um retrato do Imperador no quarto no sobradinho que alugam da portuguesa Dona Carolina. É interessante como Caminha mistura nesse romance o vocabulário da sexualidade dos gregos, da Bíblia, da medicina e do direito. E também, como os papéis de macho e fêmea se complicam no incidente que selecionamos do capítulo 8, onde descreve um romance heterossexual entre Aleixo (como fêmea) e Dona Carolina (como macho).

Existe uma abundante obra crítica sobre esse romance, entre outros de James Green (*Beyond Carnival*), Daniel Balderston (*Los caminos del afecto*) e João Sivério Trevisan (*Devassos no paraíso*). Tem traduções ao espanhol (de Luis Zapata) e ao inglês (de E. A. Lacey).

Bom Crioulo

Do capítulo V
Bom-Crioulo, desde a primeira noite dormida no sobradinho, começou a experimentar uma delícia muito íntima, assim como um recolhido gozo espiritual – certo amor à vida obscura daquela casa onde ultimamente quase ninguém ia, e que era o seu querido valhacouto de marujo em

folga, o doce remanso de sua alma voluptuosa. Não sonhava melhor vida, conchego mais ideal: o mundo para ele resumia-se agora naquilo: um quartinho pegado às telhas, o Aleixo e ... nada mais! Enquanto Deus lhe conservasse o juízo e a saúde, não desejava outra coisa.

O quarto era independente, com janela para os fundos da casa, espécie de sótão, ruído pelo cupim e tresandando a ácido fênico. Nele morrera de febre amarela um portuguesinho recém chegado. Mas Bom-Crioulo, conquanto receasse as febres de mau caráter, não se importou com isso, tratando de esquecer o caso e instalando-se definitivamente. Todo dinheiro que apanhava era para a compra de móveis e objetos de fantasia rococó, figuras, enfeites, coisas sem valor, muita vez trazida de bordo... Pouco a pouco o pequeno "cômodo" foi adquirindo uma feição nova de bazar hebreu, enchendo-se de bugigangas, amontoando-se de caixas vazias, búzios grosseiros e outros acessórios ornamentais. O leito era uma cama de vento já muito usada, sobre a qual Bom-Crioulo tinha o zelo de estender, pela manhã, quando se levantava, um grosso cobertor encarnado para ocultar as nódoas.

Durante meses viveu ele uma vida calma, escrupulosamente pautada, rigorosamente metódica, cumprindo seus deveres a bordo, vindo à terra duas vezes por semana em companhia de Aleixo, sem dar motivo a castigos ou recriminações. Até os oficiais estranhavam-lhe o procedimento, admiravam-lhe os modos. Isso é coisa passageira, insinuava o tenente Souza. Breve temo-lo aqui, bêbedo e medonho. Sempre o conheci refratário a toda norma de viver. Hoje manso como um cordeiro, amanhã tempestuoso como uma fera. Coisas de caráter africano...

O grumete, por sua vez, trazia a alma na perpétua alegria dos que não têm cuidados. Em terra ou a bordo, não tinha de que se queixar: andava sempre limpo, ninguém o via deitado no convés, ou emporcalhando-se de alcatrão à proa. Felizmente o imediato escolhera-o para o serviço de cabo-marinheiro, em atenção à sua conduta, reconhecendo nele um rapazinho de bons costumes, amigo do asseio, obediente e trabalhador. De modo que raro via-se Aleixo entre a marinhagem. Seu lugar predileto era o passadiço ou a ré cosendo bandeiras, tesourando flâmulas, aprendendo certos misteres do ofício. Às vezes tinha palestras com o oficial do quarto, narrando histórias de Santa Catarina, casos da província, do tempo em que ele era um simples filho de pescador, um pobre menino da beira-mar. Os outros marinheiros olhavam-no com inveja, tocando-se os cotovelos maliciosamente. Havia um guarda-marinha, moço bem educado e muito democrata, que, uma vez por outra, dava-lhe dinheiro, níqueis para cigarros. Ele ia logo mostrar a Bom-Crioulo as moedinhas de tostão que seu guarda-marinha lhe dera. Todos a bordo lhe faziam festa; o próprio guardião Agostinho, seco e ríspido, tratava-o bem, com branduras na voz. Uma vida regalada!

Em terra, no quarto da Misericórdia, nem se falava! – ouro sobre azul. Ficavam em ceroulas, ele e o negro, espojavam-se à vontade na velha cama de lona, muito fresca pelo calor, a garrafa de aguardente ali perto, sozinhos, numa independência absoluta, rindo e conversando à larga, sem que ninguém os fosse perturbar volta na chave por via das dúvidas...

Uma coisa desgostava o grumete: os caprichos libertinos do outro. Porque Bom-Crioulo não se contentava em possuí-lo a qualquer hora do dia ou da noite, queria muito mais, obrigava-o a excessos, fazia dele um escravo, uma "mulher-a-toa" propondo quanta extravagância lhe vinha à imaginação. Logo na primeira noite exigiu que ele ficasse nu, mas nuzinho em pêlo: queria ver o corpo...

Aleixo amuou: aquilo não era coisa que se pedisse a um homem! Tudo menos aquilo. Mas o negro insistiu: Ninguém o levava a capricho: – Ou bem que somos ou bem que não somos... Que asneira! fez o grumete. Pôr-se agora nu em pêlo defronte do Bom-Crioulo! Está visto que tinha vergonha.

–Vergonha de quê? tornou o outro. Não és homem como eu? Donde veio essa vergonha?

– Decerto!...

– Ora, deixa-te de luxo, menino, vamos: tira a roupa...

Havia luz no quarto, uma luz mortiça, no topo de uma vela de sebo.

– Nem se vê nada..., fez Aleixo choramingando, sem lágrimas.

– Sempre há-se de se ver alguma coisa...

E o pequeno, submisso e covarde, foi desabotoando a camisa de flanela, depois as calças, em pé, colocando a roupa sobre a cama, peça por peça.

Estava satisfeita a vontade de Bom-Crioulo. Aleixo surgia-lhe agora em pleno e exuberante nudez, muito alvo, as formas roliças de calipígio[1] ressaltando na meia sombra voluptuosa do aposento, na penumbra acariciadora daquele ignorado e impúdico santuário de paixões

---

[1] Do grego, para descrever uma nádegas bem formada.

inconfessáveis... Belo modelo de efebo que a Grécia de Vênus talvez imortalizasse em estrofes de ouro límpido e estatuas duma escultura sensual e pujante. Sodoma ressurgia agora numa triste e desolada baiúca da Rua da Misericórdia,[2] onde àquela hora tudo permanecia numa doce quietação de ermo longínquo.

– Veja logo... murmurou o pequeno, firmando-se nos pés.

Bom-Crioulo ficou estático! A brancura láctea e maciça daquela carne tenra punha-lhe frêmitos no corpo, abalando-o nervosamente de um modo estranho, excitando-o como uma bebida forte, atraindo-o, alvoroçando-lhe o coração. Nunca vira formas de homem tão bem torneadas, braços assim, quadris rijos e carnudos como aqueles... Faltavam-lhe os seios para que Aleixo fosse uma verdadeira mulher!... Que beleza de pescoço, que delícia de ombros, que desespero!...

Dentro do negro rugiam desejos de touro ao pressentir a fêmea... Todo ele vibrava, demorando-se na idolatria pagã daquela nudez sensual como um fetiche diante de um símbolo de ouro ou como um artista diante duma obra-prima. Ignorante e grosseiro, sentia-se, contudo, abalado até os nervos mais recônditos, até às profundezas do seu duplo ser moral e físico, dominado por um quase respeito cego pelo grumete que atingia proporções de ente sobrenatural a seus olhos de marinheiro rude.

– Basta!... suplicou Aleixo.

– Não, não! Um bocadinho mais...

Bom-Crioulo tomou a vela, meio trêmulo, e, aproximando-se, continuou o exame atencioso do grumete, palpando-lhe as carnes, gabando-lhe o cheiro da pele, no auge da volúpia, no extremo da concupiscência, os olhos deitando chispas de gozo...

– Acabou-se! tornou Aleixo depressa, impaciente já, soprando a luz.

Seguiu-se, então, no escuro, um ligeiro duelo de palavras gemidas à surdina. e, quando Bom-Crioulo riscou o fósforo, ainda uma vez triunfante, mal podia ter-se em pé.

Tais eram os desgostos de Aleixo. Fora disso a vida corria-lhe admiravelmente, como um leve barco à feição...

D. Carolina, essa tratava-o pelo carinhoso apelido de bonitinho: "o meu bonitinho" é como ela dizia, ameigando o sotaque peninsular.

---

[2] Nótese a mistura do imaginário grego e bíblico.

Achava uma graça infinita naquele pedacinho de homem vestido de marinheiro, alvo e louro, sempre muito bem penteado, o cabelo sedoso, os borzeguins lustrosos, todo ele cheirando a essência, como uma rapariga que se vai fazendo mulher...

O pequeno, muito acessível a tudo quanto fosse carinho, mostrava-se reconhecido, não subia para o quarto sem primeiro dar os bons-dias à portuguesa, abrindo-se com ela com franquezas ingênuas, deixando-se agradar.

Ele, D. Carolina a Bom-Crioulo eram como uma pequena família, não tinham segredos ente si, estimavam-se mutuamente.

Para que vida melhor? Longe de seus pais, numa terra estranha, encontrava naquela casa um asilo de amor, um paraíso de felicidade...

[...]

Do capítulo 8
[Aleixo com a portuguesa quando Amaro está no hospital]

[...]
A portuguesa foi depressa lá cima, ao sobrado, e voltou, sem demora, com a face radiante.

Quis ela mesma despir o rapaz, tirar-lhe a camisa de meia, tirar-lhe as calças, pô-lo nu a seus olhos. Bom-Crioulo já lhe havia dito que Aleixo tinha formas de mulher.

Depois começou a se despir também...

O tanque estava cheio a transbordar. Via-se-lhe o fundo claro através da água límpida e fresca.

Ninguém os via naquela nudez primitiva, frente a frente o corpo largo e mole da portuguesa em contraste com as formas ideais e rijas do efebo, escandalosamente nus, pecadoramente bíblicos no silêncio do quintalejo ao abrigo do sol que vibrava em torno do pequeno alpendre a sua luz de ouro fulvo!

O que eles fizeram, antes e depois do banho, ninguém saberá nunca. Os muros do quintal abafaram toda essa misteriosa cena de erotismo consumada ali por trás da Rua da Misericórdia num belíssimo dia de novembro.

D. Carolina realizara, enfim, o seu desejo, a sua ambição de mulher gasta: possuir um amante novo, mocinho, imberbe, com uma ponta de ingenuidade a ruborizar-lhe a face, um amante quase ideal, que fosse para ela o que um animal de estima é para o seu dono leal, sincero, dedicado até ao sacrifício.

Aleixo remoçava-a como um elixir estranho, milagrosamente afrodisíaco. Sentia-se outra depois que se metera com o pequerrucho: retesavam-se-lhe os nervos, abria-se-lhe o apetite, entrava-lhe na alma uma extraordinária alegria de noiva em plena lua-de-mel, toda ela vibrava numa festiva exuberância de vida, numa eclosão torrencial de felicidade o corpo leve, o espírito calmo... Aleixo pertencia-lhe, enfim; era seu, completamente seu; ela o tinha agora preso como um belo pássaro que se deixasse engaiolar; tinha-lhe ensinado segredinho de amor, e ele gostara imenso, e jurara nunca mais abandoná-la, nunca mais!

O grumete, por sua vez, experimentava o que experimentaria qualquer adolescente uma tendência fatal para a portuguesa, um forte desejo de possuí-la sempre, sempre, a toda hora, uma vontade irresistível de mordê-la, de cheirá-la, de palpá-la num frenesi de gozo, num grande ímpeto selvagem de novilho insaciável.

A tarde passou rapidamente. Depois do jantar (sopa, cozido e bananas de S. Tomé, fora o vinho fornecido pelo açougueiro) dirigiram-se à sala da frente. Aleixo quis ver o álbum de retratos; a portuguesa trouxe-lho. E sentado no velho sofá, num quase abraço – ele muito curioso, desejando saber de quem eram as fotografias, ela meio derreada, o cabelo úmido e solto, explicando minuciosamente cada figura, paisagens da Europa, trechos de Portugal e das ilhas, – esperaram a noite.

Escureceu. D. Carolina foi acender o bico de gás, queixando-se do calor, "que a sua vontade era não sair d'água, viver dentro d'água, morrer n'água, flutuando..."

Aleixo riu, achou graça, lembrando-se, talvez, da semelhança que havia entre a portuguesa e uma grande corveta bojuda...

– Ora, dize uma coisa, ó pequerrucho, tu me queres bem mesmo ou isso é uma esquisitice, uma pândega?

E risonha, sentando-se:

– Mas olha, dize a verdade! Vê lá me vens com história...

Ele então disse que estimava-a do fundo do coração e tornou a jurar que havia de morrer junto dela, na mesma cama juntinho, lado a lado...

– E se morreres a bordo, no mar?

– Paciência, murmurou o grumete num tom de tristeza.

Mas, arrependida, ela o cobriu de beijos:

Não, ele não morreria no mar. Brincadeira, brincadeira...

Havia no rosto imberbe e liso do grumete uns tons fugitivos de ternura virginal, o quer que era breve e delicado, a branca melancolia de certas flores, o recolhimento ingênuo e discreto de uma educanda; e era isso justamente, esse *quê* indefinível, essa poesia inocente derramada no semblante de Aleixo, que provocava a portuguesa, ferindo a corda sensível do seu coração abandonado e gasto. Era uma pena, decerto, ver aquele rosto de mulher, aquelas formas de mulher, aquela estatuazinha de mármore, entregue às mãos grosseiras de um marinheiro, de um negro... Muita vez o pequeno fora seduzido, arrastado. Ela até fazia um benefício, uma obra de caridade... Aquilo com o outro, afinal, era uma grossa patifaria, uma bandalheira, um pecado, um crime! Se Aleixo havia de se desgraçar nas unhas do negro, era melhor que ela, uma mulher, o salvasse. Lucravam ambos, ele e ela...

Mas Aleixo não podia esquecer Bom-Crioulo. A figura do negro acompanhava-o à toda parte, a bordo e em terra, quer ele quisesse quer não, com uma insistência de remorso. Desejava odiá-lo sinceramente, positivamente, esquecê-lo para sempre, varrê-lo da imaginação como um pensamento mau, como a uma obsessão insólita e enervante; mas, debalde! O aspecto repreensivo do marinheiro estava gravado em seu espírito indelevelmente; a cada instante lembrava-se da musculatura rija de Bom-Crioulo, de seu gênio rancoroso e vingativo, de sua natureza extraordinária – híbrido conjunto de malvadez e tolerância – de seus arrebatamentos, de sua tendência para o crime, e tudo isso, todas essas recordações o acovardavam, punham-lhe no sangue um calafrio de terror, um vago estremecimento de medo, qualquer coisa latente e aflitiva... Suas expansões com a portuguesa eram incompletas, vibravam-lhe os lábios em sorrisos de falsário, cada vez que ela o exaltava para deprimir o outro...

Todavia a noite foi como um delírio de gozo e sensualidade. D. Carolina cevou o seu hermafroditismo agudo com beijos e abraços e sucções violentas...

Do capítulo 9
Vida triste era a de Bom-Crioulo, agora, no hospital, longe da Rua da Misericórdia e do seu único afeto, obrigado a um regímen conventual, alimentando-se parcamente, ouvindo a toda hora gemidos que lhe entravam na alma como uma salmodia agourenta, como a dorida

expressão de seu próprio abandono, metido entre as paredes de uma lúgubre enfermaria – ele que amava a liberdade com um entusiasmo selvagem, e cujo ideal era viver sempre na companhia de Aleixo, do ingrato Aleixo...

A figura do rapazinho, rechonchuda e nédia, esvoaçava-lhe na imaginação provocadoramente, seduzindo-o, arrastando-o para um mundo de gozos, para uma atmosfera de lubricidade, para o silêncio misterioso de uma existência devotada ao amor clandestino, ao regalo soberano da carne, a todos os delírios de uma paixão que chegava à loucura.

A ausência aumentava-lhe o desespero, aquela vida triste de hospital enchia-o de aborrecimentos, era um castigo sem nome para quem, como ele, reclamava liberdade e amor – liberdade absoluta de proceder conforme o seu temperamento, amor físico por uma criatura do mesmo sexo que o seu, extraordinariamente querida como Aleixo... Nunca mais tivera notícias dele, nunca mais o vira, nunca mais haviam trocado um simples olhar...

Entretanto, quê de recordações povoavam-lhe o cérebro, à noite, quando, só ele Bom-Crioulo, de olhos abertos no escuro, fitando o teto da enfermaria, velava, ele só, ali dentro! Que de recordações, meu Deus! Via, como se estivesse vendo na realidade, as formas do grumete, o seu olhar azul e a face branca, o quartinho morno da Rua da Misericórdia, trepado, lá cima, no sótão, à beira do telhado, a cama de lona, o retrato do imperador, pregado à parede, muito sério, com um ar de suprema bonomia, e tudo que o cercava no voluptuoso ambiente, onde vivera tantos dias de felicidade... Ficava horas e horas pensando, horas e horas mergulhado numa abstração vagarosa, num êxtase calmo, recordando, capítulo por capítulo, a história de seu amor. Daí um profundo e inexplicável desgosto, uma *idiossincrasia* especial feita de ciúme e de ternura dolente. Imaginava coisas de homem que perdeu o juízo: – Aleixo ainda o estimaria? Não, com certeza. Se ainda o estimasse, tê-lo-ia procurado, onde quer que ele, Bom-Crioulo, estivesse; mas Aleixo nunca mais se importara, desde o dia da separação. Quem sabe? novos amores...

O negro enchia-se de ódio ao mesmo tempo que sentia aumentar dentro do coração o desejo de possuir eternamente o rapazinho.

Desejava-o, sim, mas virgem de qualquer outro contato que não fosse o dele, queria-o como dantes, para si unicamente, para viver a seu lado, obediente a seus caprichos, fiel a um regimen de existência comum, serena e cheia de dedicações mútuas.

Era-lhe impossível abandonar o grumete; e agora principalmente, agora é que esse amor, essa obsessão doentia redobrava com uma força prodigiosa impelindo-o para o outro, acordando zelos que pareciam estagnados, comovendo fibras que já tinham perdido antigas energias. O Bom-Crioulo da corveta, sensual e uranista,[3] cheio de desejos inconfessáveis, perseguindo o aprendiz de marinheiro com quem fareja uma rapariga que estréia na libertinagem, o Bom-Crioulo erotômano da Rua da Misericórdia, caindo em êxtase perante um efebo nu,[4] como um selvagem de Zanzibar diante de um ídolo sagrado pelo fetichismo africano – ressurgia milagrosamente.

Ele ali se achava no hospital, abandonado e só, gemendo tristezas inconsoláveis, arrastando os farrapos de sua alma, ganindo – pobre cão sem dono blasfêmias contra a sorte que o desligara de Aleixo, contra Deus, contra tudo!

As janelas da enfermaria davam para o mar, ficavam defronte dos Órgãos, abriam para o fundo melancólico da baía. Na sala umas dez camas de ferro, colocadas em ordem, simetricamente imobilizavam-se com os seus cobertores de lã vermelha dobrados a meio e pondo uma nota viva de sangue na brancura dos lençóis. Aí, como em todos os alojamentos do hospital, predominava um cheiro erradio de desinfetantes, o vago odor característico das casas de saúde e dos necrotérios, insuportável, às vezes, como uma exalação de sepultura aberta. Os doentes, em seu uniforme branco de algodão, erguiam-se e tinham licença para recrear fora, nas dependências do estabelecimento, licença especial do médico a quem estavam entregues. Cada enfermaria tinha o seu especialista. Bom-Crioulo fora recolhido à seção dos escrofulosos, à grande sala que dizia para o mar e donde se gozava um belíssimo aspecto de natureza americana. Indiferente a tudo que não fosse o grumete, cuja lembrança inflígia-lhe as maiores torturas, ninguém o vira sorrir depois que baixara ao hospital.

Carrancudo, o olhar atrevido e ameaçador – fugindo à companhia dos outros, não podia esquecer, não podia apagar do espírito aquela

---

[3] O *uranismo* era um termo inventado por Karl Heinrich Ulrichs em 1864 para descrever o homossexual como una alma feminina num corpo masculino.
[4] Nótese o vocabulário grego para o amor homossexual.

Vidas escandalosas

idea-pesadelo: o grumete nos braços doutro homem... Ah! bastava isso para tirar-lhe o sossego, para fazer dele um ente miserável, contorcendo-se nas angústias de um ciúme bárbaro. Aleixo fazia-o padecer noites inteiras, dias sucessivos, como ave que se debate em estreita gaiola de ferro. Amava muito decerto, queria um bem louco ao pequeno, preferia-o a todas as mulheres bonitas do mundo!

Enquanto iam-lhe cicatrizando as feridas roxas do corpo tatuado pela chibata, abria-se-lhe na alma rude de marinheiro um grande vácuo; terrível sensação de desespero acometia-o cada vez que pensava no outro, nesse grumete sem alma que o iniciara no amor e que o fazia sofrer as amarguras de uma vida de condenada... Bom-Crioulo sentia-se transformar inteiramente; alguma coisa profunda e grave, que ele próprio não sabia explicar, assim como um prenúncio fatal de desgraça, punha-o triste, arrebatava-o às alegrias da camaradagem, dando-lhe um aspecto estranho de malvadez rebuçada.

[...]

1895

[*Bom-Crioulo*. São Paulo: Editora Ática, 2007]

Amado Nervo

(México, 1870-Uruguay, 1919)

Escritor modernista mexicano. Colaboró en diarios y revistas importantes de su época como la *Revista Azul*, de Manuel Gutiérrez Nájera, *El Universal* y *El Mundo*, cuyo suplemento humorístico dirigió, y *Revista Moderna*, que fundó y dirigió junto a Jesús Valenzuela. Entre sus libros destacan las novelas *El bachiller* (1895) y *El donador de almas* (1899) y los poemarios *Perlas negras* (1898), *Los jardines interiores* (1905), *En paz* (1915) y *La amada inmóvil*, publicado póstumamente. También escribió cuentos y ensayos, entre los que destacan su ensayo-biografía de Sor Juana Inés de la Cruz: *Juana de Asbaje* (1910). Como muchos intelectuales de la época cumplió misiones diplomáticas en Europa y América Latina, lo que explica su muerte fuera de México.

Los poemas "Andrógino" y "Después" fueron publicados bajo la sección titulada "Lubricidades tristes 1896" de su primer libro publicado en París *Poemas* (1901). Es posible leer "Andrógino" en la cuerda de la actitud estético-existencial mantenida por los modernistas frente a las sociedades en las que les tocó vivir, en el caso de Nervo, el porfiriato. Lo mismo podría decirse de las alusiones al amor lésbico de "Después". El primero de estos sonetos ha sido más reproducido que el segundo; sin embargo, se aprecia mejor la postura de Nervo ante esta temática si se conserva su estructura de díptico lúbrico y "triste". No deja de ser interesante la estrategia del sujeto poético de relegar ambos amores, el del andrógino y el de la lesbiana, al pasado, separando su condición actual de esos desvíos; así como la ambigüedad semántica que yace en el título grupal: lubricidades puede remitir tanto a lo lujurioso como a lo resbaladizo, lo que se escapa o escurre de la norma.

Vidas escandalosas

Lubricidades tristes, 1896

I Andrógino

Por ti, por ti, clamaba cuando surgiste,
infernal arquetipo, del hondo Erebo,
con tus neutros encantos, tu faz de efebo,
tus senos *pectorales*, y a mí viniste.
Sombra y luz, yema y polen a un tiempo fuiste,
despertando en las almas el crimen nuevo,
ya con virilidades de dios mancebo,
ya con mustios halagos de mujer triste.

Yo te amé porque, a trueque de ingenuas gracias,
tenías las supremas aristocracias:
sangre azul, alma huraña, vientre infecundo;

porque sabías mucho y amabas poco,
y eras síntesis rara de un siglo loco
y floración malsana de un viejo mundo.

II Después

Te odio con el odio de la ilusión marchita:
¡Retírate! He bebido tu cáliz, y por eso
mis labios ya no saben dónde poner su beso;
mi carne, atormentada de goces, muere ahíta.

Safo, Crisis, Aspasia, Magdalena, Afrodita,
cuanto he querido fuiste para mi afán avieso.
¿En dónde hallar espasmos, en dónde hallar exceso
que al punto no me brinde tu perversión maldita?

¡Aléjate! Me invaden vergüenzas dolorosas,
sonrojos indecibles del mal, rencores francos,
al ver temblar la fiebre sobre tus senos rosas.

Amado Nervo

No quiero más que vibre la lira de tus flancos:
déjame solo y triste llorar por mis gloriosas
virginidades muertas entre tus muslos blancos.

1896

[*Poemas*. París: Librería de la Vda. de C. Bouret, 1901]

Rubén Darío

(1867-1916)

Poeta nicaragüense y máximo representante del Modernismo hispanoamericano. Tanto su poesía como su prosa ficcional y periodística tuvo una gran proyección en la literatura del siglo XX. Su obra recibió, a su vez, la influencia de la poesía francesa decimonónica, particularmente del romanticismo de Víctor Hugo, el parnasianismo de Théophile Gautier y Catulle Mendès y el simbolismo de Paul Verlaine, herencia que sintetizó en *Cantos de vida y esperanza* (1905) cuando dice "con Hugo fuerte y con Verlaine ambiguo".

Entre sus muchas publicaciones se destacan los poemarios *Azul* (1888), *Prosas profanas y otros poemas* (1896), *El canto errante* (1907) y los libros de prosas *Los raros* (1896), *Tierras solares* (1904) y *La vida de Rubén Darío escrita por él mismo* (1913). Al año siguiente de su muerte Alberto Ghiraldo comenzó la publicación de sus *Obras completas*, una empresa que han repetido M. Sanmiguel Raimúndez y Emilio Gascó a mediados del siglo pasado y Julio Ortega con la colaboración de Nicanor Vélez en este siglo. Sobre el tema que nos ocupa pueden consultarse los artículos "El reino interior o los peligrosos itinerarios del deseo en Rubén Darío", de Francisco Morán, "'Nuestro más sublime secreto': los amores transgresores entre Rubén Darío y Amado Nervo", de Alberto Acereda, y "*Modernismo* and homopfobia. Darío and Rodó", de Oscar Montero.

El pequeño ensayo-obituario dedicado a Verlaine que recogemos aquí destaca por la incapacidad de Rubén Darío para nombrar la sexualidad de Verlaine y el debate interior que el texto muestra entre la admiración por su obra y los cuestionamientos homófobos, lo que conduce al maestro modernista al borde del balbuceo.

Paul Verlaine

Y al fin vas a descansar; y al fin has dejado de arrastrar tu pierna lamentable y anquilótica, y tu existencia extraña, llena de dolor y ensueños, ¡oh pobre viejo divino! Ya no padeces el mal de la vida, complicado en ti con la maligna influencia de Saturno.

Mueres seguramente en uno de los hospitales que has hecho amar a tus discípulos, tus palacios de invierno... los lugares de descanso que tuvieron tus huesos vagabundos, en la hora de los implacables reumas y de las duras miserias parisienses.

Seguramente has muerto rodeado de los tuyos, de los hijos de tu espíritu, de los jóvenes oficiantes de tu iglesia, de los alumnos de tu escuela, ¡oh lírico Sócrates de un tiempo imposible!

Pero mueres en un instante glorioso: cuando tu nombre empieza a triunfar y la simiente de tus ideas a convertirse en magníficas flores de arte, aun en países distintos del tuyo, pues es el momento de decir que hoy, en el mundo entero, tu figura, entre los escogidos de diferentes lenguas y tierras, resplandece en su nimbo supremo, así sea delante del trono del enorme Wagner.[1]

El holandés Bivanck se representa a Verlaine como un leproso sentado a la puerta de una catedral, lastimoso, mendicante, despertando en los fieles que entran y salen la compasión, la caridad. Alfred Ernst le compara con Benoit Labre, viviente símbolo de enfermedad y de miseria; antes Léon Bloy le había llamado también el Leproso en el portentoso tríptico de su Brelam, en donde está pintado en compañía del Niño Terrible y del Loco: Barbey d'Aurevilly y Ernesto Hello. ¡Ay, fue su vida así! Pocas veces ha nacido de vientre de mujer un ser que haya llevado sobre sus hombros igual peso de dolor. Job le diría: "¡Hermano mío!".

Yo confieso que, después de hundirme en el agitado golfo de sus libros, después de penetrar en el secreto de esa existencia única; después de ver esa alma llena de cicatrices y de heridas incurables, todo al eco de celestes o profanas músicas, siempre hondamente encantadoras; después de haber contemplado aquella figura imponente en su pena, aquel cráneo soberbio, aquellos ojos oscuros, aquella faz con algo de socrático, de pierrotesco y de infantil; después de mirar al dios caído, quizá castigado por olímpicos crímenes en otra vida anterior; después de saber la fe sublime y el amor furioso y la inmensa poesía que tenían por habitáculo aquel claudicante cuerpo infeliz, sentí nacer en mi corazón un doloroso cariño, que junté a la grande admiración por el triste maestro.

A mi paso por París, en 1893, me había ofrecido Enrique Gómez Carrillo presentarme a él. Este amigo mío había publicado una apasionada

---

[1] A lo largo del texto Darío se referirá a una serie de artistas e intelectuales europeos que le sirven para establecer la ya extendida fama de Verlaine en el momento de su muerte, con solo 51 años.

impresión, que figura en sus *Sensaciones de arte*, en la cual habla de una visita al cliente del hospital de Broussais: "Y allí le encontré, siempre dispuesto a la burla terrible, en una cama estrecha de hospital. Su rostro, enorme y simpático, cuya palidez extrema me hizo pensar en las figuras pintadas por Ribera, tenía un aspecto hierático. Su nariz pequeña se dilata a cada momento para aspirar con delicia el humo del cigarro. Sus labios gruesos, que se entreabren para recitar con amor las estrofas de Villon o para maldecir contra los poemas de Ronsard, conservan siempre su mueca original, en donde el vicio y la bondad se mezclan para formar la expresión de la sonrisa. Solo su barba rubia de cosaco había crecido un poco y se había encanecido mucho".

Por Gómez Carrillo penetramos en algunas interioridades de Verlaine. No era este en ese tiempo el viejo gastado y débil que uno pudiera imaginarse; antes bien, "un viejo robusto". Decíase que padecía de pesadillas espantosas y visiones, en las cuales los recuerdos de la leyenda oscura y misteriosa de su vida se complicaban con la tristeza y el terror alcohólicos. Pasaba sus horas de enfermedad, a veces en un penoso aislamiento, abandonado y olvidado, a pesar de las bondadosas iniciativas de los Mendés o de los Léon Deschamps.

¡Dios mío! Aquel hombre, nacido para las espinas, para los garfios y los azotes del mundo, se me apareció como un viviente doble símbolo de la grandeza angélica y de la miseria humana. Angélico, lo era Verlaine; tiorba alguna, salterio alguno, desde Jacopone de Todi, desde el Stabat Mater, ha alabado a la Virgen con la melodía filial, ardiente y humilde de *Sagesse*; lengua alguna como no sean las lenguas de los serafines prosternados, ha cantado mejor la carne y la sangre del Cordero; en ningunas manos han ardido mejor los sagrados carbones de la penitencia, y penitente alguno se ha flagelado los desnudos lomos con igual ardor de arrepentimiento que Verlaine cuando se ha desgarrado el alma misma, cuya sangre, fresca y pura, ha hecho abrirse rítmicas rosas de martirio.[2]

Quien lo haya visto en sus *Confesiones*, en sus *Hospitales*, en sus otros libros íntimos, comprenderá bien al hombre –inseparable del poeta– y

---

[2] Nótese que Darío centra la atención en el catolicismo de Verlaine antes de entrar, sin nombrarla, en su sexualidad. Verlaine se convirtió al catolicismo, noche mística mediante, durante una condena a dos años de cárcel por haber disparado a Arthur Rimbaud, su joven amante, en el verano de 1873.

hallará que en ese mar, tempestuoso primero, muerto después, hay tesoros de perlas. Verlaine fue un hijo desdichado de Adán, en el que la herencia paterna apareció con mayor fuerza que en los demás. De los tres enemigos, quien menos mal le hizo fue el mundo. El demonio le atacaba; se defendía de él, como podía, con el escudo de la plegaria. La carne, sí, fue invencible e implacable. Raras veces ha mordido cerebro humano con más furia y ponzoña la serpiente del sexo. Su cuerpo era la lira del pecado. Era un eterno prisionero del deseo. Al andar, hubiera podido buscarse en su huella lo hendido del pie. Se extraña uno no ver sobre su frente los dos cuernecillos, puesto que en sus ojos podía verse aún pasar las visiones de las blancas ninfas, y en sus labios, antiguos conocidos de la flauta, solía aparecer el rictus del egipán. Como el sátiro de Hugo, hubiera dicho a la desnuda Venus, en el resplandor del monte sagrado: "Vien nous m...". Y ese carnal pagano aumentaba su lujuria primitiva y natural a medida que acrecía su concepción católica de la culpa.

Mas ¿habéis leído unas bellas historias renovadas por Anatole France de viejas narraciones hagiográficas, en las cuales hay sátiros que adoran a Dios y creen en su cielo y en sus santos, llegando en ocasiones hasta ser santos sátiros? Tal me parece Pauvre Lelian[3] mitad cornudo flautista de la selva, violador de hamadríadas, mitad asceta del Señor, eremita que, extático, canta sus salmos. El cuerpo velloso sufre la tiranía de la sangre, la voluntad imperiosa de los nervios, la llama de la primavera, la afrodisia de la libre y fecunda montaña; el espíritu se consagra a la alabanza del padre, del Hijo, del santo Espíritu, y, sobre todo, de la maternal y casta Virgen; de modo que, al dar la tentación su clarinada, el espíritu, ciego, no mira: queda como en sopor, al son de la fanfarria carnal; pero tan luego como el sátiro vuelve al boscaje y el alma recobra su imperio y mira a la altura de Dios, la pena es profunda, el salmo brota. Así, hasta que vuelve a verse pasar a través de las hojas del bosque la cadera de Calisto...

Cuando el doctor Nordau publicó la obra célebre, digna del doctor Triboulat Bonhoment, *Entartung*, la figura de Verlaine, casi desconocida para la generalidad –y en la generalidad pongo a muchos de la élite en otros sentidos–, surgió por la primera vez en el más curiosamente abominable

---

[3] Anagrama de Paul Verlaine usado por él mismo en el texto conclusivo de su *Les Poètes maudits*.

de los retratos.[4] El poeta de *Sagesse* estaba señalado como uno de los más patentes casos demostrativos de la afirmación seudocientífica de que los modos estéticos contemporáneos son formas de descomposición intelectual. Muchos fueron los atacados: se defendieron algunos. Hasta el cabalístico Mallarmé descendió de su trípode para demostrar el escaso intelectualismo del profesor austroalemán, en su conferencia sobre la música y la literatura dada en Londres. Pauvre Lelian no se defendió a sí mismo. Comentaría, cuando más, el caso con algunos ¡dam! en el François I o en el D'Harcourt. Varios amigos discípulos le defendieron; entre todos, con vigor y maestría lo hizo Charles Tennib, y su hermoso y justificado ímpetu correspondió a la presentación del "caso" por Max Nordau:

"Tenemos ante nosotros la figura bien neta del jefe más famoso de los simbolistas. Vemos un espantoso degenerado, de cráneo asimétrico y rostro mongoloide, un vagabundo impulsivo, un dipsómano... un erótico... un soñador emotivo, débil de espíritu, que lucha dolorosamente contra sus malos instintos, y encuentra a veces en su angustia conmovedores acentos de queja; un místico cuya conciencia humosa está llena de representaciones de Dios y de los santos, y un viejo chocho, etc."

En verdad que los clamores de ese generoso De Amicis contra la ciencia, que acaba de descuartizar a Leopardi, después de denventrar a Tasso, son muy justos e insuficientemente iracundos.

En la vida de Verlaine hay una nebulosa leyenda que ha hecho crecer una verde pradera en que ha pastado a su placer el *pan-muflisme*.[5] No me detendré en tales miserias. En estas líneas, escritas al vuelo y en el momento de la impresión causada por su muerte, no puedo ser tan extenso como quisiera.

De la obra de Verlaine, ¿qué decir? Él ha sido el más grande de los poetas de este siglo. Su obra está esparcida sobre la faz del mundo. Suele ya ser vergonzoso para los escritores ápteros oficiales no citar de cuando en cuando, siquiera sea para censurar sordamente, a Paul Verlaine. En Suecia y Noruega, los jóvenes amigos de Jonas Lee propagan la influencia

---

[4] Esta obra de Max Nordau, publicada en 1892, es una crítica de las corrientes artísticas del fin de siglo XIX.
[5] Término referido a la falta de sensibilidad o grosería de la Modernidad a la que se oponían los artistas e intelectuales finiseculares. No obstante, la "nebulosa leyenda" a la que se refiere Darío y en la que no desea detenerse, era *vox pupuli* desde que Rimbaud llegó a la vida de Verlaine en 1871.

artística del maestro. En Inglaterra, adonde iba a dar conferencias, gracias a los escritores nuevos, como Symonds y los colaboradores del *Yellow Book*, el nombre ilustre se impone; la *New Review* daba sus versos en francés. En los Estados Unidos, antes de publicarse el conocido estudio de Symonds en el *Harper's—The decadent movement in literature*, la fama del poeta era conocida. En Italia, D'Annunzio reconoce en él a uno de los maestros que le ayudaron a subir a la gloria; Vittorio Pica y los jóvenes artistas de la Tavola Rotonda exponen sus doctrinas; en Holanda, la nueva generación literaria –nótese un estudio de Werwey– le saluda en su alto puesto; en España es casi desconocido, y serálo por mucho tiempo; solamente el talento de Clarín creo que lo tuvo en alta estima; en lengua española no se ha escrito aún nada digno de Verlaine, apenas lo publicado por Gómez Carrillo, pues las impresiones y notas de Bonafoux y Eduardo Pardo son ligerísimas.

Vayan, pues, estas líneas como ofrenda del momento. Otra será la ocasión en que consagre al gran Verlaine el estudio que merece. Por hoy, no cabe el análisis de su obra.

"Esta pata enferma me hace sufrir un poco; me proporciona, en cambio, más comodidad que mis versos, ¡que me han hecho sufrir tanto! Si no fuese por el reumatismo, yo no podría vivir de mis rentas. Estando bueno, no lo admiten a uno en el Hospital."

Esas palabras pintan al hermano trágico de Villon:

—No era mala, estaba enferma su *animula, blandula, vagula*... ¡Dios la haya acogido en el cielo como en un hospital![6]

1896

[Tomado de *Los raros*. Günter Schmigalle, ed. crítica; Jorge E. Arellano, estudio preliminar. Berlín: Tranvía, 2015.]

---

[6] Darío termina su obituario con el verso inicial del epitafio que el emperador Adriano escribió para sí mismo.

Francisca Júlia da Silva

(Brasil, 1871-1920)

Poeta brasileira parnasiana, autora de *Mármores* (1895), *Livros da infância* (1899), *Esfinges* (1903), *Alma infantil* (com seu irmão Júlio César da Silva, 1905), e uma segunda edição de *Esfinges* publicada no final da sua vida em 1920. Péricles Eugênio da Silva Ramos fez uma edição das suas obras completas em 1961. A famosa escultura de Vítor Brecheret "A Musa Impassível" foi feita para o túmulo dela no Cemitério do Araçá em São Paulo, embora o original esteja agora na Pinacoteca do Estado dessa cidade.

O soneto que incluímos foi celebrado e estudado por Glauco Mattoso no seu *Tratado de Metrificação*, e Mário de Andrade falou da sua "beleza sublime". O Mário diz: "além da Beleza a comoção, o símbolo, a verdade dos arrependimentos, dos remorsos e das covardias; sente-se lhe no interior, espumejando em cachões larguíssimos, toda uma história de humanidade castigada pelo amor" (*Mestres do passado*, 1921). Um estudo da sua obra é a tese de João Vicente Pereira Neto, *Oscilações líricas de uma musa impassível: Itinerário poético de Francisca Júlia no sistema literário brasileiro* (Brasília, 2013).

Danças das centauras
A Coelho Neto

Patas dianteiras no ar, bocas livres dos freios,
Nuas, em grita, em ludo, entrecruzando as lanças,
Ei-las, garbosas vêm, na evolução das danças
Rudes, pompeando à luz a brancura dos seios.

A noite escuta, fulge o luar, gemem as franças;
Mil centauras a rir, em lutas e torneios,
Galopam livres, vão e vêm, os peitos cheios
De ar, o cabelo solto ao léu das auras mansas.

Empalidece o luar, a noite cai, madruga...
A dança hípica para e logo atroa o espaço
O galope infernal das centauras em fuga:

Vidas escandalosas

É que, longe, ao clarão do luar que empalidece,
Enorme, aceso o olhar, gravo, do heroico braço
Pendente a clava argiva, Hércules aparece...
De Esfinges, 1903

Eduardo A. Castrejón
Pseudónimo

Publicada en 1906, *Los 41: novela crítico-social* relata los sucesos acaecido en la ciudad de México entre el 16 y el 17 de noviembre de 1901: un baile queer underground, y la consecuente humillación y castigo a que fueron sometidos algunos de sus asistentes. Este relato es solo la culminación de una enorme cobertura recibida por el hecho de parte de la prensa, que incluye los grabados de José Guadalupe Posada que también incluimos aquí. Aunque la mayor parte del texto se dedica a las vidas de Estela y Judith –la prometida de Antonio/Ninón, uno de los jóvenes involucrados en el baile–, el hecho de que los primeros catorce capítulos se dediquen al suceso y de que el incógnito autor escogiera tal título demuestra el verdadero propósito moralizante del texto. Además de la homosexualidad, la obra contiene un retrato de las relaciones entre las clases en la sociedad mexicana pre-revolucionaria, lo que se acentúa con la representación de Ignacio de la Torre y Mier, yerno de Porfirio Díaz, en el personaje de Don Pedro de Marruecos, y con la actitud de la voz narradora hacia uno y otro grupo.

Entre los mejores libros para acercarse al tema se encuentra *The Famous 41. Sexuality and Social Control in México, c. 1901*, editado por Robert McKee Irwin, Edward J. McCaughan y Michelle Rocío Nasser, que recoge, además, material periodístico y gráfico de la época y estudios críticos sobre los hechos.

Los 41: novela crítico-social

I

¡La tarde iba muriendo!... El sol ocultaba su inmensa cabellera rubia, y en el horizonte las nubes amontonadas tomaban un tinte de bronce.

En la casa aristocrática de Mimí, adornada con exquisito gusto femenino y en la sala elegantemente amueblada, se esparcen ondas de perfume delicioso.

Mimí está solo...

En su traje correcto, cortado a la "Americana", se nota una elegancia exquisita; sus manos, blancas y tersas, juegan con los guantes, y su mirada impaciente mira el reloj, que le parece retarda mucho las horas.

Vidas escandalosas

Han dado las siete de la noche.

En la extensa sala, las innúmeras bombillas de luz eléctrica que la alumbran hacen un armonioso conjunto con las pantallas de formas caprichosas, así como con varias estatuas de mármol de Carrara sobre pedestales de bronce.

Un lacayito de quince años, guapo, de ojos azules con mirada voluptuosa y melancólica, con voz ceremoniosa anuncia a Mimí que varios jóvenes desean hablarle.

–¡Que pasen, que pasen! –respondió emocionado Mimí.

El lacayito abrió las hojas de la vidriera; hizo a un lado los cortinajes de seda, y fueron desfilando varios adolescentes que llamaremos por sus nombres: Ninón, Estrella, Pudor, Virtud, Carola, Blanca y Margarita.

Todos vestían con elegancia masculina.

Abrazaron a Mimí con efusión, se cambiaron algunos eróticos besos y se sentaron en los sillones aterciopelados.

Mimí había cambiado: su tristeza infinita se trocaba en placer; y Ninón, un Hércules, de rostro seductor y varonil, tomó la mano de Mimí depositando un ósculo de amor, un ósculo lleno de fuego, sonoro, rimado por un murmullo interminable.

[…]

La voz atiplada de los adolescentes, formando una inmensa algarabía, recorría todos los tonos de la dulzura; y sus modales afeminados daban a la escena un tinte chocarrero y meloso, pareciendo la reunión más bien voces de señoritas discutiendo en el estrado, que de jóvenes barbilindos.

–¿Me quieres? –decía Ninón a Mimí.

Y Mimí, acariciando las mejillas de Ninón, se lo juraba entusiasmado.

–¿Fuiste anoche a la ópera? –le decía Estrella a Margarita.

–¡¡¡Ay …sí, cómo no!!!

–¿Y tú, Blanca, no fuiste?

–¡¡¡No, tú!!! Estuve un poco enfermo y no quise salir de casa.

–¡Qué onditas tan preciosas tienes en tu peinado, Margarita! ¿qué, te las rizaste?

–No, mi vida, si son naturales…

–¿Y tus choclitos, Virtud, son americanos?...

–Sí, Estrella, están muy monos con mis calcetines calados, ¿verdad?

–¡¡Chulísimos, Virtud, y muy elegantes!!

Solo Pudor y Carola no hablaban; estrechados por amoroso abrazo

se contemplaban arrobados pensando en los deleites de la vida, y de cuando en cuando bebían copitas de *champagne* para refrescar sus labios ardorosos.
[...]
Se sentían alegres, satisfechos, emocionados, pletóricos de felicidad mirándose vestidos de mujer.

¡Oh y qué de transportes eróticos, qué de venturas, qué de embriagueces... al trocar el traje de hombre para convertirse en deliciosas niñas, en huríes encantadoras de suaves contornos y de ondulantes líneas seductoras!
[...]
El corazón degenerado de aquellos jóvenes aristócratas prostituidos, palpitaba en aquel inmenso bacanal.

La desbordante alegría originada por la posesión de los trajes femeninos en sus cuerpos, las posturas mujeriles, las voces carnavalescas, semejaban el retrete-tocador a una cámara fantástica; los perfumes esparcidos, los abrazos, los besos sonoros y febriles, presentaban cuadros degenerantes de aquellas escenas de Sodoma y Gomorra, de los festines orgiásticos de Tiberio, de Cómodo y Calígula, donde el fuego explosivo de la pasión devoraba la carne consumiéndola en deseos de la más desenfrenada prostitución.

Y en esa insaciable vorágine de placeres brutales han caído, para no levantarse nunca, jóvenes que, en el colmo de la torpeza y de la degradación prostituida, contribuyen a bastardear la raza humana injuriando gravemente a la naturaleza.

II
[...]
Y aquella asquerosa falange de rufianes de la aristocracia, dignos imitadores de Heliogábalo, poseídos de una colosal ventura en medio de la más nauseabunda crápula, llegaba al periodo álgido del delirio obsceno.

Mimí, lleno de tan grandiosa dicha, tan soberano placer, contemplaba extasiado entreabriendo voluptuosamente sus ojos, para acariciar con su mirada al rostro seductor de Ninón.

Pudor se sentía inspirado; aquellos momentos de bestial degeneración no le bastaban para saciar sus deseos; vislumbraba todo un cielo de aventuras, todo un mundo de placeres sensibles y de nuevos goces;

imaginaba verse transportado al país de la eterna felicidad creando placeres interminables de nefandas aberraciones.

Carola, Blanca, Estrella, Virtud y Margarita, confundidos en el mismo nivel de bajeza, en esa triste degeneración, en envilecimiento increíble, se abrazaban, se inflamaban al contacto de la suave epidermis ungida de aceites perfumados, y desfloraban sus manos con chasquidos de ardientes y sonoros besos.

[...]

Solo Mimí había permanecido quieto, indolentemente recostado en el respaldo de su silla, mordiéndose los labios, jugando con la falda, contento de aquella orgía placentera, y soñando aventuras deliciosas en un mundo lleno de dichas inefables, como los goces excelsos y venerados del cielo.

Semejaba su postura y su tocado a la de esas *cocottes de toilette à la pompadour* y parecía al lado de Ninón la favorita del serrallo de su señor y primera mesalina en el emporio de la crápula, donde al iniciarse en él pierde el ser humano su dignidad y su vergüenza para morar en el seno gangrenado de esa comunidad cínica y abyecta, de esa comunidad menguada usurpadora de las funciones reservadas solo a la mujer.

Tuvo la peregrina ocurrencia de proponer se hiciera un baile regio, que hiciera época en la fastuosa historia de hombres depravados, y que se participará a toda la cáfila de esos seres bastardos, que concurriesen elegantemente vestidos de mujer, y además convidar a los más prostituidos para darle mayor animación y brillo al sarao.

Y tan disparatada proposición fue aceptada.

[...]

X

En las mejores y más concurridas cantinas de la metrópolis recibían algunos parroquianos tarjetas de invitación para un baile y una rifa, de manos de un jovencito de ojos lánguidos, simpático, afeminado y ceremonioso.

La novedad consistía en una rifa de *Art Nouveau* y un elegante baile.

Muchos de los jóvenes de consuetudinaria parranda, atraídos por el bombo de las tarjetas, entre guasa y guasa, y copa y copa ya en el estómago, tomaban los trenes de la colonia para dirigirse a la famosa casa de la calle de la Paz.

[...]

Eduardo A. Castrejón

Las diez de la noche serían, aproximadamente cuando llegaron a la puerta de la calle varios carruajes lujosos, de los cuales se bajaron, al parecer, varias damas de vistosos trajes de fantasía. Eran los jóvenes Estrella, Pudor, Virtud, Carola, Blanca y Margarita.

En el salón surgió un murmullo de curiosidad y muchos de los circunstantes se dirigieron a la puerta de entrada para contemplar los rostros de las damas.

Apenas habían traspasado los dinteles de la puerta para penetrar al salón las seductoras damas y ya la corte de antiguos adoradores los obsequiaba con una ruidosa salva de aplausos, y un viva gutural, aguardentoso y báquico se esparció en ondas sonoras por el salón; a instancias de algunos la orquesta tocó una diana que mereció el bis más entusiasta y polichinesco.

[...]

Llegó en algunas *calandrias* desvencijadas con varios cocheros, lacayos y, en especialidad, camaristas meseros, qué iban a compartir democráticamente con sus amos los goces venerados de sus cielos forjado con venturas del nuevo paraíso terrenal, donde ellos formaban parte como plantas estériles para la buena simiente, pero sí productoras de la inmoralidad y el salvajismo.

¡Pobres seres degradados!...

Ninguno de los concurrentes convidados por las tarjetas repartidas en las cantinas había notado que se les daba gato por liebre, tan bien confeccionados estaban los vestidos y tan bien remedados los ademanes femeninos.

Pero hasta entonces ningún movimiento había sido tan inusitado en el salón como la llegada de un personaje interesante y popular.

¡Don Pedro de Marruecos! gritó una voz fuerte y sonora.

Y a ese grito todos saltaron de sus asientos, se formaron dos grupos y dieron paso a don Pedro, que penetró majestuosamente investigando con su mirada el aspecto del salón; y dirigiéndose hacia las damas saludolas con afecto amoroso.

[...]

Estrella era admirado con curiosidad; su candor de virgen atraía irresistiblemente y no escaseaban los galantes que le presentaban copitas de espiritual *champagne*.

Don Pedro de Marruecos fue a sentarse a su lado, acariciándole sus manos con codicia, y le veía fijamente sus ojos como queriendo sugestionar con una mirada impregnada de fuego candente, de ese fuego volcánico que hace palpitar el corazón y comprender la inspiración del hombre viciado en todos sus horrores.

XI

[...]

¡Comenzó el baile!...

El bastonero, de pie en el centro del salón anunció la primera pieza; un vals sonoro, rítmico y bello.

Don Pedro de Marruecos dio el brazo a Estrella, Ninón a Mimí y raudos, ligeros, se confundieron con los demás bailadores, describiendo vertiginosas volteretas.

Carola, Blanca, Pudor, Virtud y Margarita, melindrosos y haciéndose del rogar como púdicas señoritas, cedieron a mil súplicas su mano a simpáticos alentadores del mismo gremio.

Y el placer era infinito, dulce, satisfactorio.

La ridiculez con toda su plástica grosera, danzaba allí con inmensa locura.

El salón estaba henchido de espectadores; los que habían concurrido procedentes de las cantinas ávidos de novedad, se iban retirando la mayor parte contrariados, quedando de los mismos uno que otro rezagado, incoherente y beodo, con los apócrifos palmitos.

Despejado un poco el salón por los que se iban retirando, quedando ya casi todos del mismo gremio, y contenta ya la comunidad por encontrarse entre gente de los suyos, el sarao siguió en todo su apogeo pareciendo un baile pompeyano de la decadencia romana.

Atizando el fuego en que ardían los jóvenes, hacían derroches de movimientos en el baile, y enardecidos como descocadas meretrices exhibían sus encantos postizos con arrebatadora vehemencia en medio de escandalosas impudicias.

[...]

Don Pedro de Marruecos, el elegante amateur, sentía una honda incesante de gratas armonías al oír la voz clara y timbrada del jovencito Estrella, cuidadosamente embellecido con su traje pudoroso de bebé.

Estrechaba con febril vehemencia las manos de Estrella; sentía una atracción satánica cuando el joven vestido de bebé dejaba entrever las morbideces de su cuerpo.

Y con estilo elegante y voz armoniosa, le decía don Pedro lleno de ternura –¿me amarías, Estrella?
Y Estrella, como una ninfa tímida, respondió débilmente: –¡Ay! ¡Don Pedro, quién sabe!...
–¿Crees que no te haga feliz? insistió don Pedro.
–No, don Pedro –respondió Estrella; necesito consultar con mi corazón, y además que haga usted méritos...
–Te querré mucho, Estrella; te adoraré hasta el delirio, tendrás casa, coche, lujo, mucho lujo muchas comodidades... júrame que me amarás, te prometo lo que tú ansíes, lo que tú quieras, vida mía.
Y dialogando al oído de Estrella, don Pedro en murmurios suaves y cadenciosos, entregado con ardientes transportes, estrechaba dulcemente las manos de estrella que oía las declaraciones como un canto de adoración.
La página honrada de la vida de don Pedro desaparecía bajo una clámide llena de pauperismos, y surgía la página corruptora llena de delincuencias, llena de crispaturas de sus nervios impotentes, entre el desmoronamiento de su vergüenza y de su dignidad para caer una vez más del alto pedestal de su existencia y de su posición social.
¡Hasta dónde conducen los vicios a los hombres!
Besaba los párpados temblorosos de Estrella, y en un arranque delirante acercó sus labios quemantes a su rostro y a sus mejillas, y su pasión, más vehemente, se confundió en un abrazo largo, muy largo, inefable, embriagador histrionesco como la afectación de sus modales.
Entretanto, en el salón crecía el entusiasmo.
Ojos fosforescentes, ojos lúbricos, ojos lánguidos; caderas postizas ondulantes, gráciles con sus irreprochables curvas; rostros polveados, pintarrajeados; pelucas maravillosamente adornadas con peinetas incrustadas de oro y joyas finísimas; pantorrillas bien cinceladas a fuerza de algodón y auténticas de amorfas flacuras; senos postizos, prominentes y enormes pugnando por salir de su cárcel; muecas grotescas y voces fingidas; le daban todo ese conjunto a la orgía algo de macabro y fantástico.
Se acercaba la hora de la rifa, esa hora esperada con impaciencia, con verdadera impaciencia...
El prólogo de la fiesta había sido esplendoroso; la apoteosis sería lo más bello, lo más práctico, lo más satisfactorio, y el epílogo cerraría con broche de oro su báquica orgía... así pensaban todos los circunstantes.
En el paraíso del amor, las mil gradaciones del brillante ideal de sus sueños, centellaban fastuosamente.

XII

Era la madrugada del domingo 17 de noviembre de 1901 ...

Llegaba por fin el momento supremo y solemne de la rifa deseada.

Colocada sobre una mesa un ánfora de bronce que contenía varios papelitos enrollados, se sacarían uno por uno, y los números del uno al doce, que era el premio gordo, irían depositando besos ardientes que recibiría el jovencito vestido de bebé, o sea el espiritual Estrella... el número doce se resiste a describirlo la pluma.

La orquesta tocaba danzones veracruzanos cuando la voz de Ninón anunció que se daba comienzo a la rifa.

Todos dejaron de bailar; se formaron paralelamente en dos filas, mientras don Pedro se disponía a sacar los números premiados.

La rifa de *Art Nouveau* que anunciaban las tarjetas que repartieron, no era de algún objeto de arte, ni mucho menos...

La prostitución en su último grado se dejaba mutilar ignominiosamente y cerraba los oídos para no oír las protestas de los hombres de conciencia.

¡Lo que a los hombres honrados nos parece el más inmundo de los vicios, el más desenfrenado, el más miserable, para aquellos jóvenes y para aquellos sirvientes de sus amos, era el manjar de sus dioses, y no tenían escrúpulos en sacrificar su pudor, su dignidad, su vergüenza, al vicio deshonesto que, como un sarcasmo, insultaba a la ley, a la vida, a la civilización, al progreso de todo lo humano, a la misma Naturaleza!

Cada número que salía premiado y que don Pedro anunciaba a los concurrentes, Estrella recibía tantos besos como cifra tenía el papelito enrollado.

Faltaba un solo número por salir: el premio gordo, el número doce; todos los semblantes estaban lívidos.

Uno que otro beodo bailaba de placer en su puesto y revisaba su número en las manos.

Estrella también estaba pálido, sereno y satisfecho; esperaba resignado la hora dichosa en que tocaran a la gloria y en que el aplauso, los vivas, las dianas y los brindis surgieran crepitantes como una sinfonía triunfal de su degradación.

Al tumulto del placer y de la felicidad sucedió el tumulto del terror.

Don Pedro desenrollaba paulatinamente el último número, cuando entraron corriendo varios cocheros y lacayos gritando espantados, pintando el miedo en sus rostros:

–¡¡La policía...!! ¡¡¡Los gendarmes tocan a la puerta...!!!
Una bomba de dinamita arrojada en el salón no hubiera causado tanto pánico entre los concurrentes.

Cuarenta y cuatro personas había en el salón que no daban un paso para remediar la situación aflictiva, sin atreverse a abrir la puerta exterior de la casa.

La policía entretanto tocaba con fuerza, con violencia, esperando que abrieran las puertas de la casa para pedir la licencia del baile.

Don Pedro, sin despedirse de nadie y seguido de dos de sus criados, buscó una salida donde poder escaparse, y encontró una escalera de mano recargada en una de las paredes del patio de la casa; treparon por ella hasta la azotea, después bajaron él y uno de sus criados con la misma escalera para el patio de una casa contigua donde estaban los departamentos de los talleres de la Unión Litográfica y se perdieron entre la oscuridad.

Entretanto, el otro criado volvió a subir la escalera para colocarla en su sitio, y se quedó en la azotea a la luna de Valencia, después de haber salvado a su amo, esperando los resultados y las pesquisas de la policía.

A tanto golpe en la puerta dado por la policía, uno de los menos timoratos se resolvió a abrir, lleno de miedo, castañeteándole los dientes y temblándole las piernas.

Entró por fin la policía, y la mayor parte de la concurrencia se dispersó por las piezas de la otra vivienda de la misma casa.

Unos se escondían detrás de las puertas, otros en los inodoros, otros en el cuarto de baño dentro de una tina volteándola al revés, algunos intentaban meterse dentro de una estufa y otros en la chimenea.

El lacayo de Mimí, arrepentidísimo, se santiguaba y le daba vueltas a un rosario en sus manos.

Mimí lloraba amargamente; Ninón hacía pucheros y se tronaba las falanges de sus manos enguantadas.

Estrella, cínico, desvergonzado, esperaba con calma, impasible, la terminación del sainete.

Todos abrían desmesuradamente los ojos y proferían exclamaciones afeminadas y grotescas por el tenor siguiente: ¡Ay! ¡Dios mío, y en qué facha no se encuentran! ... ¡Santa Virgen de los Milagros! ... ¡Milagroso Niño de Atocha! ... ¡Madre Dolorosa, sálvanos! ... ¡San Pascual Bailón, Santa Nicomedes, San Cipriano, óyenos Señor!...

Un borracho que estaba tendido a lo largo sobre unas sillas y medio dormido, al despertarlo uno de los gendarmes, le echaba la mano al cuello diciéndole, ¿otra copa alma mía, corazoncito de oro?...

Los músicos asustados y confundidos tomaban sus sombreros y enfundaban sus instrumentos para retirarse.

Pero como el oficial de gendarmes viera que había gato encerrado, dio orden a los gendarmes de aprender a todos; de la comisaría mandaron refuerzos de agentes de los de imaginaria,[1] y pocos momentos después era registrada toda la casa hasta el último rincón, aprendiendo 41 individuos que fueron conducidos a la demarcación de policía, entre los cuales iban algunos vestidos de mujer.

El mozo de don Pedro, que se había quedado en la azotea observándolo todo, al subir por la misma escalera varios policías por donde su amo se había salvado, no tuvo más remedio que hacer el sacrificio de tomar un baño frío, metiéndose dentro de un tinaco que dotaba de agua a la casa, salvándose así milagrosamente.

XIII

[...]

La inauguración opulenta del inmundo bacanal de la casa de la calle de la Paz, tenía su epílogo tristísimo en el inmundo calabozo de la Demarcación.

Enorme transición de la atmósfera saturada de perfumes, de la estancia adornada, de los rumores de la música, de los besos ardientes y caricias, una atmósfera viciada, infecta, microbicida; rumores tenebrosos, hondos suspiros y copiosos llantos de dolor inmenso.

Un cuadro triste y grotesco; un cuadro de bacantes masculinos maldicientes, detestando a Príapo y a Lampsaco,[2] fumando para consolarse cigarrillos en cuyas volutas de humo iban muchos recuerdos del pasado... muchos incendios de deseos eróticos consumados en la depravación.

---

[1] Miembros de una guardia de armas designados como suplentes de los titulares y que deben estar localizables. De modo que el caso exigió un despliegue policial fuera de lo común.
[2] Príapo es un dios menor de la mitología griega asociado a la fertilidad, comunmente representado con un enorme falo siempre erecto. Lampsaco fue una ciudad griega en el mar de Mármara donde la leyenda ubica el nacimiento del dios, por lo que se le rendía allí especial culto.

Uno por uno fueron llamados para declarar, siendo objeto de risas y contumelias por los guardianes que los llevaban del calabozo a la oficina.

Hubo quien se atreviera a llorar delante de los escribientes y pidiera misericordia.

[...]

Cerca de las diez de la mañana y en traje de carácter, los que iban fantaseados con su elegante traje mujeril, provistos de buenas escobas de vara unos, otros con palas, un barril con agua y una cubeta de lámina para regar, salieron custodiados por un buen número de gendarmes los lindos señoritos, para barrer una de las calles de las Artes, cercana a la Demarcación.

¡Y había que verlos qué bien desempeñaba el oficio! Una señorita hacendosa no lo hubiera hecho con tanto arte y con tanta premura.

Los físicos más grotescos se exhibían en la calle, con sus ojos abotagados, la mirada baja, impúdica en algunos; se habían quitado las pelucas y los aretes de brillantes, y provocaba risa contemplar un rostro ajado con bigotito retorcido, falda recogida y choclos bordados con tacón muy alto; y a cada movimiento de la escoba un contoneo exagerado de las caderas, que contribuía poderosamente a dar pábulo a la sátira y a los retruécanos más punzantes de algunos espectadores.

[...]

Una vez que terminaron de barrer la calle fueron conducidos a la cárcel, donde se les abrió partida, y el señor gobernador los juzgó con la prontitud que el caso requería, para acallar la voz de indignación de la sociedad ultrajada.

Algunos que probaron su inocencia y que solo habían ido por el deseo de bailar ignorando el hecho escandaloso de los afeminados, fueron dados en libertad después de muchas gestiones.

Los demás, obrando la justicia con estricta energía, fueron consignados al servicio de las armas, determinando la Secretaría respectiva que fueran enviados a Yucatán, pero no como soldados, sino como rancheros unos, y los demás para emplearlos en trabajos de fortificaciones ligeras.

Al efecto, todos los consignados fueron llevados el miércoles 20 del mismo mes a la misma Secretaría para que los pasaran por cajas, y llenando ese requisito fueron destinados a uno de los batallones que hacían la campaña contra los indios mayas.

XIV

El jueves 21 de noviembre de 1901, a las 7 de la mañana y a bordo de un vagón de tercera clase, custodiados por soldados del 24º batallón, iban 19 de los individuos del baile de la casa de la calle de la Paz, rumbo a Veracruz, para después allí ser embarcados en el primer vapor que saliera para las costas de Yucatán.

En la Estación de Buenavista, el Ferrocarril Mexicano, por cuya línea salieron para Veracruz los maricones, un numeroso grupo de curiosos se había instalado desde temprano para verlos partir.

Nuestro pueblo es en extremo curioso; cualquier asunto que ha causado sensación le tiene preocupado, y solo le abandona cuando ya está saciada su curiosidad y se ha dado cuenta de todos los detalles más culminantes.

[...]

Llegaron a Veracruz, y desde allí fueron conducidos al Castillo de San Juan de Ulúa, donde los incomunicaron de los demás presos para evitar el escándalo sobre las prisiones del crimen.

A los pocos días, el segundo bote de la dotación de la corbeta Zaragoza los embarcó para llevarlos a bordo del vapor transporte noruega Mercator, que los debía conducir a Yucatán.

En el Puerto de Progreso, Isla de Mujeres, Puerto Morelos, donde hizo carbón el Mercator, Isla de Cozumel y el término de su jornada en las bahías de la Ascensión, fueron objeto de ilimitada curiosidad por la sencilla gente de la costa.

Llegados al campamento donde operaban las fuerzas contra los rebeldes, fueron entregados a los cuerpos que hacían la campaña, distribuidos en algunas compañías para confeccionar el rancho a la soldadesca unos, y otros para hacer trabajos de zapa.

La vegetación exuberante, los árboles seculares, la multitud de cocoteros y platanares que le dan sublimidad a la costa, y en que el artista puede soñar en un paraíso ideal, desconsolaba a los jóvenes 41.

La mar, con sus inmensas olas azules, bañaba suavemente la pleamar sus costas, surcando multitud de embarcaciones veleros que parecían perderse en la inmensidad y entre el oleaje.

Eduardo A. Castrejón

Las chozas de palmeras surgentes unas, hundidas otras entre lo más espeso de las arboledas, se antojaban ciudades de la época antigua en que Colón descubriera nuestra joven América.

1906

[*The Famous 41. Sexuality and Social Control in México, c. 1901.*
Robert McKee Irwin, Edward J. McCaughan and Michelle Rocío
Nasser, editors. New York: Palgrave Macmillan, 2003]

Grabados de José Guadalupe Posada sobre los 41 aparecido en la prensa de la época. Fuente: Robert McKee Irwin et al. The Famous 41. New York: Palgrave MacMilliam, 2003.

Joaquim Maria Machado de Assis
(Brasil, 1839-1908)

O romancista mais importante da América Latina no século XIX, Machado de Assis apresenta uma subtil trama homoerótica no seu grande romance *Dom Casmurro* (1899), onde a amizade masculina entre o narrador, Bento, e seu melhor amigo, Escobar, parece sugerir outras possibilidades, interrompidas por relações heterossexuais e pela morte do amigo. No conto que publicamos aqui, "Pílades e Orestes", o tema da amizade masculina tem claras implicações homoeróticas, embora a solução narrativa dependa da novo de relações heterossexuais. O título do conto alude a uma amizade equívoca na mitologia grega, e a acusação de ser "frescos" é mais explícita ainda, já que essa palavra se usava na época para se referir a homossexuais masculinos (sobre isso, pode se consultar o livro do James Green, *Beyond Carnival*, página 54 e passim). O conto apareceu na coleção *Relíquias de casa velha* (1906).

Pílades e Orestes

Quintanilha engendrou Gonçalves. Tal era a impressão que davam os dois juntos, não que se parecessem. Ao contrário, Quintanilha tinha o rosto redondo, Gonçalves comprido, o primeiro era baixo e moreno, o segundo alto e claro, e a expressão total divergia inteiramente. Acresce que eram quase da mesma idade. A ideia da paternidade nascia das maneiras com que o primeiro tratava o segundo; um pai não se desfaria mais em carinhos, cautelas e pensamentos.

Tinham estudado juntos, morado juntos, e eram bacharéis do mesmo ano. Quintanilha não seguiu advocacia nem magistratura, meteu-se na política; mas, eleito deputado provincial em 187... cumpriu o prazo da legislatura e abandonou a carreira. Herdara os bens de um tio, que lhe davam de renda cerca de trinta contos de réis. Veio para o seu Gonçalves, que advogava no Rio de Janeiro.

Posto que abastado, moço, amigo do seu único amigo, não se pode dizer que Quintanilha fosse inteiramente feliz, como vais ver. Ponho de lado o desgosto que lhe trouxe a herança com o ódio dos parentes; tal ódio foi que ele esteve prestes a abrir mão dela, e não o fez porque o amigo Gonçalves, que lhe dava ideias e conselhos, o convenceu de que semelhante ato seria rematada loucura.

— Que culpa tem você que merecesse mais a seu tio que os outros parentes? Não foi você que fez o testamento nem andou a bajular o defunto, como os outros. Se ele deixou tudo a você, é que o achou melhor que eles; fique-se com a fortuna, que é a vontade do morto, e não seja tolo.

Quintanilha acabou concordando. Dos parentes alguns buscaram reconciliar-se com ele, mas o amigo mostrou-lhe a intenção recôndita dos tais, e Quintanilha não lhes abriu a porta. Um desses, ao vê-lo ligado com o antigo companheiro de estudos, bradava por toda a parte:

— Aí está, deixa os parentes para se meter com estranhos; há de ver o fim que leva.

Ao saber disto, Quintanilha correu a contá-lo a Gonçalves, indignado. Gonçalves sorriu, chamou-lhe tolo e aquietou-lhe o ânimo; não valia a pena irritar-se por ditinhos.

— Uma só coisa desejo, continuou, é que nos separemos, para que se não diga...

— Que se não diga o quê? É boa! Tinha que ver, se eu passava a escolher as minhas amizades conforme o capricho de alguns peraltas sem-vergonha!

— Não fale assim, Quintanilha. Você é grosseiro com seus parentes.

— Parentes do diabo que os leve! Pois eu hei de viver com as pessoas que me forem designadas por meia dúzia de velhacos que o que querem é comer-me o dinheiro? Não, Gonçalves; tudo o que você quiser, menos isso. Quem escolhe os meus amigos sou eu, é o meu coração. Ou você está... está aborrecido de mim?

— Eu? Tinha graça.

— Pois então?

— Mas é...

— Não é tal!

A vida que viviam os dois era a mais unida deste mundo. Quintanilha acordava, pensava no outro, almoçava e ia ter com ele. Jantavam juntos, faziam alguma visita, passeavam ou acabavam a noite no teatro. Se Gonçalves tinha algum trabalho que fazer à noite, Quintanilha ia ajudá-lo como obrigação; dava busca aos textos de lei, marcava-os, copiava-os, carregava os livros. Gonçalves esquecia com facilidade, ora um recado, ora uma carta, sapatos, charutos, papéis. Quintanilha supria-lhe a memória. Às vezes, na Rua do Ouvidor,[1] vendo passar as moças, Gonçalves lembrava-se de uns autos que deixara no escritório. Quintanilha voava a buscá-los e tornava com eles, tão contente que não se podia saber se eram autos, se a sorte grande; procurava-o ansiosamente com os olhos, corria, sorria, morria de fadiga.

– São estes?
– São; deixa ver, são estes mesmos. Dá cá.
– Deixa, eu levo.
A princípio, Gonçalves suspirava:
– Que maçada que dei a você!

Quintanilha ria do suspiro com tão bom humor que o outro, para não o molestar, não se acusou de mais nada; concordou em receber os obséquios. Com o tempo, os obséquios ficaram sendo puro ofício. Gonçalves dizia ao outro: "Você hoje há de lembrar-me isto e aquilo". E o outro decorava as recomendações, ou escrevia-as, se eram muitas. Algumas dependiam de horas; era de ver como o bom Quintanilha suspirava aflito, à espera que chegasse tal ou tal hora para ter o gosto de lembrar os negócios ao amigo. E levava-lhe as cartas e papéis, ia buscar as respostas, procurar as pessoas, esperá-las na estrada de ferro, fazia viagens ao interior. De si mesmo descobria-lhe bons charutos, bons jantares, bons espetáculos. Gonçalves já não tinha liberdade de falar de um livro novo, ou somente caro, que não achasse um exemplar em casa.

– Você é um perdulário, dizia-lhe em tom repreensivo.
– Então gastar com letras e ciências é botar fora? É boa! concluía o outro.

No fim do ano quis obrigá-lo a passar fora as férias. Gonçalves acabou aceitando, e o prazer que lhe deu com isto foi enorme. Subiram a Petrópolis.[2] Na volta, serra abaixo, como falassem de pintura, Quintanilha advertiu que não tinham ainda uma tela com o retrato dos dois, e mandou fazê-la. Quando a levou ao amigo, este não pôde deixar de lhe dizer que não prestava para nada. Quintanilha ficou sem voz.

– É uma porcaria, insistiu Gonçalves.
– Pois o pintor disse-me...

---

[1] Rua importante do centro histórico de Rio de Janeiro.
[2] Cidade na Serra dos Órgãos perto de Rio de Janeiro, onde o imperador Pedro II fez construir um palácio de verão.

Vidas escandalosas

— Você não entende de pintura, Quintanilha, e o pintor aproveitou a ocasião para meter a espiga. Pois isto é cara decente? Eu tenho este braço torto?

— Que ladrão!

— Não, ele não tem culpa, fez o seu negócio; você é que não tem o sentimento da arte, nem prática, e espichou-se redondamente. A intenção foi boa, creio...

— Sim, a intenção foi boa.

— E aposto que já pagou?

— Já.

Gonçalves abanou a cabeça, chamou-lhe ignorante e acabou rindo. Quintanilha, vexado e aborrecido, olhava para a tela, até que sacou de um canivete e rasgou-a de alto a baixo. Como se não bastasse esse gesto de vingança, devolveu a pintura ao artista com um bilhete em que lhe transmitiu alguns dos nomes recebidos e mais o de asno. A vida tem muitas de tais pagas. Demais, uma letra de Gonçalves que se venceu dali a dias e que este não pôde pagar, veio trazer ao espírito de Quintanilha uma diversão. Quase brigaram; a idéia de Gonçalves era reformar a letra; Quintanilha, que era o endossante, entendia não valer a pena pedir o favor por tão escassa quantia (um conto e quinhentos), ele emprestaria o valor da letra, e o outro que lhe pagasse, quando pudesse. Gonçalves não consentiu e fez-se a reforma. Quando, ao fim dela, a situação se repetiu, o mais que este admitiu foi aceitar uma letra de Quintanilha, com o mesmo juro.

— Você não vê que me envergonha, Gonçalves? Pois eu hei de receber juro de você...?

— Ou recebe, ou não fazemos nada.

— Mas, meu querido...

Teve que concordar. A união dos dois era tal que uma senhora chamava-lhes os "casadinhos de fresco",[3] e um letrado, Pílades e Orestes.[4] Eles riam, naturalmente, mas o riso de Quintanilha trazia

---

[3] *Dicionário Aurélio*, página 658: "11. Bras. Chulo. V. *efeminado* (2)". A segunda definição de *efeminado* no mesmo dicionário clarifica: "Diz-se do homem que é homossexual passivo; afrescalhado, aveadado, fresco, ventilado" (pág. 503).

[4] No manual *The Greek Myths* de Robert Graves, explica-se que o filho de Strophius chamado Pylades era mais novo que Orestes "and their friendship was destined to become proverbial" (pág. 414), e faz referências à Hyginus (*Fabula*), Eurípides (*Iphigeneia*), Apollodorus (*Epítome*) e Ovídio (*Epístolas Pônticas*). A amizade "proverbial" aqui é uma clara referência à homossexualidade.

alguma coisa parecida com lágrimas: era, nos olhos, uma ternura úmida. Outra diferença é que o sentimento de Quintanilha tinha uma nota de entusiasmo, que absolutamente faltava ao de Gonçalves; mas, entusiasmo não se inventa. É claro que o segundo era mais capaz de inspirá-lo ao primeiro do que este a ele. Em verdade, Quintanilha era mui sensível a qualquer distinção; uma palavra, um olhar bastava a acender-lhe o cérebro. Uma pancadinha no ombro ou no ventre, com o fim de aprová-lo ou só acentuar a intimidade, era para derretê-lo de prazer. Contava o gesto e as circunstâncias durante dois e três dias.

Não era raro vê-lo irritar-se, teimar, descompor os outros. Também era comum vê-lo rir-se; alguma vez o riso era universal, entornava-se-lhe da boca, dos olhos, da testa, dos braços, das pernas, todo ele era um riso único. Sem ter paixões, estava longe de ser apático.

A letra sacada contra Gonçalves tinha o prazo de seis meses. No dia do vencimento, não só não pensou em cobrá-la, mas resolveu ir jantar a algum arrabalde para não ver o amigo, se fosse convidado à reforma. Gonçalves destruiu todo esse plano; logo cedo, foi levar-lhe o dinheiro. O primeiro gesto de Quintanilha foi recusá-lo, dizendo-lhe que o guardasse, podia precisar dele; o devedor teimou em pagar e pagou.

Quintanilha acompanhava os atos de Gonçalves; via a constância do seu trabalho, o zelo que ele punha na defesa das demandas, e vivia cheio de admiração. Realmente, não era grande advogado, mas, na medida das suas habilitações, era distinto.

– Você por que não se casa? perguntou-lhe um dia; um advogado precisa casar.

Gonçalves respondia rindo. Tinha uma tia, única parenta, a quem ele queria muito, e que lhe morreu, quando eles iam em trinta anos. Dias depois, dizia ao amigo:

– Agora só me resta você.

Quintanilha sentiu os olhos molhados, e não achou que lhe respondesse. Quando se lembrou de dizer que "iria até à morte" era tarde. Redobrou então de carinhos, e um dia acordou com a ideia de fazer testamento. Sem revelar nada ao outro, nome nomeou-o testamenteiro e herdeiro universal.

– Guarde-me este papel, Gonçalves, disse-lhe entregando o testamento. Sinto-me forte, mas a morte é fácil, e não quero confiar a qualquer pessoa as minhas últimas vontades.

Vidas escandalosas

Foi por esse tempo que sucedeu um caso que vou contar.[5]

Quintanilha tinha uma prima segunda, Camila, moça de vinte e dois anos, modesta, educada e bonita. Não era rica; o pai, João Bastos, era guarda-livros de uma casa de café. Haviam brigado por ocasião da herança; mas, Quintanilha foi ao enterro da mulher de João Bastos, e este ato de piedade novamente os ligou. João Bastos esqueceu facilmente alguns nomes crus que dissera do primo, chamou-lhe outros nomes doces, e pediu-lhe que fosse jantar com ele. Quintanilha foi e tornou a ir. Ouviu ao primo o elogio da finada mulher; numa ocasião em que Camila os deixou sós, João Bastos louvou as raras prendas da filha, que afirmava haver recebido integralmente a herança moral da mãe.

– Não direi isto nunca à pequena, nem você lhe diga nada. É modesta, e, se começarmos a elogiá-la, pode perder-se. Assim, por exemplo, nunca lhe direi que é tão bonita como foi a mãe, quando tinha a idade dela; pode ficar vaidosa. Mas a verdade é que é mais, não lhe parece? Tem ainda o talento de tocar piano, que a mãe não possuía.

Quando Camila voltou à sala de jantar, Quintanilha sentiu vontade de lhe descobrir tudo, conteve-se e piscou o olho ao primo. Quis ouvi-la ao piano; ela respondeu, cheia de melancolia:

– Ainda não, há apenas um mês que mamãe faleceu, deixe passar mais tempo. Demais, eu toco mal.

– Mal?

– Muito mal.

Quintanilha tornou a piscar o olho ao primo, e ponderou à moça que a prova de tocar bem ou mal só se dava ao piano. Quanto ao prazo, era certo que apenas passara um mês; todavia era também certo que a música era uma distração natural e elevada. Além disso, bastava tocar um pedaço triste. João Bastos aprovou este modo de ver e lembrou uma composição elegíaca. Camila abanou a cabeça.

– Não, não, sempre é tocar piano; os vizinhos são capazes de inventar que eu toquei uma polca.

Quintanilha achou graça e riu. Depois concordou e esperou que os três meses fossem passados. Até lá, viu a prima algumas vezes, sendo as três últimas visitas mais próximas e longas. Enfim, pôde ouvi-la tocar piano, e gostou. O pai confessou que, ao princípio, não gostava muito

---

[5] A familiaridade que criava Machado de Assis com seus leitores é uma característica famosa da sua escrita.

daquelas músicas alemãs; com o tempo e o costume achou-lhes sabor. Chamava à filha "a minha alemãzinha", apelido que foi adotado por Quintanilha apenas modificado para o plural: "a nossa alemãzinha". Pronomes possessivos dão intimidade; dentro em pouco, ela existia entre os três, – ou quatro, se contarmos Gonçalves, que ali foi apresentado pelo amigo; – mas fiquemos nos três.

Que ele é coisa já farejada por ti, leitor sagaz. Quintanilha acabou gostando da moça. Como não, se Camila tinha uns longos olhos mortais? Não é que os pousasse muita vez nele, e, se o fazia, era com tal ou qual constrangimento, a princípio, como as crianças que obedecem sem vontade às ordens do mestre ou do pai; mas pousava-os, e eles eram tais que, ainda sem intenção, feriam de morte. Também sorria com frequência e falava com graça. Ao piano, e por mais aborrecida que tocasse, tocava bem. Em suma, Camila não faria obra de impulso próprio, sem ser por isso menos feiticeira. Quintanilha descobriu um dia de manhã que sonhara com ela a noite toda, e à noite que pensara nela todo o dia, e concluiu da descoberta que a amava e era amado. Tão tonto ficou que esteve prestes a imprimi-lo nas folhas públicas. Quando menos, quis dizê-lo ao amigo Gonçalves e correu ao escritório deste. A afeição de Quintanilha complicava-se de respeito e temor. Quase a abrir a boca, engoliu outra vez o segredo. Não ousou dizê-lo nesse dia nem no outro. Antes dissesse; talvez fosse tempo de vencer a campanha. Adiou a revelação por uma semana. Um dia foi jantar com o amigo, e, depois de muitas hesitações, disse-lhe tudo; amava a prima e era amado.

– Você aprova, Gonçalves?

Gonçalves empalideceu, – ou, pelo menos, ficou sério; nele a seriedade confundia-se com a palidez. Mas, não; verdadeiramente ficou pálido.

– Aprova? repetiu Quintanilha.

Após alguns segundos, Gonçalves ia abrir a boca para responder, mas fechou-a de novo, e fitou os olhos "em ontem", como ele mesmo dizia de si, quando os estendia ao longe. Em vão Quintanilha teimou em saber o que era, o que pensava, se aquele amor era asneira. Estava tão acostumado a ouvir-lhe este vocábulo que já lhe não doía nem afrontava, ainda em matéria tão melindrosa e pessoal. Gonçalves tornou a si daquela meditação, sacudiu os ombros, com ar desenganado, e murmurou esta palavra tão surdamente que o outro mal a pôde ouvir:

– Não me pergunte nada; faça o que quiser.

Vidas escandalosas

— Gonçalves, que é isso? perguntou Quintanilha, pegando-lhe nas mãos, assustado.

Gonçalves soltou um grande suspiro, que, se tinha asas, ainda agora estará voando. Tal foi, sem esta forma paradoxal, a impressão de Quintanilha. O relógio da sala de jantar bateu oito horas, Gonçalves alegou que ia visitar um desembargador, e o outro despediu-se.

Na rua, Quintanilha parou atordoado. Não acabava de entender aqueles gestos, aquele suspiro, aquela palidez, todo o efeito misterioso da notícia dos seus amores. Entrara e falara, disposto a ouvir do outro um ou mais daqueles epítetos costumados e amigos, idiota, crédulo, paspalhão, e não ouviu nenhum. Ao contrário, havia nos gestos de Gonçalves alguma coisa que pegava com o respeito. Não se lembrava de nada, ao jantar, que pudesse tê-lo ofendido; foi só depois de lhe confiar o sentimento novo que trazia a respeito da prima que o amigo ficou acabrunhado.

"Mas, não pode ser, pensava ele; o que é que Camila tem que não possa ser boa esposa?"

Nisto gastou, parado, defronte da casa, mais de meia hora. Advertiu então que Gonçalves não saíra. Esperou mais meia hora, nada. Quis entrar outra vez, abraçá-lo, interrogá-lo... Não teve forças; enfiou pela rua fora, desesperado. Chegou à casa de João Bastos, e não viu Camila; tinha-se recolhido, constipada. Queria justamente contar-lhe tudo, e aqui é preciso explicar que ele ainda não se havia declarado à prima. Os olhares da moça não fugiam dos seus; era tudo, e podia não passar de faceirice. Mas o lance não podia ser melhor para clarear a situação. Contando o que se passara com o amigo, tinha o ensejo de lhe fazer saber que a amava e ia pedi-la ao pai. Era uma consolação no meio daquela agonia; o acaso negou-lha, e Quintanilha saiu da casa, pior do que entrara. Recolheu-se à sua.

Não dormiu antes das duas horas da manhã, e não foi para repouso, senão para agitação maior e nova. Sonhou que ia a atravessar uma ponte velha e longa, entre duas montanhas, e a meio caminho viu surdir debaixo um vulto e fincar os pés defronte dele. Era Gonçalves. "Infame, disse este com os olhos acesos, por que me vens tirar a noiva de meu coração, a mulher que eu amo e é minha? Toma, toma logo o meu coração, é mais completo." E com um gesto rápido abriu o peito, arrancou o coração e meteu-lho na boca. Quintanilha tentou pegar da víscera amiga e repô-la no peito de Gonçalves; foi impossível. Os queixos acabaram por fechá-la.

Joaquim Maria Machado de Assis

Quis cuspi-la, e foi pior; os dentes cravaram-se no coração. Quis falar, mas vá alguém falar com a boca cheia daquela maneira. Afinal o amigo ergueu os braços e estendeu-lhe as mãos com o gesto de maldição que ele vira nos melodramas, em dias de rapaz; logo depois, brotaram-lhe dos olhos duas imensas lágrimas, que encheram o vale de água, atirou-se abaixo e desapareceu. Quintanilha acordou sufocado.

A ilusão do pesadelo era tal que ele ainda levou as mãos à boca, para arrancar de lá o coração do amigo. Achou a língua somente, esfregou os olhos e sentou-se. Onde estava? Que era? E a ponte? E o Gonçalves? Voltou a si de todo, compreendeu e novamente se deitou, para outra insônia, menor que a primeira, é certo; veio a dormir às quatro horas.

De dia, rememorando toda a véspera, realidade e sonho, chegou à conclusão de que o amigo Gonçalves era seu rival, amava a prima dele, era talvez amado por ele.. Sim, sim, podia ser. Quintanilha passou duas horas cruéis. Afinal pegou em si e foi ao escritório de Gonçalves, para saber tudo de uma vez; e, se fosse verdade, sim, se fosse verdade...

Gonçalves redigia umas razões de embargo. Interrompeu-as para fitá-lo um instante, erguer-se, abrir o armário de ferro, onde guardava os papéis graves, tirar de lá o testamento de Quintanilha, e entregá-lo ao testador.

– Que é isto?

– Você vai mudar de estado, respondeu Gonçalves, sentando-se à mesa.

Quintanilha sentiu-lhe lágrimas na voz; assim lhe pareceu, ao menos. Pediu-lhe que guardasse o testamento; era o seu depositário natural. Instou muito; só lhe respondia o som áspero da pena correndo no papel. Não corria bem a pena, a letra era tremida, as emendas mais numerosas que de costume, provavelmente as datas erradas. A consulta dos livros era feita com tal melancolia que entristecia o outro. Às vezes, parava tudo, pena e consulta, para só ficar o olhar fito "em ontem".

– Entendo, disse Quintanilha subitamente; ela será tua.

– Ela quem? quis perguntar Gonçalves, mas já o amigo voava escada abaixo, como uma flecha, e ele continuou as suas razões de embargo.

Não se adivinha todo o resto; basta saber o final. Nem se adivinha nem se crê; mas a alma humana é capaz de esforços grandes, no bem como no mal. Quintanilha fez outro testamento, legando tudo à prima, com a condição de desposar o amigo. Camila não aceitou o testamento, mas ficou tão contente, quando o primo lhe falou das lágrimas de Gonçalves,

Vidas escandalosas

que aceitou Gonçalves e as lágrimas. Então Quintanilha não achou melhor remédio que fazer terceiro testamento legando tudo ao amigo. O final da história foi dito em latim. Quintanilha serviu de testemunha ao noivo, e de padrinho aos dois primeiros filhos. Um dia em que, levando doces para os afilhados, atravessava a Praça Quinze de Novembro,[6] recebeu uma bala revoltosa (1893)[7] que o matou quase instantaneamente. Está enterrado no cemitério de S. João Batista; a sepultura é simples, a pedra tem um epitáfio que termina com esta pia frase: "Orai por ele!" É também o fecho da minha história. Orestes vive ainda, sem os remorsos do modelo grego. Pilades é agora o personagem mudo de Sófocles. Orai por ele!

1906

[*Obra completa*, v. 2. Rio de Janeiro: Editora Nova Aguilar, 1979]

---

[6] Praça no centro histórico de Rio de Janeiro que existe desde o século XVI. No século XIX chamava-se Praça de Dom Pedro II, até a proclamação da República no dia 15 de novembro de 1889. Lá foi proclamada a Lei Áurea que pus fim à escravatura no Brasil, e de esse lugar partiu a família imperial para o exílio em 1889.
[7] É dizer, durante o periodo turbulento logo da declaração da República. Provavelmente é uma referência à revolta da Armada do 5 de setembro de 1893, reprimida violentamente por Floriano Peixoto.

Ángel Falco
(Uruguay, 1885-1971)

Escritor y político uruguayo, que en su época anarquista publica varios sonetos de interés para esta antología. Sus libros principales son *Cantos rojos* (1906), *Vida que canta* (1908), *Amores impares* (1908) y *La leyenda del patriarca* (1911), sobre el prócer uruguayo Artigas. También escribió *Garibaldi* (1907). Dirigió la revista seminal *Proteo* en Buenos Aires en 1916-1917, y *La raza* (1917). Su poesía es de una sensualidad exuberante, casi siempre de temática heterosexual, salvo algunos poemas que exploran la ambigüedad.

Flor neutra

Cuando beso tu rostro de Efebo o de Madona,
Siento que se arrodillan mis sadismos ateos,
Y cuando a mis abrazos tu cuerpo se abandona...
Tu incierto Sexo olvidan mis urgentes deseos.

En la Grecia divina ceñirían corona,
Tus ambiguos hechizos que dan raros mareos;
¡Fueras Dios por hermoso, como aquel de Crotona,[1]
Y el laúd te ensalzara del Anciano de Théos!

Tus sacras desnudeces, tus formas de ginandro,
El lujo hubieran sido del lecho de Alejandro,
Que por ti desdeñara las hembras de Citeres;

Y como el Antinoo, favorito de Adriano,
Lleno de gracia, ungido te hubiese un dios pagano,
Entre todos los hombres y todas las mujeres!

---

[1] Crotona, colonia griega de la Magna Grecia (hoy Italia). El poeta puede estar refiriéndose a tres "hermosos" asociados a la Fundación de la ciudad: el gigante Croton, Hércules, héroe tutelar de la ciudad, o –más probablemente– al atleta ganador de las olimpiadas Milón de Crotona.

Vidas escandalosas

Hora pascual

Del amor en tu Vida, yo he juntado los nexos
Deshaciendo el encanto de tu ensueño trivial;
Un segundo infinito; la junción de los sexos,
Tu desmayo... y la Carne brindis no tuvo igual!

El sueño de tus formas clamaba mis amplexos,
La bienaventuranza de mi tacto lustral,
Y exultaron entonces tus lirios resurrexos,
A la misa de gloria de mi abrazo pascual!

Tu belleza infecunda requería mi halago;
A manera de aquellas vírgenes de Cartago,
La cadena en sus muslos bastardeaba tu rol.

¡Yo he sido el Alejandro de ese Nudo Gordiano!
Y tus gracias se abrieron a mi ardor soberano,
Como un seno de nubes en el parto de un Sol!

[*Vida que canta*. Montevideo: O. M. Bertani, 1908]

João do Rio

Pseudónimo de João Paulo Emílio Cristóvão dos Santos Barreto
(Brasil, 1881-1921)

Jornalista e escritor brasileiro, cronista da vida do Rio de Janeiro. Tradutor ao português de obras de Oscar Wilde. Seu homossexualismo era conhecido na época, e funcionava como parte da sua apresentação como dândi esquisito.

A obra crítica mais importante sobre ele é o livro de Raul Antelo, *João do Rio: o dândi e a especulação* (1989). Antelo também fez uma edição do livro *A alma encantadora das ruas* (2008). Outros estudos são: César Braga-Pinto, "Eccentrics, Extravagants and Deviants in the Brazilian Belle Epoque; or, How João do Rio Emulated Oscar Wilde." *Journal of Latin American Cultural Studies* 28.3 (2019), "Sexualidades extra-vagantes: João do Rio, emulador de Oscar Wilde", *Revista da Abralic – Associação Brasileira de Literatura Comparada*, no. 35, Dec. 2018, pp. 88-100), e "The Pleasures of Imitation: Gabriel Tarde, Oscar Wilde and João do Rio in Brazil's Long Fin de Siècle," *Comparative Literature Studies* 56.1 (2019). Outros: Veridiana Mazon Barbosa da Silva, "O espaço decadentista em 'História de gente alegre', de João do Rio", e Orna Messer Levin, *As figurações do dândi: Um estudo sobre a obra de João do Rio*. Campinas: Editora da Unicamp, 1996.

James Green, no seu conhecido livro *Beyond Carnival: Male Homosexuality in Twentieth-Century Brasil*, descreve a importância do Passéio Público do Rio, tema da crônica "A fisionomia dos jardins" de João do Rio, para os encontros homossexuais entre homens, especialmente entre homens de diferentes classes sociais, nas primeiras décadas do século XX. O artigo de Veridiana Mazon Barbosa da Silva aponta "História de gente alegre" como importante na história da representação do lesbianismo, tema já abordado por Aluísio Azevedo no fragmento de *O cortiço* que incluímos aqui na antologia também.

A fisionomia dos jardins

Os jardins para as grandes cidades são como escapadas da civilização: entre duas árvores o homem é inteiramente diverso do homem entre duas vitrines. À beira de um lago artificial, na sombra de velhas árvores,

Vidas escandalosas

o cidadão sente o estremecimento atávico, o acordar dos instintos. Onde houver muitas árvores, o ar livre, o céu azul visto através do rendado das folhas verdes, podeis ter a certeza de que aí as criaturas mais amarfanhadas pela neurose urbana sentem o desabrocho rubro do sexto sentido. É como a sensualidade é, tal qual a luz e tal qual o perfume, impalpável e invisível, a sensualidade parece perder dos ramos no cheiro forte das folhas, na luz de que se abebera a fronte. As árvores guardam sempre amadriadas no tronco e vêem sempre passar os faunos. Os ramos de certas árvores abrem como querendo abraçar. E há troncos de uma tão insidiosa cumplicidade de amor! Por isso quem entra nos jardins por estes meses de primavera mádida volta ao paraíso primitivo, por isso, os jardins encravados na cidade são como as escapadas da natureza, as peias da civilização.

Eu vou aos jardins públicos. Tu também vais. É provável, porém, que nunca tivesses reparado nas pessoas que vão aos jardins. Eu vou e reparo.

Oh! as pessoas que entram nos jardins! Nunca se entra nesses sítios como no teatro, como em qualquer rua, como por uma porta qualquer. Os que transpõem os grandes portões de ferro aproximam-se, sentem a necessidade, ou são forçados a aproximarem-se da natureza. Vede as crianças. Na rua, em casa elas estão de outro modo. Logo que chegam a esses lugares, perdem o respeito como se retomassem o sentimento da liberdade primitiva. É rara a criança da cidade que, vendo uma aléia sombreada de árvores, não sinta a necessidade, a obrigação de se expandir em gestos, de se penetrar daquele verde, daquela atmosfera de quieta e morna e doce sensualidade, e não deite logo a correr.

Correr, correr inutilmente, é um prazer, um enebriamento que nos vem do homem das florestas. As crianças correm, ficam excitadas, ficam mesmo brutais. E, pela manhã, é curioso vê-las à solta, brigando com as amas, gesticulando, gritando, rindo, para, à saída, retomar o passo medido da calçada e do seu grau social. Apenas uma grade separava-as da rua ativa – e era um mundo...

Aos jardins vão também homens e mulheres. Há jardins aristocráticos onde só se encontram – mas oito, dez, mais por dia! – as tentações do escol e o começo dos romances de alto tom. Não só a gente do alto tom, obedecendo a uma sugestão muitas vezes milenar, se julga nos jardins ao abrigo da curiosidade para o abandono dos beijos. Foi bem num jardim que se deu a Revelação – porque até hoje a mulher de todas as classes e o homem de classes variadas procuram, inconscientemente, o jardim para a entrevista.

Entretanto não há quem não tenha trocado palavras como estas, na vida:

– Amanhã?

– Onde?

– No Passeio, às 2.

No Passeio, no Parque da Aclamação, no Jardim Botânico. Não importa o nome. O lugar é sempre um jardim.

Tenho passeado com calma por esses surtos selvagens da cidade e sempre pasmei da variedade dos grupos. Há senhoras casadas que vão a esses lugares, vestidas de escuro com véus espessos. Como em geral elas amam ou se encapricham por cidadãos da sua esfera, os porteiros sabem logo a sorte do felizardo que entra e do infeliz que não entra. Há damas que se sentam nos bancos, à beira dos lagos, e procuram o recesso dos maciços, a sombra da folhagem; e meninas que entram, à volta dos cursos para conversar com os namorados; e há também um fato tocante – se ainda na vida pudesse haver fatos tocantes! –: as mais baixas mulheres, a que o mundo não perdoa, sentem um prazer extraordinário em conversar com o seu querido em sítios umbrosos. O querido é sempre um soldadinho jovem ou um jovem paisano. E é interessante ver entrar para o mesmo lugar homens de tão diferente existência, mulheres de responsabilidade tão variada.

Muitas vezes os pares encontram-se. Alguns trocam sorrisos de mútuo consentimento, de doce cumplicidade. Solidariza-os o pecado. Só há uma evidente irritação dos pares, que se traduz pelo olhar frio e duro, pelo súbito silêncio, pelo desenlaçar das mãos, quando passa uma mulher sem companheiro ou um homem isolado. É que lhes germina o egoísmo, e o ciúme primitivo, a necessidade de defesa e da posse. E, por mais que eles saibam do contrário, o atavismo, o instinto sensual, sob a influência amoral das folhas e dos troncos, brota e floresce no jardim sensual.

Nos jardins encontram-se também os desgraçados, os sem emprego, os mendigos. O mendigo é o cisco da cidade. A sua função, com o embotamento das forças vivas da resistência é vegetarizar-se. Os mendigos nos jardins chegam ao fim da desagregação. Os desgraçados, os sem emprego, apoiam-se na eclosão da natureza para criar ânimo, para beber esperanças, e, como os doentes do corpo vão ao campo convalescer, há homens sujos e pálidos nos jardins, sem almoço, sem pão, sem protetores, que pedem às árvores a cura da própria sorte.

Os brutos, os marçanos, os que obedecem apenas à função fisiológica vendo a vida sem poesia, não namoram no teatro onde vão assistir à peça, não namoram à refeição porque vão comer; não namoram na rua porque vão com destino certo. Namoram, isto é, apanham a mulher no jardim, à sombra das árvores. Daí, aos domingos, os jardins estarem cheios. O dia de folga, as bebidas, o prazer, levamnos lá. O instinto rebenta ao contato com o resumo da floresta. Há bandos de adolescentes pesados, de bengalão e charuto, dizendo facécias grossas. E há também bandos de meninas namoradoiras, de costureirinhas, a rir, a responder aos dichotes.

Não vos espanteis, oh! não! À noite, os jardins acolhem também os degenerados, esses doentes da sensualidade, cuja loucura na rua sabe sofrear-se para não entrar no hospício: damas de apetites desvairados, sujeitos de vícios secretos. Não fosse o jardim a recordação da floresta antiga e não precisava de bacantes e de sátiros!

Como a licença cria austeras filosofias, os jardins têm também filósofos, esfarrapados cheios de orgulho, de cabeça socrática e gesto medido que pela manhã dissertam para pequenos grupos sobre a decadência deste país. E tem mesmo ex-pisa-flores, ex-leões da moda, da diplomacia dos falecidos cotillons do Paço. O esfarrapado é severo e condena. O esfarrapado, com as roupas lavadas de benzina, os arcaicos chapéus com reflexos furta-cores, os cabelos pintados, as unhas tratadas, lêem o jornal e guardam horas e horas um digno silêncio. Estão ali, como num museu a arejar. E talvez seja triste vê-los ao sol, aquecendo a carcaça, enquanto um ou outro soldado ou marinheiro, almas simples nascidas nas florestas do norte sentam-se nos bancos e olham as moitas, nostálgicos e pasmos.

Os que passeiam por esses sítios sabem de tudo isso porque os jardins não guardam segredo, para mostrar decerto o poder da sua influência. Não há dama dando rendez-vous a um rapaz, indo ela a uma hora e ele a outra, entrando um por uma porta, e outro por outra sem que os jardins deixem de murmurar esse colóquio. Como? Em tudo – no ambiente, nas correntes misteriosas que vão de folha em folha, cantando a nova. O freqüentador sabe da fatal entrevista apenas pelo andar do homem, e os porteiros, os grandes manuais de amor oculto da cidade, sorriem e diagnosticam à primeira vista.

João do Rio

Os jardins públicos são os guardas da sensualidade. Os seus estados de alma estudam-se pelas horas. De manhã, há crianças, filósofos, vagabundos e gente a fazer o seu footing. A essa hora esforçam-se eles por tomar um ar sério, lavam-se, irrigam-se, tomam a ducha reanimadora dos delírios noturnos. Mas vá o sol subindo e suba ao espaço a poeira, ou melancolicamente teça a chuva entre as folhas uma teia de cristal, começam a chegar os que dormiram até tarde, começam a aparecer os nevrópatas, surgem os amorosos. Quando entra um sujeito desconhecido, o jardim parece recebê-lo com um riso silencioso de velho sátiro.

Até as cinco da tarde quando o dia morre, o culto de Eros toma variedades esquisitas e abundantes. Daí em diante, com as primeiras sombras, as combustões amenas, as águas dos lagos mais misteriosas e a voz das árvores mais sensível – podeis ter a certeza que é a ronda da pornéia. A concorrência aumenta. Há gente aos bandos em começo de simpatia e pares solitários em início de contatos. A areia das aléias parece mais seca, um pó seco paira no ar.

Por isso os jardins, nas grandes cidades, são como escapadas de civilização, e eu não entro num jardim, sem me sentir dominado pela Natureza brutal – de que com tanto custo, quando não está nos jardins, parece liberto o Homem da Cidade...

[*Gazeta de Notícias*, 20 de Julho de 1907. Seguimos a versão modernizada que aparece como pos-fácio no livro de Hugo Segawa *O amor do público: Jardins no Brasil*, 1996.]

Vidas escandalosas

João do Rio

História de gente alegre

O terraço era admirável. A casa toda parecia mesmo ali pousada á beira dos horizontes sem fim como para admirá-los, e a luz dos pavimentos térreos, a iluminação dos salões de cima contrastava violenta com o macio esmaecer da tarde. Estávamos no Smart-Club, estávamos ambos no terraço do Smart-Club, esse maravilhoso terraço de vila do Estoril, dominando um lindo sítio da praia do Russel – as avenidas largas, o mar, a linha ardente do cais e o céu que tinha luminosidades polidas de faiança persa. Eram sete horas. Com o ardente verão ninguém tinha vontade de jantar. Tomava-se um aperitivo qualquer, embebendo os olhos na beleza confusa das cores do ocaso e no banho viride de todo aquele verde em de redor. As salas lá em cima estavam vazias; a grande mesa de *baccarat*, onde algumas pequenas e alguns pequenos derretiam notas do banco – a descansar. O soalho envernisado brilhava. Os divãs modorravam em fila encostados às paredes – os divãs que nesses clubes não têm muito trabalho. Os criados, vindos todos de Buenos-Aires e de S. Paulo, criados italianos marca registrada como a melhor em Londres,

João do Rio

no Cairo, em New-York, empertigavam-se. E a viração era tão macia, um cheiro de salsugem polvilhava a atmosfera tão levemente, que a vontade era de ficar ali muito tempo, sem fazer nada.

Mas a noite já estendia o seu negro brocado picado de estrelas e no *plein-air* do terraço começavam a chegar os *smart-diners*. Que curioso aspecto! Havia franceses condecorados, de gestos vulgares, ingleses de smoking e parasita à lapela, americanos de casaca e também de brim branco com sapatos de jogar o *foot-ball* e o *lawn-tennis*, os elegantes cariocas com risos artificiais, risos postiços, gestos a contragosto do corpo, todos bonecos vítimas da diversão *chantecler*, os *noceurs*[1] habituais, e os michés ricos ou jogadores, cuja primeira refeição deve ser o jantar, e que apareciam de olheiras, a voz pastosa, pensando no *bac-chemin-de-fer*, no 9 de cara e nos pedidos do último *béguin*. O prédio, mais uma "vila" da bacia do Mediterrâneo, ardia na noite serena, parecia a miragem dos astros do alto; as toalhas brancas, os cristais, os baldes de *christofle*[2] tinham reflexos. Por sobre as mesas corria como uma farândola fantasista de pequenas velas com *capuchons* coloridos, e vinha de cima uma valsa lânguida, uma dessas valsas de lento enebriar, que adejam vôos de mariposas e têm fermatas que parecem espasmos. No meio daquela roda de homens, que se cumprimentavam rápidos, dizendo apenas as últimas sílabas das palavras: – B'jour, Plo... deus! goo, iam chegando as *cocottes*, as modernas Aspásias[3] da insignificância. Algumas vinham a arrastar vestidos de cinco mil francos; outras tinham atitudes simplistas dos primitivos italianos. Havia na sombra do terraço, um desfilar de figuras que lembravam Rossetti e Heleu, Mirande e Hermann-Paul, Capielo e Sem, Julião e também Abel Faivre, porque havia *cocottes* gordas, muito gordas e pintadas, ajaezadas de jóias, suando e praguejando. Falavam todas línguas estrangeiras – o espanhol, o francês, o italiano, até o alemão com o predomínio do *parigot*, do *argot*, da *langue verte*.[4] Só se falava mesmo calão de boulevard. Fora, à entrada, paravam as lanternas carbunculantes dos autos, havia fonfons roucos, arrancos bruscos de máquinas HP 6-. Aquele ambiente de internacionalismo à parisiense cheio do rumor de risos, de gluglus de garrafas, de piadas, era uma excitação para a

---

[1] Boêmios.
[2] Adorno de ouro em cristal, vidro ou metal.
[3] A namorada de Péricles na Grécia antiga.
[4] Linguagens do baixo mundo.

gente chique. O barão André de Belfort,⁵ elegantíssimo na sua casaca impecável convidara-me para um jantar a dois em que se conversasse de arte antiga – porque ele tinha estudos pessoais sobre a noção da linha na Grécia de Péricles. Evidentemente, antes de terminar o jantar teríamos a mesa guarnecida por alguma daquelas figurinhas escapas de Tanagra⁶ ou qualquer dos gordos monstros circulantes.

De súbito, porém, na alegria do terraço ouvi por trás de mim uma voz de mulher dizer:

– Pois então não sabes que a Elsa morreu hoje de madrugada?

Não me voltei. A mulher conversava noutra mesa. Mas senti um pasmo assustado. Elsa! Seria a Elsa d'Aragon, uma carnação maravilhosa de dezoito anos, lançada havia apenas um mês por um *manager* de *music-hall*, cuja especialidade sexual era desvirginar meninas púberes? Seria ela com os seus olhos verdes, a pele veludosa de rosa-chá e aquela esplêndida cabeleira negra de azeviche? E morrer em plena apoteose, cheia de jóias e de apaixonados! Indaguei do meu conviva:

– Morreu a Elsa d'Aragon?

O barão Belfort encomendava enfim o cardápio. Acabou tranquilamente a grave operação, descansou o monóculo em cima da mesa.

– Exatamente. Parece que a apreciavas? Pobre rapariga! Foi com efeito ela. Morreu esta madrugada.

– De repente?

– Com certeza. Devia ter sido uma linda morte. Beleza horrível. Não se fala noutra coisa hoje nas pensões de artistas, em todos os conventilhos elegantes patronados pelas velhas *cocottes* ricas, nas rodas dos jogadores. A Elsa era muito *nature*,⁷ com a fobia do artifício, mas soube morrer furiosamente.

– Como foi?

Neste momento chegara a "bisque" e o balde com a *Moët, brut imperiale*, que o velho dandy bebe sempre desde o começo do jantar.

O barão atacou a "bisque", deu não sei que ordem ao *maître-d'hôtel*, e murmurou:

---

⁵ Provável referência a Antonio Raimundo Teixeira Arantes, Barão de Belfort (1831-1908).
⁶ Cidade grega célebre por suas estátuas de mulheres esbeltas.
⁷ É dizer que não usava maquiagem.

— É uma história interessante. Você de certo ainda não quis fazer a psicologia da mulher alegre atirando-se a todos os excessos por enervamento de não ter o que fazer? Quase todas essas criaturas, altamente cotadas ou apenas da calçada, são, como direi? as excedidas das preocupações. Estão sempre enervadas, paroxismadas. O meio é atrozmente artificial, a gargalhada, o champanhe, a pintura encobrem uma lamentável pobreza de sentimentos e de sensações. Ao demais, a vida tem um regulamento geral de excessos, e elas fatalmente pela lei, têm que fazer pagar caro e arruinar os idiotas, têm de amar um rapazola miserável que lhes coma a chelpa[8] e as bata, têm que embriagar-se e discutir os homens, os negócios das outras, tudo mais ou menos exorbitando. Uma paixão de *cocotte* é sempre caricatural, é sempre para além do natural, do verdadeiro, e a sua pobre vida, tenha ela centenas de contos ou viva sem um real pelas bodegas reles, é sempre uma hipótese falsificada de vida, uma espécie de fiorde num copo d'água, à luz elétrica. Todas amam de modo excepcional, jogam excessivamente, embriagam-se em vez de beber, põem dinheiro pela janela à fora em vez de gastar, quando choram, não choram, uivam, ganem, cascateiam lagrimas. Se têm filhos, quando os vão ver fazem tais excessos que deixam de ser mães, mesmo porque não o são. Duas horas depois os pequenos estão esquecidos. Se amam, praticam tais loucuras que deixam de ser amantes, mesmo porque não o são. Elas têm varias paixões na vida. Cinco anos de profissão acabam com a alma das galantes criaturinhas. Não há mais nada de verdadeiro. Uma interessante pequena pode se resumir: nome falso, crispação de nervos igual à exploração dos "gigolôs" e das proprietárias, mais dinheiro apanhado e beijos dados. São fantoches da loucura movidos por quatro cordelins da miséria humana.

— A Elsa, então?

— A Elsa foi atirada subitamente numa pensão do Catete.[9] Sabes o que é a vida em casas de tal espécie. Elas acordam para o almoço, em que aparecem vários homens ricos. O almoço é muito em conta, os vinhos são caríssimos. A obrigação é fazer vir vinhos. Desde manhã elas bebem champanhe e licores complicados. Nesses almoços discute-se a generosidade, a tolice, ou a voracidade dos machos. A tarde é dada a um ou a dois. Às cinco, *toilette* e o passeio obrigatório. À noite, o jantar em

---

[8] Chelpa: dinheiro.
[9] Bairro histórico de Rio de Janeiro.

que é preciso fazer muito barulho, dançar entre cada serviço ou mesmo durante, dizer tolices. Depois o passeio aos *music-halls*, com os quais tem contrato as proprietárias, e a obrigação de ir a um certo clube aquecer o jogo. Cada uma delas têm o seu cachet por esse serviço e são multadas quando vão a outro – que, como é de prever, paga a multa. O resto é ainda o homem até dormir. Nesse fantochismo lantejoulado há vários gêneros: o doidivana, o sério, o reservado, o *nature*, o romântico, e para encher o vazio, os vícios bizarros surgem. Elas ou tomam ópio, ou cheiram éter, ou se picam com morfina, e ainda assim, nos paraísos artificiais são muito mais para rir, coitadas! mais malucas no manicômio obrigatório da luxúria. A Elsa era do gênero *nature*. Ancas largas, pele sensível, animal sem vícios. Tentou os petimetres,[10] os banqueiros fatigados, os rapazes calvos, e com oito dias estava com os nervos esgarçados, estava excedida. Mesmo porque, desde a primeira hora olhava-a com o seu olhar de morta a Elisa, a interessante Elisa.

– Ah!

– Elisa é um tipo talvez normal nesse ambiente. Tem os cabelos cortados, usa eternamente um gorro de lontra. Nunca a vi com uma jóia e sem o seu *tailleur* cor de castanha. É feia, não deve agradar aos homens, mas presta-se a todos os pequenos serviços dessas damas. Escreve cartas, arranja entrevistas, tem conhecimentos, e dizem-na com todos os vícios, desde o abuso do éter até o unissexualismo.[11] Ora, era Elisa com os seus dois olhos mortos e velados que olhava Elsa, e Elsa sentia uma extraordinária repugnância, um nojo em que havia medo ao mais simples contato. Elisa sorria, a Elisa que está sempre nesses lugares, sem colete com o seu corpo de andrógino morto. E era em toda parte aquele mesmo olhar acompanhando Elsa, pregando-se a todos os seus gestos, lambendo cada atitude da criatura. Uma noite, as duas Lacroix Ducerny, as que vestem sempre iguais e fazem fortuna em comum, asseguraram-me que Elisa já não servia para nada, perdida, louca de paixão; e, com grande pasmo meu ao entrar num clube ultra infame, eu vi a Elsa com um conhecido banqueiro e, muito naturalmente, Elisa ao lado. Era a aproximação...

– Safa!

---

[10] Homem vestido com elegância exagerada, novo rico.
[11] Termo pouco frequente para o homossexualismo, embora sua significação científica tem a ver com o gonochorismo, a diferenciação em dois sexos biológicos.

– Meu caro, nada de repugnâncias. Prove este faisão. Está magnífico. Ora, ontem, no Casino, como a pobre Elsa estava totalmente fora dos nervos e com um vestido verdadeiramente admirável, tive prazer em ir apertar-lhe a mão. "Então, como vai com esta vida?" "Como vê, muito bem." "Mas está nervosa." "Há de ser de falta de hábito. Acabo por acostumar." "Com um tão belo físico..." "Não seja mau, deixe os cumprimentos." E de súbito: "Diga-me, barão, não há um meio da gente se ver livre disto? Não posso, não tenho mais liberdade, já não sou eu. Hoje, por exemplo, tinha uma imensa vontade de chorar." "Chore, é uma questão de nervos. Ficará de certo aliviada." "Mas não é isso, não é isso, homem!" "Se a menina continua a gritar, participo-lhe que vou embora." "Não, meu amigo, perdoe. É que eu estou tão nervosa! tanto! tanto... Queria que me desse um conselho." "Para que?" "Para aliviar-me." "É difícil. Você sofre de um mal comum, a surmenagem do artifício. Eu podia dizer-lhe: recolha-se a um convento. Mas pareceria brincadeira e talvez viesse a morrer mística, a conversar com os anjos, como Swedenborg.[12] Podia também, se fosse um idiota, aconselhar a vida honesta. Mas isso seria impossível porque o pesar de ter saído desta em que o desperdício é a norma, a saudade e as lembranças deixá-la-iam amargurada. Depois não tem recursos e teria sempre que pôr em circulação o seu lindo capital." "Barão, por quem é, fale-me sinceramente." "Então, minha filha, aconselho uma paixão ou um excesso, um belo rapaz ou uma extravagância." "Nesta roda não há belos rapazes." "De acordo, há quando muito velhos recém-nascidos. Mas é recorrer à multidão, passar uma noite percorrendo os bairros pobres, experimentar. Ou então, minha cara, um grande excesso: champanhe, éter ou morfina..." Voltei-me para a sala. Num camarote fronteiro a Elisa olhava com os seus dois olhos de morta. "E se não a repugna muito uma grande mestra dos paraísos artificiais, a Elisa." "Não fale alto, que ela percebe." "Então já a sabia lá?". "Corri-a ontem do meu quarto. É um demônio." "Mas você precisa de um demônio." "O que ela faz..." "Já sei, toda a gente faz. Mas naturalmente ela é excepcional." "Barão, vá embora." "Adeus, minha querida." Quando dei a volta para falar a Elisa, já esta deixara vazio o camarote.

– E então, como morreu a linda criatura?

---

[12] João do Rio estudou os seguidores do teólogo e cientista sueco Emanuel Swedenborg (1688-1772) no livro *As religiões no Rio* (1904).

— Aceitando o meu conselho. A sua morte pertence ao rnistério do quarto, mas devia ser horrível. Elsa partiu do music-hall diretamente para casa, pretextando ao banqueiro que lhe ia pôr um pequeno palácio, a forte dor de cabeça – a clássica *migraine* das *cocottes* enfaradas ou excedidas. E apareceu na ceia da pensão como uma louca, a mandar abrir champanhe por conta própria. Quando por volta de uma hora apareceu a figura de larva da Elisa, deu um pulo da cadeira, agarrou-lhe o pulso: "Vem; tu hoje és minha!" Houve uma grande gargalhada. Essas damas e mais esses cavalheiros tinham uma grande complacência com a Elisa, e aquela vitória excitava-os. Elisa molemente sentou-se ao lado da Elsa, que bebia mais champanhe, sentia afrontações e torcia os dedos da apaixonada por baixo da mesa. Era o desespero. Mimi Gonzaga assegurou-me que ela recebera uma carta da mãe logo pela manhã. No fim, Elsa, pálida e ardente, dizia: *"Viens, mon cheri, que je te baise!"* e mordia raivosamente o pescoço da Elisa. Via-se a repugnância, a raiva com que ela fazia a cena de Lesbos – pobre rapariga sem inversões e estetismos à Safo ... A ceia acabou em espetáculo, e acabaria com todos os espectadores, se algumas mulheres com ciúmes dos seus senhores – ah! como elas são idiotas! – não os tivessem levado. Elsa às duas e meia fez erguer-se a Elisa, calada e misteriosamente fria. "Vão tomar morfina? interrogou um dos assistentes, cuidado, em?" Elsa deu de ombros, sorriu, saiu arrastando a outra. E a desaparição foi teatral ainda. Os olhos verdes da Elsa bistrados a sua cabeleira desnastra, agarrando com um desespero de bacante a pastosidade oleosa e alourada da miserável que a queria.

— Que horror!

— A coitadinha aturdia-se. É o processo habitual. Para mostrar a sua livre vontade caía na extravagância, agarrava o tipo que a repugnava, para mergulhar inteiramente no horror. Estive quase a acreditar que tivesse recebido alguma lembrança dos parentes, e imaginei um instante a cena sinistramente atroz do quarto em que enfim, como uma larva diabólica, o polvo louro da roda iria arrancar um pouco de vida àquela linda criatura ardente, ainda com uns restos de alma de mulher... Nunca porém pensei no fim súbito.

Pelas cinco horas da manhã, a pensão acordava a uns gemidos roucos, que vinham do quarto de Elsa. Eram bem gritos estertorados de socorro. As mulheres desceram em fralda, os criados ergueram-se com o sorriso cínico habituado àquelas madrugadas agitadas de ataques e de delírios histéricos. A porta do quarto estava fechada. Bateram, bateram muito, enquanto lá dentro o som rouco rouquejava. Foi preciso arrombar a porta. E a cena fez recuar no primeiro momento a tropa do alcouce. Como luz havia apenas a lamparina numa redoma rosa. O quarto, cheio de sombra, mostrava, em cima das poltronas, as sedas e os *dessous*[13] de renda da Elsa. Um frasco de éter aberto, empestava o ambiente. A Elisa, o corpo da Elisa estava de joelhos à beira da cama. Os braços pendiam como dois tentáculos cortados. Inteiramente nua, o corpo divino lívido, os cabelos negros amarrados ao alto como um casco de ébano, Elsa d'Aragon, as pernas em compasso, a face contraída, ainda sentada agarrava com as duas mãos numa crispação atroz, a cabeça da Elisa. Era Elisa que rouquejava. Elsa estava bem morta, o corpo já frio. Devia ter havido luta, resistência de Elsa, triunfo da mulher loura e por fim sem fim até a morte, enquanto a outra se estorcia, apertava-a, arrancava-lhe os cabelos, machucava-lhe o rosto –aquele horror. Elsa entrara no nada debatendo-se, vítima de um suplício diabólico, mas no último espasmo as suas mãos agarram a assassina. Quando esta afinal satisfeita quis erguer-se, sentiu-se presa pelos cabelos, tentou lutar, viu que a pobre era cadáver. E passou-se então para o monstro o momento do indizível terror, o momento em que se vê para sempre o mundo perdido porque ficou imóvel rouquejando, de joelhos, a cabeça no regaço do cadáver, que mantinha nas mãos cerradas a massa dos seus cabelos de ouro. Os dedos de resto pareciam de aço. Uma das mulheres recorreu à tesoura para despegar a cabeça de Elisa das mãos do cadáver. Quando o corpo tombou no leito com o punhado da cabeleira nas mãos, o bando estremunhado viu surgir a face de Elisa, tão decomposta, tão velha, que parecia outra, como que aparvalhada.

Houve um silêncio. O criado servia frutas geladas, esplêndidas pêras de Espanha e uvas das regiões vinhateiras da Borgonha, grandes uvas negras. O barão trincou de uma pêra.

– Foi uma complicação para afastar a polícia e impedir notícias nos jornais que desmoralizariam a casa. Elisa seguiu horas depois para o hospício, babando e estertorando. A Elsa devia ter sido enterrada hoje á tarde. Estive lá a ver o cadáver. Tinha ainda nas mãos cerradas fios de cabelos louros, como se quisesse arrancar para o túmulo a prova desesperada da sua morte horrível.

---

[13] Roupa interior.

Vidas escandalosas

E mordeu com apetite a pêra. No salão de cima uma valsa lenta, chorada pelos violinos, enlanguecia o ar. Das mesas do terraço entre a iluminação bizantina das velas de capuchons coloridos subia o zumbido alegre feito de risos e de gorgeios de todas aquelas mulheres que o jantar alegrava.

1910

[*Dentro da noite*. Edição modernizada. São Paulo: Antiqua, 2002]

"Bahiano"

Pseudônimo de Manuel Pedro dos Santos (1870-1944)

Cantor brasileiro, reconhecido como pioneiro dentre as gravações fonográficas da Casa Edison, conhecido pelas modinhas e lundus. Seu samba "Pelo telefone" é considerado a primeira gravação de um samba. "O Francesco" é uma cançoneta sobre a vida de um prostituto que trabalha no Largo do Rocio no Rio de Janeiro. Como anota Jorge Vergara, um jornalista fala de esse lugar como lugar de encontro com prostituição masculina: "Há uns certos 'meninos' que se dão ao luxo de ir tomar fresco nos bancos do jardim do largo do Rocio. Mas não tomam só fresco. Vão mais longe. Costumam juntar-se a uns senhores e... muito agarradinhos, muito agarradinhos... com tregeitos de viuvinha ainda donzella, lá vão com eles para... (é fácil de calcular para onde). E as famílias que ali vão passear, e, principalmente, as moças casadeiras, estão desgostosas com a preferência dada pelos cavalheiros a esses 'mocinhos' indecentes. Mas não têm razão; porque, em verdade, fresco, bom fresco, só no largo do Rocio. É tradicional". Esse lugar é importante também nas crónicas de João do Rio (pseudônimo de João Paulo Emílio Cristóvão dos Santos Coelho Barreto, 1881-1981).

O Francesco

Aqui estou eu que sou faceiro e bem macio,
Bem vestidinho ando sempre por detrás,
Sou morador aqui no Largo do Rocio,
Meus bons senhores, aqui estou pra tudo o mais.

Ai que frescuras, que roxuras já se vê,
Sou bonitinho, faceirinho como o quê!
Lá no Rocio em tom macio sei falar,
Depois das onze ganho o meu bronze até fartar.

Bonitinho bem vestido em boa roda,
Flor no peito, bengalinha assim na mão,

Vidas escandalosas

Chapéu de palha, paletó curtinho à moda,
Faço nos homens tremeliques e sensação!

Com pó de arroz aqui na face sou finório,
Um cortinado tenho até no meu chatô,
Onde recebo muitas vezes o... Gregório,
Amigo meu que lá já foi e que gostou!

Ai que roxuras, que frescuras já se vê,
Sou bonitinho e apertadinho como o quê!
Lá no Rocio em tom macio sei falar,
Depois das onze ganho o meu bronze
até fartar.

Depois do que, ali no Largo é um sucesso,
Eu só ouço: "bonitinho, venha cá",
Não levo a chincha porque logo cobre preço,
Pois sem arames o tubarão não entrará.
É que o famoso peixe-espada é arriscado,

E por isso eu não vou no arrastão,
Tenho medo de ficar todo engasgado,
E me estragarem a panela do feijão, ai ai!

BAHIANO, 1907-1912, [s.p.]

Alberto Nin Frías

(Uruguay, 1878-1937)

Nin Frías es un miembro prominente de la generación del 900 en el Uruguay, no tan famoso fuera del Uruguay como sus contemporáneos José Enrique Rodó y Julio Herrera y Reissig. Influido por el neo-platonismo de Walter Pater, y por las ideas estéticas de Oscar Wilde, es autor de una prolífica obra ensayística y narrativa. Gran parte de su obra narrativa se publica bajo el seudónimo de Sordello Andrea, un florentino imaginario basado en parte en el epicúreo Marcus de Walter Pater.

Una parte importante de su obra tiene que ver con una defensa de la homosexualidad como parte de la mentalidad del creador artístico. Esta veta culmina en su masiva obra *Homosexualismo creador* (1932), que exalta la homosexualidad de grandes figuras de la historia humana. Los dos textos que incluimos aquí –un cuento y un ensayo– son anteriores a ese extenso ensayo, pero demuestran cómo sus creencias estéticas y su obra creativa hacen uso de teorías de la sexualidad.

Una buena antología reciente de su vasta obra es *Alberto Nin Frías: Una tumba en busca de sus deudos* de José Assandri (2018). Carla Giaudrone dedica dos capítulos de su libro *La degeneración del 900: Modelos estético-sexuales de la cultura en el Uruguay del Novecientos* (2005) a Nin Frías. Otros estudios importantes del contexto de su obra son *Historia de la vida privada en el Uruguay* de Hugo Achugar y *Amor y transgresión* de José Pedro Barrán.

Marcos, amador de la belleza (Cuento florentino)

Horae serenae!
El arte… otra forma de expresarse el alma escritura simbólica, coloreada.
J. R. Aiken.
Esa veta apropiada de melancolía que se hallarea siempre como inseparable de la perfección de lo bello.
E. Poe
Al notable estilista Manuel Núñez Regueiro.

Vivía en Fiésole, en el monasterio del mismo nombre, un joven príncipe llamado Marcos. Pertenecía a una de las más renombradas familias de la época, tan célebre por su crueldad como por su amor a lo bello. La mala herencia se había detenido en Marcos, a quien solo la contemplación de la belleza movía en sus acciones y pensamientos.

Sus padres habían muerto envenenados, se decía, víctimas de la envidia que les tenía el protector reinante, su tío. El pobre y desolado joven había sido recluido inmediatamente en un monasterio, con el secreto designio de que se volviese monje. El perverso deseo del tirano no se cumplió: Marcos creció como heredero presunto que era al gobierno de Florencia. Llegó por su íntimo sentido del arte a dominar a todos aquellos monjes. Escuchaban su juicio, consejo o simpatía. Todos ellos alababan a Dios, consagrándose a un oficio. Italia pasaba por el afiebrado periodo del Renacimiento, y en Fiésole, no menos que en las demás partes, se pensaba en hermosear el monasterio.

Una mañanita muy fría, Marcos fue notificado de que el *Capo della República* había fallecido en una orgía; el mancebo era el llamado a sucederle. No sin amarga melancolía abandonó el hogar sereno de su vida y a aquellos hombres fuertes y puros. Para dominar a un pueblo refinado y cruel como el florentino, se necesitaba otro temple.

No por mucho tiempo pesó sobre él la inquietud y el pavor engendrados por una nueva empresa. Recordó el instante más divinal de su vida, cuando en absoluto silencio, allá sobre la superficie tranquila de las aguas, le había sido revelada la potencia interior de su espíritu por vez primera, con todas sus posibilidades de éxito y de gloria. Por conductos distintos nos llega esta divina nueva. En su caso, fue a través de la belleza de su fisonomía donde el perfil clásico revelara la misma serenidad e inocencia que en Grecia. Desde ese día su existencia se transformó. Era tan intensa su incomparable felicidad, que viéndose dueño de los destinos de un pueblo, pensó poder conducirlos a su visión y producir en él la dicha.

Su coronación fue claro indicio de su propósito filosófico. Los austeros consejeros se mostraron adversos a tanta prodigalidad. Todos los sabios y artistas con que contaba Europa, fueron invitados a esta ceremonia, que en la forma de una mascarada debía reproducir la procesión de los caballeros del Graal al sitio donde se celebraba el divino banquete. Para Marcos, el Graal era la belleza, objetivo o tendencia por la cual en ese momento era más fácil acercarse a Dios.

En el instante de ser coronado en la gloriosa catedral, una atmósfera de profunda espiritualidad radiaba del joven monarca. Cuando la corona ducal iba a posarse sobre sus sienes, la arrebató de las manos del cardenal-arzobispo y adelantándose con ella al altar, dijo humildemente:

–Hasta el día de mi muerte no seré coronado, porque aún se está por saber si merezco tal recompensa.

La estupefacción fue general. Debía aumentar con el tiempo.

Seleccionó sus consejeros entre los hombres, cuyo espíritu se inclinaba más a la filosofía que a la astucia, tan prevalente entre los estadistas de la época. Comenzó desde luego a desenvolver su filosofía política, fácil de resumir: *reformar por lo bello*. Se rodeó de una guardia compuesta de los jayales más bellos e instruidos del ducado, cualquiera fuera su origen. Mandó construir en los jardines del palacio seis magníficas casas y las llenó de cuanto su mansión tenía de más artístico. Por turno, mandó que moraran allí todas las familias pobres de Florencia. Antes de instalarse en ellas se les bañaba y vestía como en la corte. Esta gente se sentaba en la mesa ducal y participaba de todos los pasatiempos de esa vida variada, cómoda, intelectual y placentera que fue maravilla del Quattrocento. Los seres felices aumentaron en proporción a la ambición que despertaba en ellos aquella riqueza artística fácilmente accesible al esfuerzo y a la inventiva.

Triunfos soberbios ideados por Botticelli, en que el arte más consumado ponía de relieve las lecciones saludables del pasado, tenían lugar a menudo. Los artistas o pensadores eran invitados a exponer su sistema o filosofía a la juventud estudiosa. Florencia volvíase el cerebro de Italia, y la edad de oro se avecinaba serena. Un adolescente puro y noble conducía a los florentinos al descubrimiento del reino, que no es menester buscar fuera de nosotros mismos. El embellecimiento intensivo de la ciudad preocupaba también mucho al duque. Edificios sugestivos, no solo exponentes de alta idealidad, sino de esa fuerza y grandeza que la arquitectura imparte, se levantaron como por encanto, acrecentando las maravillas de la ciudad.

En el curso de los asuntos humanos, no era fácil suponer que pudiera durar mucho esta tregua de paz al despotismo y al envilecimiento ciudadano. Esta época recordaba uno de sus días en que yendo el alma en pos del eterno encanto, se pasan leves las horas en la ascensión de una montaña. Desearíamos que ese momento feliz nunca tocara a su fin. Pero como sucede en aquel día, en esta época, el sol tenía que declinar. El tierno y enajenador perfume de esta jornada se evaporaría como el perfume de un lirio del valle.

Comenzaron a conspirar los seres que han menester de la sombra para prosperar. La agitación creció sorda, pero fuertemente. Un prelado, a quien Marcos despojó de una prebenda influyente, halló medio de envenenarle. El hecho ocurrió en un banquete fastuosísimo con el cual se quería simbolizar las nupcias de Psiquis y Eros.

Hondo fue el clamor del pueblo. Al esparcirse la noticia, el palacio fue invadido, y al pie del lecho mortuorio cayeron asesinados muchos de los agregados al séquito del príncipe. El cuerpo del mártir fue reclamado por el populacho, que se acordó del dicho de Marcos al ser coronado.

Con pompa extraordinaria se celebraron sus exequias, y a indicación de los síndicos, el ataúd fue abierto para coronarle.

La preciosa joya había desaparecido del tesoro. Los que comprendieron lo acontecido, oyeron en lo íntimo de su ser las voces de la juventud heroica y angélica que glorificaban a Marcos y le conducían a los más altos sitiales del coro "cuya música es la alegría del mundo".

Así se esfuman los grandes sueños y se recompensa a los caballeros fieles.

Montevideo, julio 1911.

Hiera Odos (El camino sagrado).
Meditación sobre el atleta helénico

Los tiempos clásicos fueron fecundos en almas serenas.
R. León

¡Oh la euritmia plástica de las Afroditas, de los Apolos, de los efebos que se ejercitaban en la palestra! ¡Qué raza ideal aquella cuyo viviente modelo tenía ante sí Mitrone y Policleto; Scopas y Fidias, Praxíteles y Líssippo!

La cuna de este producto fue la gimnasia. Ella devolvía generaciones de seres cada vez más armónicos, fuertes, ágiles y serenos.

Maravilla –dice Plinio– cómo la mente se activa por el ejercicio corpóreo. Sin duda, tenía su mirar hacia Palas Atenea y los electos que le consagraban con su armonía corpórea y la pulcra belleza cuanto podía inflamar su divino cerebro.

En la disciplina del cuerpo encontró este pueblo heroico su denuedo milagroso y la olímpica calma.

Alberto Nin Frías

La gimnasia alcanzó allí a un grado de perfección que no hallamos ya más: era racional y sistemática.

El gimnasta no solo conducía los ejercicios; sabía a fondo sus efectos fisiológicos. Ningún personaje importaba tanto al estado: ¿no multiplicaba acaso hijos de dioses?

Después de observar al joven bajo su cargo, le decía: "Enséñame tu tórax, las espaldas y las caderas, para prescribirte el ejercicio que más necesitas".

Desarrollados los músculos deficientes, se iniciaba a ejercicios más complejos. Adquiría, una vez terminada esta preparación, esa apostura altiva, seria y majestuosa; la donosura sencilla y pura que transpiran los jóvenes héroes de los juegos. ¡Qué animación, cuál entusiasmo retratan las facciones delicadas, suaves, de esas mentes aún inaccesibles a la malicia! Se dominan con el pensamiento casi hierático de expresar mayor suma de voluntad y belleza.

Ved el *Apoxyomenos* de Líssippo. El mancebo acaba de terminar la lucha. Se está quitando el sudor, el aceite y el polvo que recubren su cuerpo, el más bello entre los bellos. A pesar de la reciente victoria, un orgullo tranquilo diviniza su viril destreza y la imperturbable confianza en sí mismo. ¡Así gozan de sus triunfos los magnánimos sin pasar por la estigia, la corona de olivos lo ha inmortalizado! Dos mil años han pasado desde que el pensativo atleta se detuvo en el momento casi religioso de la victoria para ser comentado en mármol por Líssippo. En la época de Pausanias, historiador al que debemos de consultar continuamente cuando se trata de estos espíritus claros y lúcidos, existían 230 estatuas de jóvenes triunfadores en la vía Olimpia. El número ha menguado de un modo considerable a causa del saqueo perpetrado en diversas ocasiones por legionarios romanos. A Líssippo cupo esculpir una multitud, una sacra cohorte de estos victoriosos a quienes solo faltaban las alas para elevarse bien alto en el azur.

El arte ha inmortalizado cada uno de los juegos.

Observad el *Discóbolo* del Vaticano alzando el disco.

¡Qué musculatura maravillosa blasona este cuerpo casto! No podemos concebirlo sino de humor reposado, alegre, sano. Rebosa de esa peculiar ecuanimidad que ignorara siempre la tragedia y *morbidezza* de la vida.

¡Radioso garzón que embellece cuanto toca y realiza con la potestad de la constancia sus levantadas aspiraciones!

Vidas escandalosas

En el *Doríforo* de Policleto se refleja la conciencia del propio valer en fuerza y euritmia corporal. Las proporciones de esta estatua sirven de modelo a generaciones de artistas.

No obstante el desnudo, uno lleva de estas visiones poemas genuinos de belleza física, purísimas sugestiones. La castidad –entiendo con el epicúreo *Mario* de Walter Pater–, la castidad de los hombres y de las mujeres, con todas las condiciones que le son propias, es la cosa más bella de la tierra y la más verídica conservación de la energía creatriz mediante la cual fueron traídos al mundo. Exaltan a la virtud, a la sobriedad, a la sangre fría estas imágenes viriles. El sacrificio de la molicie en aras de la energía y de la belleza, parece ser el pensar de sus inmensas frentes. *Lux cendentibus virtu.*

Completamente desnudos se presentaban a los ejercicios y a los juegos públicos. Con ello se proponían tornarlos indiferentes a toda mudanza atmosférica. En el fondo de esta preocupación del físico estaba el más nervioso y vibrante patriotismo. Tanto Solón como Lisurgo, excelsos legisladores, buscaban la creación de una población habituada tanto al ardor estival como a los níveos fríos.

La gimnasia cuidaba del desarrollo de la agilidad, resistencia y gracia en el joven. El *pentathlon* formaba el alma de este arte. Componíanlo cinco ejercicios: el salto, la lucha, la carrera, el disco y la flecha.

En la Élida encantadora se reunían los helenos cada cuatro años para vigorizar el vínculo étnico en una grandiosa solemnidad. Glorificábase allí el cuerpo y el espíritu. Al pie del bosque sagrado, que hermosea aún el Olimpo, se celebraban "los juegos". La tregua de Zeus realzaba la serenidad espiritual de este pueblo. La multitud se miraba como en un espejo en esta juventud electa, la "Victoria Aptera" de la nave del Estado. Bajo su mirar atento disputábanse los divinales modelos de nerviosidad equilibrada y esbeltez suprema, la corona de olivo silvestre y la victoriosa palma. Frenética la muchedumbre, renovaba en carne viva sus emociones de las Panateneas. Un *péplos* viviente formaba el comparable espectáculo hecho de alegría física, tranquilidad y la hermosura masculina en todo su apogeo.

Al venturoso vencedor, al *Olimpionikes*, decretábanle una estatua en el recinto sagrado.

Seguido del pueblo delirante, iba al templo a dar gracias a los dioses y a ofrecerles el sacrificio. Con un banquete concluía la apoteosis.

Píndaro celebraba el acontecimiento en sus odas a los vencedores. Oíd las estrofas melodiosas:

"Vencer en los combates de la lucha y la carrera, conquistar con fuerza y audacia las más bellas recompensas, y en la vida ver al hijo ceñido de coronas píticas; he ahí la felicidad que gusta ponderar al sabio. Quien la alcanza no es, a decir verdad, el igual de los dioses, el cielo no le abrirá sus puertas de bronce, mas ha tocado el límite de la dicha humana, su trirreme le ha llevado a los confines de la aventura posible, pues vía alguna de la tierra o del mar conduce a las playas de los Hiperbóreos. Solo Perseo penetró en ellas".[1]

Desde aquí en adelante preciso será acercar el luminoso efebo de un dulce mirar que no excluye la prepotencia del carácter, el Hermes praxiteliano, exhumado en el Heraión.

Descienden de una misma raza soberbia: Herakles, Prometeo, Perseo, Jason, Héctor, pueden contarse entre sus antepasados.

Si les cupiera asediar a Troya, serían Aquiles, Patrocles; en la *Eneida* resplandecerían junto a Eneas con la gracia y el arrebato de Nicias y Euriale, prototipos de amistad fraterna.

Imposible fijar la vista sobre dos ejemplares más maravillosamente cumplidos de seducción y elegancia.

El cuño de estos caballeros de la hora prima es de un atildamiento innato, expresivo de sublimes excelencias. Hermes se apoya sobre un tronco de un árbol, donde reposa también la flotante clámide. Medio inclina la cerviz hacia el niño sonriente, juguetón, extasiado en la propincua amistad con el infante demiurgo. Entre la inocencia del uno y la del otro, no caben diferencias esenciales, sino gradaciones de matices. Aún la insidiosa furia no ha conseguido arrebatarlo a la dirección e impulso de la vida informe.

Mira la calma que alborea a su alrededor como nimbo de la aurora. Fija su atención en cuanto no alcanza a dilucidar el vocablo. Admira y enmudece.

Estos fueron reyes de la Naturaleza consciente como el león lo es del reino animal; el roble, del vegetal; y el diamante, del mineral.

¡Adorémoste, síntesis zahorí de la juventud: tus próvidas expansiones, tu sentido de la vida, tu empuje, tu debilidad elegante y tu encanto arrobador!

---

[1] Píndaro, X Oda *Pytia*. [Nota del original]

Vidas escandalosas

Desde la alteza de sus plintos, parlan en un lirismo breve del divino esfuerzo que les ha discernido el éxito:

"Con estos órganos diestros, con esta garganta, con este diafragma, con esa frente casi rectilínea, soy capaz de cuanto puede exigirse de un mortal. Tú venciste: pureza, sobriedad, férreo propósito".

Se ilumina mi imaginación, el recuerdo la enciende. Me alcanzan vino de Chipre para librar –entre las espirales de la mirra que sube alto, muy alto– el corderito ofrendado a las potencias creadoras, en holocausto a las bellezas fugitivas del microcosmos.

La realidad helena es nuestro sueño visionario y penoso.

¡Oh tú, divino pueblo mío, donde todo prodigó madurez! Depara a mi espíritu un estello en tu pentélico ambiente.

Aléjame de todo *devenir* que no sea el tuyo.

Devuelve a mis músculos rendidos el módulo primal.

Mi amor traspasa toda razón.

Permíteme, pueblo bien amado, apoyarme contra algún sarcófago esculpido.

Acaso levantando el viento las telas ligeras con que para aproximarte exorné mi cuerpo, Aquilón, cediendo a mi ruego, confunda la orla transparente con las molduras corintias, y quede allí extático en sereno abandono, entre ánforas y lámparas de aceite balsámico.

Así me veo en tus prados de asfódelos y amapolas, junto a los iniciados del Misterio Eleusiano.

....

El ebúrneo portal gira sobre sus goznes estridentes.
    Las antorchas crepitan.
    Melódico himno ondula al éter.
    Bien amada de las islas Venturosas, ven: el hogar de Psiquis te espera.
    Pétalos de rosa lo alfombra y perfuman.
    La ondulada línea del Océano bordea la gran turquesa del cielo.
    Tornasolados fulgores modulan escenas extraordinarias.

....

¡Os amo, os adoro, serenantes recuerdos!

A bordo del *Orcona*, mayo de 1911.
[*La novela del renacimiento*. F. Sempere, 1912, pp. 155-60, 209-16]

José González Castillo

(Rosario, Argentina, 1885-Buenos Aires, 1937)

Reconocido dramaturgo y letrista de tangos. Educado en una estricta formación religiosa, se apartó de su fe en la juventud y militó en el anarquismo. También fue guionista de cine, rama en la que se destacó por *Nobleza gaucha* (1915), un filme silente que incorpora textos de José Hernández, Estanislao del Campo y Rafael Obligado. En 1928 fundó la segunda universidad popular de Argentina: Universidad Popular de Boedo.

Entre sus muchas obras teatrales se destacan *Los rebeldes* (1907), *Luigi* (1909), *La serenata* (1911), *Los invertidos* (1914), *Los dientes del perro* (1918) –con Alberto T. Weisbach– y *La mala reputación* (1920) –con José Mazzanati–. *Los invertidos* se estrenó el 14 de septiembre de 1914 en el Teatro Nacional. A pesar de la declaración expresa del autor de que se trataba de una obra moralizante, su representación fue suspendida en la octava función. González Castillo debió apelar la decisión de los censores y ganó el caso. Las lecturas del texto van desde los que la catalogan como abiertamente homofóbica –Osvaldo Bazán– hasta los que afirman que los paratextos y comentarios homófobos del autor no son suficientes para condenar la pieza –Jorge Salessi. Nótese que la obra ofrece una solución suicida no sustentada solo en la culpa sino también en la hipocresía de clase y en la pérdida del amante.

Hemos utilizado la edición de Puntosur editores (1991) que incluye textos críticos de Alberto Ure, Aníbal Ford y Nora Mazziotti.

Los invertidos

ACTO PRIMERO

Decoración: oficina particular en casa del Doctor Florez, lujosamente amueblada. En el ángulo izquierdo, gran balcón, a través de cuyas puertas-vidrieras se verán los edificios del frente. En las paredes, colgados, cuadros y panoplias con armas diversas. A la derecha, mesa escritorio de las llamadas ministros, con libros y papeles. Juego de oficina de marroquí. Estatuas. Una vitrina con utensilios de cirugía. Una biblioteca, etc. Es el atardecer de un día de primavera. Derecha e izquierda las del espectador.

Vidas escandalosas

ESCENA 1
Julián, luego Petrona

Al levantarse el telón aparecerá Julián, joven de 16 años, hijo mayor del doctor Florez, trabajando sobre la mesa-escritorio de la derecha. Simula que copia en limpio un informe pericial de su padre.

JULIÁN (*Leyendo con dificultad*): "El procesado Calixto, señor juez, según propia manifestación y según los antecedentes acumulados en autos, constituye uno de esos interesantes casos de inversión sexual que la patología ha definido ya exactamente en infinidad de obras sobre la materia. No aparecen en el, después de un prolijo estudio orgánico, las deformaciones fisiológicas que a tales casos, por excepción, caracterizan y que inspiró a los griegos el mito de Hermafrodita, pero sus hábitos, marcadamente femeninos, las sutilezas de su idiosincrasia, sus mismas predilecciones por todas esas futilezas que constituyen el encanto de las mujeres, la inflexión de su voz, suave y acariciadora, la misma constante manifestación de vagas coqueterías femeninas, nos hacen pensar que estamos en presencia de uno de esos extraños fenómenos de desdoblamiento sensual, que, más que a una aberración del sexo, obedecen a una perversión del instinto, aguzada por el exceso de los placeres, la fragilidad de una insuficiente educación físico-moral y aún quizás, por las tendencias ancestrales de una herencia morbosa" ¡Qué caso más raro!

PETRONA (*A mitad de la precedente lectura habrá aparecido en escena, Petrona, vieja criada de la familia del Dr. Florez; empezará por arreglar las sillas y papeles de la oficina, pero atraída por el tono declamatorio de la lectura, se quedará suspensa de ella hasta su terminación. A Julian*): ¿Qué es eso, niño? ¿Algún discurso que está por decir…?

JULIÁN: No, ¡qué discurso…! ¡Es un informe de papá que estoy copiando…!

PETRONA: ¡Ah…! Como tiene tantas palabras raras y no entendía ni jota, creía que era un discurso… ¿Y páiqué es ese informe…?

JULIÁN: Un informe médico sobre un asesino.

PETRONA: ¿Sí…? ¿Algún loco…?

JULIÁN: No… peor que eso… un hermafrodita… ¿Usted sabe lo que es un hermafrodita? (*Leyendo*) Un "caso de inversión sexual con anestesia congénita".[1]

PETRONA: Qué sé yo... si no me habla en cristiano no le v'y a entender.

JULIÁN: Pues un... cómo le diré... un individuo que es a la vez hombre y mujer...

PETRONA: ¡Ah...! Un manflora... ¡bah...! He conocido a tantos... ¿Y cómo dice que le llaman a los manfloras?

JULIÁN: Hermafroditas... Invertidos...

PETRONA: Mafrodita... ¡Bah...! Los médicos y los procuradores siempre le han de inventar nombres raros a las cosas más sencillas... En mis tiempos se les llamaba mariquita, no más, o maricón, que es más claro... Pa' que tantos términos... Yo he conocido más de cien...

JULIÁN: ¿Usted...? ¿En dónde...?

PETRONA: En donde ha'e ser, pues... En el mundo... Usted qué se cree: hay más de esos mafroditas que lo que parece, qué se figura... Mire, se lo voy a decir, sabe, pero no lo vaya a repetir, porque se podría saber... y el pobre pertenecía a la familia de su papá...

JULIÁN: ¿De papá?

PETRONA: Sí; de su papá... Usted sabe que yo estoy con la familia desde que su papá era asina, ¿no...? Y todavía más chico... Bueno... Y él tenía un primo, o qué sé yo, que ya era mozo, y en la casa le llamaban Lilí... Ya murió el pobre... Bueno... pues ese Lilí, era lo mismo que una mujer, y tenía unos bigotes como de gringo... Siempre andaba con polvos, perfumes y abanicos... y a lo mejor, lo veíamos vestido de mujer al muy sinvergüenza... todo ajustado y empolvado y con un polizón... ¡Ay, qué asco...! que le aumentaba el bulto... así... como si juera de veras... ¡Me daba una rabia...!

JULIÁN: Pero lo haría de broma...

PETRONA: Sí; bonita la broma... Fíjese, niño, que un día... cuando su abuelita tuvo a la niña Felisa, su tía, bueno, pues él se echó en cama y se puso a gritar también como si lo estuvieran degollando...

---

[1] El término es uno de los preferidos del higienismo estatal argentino de entre siglos. Se inspira en las teorías del abogado alemán Karl Heinrich Ulrichs. Fue muy utilizado por el Dr. Francisco de Veyga y José Ingenieros en Argentina para oponerlo al de 'inversión sexual adquirida', que debía ser castigado como delito. En *Historia de la homosexualidad en la Argentina*, Osvaldo Bazán cita un artículo aparecido en 1902 en el número 189 de *Caras y Caretas*. Titulado "El hombre-mujer descubierto en Viedma", el artículo se refiere a un caso en Colonia General Frías: "Un sujeto indígena que vestía de mujer y servía como madrina en los bautismos [...] El sujeto, vestido de hombre es un hombre y vestido de mujer, es una mujer; esto es innegable". Ya en la cárcel el Dr. César Fausone dictaminó: "Se trata de un caso de 'inversión sexual con anestesia congénita'".

JULIÁN: ¿Y por qué...?
PETRONA: Ahí verá, pues... Al muy chancho se le había antojado tener hijos también... ¡Qué cochino...! Tuvieron que echarlo para que no diera escándalo... ¡Asqueroso...! Después lo vi pocas veces, hasta que según me dijeron se mató... y mire lo que son las cosas, ¿no...? Casi todos los mariquitas que yo he conocido o he oído decir, han muerto lo mismo... ¡como si fuera un castigo de Dios...!
JULIÁN: ¡Pobres diablos...! ¡Su vida es una aberración...! ¡Qué otro fin pueden tener...! ¿Y usted ha conocido algún otro de esos... mariquitas en la familia...?
PETRONA: No... en la familia no... Pero eso sí, pa' qué v'y a mentir... A casi todos los hombres que yo he criao o he visto criarse les gustaban las cosas de las mujeres... A su papá, no más, pa' no ir más lejos... le gustaba jugar con las muñecas de las niñas, lo mismo que una mujercita... Si me parece verlo... Era apegao a las hermanas y a las tías, y mocito ya, más le gustaba salir con ellas que andar solo o con amigos... Tan distinto de ahora, ¿no...? que casi siempre sale solo... o con ese señor Pérez...
JULIÁN: Un amigo de su infancia...
PETRONA: ¡Bah! Me va a decir a mí. Estaban juntos en el colegio... Y era un peine, el tal Pérez... más sinvergüenza cuando muchacho...
JULIÁN: Bueno, bueno... ¿Ya se va a poner a hablar mal de Pérez, también...?
PETRONA: Yo no hablo mal de nadie... digo lo que es...
JULIÁN: Bueno... es lo mismo. Con su charla me ha hecho perder tiempo y no puedo seguir la copia... ¿Y mamá...?
PETRONA: Está arreglándose con la niña... creo que van a ir a comer a lo de su abuelita.
JULIÁN: Sí; vamos a ir los tres... Yo terminaré esto mañana... o luego (*arregla los papeles del escritorio*).
PETRONA: Y yo voy a sacudir un poco aquí... Pero no ve... ya han traído otra vez las revistas de la niña...
JULIÁN: ¿Qué revistas...?
PETRONA: Estas de moda... ¿No está viendo...? La niña siempre me reta por esto...
JULIÁN: No; si estas no son de ella... Las debe haber traído papá...
PETRONA: ¿Su papá...? ¿Y pa' qué quiere modas de mujeres, su papá?...

JULIÁN: Y qué sé yo... Las habrá traído para Lola... Llévelas no más y no averigüe tanto, pues... En todo se ha de meter...
PETRONA: Está bien... ya me voy... ¡En todo se ha de meter...! ¡Yo no me meto en nada, oh! Pa' qué me pregunta, también ... (*Vase rezongando por izquierda*)

ESCENA 2
Julián solo

Continúa un rato escribiendo. Luego lee en alta voz como al principio.

JULIÁN: "Las tendencias de una herencia morbosa... ¡Porque el vicio, explosión de instintos torturados, parece ser en estos casos, la herencia de vida, recibida en la sangre y transmitida de padres a hijos en una sucesión perpetua de amoralidades contradictorias. Y es así como vemos al místico desatar en los sensualismos del hijo las propias concupiscencias domeñadas; al sensual prolongar la vehemencia de sus pasiones en el ansia insaciable del hijo alcohólico, como si el fuego interno de la sangre exigiera la fuente refrigeradora de una sed eterna; al criminal desahogando en la impulsividad de sus instintos la larga serie de violencias recibidas en la heredad ancestral de toda una raza de perversiones morales, de reblandecimientos físicos, de refinamientos progresivos...!
El fuego simbólico que consumió a Sodoma como una venganza del cielo, no es más, señor juez, que el fuego secreto, invencible, interno que crea el fanatismo del místico, incita el ansia del sensualista, alimenta la sed del ebrio, arma el brazo del homicida, y termina con la raza en el agotamiento de las energías creadoras y reproductoras de la vida."
Es curiosa la teoría...

ESCENA 3
Julián y Dr. Florez

FLOREZ: (*Que habrá aparecido a la mitad de la lectura. Silenciosamente coloca su sombrero y su bastón en la mesa y se acerca a Julián por detrás*) ¡Muy bien...! ¿Has terminado ya la copia...?

JULIÁN: ¡Ah...! Papá... ¡Buenas tardes...! No; todavía no. Me entretenía en leerlo para dominar mejor tu letra.
FLOREZ: ¿Y le entiendes bien?
JULIÁN: Sí; en partes. Los términos técnicos no más me dan algún trabajo... Aquí, ¿qué dice...? (*Señala*)
FLOREZ: (Leyendo) "Anestesia congénita"... ¿Cómo has puesto?
JULIÁN: Lo mismo. Pero no estaba bien seguro...

ESCENA 4
Dichos y Clara

Aparece Clara, peinada, pero cubierta como un kimono de lujo, como quien se está haciendo su toilet de calle.

CLARA: (*A Florez*) ¡Ah...! ¿Estabas aquí...?
FLOREZ: Sí; acabo de llegar...
CLARA: Como dijiste que no vendrías a cenar... yo había resuelto ir a casa de mamá... Te haré preparar la cena...
FLOREZ: No; no tengo apetito. No pensaba venir, pero como debo concluir ese informe y esperarlo a Pérez para ir al club, resolví venirme un rato a trabajar... No suspendas tu visita... Vayan nomás...
CLARA: ¿No comerás entonces?
FLOREZ: No; más tarde en el club...
CLARA: ¿Por qué no nos acompañas a casa de mamá...?
FLOREZ: Porque tengo qué hacer, querida... Ya te lo he dicho: debo esperar a Pérez...
CLARA: Bien... bien...
FLOREZ: Y además terminar ese informe...
CLARA: Y tú ¿por qué no te vas arreglando?
FLOREZ: Sí; ve a vestirte. Seguirás mañana... Si todavía falta algo...
JULIÁN: Como gustes, papá... Voy a vestirme entonces... Con permiso (*Vase izquierda*).

José González Castillo

ESCENA 5
Clara y Florez

Florez se sienta al escritorio, hojeando los papeles. Breve pausa.

CLARA: ¿Y qué informe es ese que te trae tan preocupado desde hace unos días...?
FLOREZ: Es un informe médico sobre la responsabilidad criminal de un homicida... un desgraciado hermafrodita.
CLARA: ¡Un hermafrodita asesino...!
FLOREZ: Sí; y asesino por celos... Es un caso interesante... Fue aquí en la calle Talcahuano...[2] Mató a un compañero de pieza, estrangulándolo, porque el otro se casaba en esos días...
CLARA: ¡Qué atrocidad...! ¡Un hombre...! Pero ¿y eso puede ser un caso de irresponsabilidad...? ¿Puede darse el ejemplo de que un hombre sienta celos de otro por... por...
FLOREZ: Sí; dilo no más... ¡por amor...! ¡Por un ciego y monstruoso amor homicida!
CLARA: Pero un hombre... es posible, señor...
FLOREZ: Tan posible, como que todos los días, a cada momento la criminología encuentra casos análogos... Yo conocí uno, que le llamaban "La Robla", joven y distinguido, que por desvíos de su... de su amante, otro hombre, se suicidó por asfixia después de haber tapado las hendijas de la puerta con recortes de folletín... ¡Un suicidio romántico...!
CLARA: Pero, ¡Dios mío...! ¿Y puede esa aberración, esa monstruosidad echar raíces sentimentales en esa clase de individuos...?
FLOREZ: Como que aman con toda la fuerza invencible de instintos secretos, insospechados, hereditarios... Como que es una segunda naturaleza, tanto más poderosa en ellos que la propia, cuanto que es una naturaleza enfermiza, morbosa, que no pueden eludir; que han recibido con la vida y educado con el medio y refinado con el placer. Una especie de transfusión del sexo, de desdoblamiento nervioso que se manifiesta en casos, en momentos en circunstancias especiales.
CLARA: ¿Pero no son acaso, seres monstruosos, deformes, esos desgraciados...?

---

[2] Calle céntrica de Buenos Aires.

FLOREZ: Los hay, pero muy escasos... excepcionalmente... Por lo general son individuos normales, aun más, vigorosos, varoniles, jóvenes, como el caso ese que estoy informando, que mató al otro con la simple fuerza de sus manos... Individuos dotados de todas las cualidades viriles del hombre común, pero en quienes, precisamente, ejerce un atractivo poderoso la superioridad varonil física o moral de otro congénere... Y cuando están bajo la acción del momento que llamaremos crítico, en la noche especialmente, se convierten en mujeres, en menos que mujeres, con todas sus rarezas, con todos sus caprichos, y sus pasiones, como si en ese instante se operará en su naturaleza una transmutación maravillosa y monstruosa... (*como poseído*) ¡Es la voz de los ancestros, el grito del vicio, el llamamiento imperioso de la decadencia genésica, heredados en un organismo decrépito y gastado en su propio origen por la obra de un pasado de miserias materiales y anímicas...!

CLARA: ¡Hablas con un entusiasmo...!

FLOREZ: (*Reaccionando. Con sonrisa nerviosa*) Es verdad... Me entusiasmo... Me parece estar en la cátedra... ¡Es que son tan dignos de lástima esos desgraciados...!

CLARA: No veo la razón de esa lástima... Degenerados, para que les necesita la sociedad, para qué...

FLOREZ: ¡Verdad! Pero tú no puedes... ni debes comprender toda la miseria de esos infelices, todo el dolor que hay en el fondo de esas perversiones...

CLARA: ¿Y tú piensas demostrar su irresponsabilidad...?

FLOREZ: No; no me corresponde... lo hago por puro diletantismo científico, ya que debo informar sobre el sujeto... y además, no sé si por piedad, o por qué, siento una extraña simpatía, una especie de misericordiosa lástima por todos esos infelices... Y la pongo en práctica, tratando de favorecer su causa... Al fin creo no hacer ningún daño en ello... La justicia es la que resolverá... (*Con tristeza*) Además... hay una ley secreta... extraña, fatal, que siempre hace justicia en esos seres, eliminándolos trágicamente, cuando la vida les pesa como una carga... Irredentos convencidos... el suicidio es "su ultima, su buena evolución"... como diría Verlaine.[3]

---

[3] Se refiere al poema CXXVII, A Víctor Hugo, de *Fiestas galantes*: "Como vos he cambiado. Pero de otra manera –pequeño como soy, tenía derecho– a una evolución, la buena, la última".

CLARA: ¡Desgraciados...! ¡Para qué preocuparse más de ellos...! ¿Vas a quedarte trabajando, entonces...?
FLOREZ: Sí... un rato... hasta que venga Pérez...
CLARA: Hasta luego, entonces... Me iré a vestir...
FLOREZ: Vete no más... (*Clara va hasta la puerta de izquierda. Allí se detiene. Mira un momento a su marido preocupado con sus papeles, hace un gesto de desesperanza y sale*).
FLOREZ: (*solo*) ¡"El suicidio es su última, su buena evolución"...!

ESCENA 6
Florez, Fernández y Pérez

PETRONA: (*Después de una breve pausa, apareciendo por derecha*): El señor Pérez con otro señor...
FLOREZ: Que pasen... (*Vase por derecha Petrona y aparecen a los diez segundos Pérez y Fernández. Pérez es el prototipo del "oportunista", elegante, desenfadado, "causeur" y espiritual. Viste de frac irreprochablemente. Fernández es el tipo de sportsman. Alto, atlético, vigoroso, viste con cierto elegante abandono. Habla pausadamente y como convencido de su fuerza física. En el fondo, sin embargo, no es más que un degenerado como los demás, que considera su vicio más bien como un adorno que como una calamidad*).
FERNÁNDEZ: (*Apareciendo, precedido de Pérez*) Hola, querido... ¿Trabajando...?
PÉREZ: ¿Cómo te va?
FLOREZ: Buenas tardes... Adelante... y tomen asiento... ¿A qué debo la sorpresa...?
FERNÁNDEZ: ¿Sorpresa, dices...? ¿No lo esperabas a Pérez...?
PÉREZ: Sí; de mí no se ha de sorprender... Como que me estaba esperando... ¿no es verdad, Florez?
FLOREZ: Sí; realmente... La sorpresa me la da Fernández. ¡El hombre de los sports...! Francamente, debe ser algo muy grave lo que le hace despertar a sus preocupaciones habituales, de la esgrima, la caza del pichón, el rowing y otras "animaladas" por el estilo, para venirse a meter en el aplastador ambiente de un gabinete de estudio... ¿Alguna consulta, no...?
PÉREZ: Pero no médica... A este ya no hay médico que lo cure... ¡caso irremediablemente perdido!
FLOREZ: ¿Y entonces?

Vidas escandalosas

FERNÁNDEZ: Una consulta... de honor...
FLOREZ: ¿Honor...? ¿Has dicho "honor"...?
FERNÁNDEZ: Sí; de "honor"... con todas sus letras... ¿Acaso estamos privados de honor los sportsman...?
PÉREZ: Los "sportsman" no... pero... los otros... en fin... Es realmente original el caso... A Florez ha debido sorprenderle.
FLOREZ: ¡Bah! ¿Por qué?
FERNÁNDEZ: No; si a este le ha dado por las ironías... (*A Pérez*) Pero ten cuidado... ¿eh?... Mira que hoy he marcado 700 kilos de un puñetazo en el "Pushing ball".
PÉREZ: Entonces, te sientas un poco más lejos, por si acaso...
FLOREZ: Vamos a ver... que no corra sangre... ¿De qué se trata?
FERNÁNDEZ: De una consulta de honor... ya te lo he dicho... Anoche, en el Club de Esgrima, Ricardo me ha ofendido, después de una discusión sobre el matrimonio...
PÉREZ: ¿Sobre el matrimonio...? ¿A que tú te mostraste partidario del matrimonio...?
FERNÁNDEZ: No; precisamente yo sostuve la incompatibilidad de ciertos caracteres con el matrimonio... y agregué: que la mujer antes de casarse debía someter a su prometido a todo un severísimo examen médico, fisiológico y moral, porque en la actual situación social hay un porcentaje enorme de amorales, que, aun a pesar de su aparente virilidad, son incapaces para la vida integral...
FLOREZ: ¿Eso sostuviste tú...?
FERNÁNDEZ: Eso... ¿No te parece bien pensado...?
PÉREZ: Admirable...
FLOREZ: Muy sensato... ¿y qué contestó Ricardo...?
FERNÁNDEZ: Pues figúrate... una grosería... ¿Qué otra cosa podría contestar ese imbécil...?
PÉREZ: Pero al grano... ¿Qué te contestó?
FERNÁNDEZ: Que eso pensaba yo... porque yo era... (*con misterio*) ¡Porque yo era... un maricón!
PÉREZ: ¡Qué barbaridad...! ¿Y tú, claro, te indignarías...?
FERNÁNDEZ: ¿Que si me indigné...? Figúrate... Le metí debajo de una mesa de poker de un puñetazo...
PÉREZ: ¿Como para demostrarle que no eras tan maricón como él dice...?

FERNÁNDEZ: Hazte cargo... Y hoy, apenas me había levantado a las 5, recibo la visita de Harris y de Lozano, que venían a pedirme satisfacciones...
FLOREZ: ¿Y se las diste...?
FERNÁNDEZ: No; estuve por sacarlos a patadas a los dos, pero me acordé de que no tenía botines puestos... y opté por pedirles tiempo para elegir mis padrinos... Y este es el caso que te vengo a consultar... ¿Quién es aquí el ofendido? ¿Yo, que fui insultado? ¿O él, que recibió el guantazo...?
PÉREZ: Pues él, porque la ofensa ahí fue contundente...
FERNÁNDEZ: No; déjate de macanas... Que diga Florez, ¿no soy yo el ofendido...?
FLOREZ: Hombre... en verdad... el dilema es escabroso... Los padrinos de Ricardo ¿qué dicen?
FERNÁNDEZ: Que el ofendido es él...
PÉREZ: Lo que yo digo.
FLOREZ: ¿Por qué...?
FERNÁNDEZ: Ahí está otra ofensa... Porque, según Ricardo, él no ha dicho más que la verdad...
PÉREZ: Ja... ja... ja...
FERNÁNDEZ: ¿De qué te ríes...?
PÉREZ: De lo gracioso de la respuesta... original... hombre, original... No lo creía a Ricardo con tanto talento...
FLOREZ: ¿Y tú qué sostienes...?
FERNÁNDEZ: Pues yo... que, si en razón, él cree haberme dicho la verdad... yo también creo haber hecho lo mismo... Porque el puñetazo fue también de veras...
PÉREZ: Ja... ja... ja... Estupendo... hombre... estupendo...
FERNÁNDEZ: Bueno, déjate de pavadas y vamos a lo cierto... ¿Quién es el ofendido?
FLOREZ: Los dos.
FERNÁNDEZ: No; es que yo necesito saberlo para la elección de armas, porque si me toca a mí, elijo la pistola...
PÉREZ: ¿La pistola...? Ja... ja... ja... No, hombre... eso no te corresponde... mediando la ofensa que ha mediado la pistola debe elegirla él...
FERNÁNDEZ: Mira que te pego...

FLOREZ: No bromees... el caso es en realidad grave... No se trata de un juguete. Fernández está en el deber de reparar la ofensa por las armas... Se lo exige el honor de él.
PÉREZ: Y del género... neutro...
FLOREZ: Aunque más no fuera que por eso... y pasando al asunto... ¿No te sería lo mismo batirte a pistola que a sable...?
FERNÁNDEZ: Sí; para mí es lo mismo...
PÉREZ: Es que el sable... lo maneja mejor el otro... Pega cada sablazo...
FERNÁNDEZ: Porque es de los tuyos...
PÉREZ: Qué quieres... ¡Pertenecemos a la plana activa![4]
FERNANDEZ: Bueno; ¿en qué quedamos?... Responde tú...
FLOREZ: Pues en que es necesario que nombres tus padrinos... ¿Ya los tienes?
FERNÁNDEZ: No; pensaba nombrarte a ti... y a López...
PÉREZ: ¿Y a mí, por qué no...?
FERNÁNDEZ: Pues por eso... Porque tú eres de la plana activa...
FLOREZ: Bien... basta de ironías... Pues acepto... Esta noche nos veremos con López y los padrinos de Ricardo... y a ver en qué termina esto...
PÉREZ: Pues en una comida redonda... Porque, francamente, en estos casos el honor tiene que defenderse de los duelos... ¡Está fresco el pobre con tales paladines...!
FLOREZ: Vamos, vamos Pérez... Eres incorregible...
FERNANDEZ: Pues está más fresco si eres tú el que lo defiende...

ESCENA 7
Dichos, Petrona y luego Benito

PETRONA (*Desde fuera*): ¿Se puede...?
FLOREZ: Adelante...
PETRONA (*Apareciendo*): Hay un joven preguntando por el señor Pérez...
PÉREZ: ¿Por mí...?
FLOREZ: ¿Usted le dijo que estaba aquí...?
PETRONA: Yo no... pero él sabe... y me dijo que le avisara que lo buscan...
PÉREZ: ¿Pero no le ha dicho quién es...?
PETRONA: ¡Ah! Sí; dice que es el ordenanza del club...

---

[4] Alusión a la dicotomía activo/pasivo en los roles sexuales.

FLOREZ: ¿Del club?
PÉREZ: Ah...sí... es Benito... Ya voy...
FLOREZ: No te molestes... (*A Petrona*) Que pase no más... Condúzcalo aquí (*Vase Petrona*).
FLOREZ (*A Pérez*): ¿Qué ocurrirá...?
PÉREZ: Alguna pavada de Benito... Ya sabes cómo es...
FERNÁNDEZ: ¡Buen peine es el Benito ese...! (*Aparece Benito por derecha*).
BENITO: ¡Con permiso...!
FLOREZ: Adelante...
BENITO: El señor Pérez... ¡Ah! Buenas tardes...
PÉREZ: Buenas tardes... ¿qué hay de nuevo...?
BENITO: Este... que... ¿se puede hablar no más...?
PÉREZ: Claro que se puede... Vamos a ver... ¿qué ocurre...?
BENITO: No; lo decía por si había oídos indiscretos... Como Ud. me ha recomendado tanto...
FERNÁNDEZ: No hay oídos indiscretos... Puedes hablar...
BENITO: No; es que, sabe... La consigna es la consigna... Y yo he estao ocho años enganchao... y sé lo que es una consigna...
PÉREZ: Bueno, hombre... ¿Acabarás...? ¿Qué es lo que te trae por acá...?
BENITO: (*Con desconfianza*) Que... al club, ¿sabe?... bueno... al bulín... han caído una punta de... niños...¿sabe? Y a toda fuerza se han instalado allí... y se han puesto a tocar el piano, y a bailar... y dicen que se van a quedar a comer... y como yo no tenía órdenes suyas...
PÉREZ: No importa... Son amigos... Nos esperan... No te alarmes por eso... Ya lo sabía.
BENITO: ¡Ah! ¿Usted los había invitado...? Como no me dijo nada...
PÉREZ: Pero hombre... ¿Habrá que enterarte de todo, ahora...? Vete no más... Y vigila que no hagan daño...
BENITO: Pierda cuidado...
FERNÁNDEZ: ¿Con que estaban de farra...? ¿eh? Y no decían nada...
PÉREZ: No; de farra no... Teníamos una comida... y te íbamos a invitar, pero como estabas tan preocupado con tu duelo...
FERNÁNDEZ: ¿Y quiénes son los que están...?
PÉREZ: Emilio y unos cuantos amigos...
BENITO: ¡Ah! vea... se me olvidaba... Hay uno nuevo, ¿sabe...? vestido de mujer...
FLOREZ: ¡Cómo...! ¿Y quién es ese...?

Vidas escandalosas

PÉREZ: Un nuevo miembro de la cofradía... un socio nuevo... (*A Benito*). Vete no más... Ya estamos enterados...
BENITO: Bueno... Con permiso, ¿no? Y disculpen, ¿no...? Pero como la consigna es la consigna... yo, ¿sabe...?
PÉREZ: Bueno, hombre, bueno... Ya lo sabemos... Lárgate, no más...
BENITO: Con permiso... Y buenas tardes... (*Vase*).

ESCENA 8
Dichos, menos Benito

FLOREZ: ¿Dices que un nuevo socio...?
PÉREZ: Sí; es una conquista de Emilio... "La Princesa de Borbón"...
FERNÁNDEZ: ¿El ratero ese...?
PÉREZ: El mismo... un lindo muchacho... un efebo...
FLOREZ: Pero un ratero...
PÉREZ: Qué ratero ni qué ocho cuartos... Es un compañero... del vicio... Un digno cofrade... Y nuestro pecado ya sabes que es eminentemente democrático...
FLOREZ: En fin... si no es un compromiso...
PÉREZ: Por el contrario... Es muy reservado... Y un rico tipo...
FERNÁNDEZ: ¿Y dónde dice ese que están?...
PÉREZ: En mi *garçonnière*... Le llamamos el club, para disimular... pero es mi casa de soltero... Ya la conocerás...
FLOREZ: Bien... se nos está haciendo tarde... y convendrá que solucionemos esto del duelo...
FERNÁNDEZ: Sí; mira... Acompáñame hasta la casa de López... Es en la otra cuadra... Te pones de acuerdo con él sobre la hora en que deben ver a los padrinos de Ricardo... Y te dejo libre...
FLOREZ: Eso es... ¿vamos, Pérez?
PÉREZ: No; yo no... Qué voy a hacer en lo de López. Te esperaré aquí...
FLOREZ: ¿Aquí? ¿Solo...?
PÉREZ: Sí; así no te demoras...
FLOREZ: Me parece bien. Será cuestión de diez minutos... Puedes entretenerte leyendo mi informe sobre el caso de la calle Talcahuano... Aquí lo tienes.
PÉREZ: Perfectamente...
FLOREZ: ¿Vamos? Hasta luego... Quedas en tu casa.
FERNÁNDEZ: Adiós... Sibarita... corrompido...

PÉREZ: Adios... sportsman... atrofiado... ja... ja... (*Mutis de Florez y Fernández por derecha*).

ESCENA 9
Pérez, luego Clara

Pérez queda un momento solo, hojeando los papeles y como leyendo sus párrafos. A poco entra Clara por izquierda. Va totalmente vestida, con exquisito gusto.

CLARA (*Apareciendo, sin darse cuenta de que el que está en la sala no es su marido*): ¿Te parece que me queda bien este vestido...?
Se mira a un espejo coquetamente. Pérez la observa con sorpresa un momento.
PÉREZ (*Poniéndose de pie*): ¡Le queda a Ud. encantadoramente...!
CLARA: ¡Eh! ¡Ah...! Pérez... Discúlpeme... ¡Creí que era Florez...! ¡Qué inconveniencia, Dios mío...! Si estoy loca... Discúlpeme, ¿no?
PÉREZ: ¿Por qué, Clara? ¿Acaso no puedo yo también opinar sobre su elegancia...?
CLARA: No es por eso, precisamente... Pero, mi pregunta... francamente... ja... ja... (Ríe). Me imaginé que estuviera Florez solo... ¿Hace mucho tiempo que está Ud. aquí?
PÉREZ: No... Apenas un cuarto de hora...
CLARA: ¿Y Florez?
PÉREZ: Salió con un amigo, para volver enseguida... y yo le aguardaba...
CLARA: ¿De manera que le ha dejado a usted solo...?
PÉREZ: Por lo visto no tanto... ¿Qué mejor compañía podía ofrecerme que la de usted...?
CLARA: Pero es que esta compañía es puramente ocasional...
PÉREZ: ¿Ocasional...?
CLARA: O casual, si usted quiere... Porque supongo que no le habrá preparado mi marido este encuentro...
PÉREZ: No... Pero me lo he preparado yo mismo... Hace tanto tiempo que busco y espero este momento...
CLARA: ¿Para qué...? ¿Para repetirme lo que tantas veces me ha dicho, inútilmente?
PÉREZ: Aunque más no sea que para eso... Se me ha hecho ya una necesidad el verla, el hablarla, aunque, como usted lo dice, inútilmente... Y ¿qué quiere Ud.? Busco satisfacer esa necesidad

a pesar de su propia inutilidad... El náufrago también grita en la soledad de su abandono, el socorro que nadie ha de oír... Pero no deja de ser un consuelo para él, su propio grito perdido...

CLARA: Está usted poético, hoy...

PÉREZ: Como siempre que la veo a usted, Clara... Creo habérselo dicho ya muchas veces... A pesar de su estado, no obstante mi amistad con Florez, yo la quiero a Ud., Clara... por sobre todos los inconvenientes y los obstáculos... y creo firmemente ser digno de Ud...

CLARA: Por lo que se hace Ud. indigno de mi marido... de su amistad.

PÉREZ: Tal vez... Si mi actitud entraña una ofensa para él... Pero... ¿acaso no es también él indigno de Ud...? ¿No lo ha visto Ud. misma en su abandono, en su frialdad, en su desamor por la mujer que haría la felicidad y la gloria... de otro hombre... en otras condiciones...?

CLARA: Es posible que lo haya visto, por desgracia... Pero ello no puede hacerme faltar a mis deberes...

PÉREZ: ¡Y llame Ud. deberes a los prejuicios...! Cree Ud. cumplir con una sagrada obligación imponiéndose el sacrificio de sus sentimientos, de sus instintos, de su juventud, de su belleza, en obsequio de un hombre que no siente esos deberes, ni se impone esos sacrificios... ¡Qué mal domina Ud. a su esclavitud y qué mal quiere Ud. a sus derechos...!

CLARA: No le negaré a Ud. que estoy esclavizada... como dice Ud., a mí resignación... pero ¿me puede indicar usted cuáles son esos derechos que yo no quiero?

PÉREZ: Los que en el fondo de su alma usted misma cree sentir, no obstante el disimulo de sus palabras... Los que debe sentir Ud. a pesar de sus obligaciones, como mujer joven aun, bella, ilustrada, pletórica de vida; de esperanzas y de ilusiones... Los que debe sentir su amor propio herido y humillado por la indiferencia de un hombre que Ud. ha amado o creído amar cuando su ingenuidad no la había hecho experimentar la verdadera pasión... La pasión que está Ud. hoy en la plenitud de sentir...

CLARA: Va Ud. a concluir por convencerme...

PÉREZ: Así lo espero, desde el momento en que usted medite un instante sobre su situación, ¡ame más la vida, se rebele a los escrúpulos que Ud. misma se impone y comprenda toda la felicidad de un amor correspondido, pagado, gustado, que Ud. no ha podido gozar jamás!

CLARA: ¿Y será Ud. quien me ofrezca toda esa dicha...?

PÉREZ: Yo, que la adoro...
CLARA: A pesar de... mi marido...
PÉREZ: A pesar de todo...
C.ARA: ¿Y de mis hijos...?
PÉREZ: Sus hijos no pueden impedirle a Ud. su derecho a la vida... (*arrimándose*). Sí, Clara... Correspóndame Ud... Ámeme Ud... Solo, libre, joven, yo soy su redención, Clara... ¡Y mi amor, quizás, el único medio que la libre a Ud. del naufragio total de su vida, a que la ha llevado el matrimonio con un hombre indigno de Ud. e indigno del sacrificio inmenso que Ud. le ofrece, gratuitamente...! (*Va a besarla*).
CLARA (*Solloza y se deja abrazar*): Con sus palabras no hace Ud. más que envenenar más mi espíritu...
PÉREZ: ¡Yo lo endulzaré con mis besos, Clara!
FLOREZ (*Desde afuera*): Pérez... ¿estás ahí?
CLARA: ¡Ay!... FIorez... (*Huye por izquierda*).
(*Pérez vase a sentar serenamente en donde estaba*).
PÉREZ: ¡Aquí estoy, hombre...!

ESCENA 10
Pérez y Florez

PÉREZ (*A Florez, que aparece*): ¡Cómo...! ¿Tan pronto...?
FLOREZ: Sí... no lo encontramos... y hemos quedado con Fernández en vernos en el Club de Esgrima a las doce... ¿Qué tal...? ¿Qué te parece el informe...?
PÉREZ: ¡Admirable! ¡Muy interesante!
FLOREZ: ¿Verdad? Es mi opinión leal y franca... ¿Has leído ese párrafo sobre el determinismo hereditario...?
PÉREZ: Sí; muy original...

ESCENA 11
Dichos, Clara, Julián y Lola

CLARA (*Desde afuera por izquierda*): ¿Se puede...?
FLOREZ: Adelante. (*Entra Clara seguida de Julián y Lola, una muchacha de 14 años*).
CLARA: Buenas noches... ¿Cómo está usted, Pérez...?
PÉREZ: A sus órdenes... Señora...

Vidas escandalosas

LOLA y JULIÁN: Buenas noches, señor Pérez...
PÉREZ: ¿Cómo están? (*Saludos con Julián y Lola*).
FLOREZ: ¿Ya se van?
CLARA: Ya... Se nos ha hecho tarde... ¿Tú vas a quedar mucho tiempo acá todavía?
FLOREZ: No; un momento nomás... Nos vamos con Pérez...
CLARA: Bueno... Hasta luego, entonces...
JULIÁN: Adiós, señor Pérez...
LOLA: Adiós, señor... Hasta luego, papá...
FLOREZ: Hasta luego... (*Florez sale primero hasta la puerta, dando la espalda a Pérez*).
CLARA: Adiós, Pérez... (*Le da la mano que Pérez besa con fruición a espaldas de Florez. Salen por derecha Clara, Lola y Julián*).

ESCENA 12
Pérez y Florez

Pérez queda un instante en el escritorio en la misma posición de antes. Entra Florez.

FLOREZ: Quedamos solos... y ahora... la luz estorba... (*Va a la llave del plafonier y apaga este. La escena queda solamente iluminada por la tenue luz verde de la lámpara que está sobre la mesa*). ¡Oh...! La luz... ¡Qué extraño efecto tiene en mí la luz...! (*Va a la ventana y abre esta de par en par. Por ella se ve afuera las luces de los edificios*). Y que entre ahora la noche... la noche con todo su misterio... con toda su sombra... ¿Qué lees...? ¿Mi informe...? (*Se acerca por detrás a Pérez. Inmutado totalmente como si sufriera en ese instante una rara metamorfosis del carácter. Leyendo por sobre el hombro de Pérez*). "La noche parece infundirles una nueva vida, como si en el misterio de su sombra se operara en sus organismos una transfusión milagrosa del sexo. Son entonces mujeres, como en el día han sido hombres". (*Toma la cabeza de Pérez entre sus dos manos, acerca su boca a la de aquél, con la intención de besarlo. Entre tanto cae el TELÓN.*

José González Castillo

ACTO SEGUNDO

Decoración: Sala de una garçonnière elegante. Puerta al foro derecha. A la izquierda, especie de apartement, con un piano, divanes, confidentes, etc. En la lateral izquierda, puerta que se supone conduce a un dormitorio. En la sala, lujoso juego de sillas tapizadas, gran consola con espejo y útiles de belleza, rizadores, polveras, pinturas, etc. Todo el aspecto de la sala debe ser el de un camarín de artista de buen tono. El alumbrado, fuera del plafonier, debe ser compuesto por brazos eléctricos con lámparas de colores, azules, rojas, etc. Es de noche.

ESCENA 1
Emilio, Princesa y Juanita

Al levantarse el telón aparecerá Juanita un jovenzuelo de 20 años de bello rostro y rasgados ojos, sentado al piano, ejecutando un tango. En escena Emilio, tipo de sinvergüenza elegante y Princesa de Borbón, otro invertido, bailando la danza con extremados movimientos. Pausa larga, La Princesa viste de mujer elegantemente, afectando todos los movimientos de una dama.

PRINCESA (*Con exagerada voz femenina*): No, che... así no me gusta. Vos lo bailás muy a lo negro, che... más elegante, más fino... (*Al que toca*). Che, Juanita... ¡Tócalo más lentamente...! (*Así dan algunas vueltas*).
EMILIO: ¿Así, te gusta...?
PRINCESA: ¡Ay...! Así, así concibo yo el tango... Lentamente, voluptuosamente... más voluptuoso, cuánto más lento... y el corte delicado, sutil, apenas insinuado... No esas compadradas brutales de los malevos... ¿Y a vos, che, Juanita...?
JUANITA (*Saliendo del piano*): Para mí es lo mismo... Eso depende del hombre con quien lo baile... ¿No te parece, Emilio? El tango es el hombre, dirían los romanos si hubieran sabido bailar el tango... ¿No es verdad...?
EMILIO: Tenés razón... Pero este, delicada flor de invernáculo, prefiere los suaves a lo vehemente, lo sutil, a lo instintivo... Vos, en cambio...
JUANITA: Yo, en cambio, estoy por lo verdaderamente varonil... lo violento, lo expresivo, hasta lo grosero... ¡Ay...! ¡Quién hubiera nacido hombre!
PRINCESA: ¡Ay...! ¡Quién hubiera nacido mujer!, decí mejor...

EMILIO: No se quejen... que no tienen razón... Al fin y al cabo mejor que ser hombre o mujer solamente, es ser las dos cosas a la vez, y Uds. no se pueden quejar...
PRINCESA: Qué Emilio este... (*Abrazándolo*). Mi maridito... Emilio...
JUANITA: Avisá, che... Este es mío... ¿qué te has creído? (*Lo abraza*)
EMILIO: Vamos, vamos... déjense de pavadas... porque me parece que estamos perdiendo el tiempo aquí... Son las nueve y Pérez sin llegar... y yo tengo un hambre...
JUANITA: ¿Y yo?
PRINCESA: ¿Por qué no le preguntamos a Benito? Él debe saber a dónde ha ido su patrón...
EMILIO: Eso es; llámenlo...
JUANITA: Che... Benito... Benito... Vení un momento...

ESCENA 2
Dichos y Benito

BENITO: (*Aparece por foro*): ¿Qué les pasa?
JUANITA: Decínos. ¿Vos no sabes dónde estará Pérez...?
BENITO: A mí no me dice nunca dónde va... ni yo se lo pregunto tampoco...
PRINCESA: ¿Pero no sabes si vendrá o no?... Hace más de una hora que lo estamos esperando...
BENITO: Yo no sé... Si no lo saben Uds....
EMILIO: ¡Vamos...! ¡Vamos...! ¿Qué manera de contestar es esa...? Contesta a lo que te preguntan de buenas maneras y te callas la boca en lo que no te importa...
BENITO: ¡Epa...! ¿Supongo que ahora no se creerá Ud. También mi patrón...?
EMILIO: Yo no soy tu patrón... pero puedo hacer que tu patrón sepa darte el castigo que merecés... Y basta... Vamos a ver... ¿a dónde ha ido Pérez?
BENITO: ¿No le digo que no sé...?
JUANITA: ¿No sabés si anda con Florez...?
BENITO: Con él anda, todos los días...
EMILIO: ¡Ah...! Entonces ya sé dónde está... Debe haber ido al duelo de Fernández...
PRINCESA: ¿Era testigo él...?

EMILIO: No... Pero habrá ido de mirón... Florez es uno de los padrinos... (*A Benito*). Andá nomás... ya no te precisamos... (*Benito sale*). Tipo más insolente este...
JUANITA: Como Pérez le ha dado tanta banca haciéndolo su confidente... se ha puesto inaguantable...
PRINCESA: Pero entonces ¿se baten nomás Ricardo y Fernández?
EMILIO: Sí. La cosa va de veras... Deben batirse mañana temprano en La Plata... Y, precisamente, deben irse esta noche en el tren de diez...
JUANITA: Entonces, con razón no llega Pérez... Irá él también...
EMILIO: Es lo más probable...
PRINCESA: Pues, entonces, no hay más que una solución.
JUANITA: ¿Cuál...?
PRINCESA: Irnos a la estación y traérnoslo a Pérez...
JUANITA: No; para eso nos vamos a la policía y denunciamos el duelo... y así matamos dos pájaros de un tiro... evitar el lance y hacer quedar a los muchachos...
EMILIO: Tres pájaros... porque con ellos, tenemos programa esta noche.
JUANITA: ¡Magnífico! Vamos entonces... Que no hay tiempo que perder...
PRINCESA: Che... ¿No te parece que me haga la toilette y les demos una sorpresa...?
EMILIO: No hombre, no... Déjate de locuras... Hay que ser prudente... Además tenemos el tiempo muy contado... Iremos en auto... (*A Juanita*) Mándalo vos a Benito que traiga un taxi...
JUANITA: Che, Benito... Llámanos un taxi...
PRINCESA: Mientras llega el coche me voy a arreglar un poco (*Vase al espejo y empieza a pintarse los ojos, labios etc.*)
JUANITA: Y yo voy a hacer lo mismo... Con el baileoteo me he despintado toda... (*Viéndose frente al espejo*) ¡Ja... ja, che...! ¡Qué ridículo...! ¡Fíjate...! Parezco una de esas chinas endomingadas... se me ha chorreado todo el carmín...
PRINCESA: No te vas a exagerar el maquillaje... Porque ya sabes que a Florez no le gusta eso...
JUANITA: ¡Bah! Y a mí qué me importa de Florez... El hombre serio... ¡Hipócrita...! No hace más que andar disimulando con su aspecto de sabio en conserva una cosa que todo el mundo sabe... ¡Rico tipo el Florez ese...! ¡Yo, ya hace tiempo que "tiré la chancleta"...!
EMILIO: Pero tienes razón, hombre... Es un individuo de posición social, de vinculaciones, casado, con hijos... ¿Qué querés...? ¿Que

ande como vos por la plaza Mazzini[5] o los kioscos de la calle Callao, buscando aventuras...?
JUANITA: Che... che... Ya te pasaste... Yo no ando por la plaza Mazzini...
PRINCESA: Tiene razón Juanita... Se es o no se es... Para qué tanta hipocresía... Yo también he "tirado la chancleta".
JUANITA: ¡Personaje social! ¡Bah...! ¿Y Nerón? ¿No era emperador y salía de noche a buscar hombres por la Vía Apia...? (*Transición*) A mí me gustaría eso, che... qué querés... ¡Qué tiempos aquellos! ¡Quién fuera Heliogábalo, que entró triunfalmente en Roma montado en un enorme falo de mármol negro... así, che... Así... como un cilindro de yerba...
PRINCESA: ¡Ja...! ¡Ja...! ¡Qué Juanita está... más corrompida...!
JUANITA: ¡Y vos...! ¡Flaca descalabrada...!

ESCENA 3
Dichos y Benito

BENITO (*Por foro*): Ahí está el auto...
EMILIO: Bueno, vamos, muchachos... ¡Pero con orden, eh...! No sea el diablo que nos lleven presos...
JUANITA: Vamos...
PRINCESA: Del brazo... Como las grisettes de París. (*Se toman del brazo de Emilio y salen cantando una canzoneta*). Hasta luego, Benito.
JUANITA: ¡Ah!, che... Si llegara a venir Pérez decile que hemos estado nosotros... Y que volveremos... Chao. (*Mutis foro*).
BENITO (*Solo. Viéndoles irse*): ¡Pedazos de maricones...! Y vean cómo me dejan esto...! (*Se pone a arreglar los muebles de la sala. Cierra el piano y finalmente apaga la luz del plafonier. Cuando va a salir por foro entra Pérez*).

ESCENA 4
Benito y Pérez

PÉREZ (*Entrando*): Benito...
BENITO: ¡Señor...!
PÉREZ: ¿Estás solo...?

---

[5] Lugar de encuentros homosexuales en la época, como estudió Jorge Salezzi en "Tango, nacionalismo y sexualidad. Buenos Aires 1880-1914", *Hispamérica* 60 (1991).

José González Castillo

BENITO: Sí; señor...
PÉREZ: ¿Quiénes eran esos que acaban de salir en un automóvil?
BENITO: Ese amigo suyo, don Emilio; otro que le llaman la Juanita y el otro... Estuvieron esperándolo y como no venía se fueron...
PÉREZ: ¿No sabes si volverán...?
BENITO: Sí; dijeron que iban a volver más tarde y que le avisara a Ud. ...
PÉREZ: Bueno; mira... Yo voy a hacer entrar a una dama aquí ahora, ¿entiendes?...
BENITO: Sí, señor...
PÉREZ: Bien; es necesario que no te vea, para lo cual no debes aparecer para nada por aquí... y si vienen esos que acaban de irse o cualquier otro... les dices que yo no estoy y que no tienes orden de dejarlos pasar... Cierra la puerta...
BENITO: Es que tienen llave...
PÉREZ: ¿Quién tiene llave...?
BENITO: El señor Florez tiene... Ese otro señor Emilio también ...
PÉREZ: Es verdad... Bueno... Florez no vendrá porque ha ido a La Plata y en cuanto a Emilio, no lo dejas entrar... Ya sabes... No estoy para nadie... ¡Ah...! Diles nomás que me he ido a La Plata también con Florez...
BENITO: Muy bien, señor... (*Suena un timbre*).
PÉREZ: ¿Llaman...?
BENITO: Sí, señor...
PÉREZ: A ver... (*Sale afuera y entra*). Ahí está... Bueno, vete al fondo... Conforme entre, cierras la puerta... Vamos hombre... apurate... (*Salen por foro*).

ESCENA 5
Pérez y Clara

Aparece a poco Pérez por foro seguido de Clara. Esta entra casi totalmente oculta la cara por la capa. Pasa con temor y desconfianza. Pérez la trae de la mano.

PÉREZ: Aquí no hay temor... Estamos absolutamente solos... (*Cierra la puerta*).
CLARA: ¿No hay sirvientes, ninguna otra gente que pueda...?
PÉREZ: Nadie absolutamente, mi bien ... Tengo un solo criado y a ese lo he licenciado por hoy... Pero descúbrase... descanse... (*La ayuda a quitarse la capa y el sombrero. Clara observa con recelo los detalles de*

la escena). Aquí ya no debe haber otro misterio que el de nuestro amor... (*Se sienta a su lado y le toma las manos que besa con pasión*). Estás agitada, trémula...

CLARA: Sí... siento no sé qué extraño escalofrío... Y he sufrido más en el segundo que tardé en transponer el umbral de la puerta que en toda la lucha de ideas y de dudas que sostuve por el camino...

PÉREZ: ¡Pobre amor mío...! Lo creo... Y no hay duda que por mi espíritu mismo, más libre, más acostumbrado a su propia voluntad que el tuyo, pasa algo parecido, una especie de vaga ansiedad.

CLARA: El pecado es cobarde...

PÉREZ: No; no hay pecado donde hay amor, Clara... Di más bien que es el momento, este instante de suprema felicidad tanto tiempo esperado, anhelado, entre la duda y el miedo... Di, dime que me quieres mucho, con coda tu almita, virgen todavía de un sentimiento verdaderamente hondo, y profundamente sincero...

CLARA: Sí, Pérez... Se lo he dicho ya... El hecho mismo de arrostrar este momento se lo puede confirmar... Pero tengo miedo... no estoy tranquila...

PÉREZ: Pero, ¿de qué...? ¿Dudas de la verdad de mi cariño, de la sinceridad de mi ternura...?

CLARA: No... No dudo... Pero, no sé... soy tan cobarde... Me parece que va a entrar Florez, por ahí... que me miran mis hijos, que todo el mundo me ha visto llamar a la puerta y entrar en esta casa, rara, sí, porque la encuentro rara, con todas esas cosas tan femeninas... En verdad, Pérez, dígamelo, ¿qué es esto...?

PÉREZ: Es mi casa, Clara... Mi garçonnière, como dicen los franceses... Aquí no entra nadie más que yo, y todo eso que te parece tan femenino no es más que el refinamiento con que me gusta vivir, haciéndome la ilusión de que, solo y triste, hay en esta casa de soltero, un espíritu femenino, delicado y culto, como el tuyo, que todo lo ordena, lo dispone y lo rige...

CLARA: ¿Pero... aquí vienen otras mujeres...?

PÉREZ: ¿Mujeres? No, mi bien... absolutamente nadie y esta es la primera vez que ese espíritu que la gobierna se encarna en tu cuerpo, admirable, de belleza y de amor...

CLARA: Gracias, Pérez... Pero... qué extraño... qué miedo tengo...

PÉREZ: Es la agitación... No tengas cuidado... Vas a reanimarte con una copita de Chartreuse... o ¿prefieres champagne...?

CLARA: No... Chartreuse nomás...

PÉREZ: Bien. (*Vase al foro izquierda y saca de una mesita que habrá allí una botella de Chartreuse con el que servirá dos copas. Entre tanto Clara se paseará por la sala examinando los muebles. En la consola observará los lápices de pintura y demás chucherías que usaron Juanita y Princesa, con evidente inquietud*).

CLARA: ¡Qué raro...!

PÉREZ: Toma... esto te hará bien; te reanimará un poco... Ven... aquí... los dos juntos... Ya tendrás ocasión de familiarizarte con esta casa que encuentras tan extraña, porque es la primera vez que la visitas... Pero vendrás, vendrás otras veces, ¿verdad...?

CLARA: (*Para tomar la copa se ha quitado los guantes que habrá dejado sobre la mesita. Devolviendo la copa*): Gracias... Sí... tal vez...

PÉREZ: ¿Te sientes mejor...?

CLARA: Sí... reanima algo esto...

PÉREZ: Más te reanimarás todavía al calor de mis ternuras... ¿verdad...? ¿Ya no sientes, miedo...?

CLARA: Discúlpeme, Pérez... pero... Florez ¿viene también a esta casa...?

PÉREZ: Sí... algunas veces a buscarme... ¿Pero a qué recordar a Florez?

CLARA: ¡Como nunca me ha dicho nada de esto...!

PÉREZ: Es tan poco confidencial contigo, Florez...

CLARA: Y esta noche... ¿no vendrá...?

PÉREZ No... Cómo va a venir... Si está en La Plata... El duelo tendrá lugar mañana en las primeras horas... y además, aunque no estuviera aquí a mi casa solo viene conmigo... Por eso he aprovechado este día para citarte aquí... Por mi parte he hecho creer a todo el mundo en un viaje... de manera que jamás se podrá sospechar de nada... No temas, mi bien... olvídate por un momento de todo y ten en cuenta que solo estás con el hombre que te quiere con toda su alma y en el momento mismo en que con él vas a entregarte por completo a la dicha del amor y del placer, que, acaso, es la única razón de vivir la vida... Descúbrete Clarita... (*La empieza a desnudar mientras la cubre a besos*). Así, sí...

CLARA: Pérez... ¡por favor!

PÉREZ: Todavía, todavía recelas (*Poniéndose de pie y yendo a la llave de las lámparas de colores*). Es la luz, la luz perversa y acusadora... (*Da vuelta la llave, con lo que se apaga el plafonier y se encienden las de colores quedando la sala iluminada extrañamente*).

Vidas escandalosas

CLARA: ¿Qué es eso?
PÉREZ: Es la luz del amor... la luz buena que no denuncia y que no acusa... la luz del placer... y ahora, mi bien, a mis brazos... a la dicha (*Confunde su boca con la de Clara, cuando el ruido de una discusión se oye afuera por la parte del foro. Clara salta sorprendida*).
CLARA: ¡Eh...! ¡Qué es eso...! (*La discusión arrecia*).
PÉREZ (*Confuso*): No sé... no sé... francamente... tal vez el sirviente (*Observa por la puerta sin abrirla. Se oye más clara la discusión, como si pretendieran entrar*).
CLARA (*Con energía*): ¡Pérez... ¿Adónde me ha traído Ud....? ¿Qué casa es esta...? ¿Qué discusión es esa?...
PÉREZ: No sé, Clara... No me explico... Iré a ver...
CLARA: No... Antes ocúlteme Ud.... Ud. me ha engañado... (*Se oyen golpes y voces en la puerta*) Ligero, ¡por Dios...! ¡Pronto...!
PÉREZ (*Duda un momento*): Sí... venga Ud. Clara... y perdóneme... ¡Quién sabe...! Por aquí, por aquí... (*La conduce por izquierda*).
CLARA: Mi sombrero y mi capa...
PÉREZ: Aquí... Aquí están. (*Clara entra por la puerta de izquierda, que cierra detrás de sí. Pérez queda confundido en la escena, cuando entran a ella Juanita, Emilio, La Princesa de Borbón y Benito discutiendo*)

ESCENA 6
Pérez, Benito, Juanita, Emilio y La Princesa de Borbón.

BENITO: Les digo que no está el patrón...
EMILIO: Es lo mismo... Pedazo de bruto o no entendés... ¡Qué rico tipo...! (*Al ver a Pérez*). ¡Hola...! No ven muchachos... Aquí está el hombre.
TODOS: Hola, Pérez... etc....
PÉREZ: ¿Qué es eso...? ¿Qué escándalo es ése...?
EMILIO: Nada, hombre... Si no que este pedazo de animal, que cada día está más bruto, no nos quería dejar entrar...
BENITO: Como el señor me ordenó...
PÉREZ: Bueno, basta... Vete al fondo no más... (*Mutis de Benito*)
JUANITA: ¡Ah! Pillo, ¿con que vos le habías ordenado...?
PÉREZ: Sí, yo se lo ordené, porque no tenía deseos de recibir a nadie hoy... y ustedes bien podían haber tenido la prudencia de no entrar...

EMILIO: ¡Hombre! Si nos hubiera dicho la verdad no habríamos tenido inconveniente, no prudencia... Pero el imbécil ese nos dijo que no estabas y veníamos a esperarte...
PÉREZ: ¿Y no les dijo que yo estaba en La Plata...?
JUANITA: Sí... pero como el duelo no se efectúa y nos hemos visto con los demás sabíamos que tu viaje era un cuento...
PÉREZ: ¡Eh...! ¿No se efectúa el duelo...?
PRINCESA: No; nosotros lo hemos impedido...
PÉREZ: Pero ¿y éste...? ¿qué viene a hacer éste aquí y así?...
EMILIO: ¡Hombre! ¿Te extraña...? ¡Pues está rico esto...! Será la primera vez que viene así...
PRINCESA: ¡Jesús! ¿Qué ocurrencia...? Antiguos camaradas del colegio... ¿No te acuerdas cuando estábamos en el internado...?
PÉREZ: Bueno, hombre, basta, basta... La culpa la tengo yo... ¿y se puede saber a qué vienen...?
EMILIO: ¿Pero qué es eso, Pérez? ¿Qué te pasa...? ¿Acaso no venimos todas las noches...? Hombre, te encuentro raro hoy...
PÉREZ: Sí... sí... estoy con dolor de cabeza... y quiero acostarme... Hagan el favor... váyanse... mañana nos veremos...
PRINCESA: ¿Que nos vayamos...? ¡Por qué...! Te acompañaremos, no faltaba más... Ahora vendrá Florez también... Y él te curará...
PÉREZ: ¿Te quieres callar, imbécil...?
PRINCESA: ¡Eh...!
PÉREZ: (*Un instante*): ¿Dicen Uds. que vendrá Florez...?
EMILIO: Sí... ha ido hasta la comisaría con Fernández. Pero vendrá enseguida... ¿Por qué...? ¿También te parece raro que venga?
PÉREZ: No sé... Pero háganme el favor: váyanse, váyanse... porque de lo contrario los haré irse yo...
EMILIO: No te enojes, hombre... Si no es para tanto... pero, verdaderamente, aquí hay algo extraño...
JUANITA: Claro... Aquí hay gato encerrado... ¿No ven...? ¿No se han fijado?... La luz verde... Nuestra luz...
EMILIO: ¡Acabáramos...! Con razón, tu afán por echarnos... ¿Tienes alguna bolada?
PÉREZ: Pero ¿no entienden...? ¿No les he dicho que se vayan...? ¡Cómo quieren que se lo diga...!
PRINCESA: ¡Adiós mi plata...! Con que tenemos infidelidades, ¿eh?... Ya verás cuando lo sepa Florez...

Vidas escandalosas

PÉREZ: ¡Pero te quieres callar pedazo de estúpido! (*Vase sobre él*).
PRINCESA: Pero, che... ¡Estás loco...! ¿Me vas a pegar ahora...?
JUANITA (*Encontrando los guantes*): ¡Aquí está...! Aquí está el cuerpo del delito... ¡Y son de mujer!
EMILIO: ¿A ver?... ¡Claro...! ¡Mujer...! Ahora me explico...
PÉREZ: Dame eso... dame eso, o no respondo de mí... Y váyanse... váyanse... o los echo a patadas de aquí... Háganme el favor...
PRINCESA: No... No... Primero tenemos que conocer a la dama... que salga... ¡que salga la dama...!
JUANITA (*Coreando*): Si; ¡que salga! ¡Que salga!
PÉREZ: Váyanse... les digo... váyanse... (*Llamando*). Benito... Benito...
EMILIO: Bueno, hombre... bueno... nos iremos. Vamos, muchachos... Dejémoslo solo al hombre con su prenda...
BENITO (*Entrando*): Señor...
PÉREZ: Acompaña a esos... señores a la calle...
PRINCESA: ¿También eso?... Nos haces echar... Ya verás... Ya verás... Se lo contaré todo a...
PÉREZ: ¡Pst...! ¡Basta, basta, basta...! ¡Váyanse...!

ESCENA 7
Dichos, Florez y Fernández

FLOREZ (*Entrando seguido de Fernández*): Buenas noches... ¿De tenida?
JUANITA (*Provocativo*): Aquí está Florez... Ahora... échanos a todos...
FERNÁNDEZ: ¿Qué es eso...? ¿Hay cuestión hoy...?
EMILIO: No, nada... sino que Pérez no está esta noche con el humor para recibir visitas... y galantemente nos pide que lo dejemos solo...
PRINCESA: Sí; galantemente... a patadas...
FLOREZ (*A Pérez*): Sí; ¿estás descompuesto?
PÉREZ: Sí... un poco de dolor de cabeza... Me iba a acostar... y les pedía que me dejaran solo... Y no entienden... no entienden...
FLOREZ: Tienen razón... Cómo te van a dejar solo, enfermo... Ahora te acompañaré yo... No se ha podido realizar el duelo y tengo toda la noche disponible... En casa me creen en La Plata...
PÉREZ: Muchas gracias... Carlos... pero quiero estar solo... necesito estarlo...
JUANITA: Mejor acompañado dirás... aquí está la prueba... ¡Un par de guantes de mujer...!

FLOREZ: ¡Eh...!
JUANITA: Sí... tiene una dama encerrada y le estorbarnos...
FLOREZ: ¿Una dama...? ¿Verdad, Pérez...?
PÉREZ: Sí... es verdad... ya que lo exigen, pero váyanse... Háganme el favor... Estoy en mi casa...
FLOREZ (*Queda un momento confundido. Luego parece reaccionar, cuando le acosan Juanita y La Princesa, mostrándole la luz y los guantes*).
JUANITA (*Intrigante*): No ve, Florez, ¿no ve...? Hemos encontrado estos guantes aquí, y a él encerrado...
PRINCESA: Y con la luz de colores, encendida... En pleno idilio...
FERNÁNDEZ: Che, ¡pero es verdad...!
PÉREZ (*Le habla al oído a Fernández y éste hace un gesto de comprensión*): Sí... es verdad... Compréndanme...
FLOREZ (*Trémulo de celos*): ¿Y no se puede ver a... esa... señora...?
PÉREZ: No...
FERNÁNDEZ: Vamos, Florez... vamos... Quiere estar solo... Mientras medien mujeres en estas cosas estamos de más...
FLOREZ: Perfectamente... Vamos... (*Hace un gesto de terrible lucha interior y sale precipitadamente seguido de Fernández*).
PRINCESA: Adiós, infiel... ¡adúltero...!
JUANITA: Cómo me encantan estas escenas de celos... vamos, Luisita. (*Salen del brazo*).
PÉREZ (*Furioso a Benito*): ¡Pedazo de imbécil...! cierra la puerta... ¡cretino...! (*Vase Benito por foro*).

ESCENA 8
Pérez, luego Clara

Por un momento Pérez queda como anonadado por el conflicto. Luego reacciona. Va hasta La puerta. Se cerciora de que los otros han salido y corre a la izquierda.

PÉREZ: Clara... Clara...
CLARA: ¿Se han ido ya...?
PÉREZ: Sí... perdóneme... una imprudencia del sirviente...
CLARA: ¡Basta...! No necesito explicaciones... ¡Es Ud un canalla...!
PÉREZ: Pero, Clara...
CLARA: Basta, le he dicho... ¿Por quién me ha tomado Ud.? Degenerado... He oído todo... he visto todo... ¡Puerco...!

PÉREZ: Clara... voy a explicarle...
CLARA: No necesito... Déjeme Ud. pasar...
PÉREZ: Puede verla Florez...
CLARA: No me importa... ¡Déjeme salir...!
PÉREZ: Pero escúcheme, Clara... No he podido impedir...
CLARA: ¡Déjeme paso le he dicho...! ¡Asqueroso...! (*Le pega una bofetada y sale precipitadamente por foro, casi sollozando. Pérez queda como petrificado por la sorpresa*).

TELÓN

ACTO TERCERO

La misma decoración del acto primero

ESCENA 1
Clara y Petrona

Clara, sola, junto al escritorio revisa, de pie, una carpeta de papeles. A poco aparece Petrona trayendo una bandeja con una taza de té.

PETRONA: Aquí lo tiene... calentito. (*Revuelve con la cucharilla y prueba*). Está bien dulce, como le gusta...
CLARA: Déjalo ahí... (*Sin mirarla*).
PETRONA: ¡Ay¡ Fíjese...¡Jesús...! (*Recogiendo algunos papeles que han caído*). Y luego que el señor no se enoje...
CLARA (*Se deja caer negligentemente, como preocupada, sobre el sofá*).
PETRONA: Se le enfría... (*Acercándole el té*).
CLARA: Llévatelo...
PETRONA: Qué... ¿No lo toma ahora?
CLARA: Ya se me ha pasado la gana...
PETRONA: ¡Vaya...! Ta güeno... Pa qué irá a hacérmelo hacer entonces... (*En actitud de marcharse*).
CLARA: Espérate... Quiero preguntarte algo...
PETRONA: Y diga...
CLARA: Pero has de ser franca, completamente franca conmigo...
PETRONA: Me parece que siempre lo he sido. En eso no va a desconfiar de mí, creo. (*Deja el té sobre la mesa, como disponiéndose a escuchar*). Y diga, pues. Vamos a ver.

CLARA: No sabría explicarme bien... Tal vez sean aprensiones mías... No sé; pero tengo una duda que me trae intranquila. Y sobre eso quería interrogarte. Tú conoces a Carlos tanto como yo, más que yo tal vez, lo has tratado desde niño...

PETRONA: ¡Que si lo conoceré...! Desde asisito... (*Ademán*). Lo tengo más estudiao que la cartilla... ¿Yieso a qué viene?

CLARA: Dime... ¿tú no has notado nada raro en él en los últimos tiempos...? ¿Ningún cambio...? En el carácter, por ejemplo...

PETRONA: De raro, nada... Al menos que yo sepa...

CLARA: Antes... ¿Antes no sería así, no...? Claro...

PETRONA: ¿Así, cómo?

CLARA: Digo... tan raro... A veces tan extraño...

PETRONA: Natural... Antes, antes no, claro.

CLARA: Cuando mozo, ¿verdad...?

PETRONA: Ni cuando mozo ni cuando chico. Pero no es de ahora que está cambiado... Ha ido cambiando con la vida, como cambiamos todos... Como Ud., como yo, ¡bah...! Serio, sí, siempre lo ha sido.

CLARA: ¿Tú recuerdas de él cuando muchacho...?

PETRONA: ¡Como pa' no recordar! Esas cosas no se olvidan... Y cuanti más que yo, puede decirse, lo crié, usté sabe... Sabía ser una monada por lo cariñoso y correcto... La finada, que Dios tenga en su santa gloria, tenía una adoración ciega por él... Y lo mismo cuando mozo, lo más serio, lo más atento era. A mí entonces me sabía querer mucho. Y hasta me respetaba, pa' qué voy a decir...

CLARA: ¿Qué vicios tenía cuando muchacho?

PETRONA: ¿Vicios?... ¡Ah malhaya! ¡Ojalá y que todos fueran como él!

CLARA: Digo... vicios de jóvenes... En fin; gastador, paseandera... mujeriego... esas pavadas.

PETRONA: Qué esperanza... ¡De adónde! Al contrario, si a la edá en gue los mocitos de hoy en día ya están cansados del café y de las carreras (*Es un decir*), o de andar atrás de las malas mujeres... ¡qué! Si es pa' jurar que él todavía sabía rezar el "Dios te salve" antes de acostarse... Tranquila podía estar su mamá con las sirvientas... no había cuidao. ¡La única novia que le conocimos fue usté! Y eso...

CLARA: ¿Eso qué? Habla sin miedo.

PETRONA: Y... nada. Usté lo sabe mejor que yo, todo lo que hizo la finada pa' resolverlo. Que no era él de esos que hoy en día en cualquier esquina no más le toman la palabra a una muchacha. Con decirle, pa' que vea cómo era, que en la casa le sabíamos decir que su único vicio era su amigo Pérez...

CLARA: Ya eran amigos, ¿verdad?... ¿Tú sabes cómo se conocieron?

PETRONA: Y... ¡cómo iba a ser...! En la calle, en la escuela; no sé; como se conocen los muchachos. Sabían ser amigos en los pupilos y, natural, como lo pasaban siempre juntos, se hicieron tan íntimos. El Pérez ese sí que era el demonio: peliador, bochinchero, sinvergonzote... de todo, perdonando la palabra. La finada no podía verlo por lo diablo. Pa' ella, decir "ahí viene Pérez", era decir "viene mandinga". Sabía curarlo con agua bendita cuando lo veía.

CLARA: Y cuando salieron de pupilos –claro– seguirían amigos...

PETRONA: Uf, como hermanos. La casa del uno era la del otro. Estudiaban juntos, pasiaban juntos, comían juntos casi siempre y muchas veces hasta dormían juntos... Ya le digo, como hermanos verdaderos. Pero yo, perdonando el agravio, nunca lo pude pasar al otro, usté lo sabe.

CLARA: Sí... y a eso quería ir. Eso quería preguntarte. Ya me había dado cuenta yo hace mucho que tú pareces no querer a Pérez. Tendrás tus motivos...

PETRONA: Motivos... en fin, no sabría decir. Yo no sé si lo tomé entre ojos porque siempre me pareció que al fin lo echaría a perder al niño...

CLARA: Pérez era un vicioso, ¿no? Francamente...

PETRONA: Yo, francamente, vicios no le he conocido, pa' qué decir... Pero los tendría no más, porque era capaz de todo. Déase cuenta: a los diez años ya sabía fumar; a los once, se escapaba del colegio; a los doce, tocaba la guitarra; a los trece, lo echaron de pupilo por no sé qué "moralidad"; a los catorce andaba por los bailecitos ya; y a los quince, a la criada de la casa le vino un hijo...

CLARA: ¡Ave María!

PETRONA: La verdad, señora. ¡A los quince, dese cuenta!

CLARA: Pero... vicios malos, decía yo...

PETRONA: ¿Cómo malos...?¿Y eso le parece bueno, entonces?

CLARA: Claro que no... Pero otros vicios, pregunto... ¿No dicen que hay no sé qué enfermedades, o costumbres, o vicios... no sé, entre hombres...? A eso me refería...

PETRONA: ¡Ah...! Yo de eso no sé nada... Salvo que se refiera a...

CLARA (Rápidamente): ¿A qué? hable...

PETRONA: Al primo de él... uno que le llamaban Lili, que, según las malas lenguas, le gustaban más los hombres que las mujeres...

CLARA: ¡Ah...! ¿Tenía un primo así...?
PETRONA: Sí, así era... y más asqueroso...
CLARA: Y él... y Carlos... ¿era... así también? ¿Afeminado, cuando chico...?
PETRONA: ¡Cómo...!
CLARA: Así... que le gustaba las cosas de las mujeres...
PETRONA: Eso sí, pa' qué negar... Siempre andaba con muñecas, trapitos y chucherías de las niñas... Güeno: también jué criao por las hermanas y las tías, muy mimoso y pollerengo... Después en el colegio, pareció componerse... y con ese amigo Pérez, se fue olvidando de todo... pero vicios, en fin, porquerías, yo no le he conocido... (*Se oyen voces de Julián y Lola afuera*).
CLARA: Bueno... basta... nada más...
PETRONA: ¿Por qué me hacía esas preguntas...? Hace unos días que todos me averiguan lo mismo...
CLARA: ¡Cómo, todos...! ¿Quién te ha averiguado...?
PETRONA: El niño Julián me preguntó los otros días.
CLARA: ¡Eh! ¿El niño Julián...? ¿Has visto tú algo en el niño Julián que te parezca sospechoso...?
PETRONA: ¿Yo? No... Dios me libre... Él es muy hombresito... pero me preguntó cuando estaba escrebiendo ese discurso del padre...
CLARA: (*Suspirando*) ¡Ah...! Por curiosidad sin duda... por curiosidad... ¡Dios mío...! Bueno; vete... Lleva eso no más... (*Petrona mutis por izquierda*). Que no pueda una confiarse a nadie, Señor... ¡Qué asco...! ¡Qué vergüenza...!
(*Aparecen por derecha Lola y Julián*).

ESCENA 2
Clara, Lola y Julián
Lola se dirige hacia Clara y la besa. Julián se saca el sobretodo y lo deja, con el sombrero y la vara, en la percha.

LOLA: ¿Tardamos...?
CLARA: No, hija mía... ¿Les ha ido bien...?
LOLA: Lo más bien, mamita... (*Se sienta a su lado*). Nos hemos divertido en grande.
JULIÁN: ¡Ah! sí... mucho. Yo, sobre todo.
LOLA: Claro... Tú...

CLARA: ¿Qué...?
LOLA: ¡Cómo iba a divertirse! Si creo que no se ha dado cuenta de nada. Figúrate, mamá... ¡qué papelón! ¡Ay! yo estaba sofocada...: pico a pico, sin separarse un minuto, con la pavota esa de Cándida...
CLARA: ¿Ah, sí...?
LOLA: ¡Los vieras...! Buen... por algo se llama Cándida... aunque el cándido viene a ser él en este caso...
JULIÁN: Ya lo oyes, mamá... ¡No! si chismosa no es...
LOLA: ¿Chismosa? Bah, che... La que dice la verdad no miente... ¡Y por linda que es, al fin!
CLARA: ¿De modo que te has enamorado...?
JULIÁN: No, mamá... No estoy loco.
CLARA: ¿Loco? ¿Y tú crees que enamorarse es estar loco...?
LOLA: Tonto... Enamorarse no es estar loco... Es estar... como estás tú. ¡Ah! Mamá... Y abuelita lo ha notado, te prevengo...
JULIÁN: No, a abuelita se lo has hecho notar tú.
LOLA: Bueno, pero lo notó después. Ya te hablará ella (*A Clara*). Estaba lo más escandalizada...
CLARA: ¿Conque esas tenemos? Bien... Yo arreglaré todo... Ahora hablaremos... (*A Lola*). Y tú, a dormir, que has de madrugar para acompañarme a misa.
LOLA: Mamá... si son las nueve apenas.
CLARA: Vete. Tengo que hablar con tu hermano...
LOLA: Hasta mañana (*Le presenta la frente*).
CLARA: Hasta mañana, hija. (*La besa*). Dios te guíe.
JULIÁN: Y no sueñes mucho... (*A Lola cuando va a marcharse*).
LOLA: No... si sueño con ella, va a ser pesadilla... (*Mutis*).

ESCENA 3
Clara y Julián

JULIÁN: ¿Tienes que hablarme, dices?
CLARA: Sí... quiero preguntarte algo. Siéntate aquí, a mi lado.
JULIÁN: Vamos a ver... (*Pausa breve*).
CLARA: (*Con alguna vacilación al principio*). Tú eres ya un hombrecito...
JULIÁN: Vaya... al parecer.
CLARA: Quiero hablarte seriamente, te advierto.
JULIÁN: Sí, mamá. Habla.

CLARA: Ante todo, tienes que sacarme de una curiosidad: ¿qué informe es ese que has estado copiando estos días para tu padre?
JULIÁN: ¿Por qué me lo preguntas?
CLARA: Una curiosidad mía. ¿Qué informe es?
JULIÁN: Es un estudio médico legal para un proceso... En fin, cosas de papá.
CLARA: Sí... pero ¿de qué trata?
JULIÁN: Y de eso: de medicina legal. Se refiere a un crimen. Pero, ¿por qué te interesa?
CLARA: Es un trabajo... inmoral, ¿no es así...?
JULIÁN: Inmoral... es decir... científico, en todo caso. Un trabajo científico como cualquier otro. No veo que tenga nada de inmoral. (*Pausa*) ¿Y era eso todo lo que querías preguntarme?
CLARA: ¿Trata de hombres viciosos, verdad?
JULIÁN: Viciosos, es decir, según, enfermos, más vale; anormales. Es lo que sostiene papá; aunque fisiológicamente fueran normales esos desgraciados, y se considere su vicio como una simple desviación del instinto, eso mismo prueba su anormalidad, y por lo tanto, su relativa irresponsabilidad en ciertos casos, ya que el vicio, como toda aberración es fatalmente anormal... Pero, no veo en qué pueda interesarte todo esta a ti, francamente.
CLARA: ¡Qué desdichados serán esos infelices!
JULIÁN: Hay que suponerlo...
CLARA: ¡Cuánta piedad, cuánto horror se inspirarán a sí mismos! ¡Desdichados...!
JULIÁN: Es decir... eso suponiéndoles conciencia moral, de lo que carecerán probablemente.
CLARA: ¿Tú crees?
JULIÁN: Yo supongo.
CLARA.: Es horrible...
JULIÁN: Sí, mamá... Pero... te ruego, hablemos de otra cosa. ¡Si supieras tú todo el asco, toda la piedad, toda la vergüenza –al fin son hombres– que sentía por ellos al copiar el informe! Solo por ser trabajo de papá pude terminarlo... Ya me imagino toda la repugnancia que sentiría él al escribirlo. Pero, al fin, es obra de piedad humana su defensa...
CLARA: Sí, hijo mío... Sí; tienes razón... Es repugnante, ¡es repugnante todo eso! ¡Ah! desdichados, desdichados... ¡Y pensar en la amargura que sembrarán en sus hogares esos infelices! ¡Pensar en la miseria

moral de los hogares en que tales vicios se adquieren! ¡Qué estigma para sus hijos; qué escuela; qué ejemplo...! Da horror el pensarlo: la pureza, la inocencia, ¡recibiendo tal herencia...! ¡Oh, no! ¡No puede ser...! ¡No puede ser!

JULIÁN: ¡Mamá...! Pero ¿Qué te pasa...? ¡Te exaltas!

CLARA: Sí, hijo mío... ¡Es que es horrible...! ¡Una herencia de vicios, de miserias, de degeneración eterna...! ¡Pobres madres; pobres mujeres; pobres hijos...!

JULIÁN: Me asustas, de veras...

CLARA: No, hijo mío, no... Yo... ¡yo soy feliz, dichosa... por ti! ¡Porque eres bueno, puro... sano...! ¡Ah...! ¡Pero me irrita, me subleva pensar en las asechanzas que puede tender el vicio en tu camino...! Pero, dime... ¿Tú has conocido a alguno de esos desgraciados...?

JULIÁN: ¿Yo...?

CLARA: Sí... por ahí... en el colegio... ¿no había ninguno...?

JULIÁN: Sí... en todos los colegios hay alguno... en los internados especialmente... Pero... ¿por qué me preguntas eso...?

CLARA: Por nada... por nada... He estado leyendo parte de ese informe... y he tenido miedo... ¿para qué he de engañarte...?

JULIÁN: ¿Miedo de qué...?

CLARA: De nada... ¿no te digo...? Aprensión no más... Tú eres un hombre... un verdadero hombre... como yo te quiero... ¿verdad...?

JULIÁN: Pero mamá... No te comprendo hoy...

CLARA (*Besándolo y acariciándolo*): Sí... ¡qué tonta soy...! Vaya... bésame... Besa a tu madre... ¡Ah...! qué feliz... ¡qué feliz soy contigo...!

JULIÁN: Te aseguro que me asustaste un poco... Creí que se trataba de algo más grave...

CLARA: No... Solo quería verte, hablar contigo, tenerte a mi lado... ¡Así...! Tú no sabes las angustias de una madre pensando en los peligros que rodean a sus hijos... en las depravaciones del mundo... en las miserias de las malas amistades... Pero por ti estoy tranquila... Tú eres bueno, bueno... ¿verdad...?

JULIÁN: Sí, mamá, por ti... (*La besa*).

CLARA: Y ahora, déjame... (*Se levanta*). Debo escribir unas cartas... y tú... tú no has estudiado hoy, ¿no...?

JULIÁN: No he abierto los libros en todo el día... Hasta luego...

CLARA: Hasta luego, hijo...

(*Mutis Julián hacia el interior. Se oye el timbre de calle. Clara, luego de arreglarse bruscamente el cabello y enjugarse el rostro, vuelve al escritorio, toma la carpeta de papeles, la cierra y va a colocarla en la biblioteca*).

ESCENA 4
Clara y Petrona

PETRONA (*Por foro*): El mozo del club pregunta si no sabe dónde encontrará al señor a esta hora.
CLARA: ¿Qué quiere...?
PETRONA: No sé... Creo que trae una carta, pero no quiere dejarla.
CLARA (*Después de una breve vacilación*): Hazlo pasar... (*Mutis Petrona*).

ESCENA 5
Clara y Benito

BENITO: Buenas...
CLARA: Pase. ¿Qué deseaba?
BENITO: Yo, nada. Traía una carta pal dotor.
CLARA: ¿De Pérez...?
BENITO: Sí, señora.
CLARA: Bueno... tendrá que dejarla, porque él no está.
BENITO: A mí me han dicho que la entregue en propias manos.
CLARA: Es lo mismo. Yo soy la esposa.
BENITO: Tanto gusto... pero esa es la orden.
CLARA: Como guste... Si quiere dejarla, la deja.
BENITO: Y además, tengo de llevar la contestación, tengo. Así que si sabe dónde lo encontraré...
CLARA: No sé... Él ha dejado orden que si traían una carta de Pérez la dejaran... Pero si usted no quiere...
BENITO: Perfetamente... Si usté m'ordena que se la entregue, yo se la entrego... perfetamente. Pero reclino las responsabilidades, reclino. Sírvase.
CLARA: (*Abre la carta y la lee rápidamente*). Está bien... Dígale que él no puede ir, pero que lo espera sin falta. ¿Ha entendido?
BENITO: Perfetamente...
CLARA: Y si le pregunta... Espérese un poco... (*Abre un cajón del escritorio y le da algún dinero*). Tome. Esto para usted...

Vidas escandalosas

BENITO: Tantas gracias... (*Lo guarda*).
CLARA: Si le pregunta algo, usted le dice que estaba el Doctor y que habló con él. ¿Entiende?
BENITO: Perfetamente...
CLARA: Y ahora, dígame: ¿usted es capaz de hacer un favor?
BENITO: Yo soy capaz de todo, soy... pudiendo.
CLARA: Yo le voy a pagar bien, pero usted tiene que decirme la verdad.
BENITO: Yo no engaño a las mujeres. Puede preguntar.
CLARA: Dígame... ¿usted es ordenanza del club ese, no?
BENITO: Es decir... a las veces, porque también sé ser mayordomo y, asigún, secretario. Las voy de todo, las voy. Tanto pa' un barrido como pa' un friegado...
CLARA: ¡Ajá...! ... ¿quiénes van a ese club? ¿Qué hacen...?
BENITO: Y... van los socios, van. Y ahí se reúnen y la parlan... y... ¡yo qué sé, yo!
CLARA: ¿Cómo qué sabe? Usted tiene que saber qué pasa allí. Dígame... ¿van mujeres?
BENITO: Puede estar tranquila en ese sentido, puede...
CLARA: ¿Por qué...? ¿No van?
BENITO: Vea... (*En actitud de devolverle el dinero*). Permítame, señora... Usté es muy capsiosa, es... Yo no puedo prestarme...
CLARA: No veo por qué... Yo le pregunto simplemente si van mujeres. Nada más sencillo que contestar sí o no. Con decir la verdad... Supongo que a Ud. no le vendrá mal ganarse unos pesos...
BENITO: Es que según y cómo, según...
CLARA: Pues, diciéndome la verdad. Yo le pagaré lo que quiera.
BENITO: Señora, yo, por mí, hablaría, ¿sabe...? pero... ¡No! Y últimamente, esas cosas puede preguntarlas a su marido, puede.
CLARA: (*Un poco violenta, deteniéndolo*). No, no... Permítame. Ud. va a hablar, ¿oye? Siéntese ahí.
BENITO: No... si estoy bien de parado...
CLARA: ¡Le digo que se siente! ¿O no oye?
BENITO: ¡Qué calor...! (*Aparte, sentándose en el borde de la silla*).
CLARA: Y va a hablar claro. Vea: (*Abre el cajón del escritorio*). Aquí hay dinero, le pagaré lo que pida si contesta bien. (*Saca un revólver y lo enseña*). ¡De lo contrario lo voy a hacer hablar yo!
BENITO: Señora... permítame... Haga el favor de no jugar con eso... (*Aparte*) ¡Qué calor!

CLARA: Elija Ud.
BENITO: Es que Ud. quiere comprometerme, quiere.
CLARA: No tiene nada que temer. Nadie sabrá nada.
BENITO: Vea, señora... Yo no tengo nada que ver con lo que pasa allá... Yo cumplo con mi deber, y se acabó... Es que uno tiene que vivir de lo que puede, tiene; y no todos somos manates.
CLARA: Eso no me interesa... Ud. va a decirme qué pasa en el club ese; quiénes van; qué hacen. ¿Mi marido va siempre?
BENITO: Y... seguro.
CLARA: ¿Y Pérez?
BENITO: Usté me hace hablar, me hace... ¡Vea!
CLARA: Contésteme.
BENITO: Y... más o menos...
CLARA: ¿Pérez vive ahí?
BENITO: Y... natural. Es su casa...
CLARA: ¿Y por qué le llaman el club...?
BENITO: ¿Y...? Será porque tiene socios... ativos y pasivos...
CLARA: ¡Eh...! ¿Van mujeres también...?
BENITO: Y... más o menos... En fin, no sé qué le diga, no sé... Mujeres, alguna que otra bolada. Pero es raro. Anoche estuvo una de gran capelo.
CLARA: Mujeres de mala vida serán, ¿no es así?
BENITO: Y... yo la vida no les conozco la vida.
CLARA: ¿Y qué hacen?
BENITO: ¿Cómo qué hacen...? ¡Cosas de mujeres! Clara, de mujeres de "upa", claro...
CLARA: ¿De upa...? ¿Y qué es eso?
BENITO: Mujeres fallutas, ¡bah!
CLARA: Explíqueme eso.
BENITO: Eh... hágase la inorante, ¡sí! hágase...
CLARA: Explíqueme. No entiendo.
BENITO: Y... mujeres falsificadas, ¿no sabe...? Varones de ambos "sesos", como dicen...
CLARA: Pero... de modo que... ¡No! eso no es posible... ¡Usted miente!
BENITO: Señora... permítame... Yo no miento nada...
CLARA: Pero... ¡dígame! Mi marido... ¿Qué hace mi marido ahí...? ¿Qué hace?

Vidas escandalosas

BENITO: Y, señora... Son cosas de la vida... ¡Qué va a sorprenderse uno! Cada hombre tiene un vicio, tiene.
CLARA: Pero mi mari... ¿El Doctor a qué va...? ¿Usted lo conoce...?
BENITO: Hace rato...
CLARA: ¿Y a qué va...? Dígamelo Ud. ¿a qué va...? ¿Qué hace él ahí?
BENITO: Y... señora... Ud. ya me exige cosas que no puedo decir... aunque las piense, ¿sabe...? El señor Pérez sabrá a qué va... Como van La Juanita y La Princesa... y... todas esas otras...
CLARA: Entonces... él... el Doctor... mi marido también es de esos...
BENITO: ¿Y...?
CLARA: Y Pérez... Pérez es... es... diga Ud. qué es el señor Pérez...
BENITO: Mire, señora... Ya que me ha hecho hablar... Pa' mí... el Sr. Pérez ese... es un piernun de la madona... es... A mí me contrató cuando estaba de coscrito... ¡Era un rana...! Conocía a todos los minotauros...[6] del cuartel, conocía...
CLARA (*Serenándose; muy fría*): Está bien. Tome (*Le da dinero*).
BENITO: Yo espero que usté a mí no me comprometa...
CLARA: Ud. se guardará muy bien de decir una palabra de esto a nadie.
BENITO: Descuide. ¿Y qué le contesto?
CLARA: Eso: que lo espera aquí ahora, sin falta.
BENITO: Perfetamente... Con permiso... (*mutis*).
CLARA (*Con desesperación*): ¡Ah, señor, señor! ¡Qué miseria...! (*Pausa*). ¡Qué asco...! (*Arregla los papeles. Da un nuevo vistazo a la carta y la deja. Va a cerrar el cajón y ve el revólver. Lo toma, pensativa, y luego lo deja y cierra el cajón. Llama. Cierra la biblioteca. Oprime el botón y apaga algunas bujías, quedando la pieza sin más luz que la del escritorio*).

ESCENA 6
Clara y Petrona

PETRONA: ¿Llamó usté?
CLARA: Arréglame la cama.
PETRONA: Está lista.
CLARA: ¿Se han acostado los muchachos?
PETRONA: La niña sí, hace rato. El niño estudia en su pieza.

---

[6] Posible alusión a la bisexualidad de estos hombres, ya que al Minotauto de Cnosos se le sacrificaban anualmente catorce jóvenes: siete mujeres y siete hombres.

CLARA: Bien... Puedes cerrar y acostarte... Si llaman abrirá Julián. Buenas noches (*Mutis*).
PETRONA: Que descanse... (*Al verla marcharse*). Está bueno... (*Golpeándose las narices con el índice derecho y como olfateando*). Aquí pasa algo... No, no me equivoco. (*Mutis por izquierda hacia el interior. Pausa*).

Aparece por foro, y como de la calle, Florez. Parece preocupado y abatido. Vuelve el botón de la luz: se ilumina la pieza. Deja el sombrero y el bastón en la percha. Luego, lentamente, se quita el sobretodo, lo cuelga. Se acerca al escritorio y con ademán lento, se saca los guantes y los arroja negligentemente sobre aquel, advirtiendo entonces la carta de Pérez. La lee con alguna sorpresa. Luego llama. Pausa. Se pasea por la habitación.

ESCENA 7
Florez y Petrona

PETRONA: ¿El señor llamaba?
FLOREZ: Esta carta ¿cuándo la han traído?
PETRONA: Ahora no más, hace un momento.
FLOREZ: ¿Abierta?
PETRONA: Ah... eso yo no sé.
FLOREZ: ¿La señora se ha acostado?
PETRONA: Creo que no... Ahora iba para allá...
FLOREZ: Llámela y tráigame café.
PETRONA: Muy bien. (*Mutis*).

ESCENA 8
Florez y Clara, luego Petrona

Florez, solo, se pasea breves instantes. Aparece Clara. Durante toda la escena hablará fríamente, lo mismo que él, pero sin provocación.

CLARA: ¿Qué querías?
FLOREZ: Acabo de encontrar esta carta. ¿La has abierto tú?
CLARA: Sí.
FLOREZ: ¿Y por qué motivo...? ¿No tengo prohibido que se toquen mis cosas...? ¿O es deseos de fastidiarme?

CLARA: Absolutamente... Creí que podía ser de urgencia.
FLOREZ: Bien. Que esto no se repita.
CLARA: ¿Solo para esto me llamabas?
FLOREZ: Nada más.
CLARA: De modo que puedo acostarme... Me siento un poco enferma.
FLOREZ: Puedes acostarte. (*Pausa larga. Vuelve Petrona, con el café. Lo deja y se marcha*).
CLARA (*Después que Petrona se ha marchado*): ¿Me has oído?
FLOREZ: Que sí, hombre. Puedes acostarte.
CLARA: Por lo visto, no te interesa saber lo que tengo siquiera.
FLOREZ: Lo supongo. (*Revuelve el café y lo toma a pequeños sorbos*). Lo de siempre. (*Pausa*).
CLARA: Hasta mañana. (*Sin mirarlo, muy fría*).
FLOREZ: Hasta mañana. (*Mutis Clara*).

ESCENA 9
Florez y Petrona. Luego Pérez. Al final Clara

Florez, que ha tomado ya el café, parece meditar un instante. Luego, resolviéndose, toma los guantes, el sombrero y el bastón, se arregla y sale lentamente por foro. Hay una breve pausa y reaparece por foro Petrona en busca del servicio de café y se marcha con él hacia el interior. Apenas ha hecho mutis, reaparece por foro Florez, acompañado de Pérez.

FLOREZ: Sí... Allá iba.
PÉREZ: Hombre... Como me has hecho llamar...
FLOREZ: ¿Yo...? Yo no te he hecho llamar... (*Se sientan*).
PÉREZ: Cómo... ¿Pero no me has hecho decir tú que me esperabas?
FLOREZ: En este instante recibo tu carta. Ahora mismo.
PÉREZ: Pues, ¡buen estúpido es el muchacho ese! ¡Vaya un modo de dar un mensaje!
FLOREZ: Bien. Eso aparte. ¿Qué querías de mí?
PÉREZ: Nada absolutamente: hablar, charlar, nada más. ¿Tu gente ha salido?
FLOREZ: Se han acostado. Clara está un poco enferma.
PÉREZ: Hombre... ¿Qué tiene?
FLOREZ: Tonterías; ganas de fastidiar.
PÉREZ: Está bueno.

FLOREZ: Respecto a ti, con franqueza, me extraña este repentino deseo de charlar.
PÉREZ: Hijo... como saliste anoche así... en esa forma... Yo quería explicarte... por eso te escribí llamándote...
FLOREZ: Mira... Lo de anoche prefiero que lo dejemos de lado. No comentemos lo que no merece comentario. Por lo demás, es asunto liquidado.
PÉREZ: Está bueno... ¿De modo que liquidado?
FLOREZ: Absolutamente.
PÉREZ: ¿Y si yo te dijera que es una tontería?
FLOREZ: Hombre... tú puedes decir lo que quieras. Yo sé a qué atenerme. Y... mira, francamente, es mejor que haya sucedido así. Es mejor, por mil motivos.
PÉREZ: Vamos a ver algunos.
FLOREZ: Por mil motivos que es inútil enumerar. Alguna vez tenía que terminar esto... era fatal. Es justo que yo que he sido eternamente una víctima de la fatalidad, la aproveche ahora para libertarme.
PÉREZ: Está bueno... está bueno. Continúa. (*Arrellanándose en el sofá, cruzado de piernas y mirando hacia el techo*).
FLOREZ: Había pensado no volver a verte después de lo de anoche, pero ahora cambié de opinión y, ya ves, iba a tu casa resuelto a terminar de una vez.
PÉREZ: De modo que lo de anoche es solo un pretexto...
FLOREZ: Pretexto o no, estoy cansado. Esta miseria constante; esta ignominia de toda mi vida, es ya como un dogal que me oprime. Lo de anoche ha servido para aclararme muchas ideas y para hacerme ver hondo en mi propia conciencia...
PÉREZ: Mira... es mejor que calles. Así... así resultas indigno, francamente. (*Acercándose a él y hablándole casi al oído, pero con voz firme*). Resuellas por la herida... ¡Vaya! ¿O es que ahora vas a sentir celos como... ¡sí! como una mujerzuela vulgar...? Contesta.
FLOREZ: Cállate, cállate...
PÉREZ: No; contesta: ¿O es que nada vale para ti mi amistad de toda la vida...? ¿O es que quieres olvidar ahora nuestras penas, nuestras alegrías, nuestras...miserias de veinte años...! ¿O es que quieres olvidarlo todo por un incidente vulgar, sin importancia...? Confiesa; confiésalo... ¿Tienes celos...?

FLOREZ: Sí... tengo celos... Tengo un asqueroso despecho, que a mí mismo me avergüenza pero que no puedo dominar... Este vicio, esta aberración que es ya una segunda naturaleza en mí, empieza a tener su crisis y tú la has provocado... Desde anoche te tengo asco... y me lo tengo a mí mismo... (*Llorando*). Soy un desgraciado...

PÉREZ: Eres una criatura... Te creía un individuo superior capaz de levantarte sobre tu propia inmundicia... pero te veo empequeñecido como un... como uno de esos otros que tú mismo defiendes en tu informe...

FLOREZ: Sí... y eso es lo que me da asco, y vergüenza, y rabia... Vete... y que no te vea más en mi vida...

PÉREZ: ¡Bah...! ¿Y con eso creerás regenerarte...?

FLOREZ: Sí... por mis hijos... por mi hogar...

PÉREZ: Es tarde... Lo que se recibe con la sangre o se aprende en la niñez no se olvida ni se abandona sino con la muerte... Dejarás de verme a mí, pero no dejarás tu vicio... como yo no dejaré el mío... y no habremos hecho nada más que cambiar de... que cambiar de amante como las prostitutas...

FLOREZ: Has envilecido mi vida... mi propia consideración...

PÉREZ: No, no he sido yo... Han sido tus padres... tus abuelos, tu raza... como tú mismo lo sostienes... Ha sido la escuela donde te educaron, la casa donde te criaron, los parientes que te mimaron... Yo... yo no he sido más que un instrumento de tu depravación, que a no haberlo sido, no te habría faltado nunca... Porque tu vicio es un mal genérico... Independízate de mí y no conseguirás más que difundir tu deshonor... y envilecerte más...

FLOREZ: Vete... vete... No quiero oírte más... Soy menos que una mujer...

PÉREZ: Sí... y así te he conocido y así te conozco... Como a una mujer... (*Apaga la luz del centro*).

FLOREZ: ¿Qué haces...?

PÉREZ: Volverte a la realidad de tu propia miseria, de nuestra propia miseria, que está en la sombra... Hacerte olvidar de ti mismo, de esa hombría que quieres aparentar y que no es más que el producto de la luz... Quiero impedir que te veas... que nos veamos...

FLOREZ: No... vete... vete...

PÉREZ: No, he dicho; no me voy... Quiero verte dócil, como lo has sido siempre, sumiso, femenino, que es tu verdadero estado... así... que te olvides de que eres hombre y de que sea tu propia infamia, tu dicha en la sombra como es tu verdugo a la luz (*lo acaricia*). Así... así... como eras cuando niño... y como lo serás toda tu vida ya, irredenta, inconvertible. (*Se inclina sobre él hasta rozar su cuello con los labios. Junto a la puerta, en la semioscuridad, ha aparecido la figura de Clara. Viste un peinador blanco. Ansiosamente parece inclinarse a oír. A medida que el diálogo parece ir culminando, ella con el brazo extendido, abre suavemente el cajón del escritorio y saca el revólver*). No eres tú... Vuelve a ser el de siempre... (*Se oye un beso largo y lento. Clara, con ademán rápido ilumina la habitación. Los dos, con asombro, quieren incorporarse*)

FLOREZ: ¡Clara!

CLARA: ¡Miserables...! ¡Asquerosos...! (*Con ademán rápido, irreflexiva, hace fuego sobre ambos. Pérez, herido, retrocede unos pasos. Lanza un quejido apagado y cae*).

FLOREZ: ¡Clara...! ¡Qué has hecho...! ¡Mujer!

CLARA (*Con gesto breve y enérgico, como una orden*): ¡Calla...! ¡Has sido tú! ¡Has sido tú...! Toma... (*Le da el arma*). Ahora... ahora te queda lo que tú llamas la última evolución... ¡tu buena evolución! (*Florez recibe el revólver instintivamente, casi inconscientemente como si hubiera perdido en ese instante de regreso a la realidad la noción de lo que pasa. Se oye, de adentro la voz de Julián que llama: ¡Mamá! ¡Mamá! Al oírla Clara, insiste con imperio*). ¡Tus hijos...! ¡Pronto! ¡Pronto...! (*Florez parece reaccionar. Hace un gesto de resolución súbita y sale precipitadamente por foro. Clara cae vencida, desfalleciente en una silla*).

JULIÁN: (*Entra azorado*). ¡Mamá! ¡Mamá...! ¿Qué hay? ¿Qué pasa...? (*Clara se incorpora y corre a abrazar a su hijo como para impedirle que avance. Se oye un tiro afuera por la parte de foro*).

CLARA (*Rompiendo en sollozos sobre el hombro de su hijo*): ¡Tú padre, hijo mío...! ¡Tu padre!

TELÓN

1914

[*Los invertidos*. Comp. Alberto Ure, Aníbal Ford y Nora Mazziotti. Buenos Aires: Puntosur editores, 1991]

Capadócio Maluco

(Pseudónimo)

"Menino de Gouveia" foi publicado em 1914 como fascículo da revista *Rio Nu*, uma revista pornográfica que, como dizem Edwilson Kennedy da Silva e Fábio Figueiredo Camargo, "trazia em suas páginas fotografias de mulheres nuas, histórias eróticas e, principalmente, propagandas de remédios para doenças, incluindo as sexualmente transmissíveis" desde os finais do século XIX (está disponível no sítio da Biblioteca Nacional brasileira). Não se sabe quem ocultou-se com o pseudónimo de "Capadócio Maluco". Segundo James Green e Ronald Polito, "Gouveia" aqui significa um "homem mais velho que se relacionava sexualmente com homens mais jovens do que ele" (36).

Aqui seguimos o texto publicado pela editora O Sexo da Palavra (Uberlândia, Minas Gerais, 2017). Sobre o homoerotismo na revista *Rio Nu*, ver artigo de Ronald Soares Farias.

Menino de Gouveia

I

Estendido junto a mim na cama suspirativa do chateau, depois de ter sido enrabado duas vezes tendo na mão macia e profissional a minha respetável porra, em que fazia umas carícias aperitivas, o menino do Gouveia, isto é, o Bembém, contou-me pitorescamente a sua história com todos os não-me-bulas de sua voz suave de puto matriculado.

– Eu lhe conto. Eu tomo dentro por vocação: nasci para isso como outros nascem para músicos, militares, poetas ou até políticos. Parece que quando me estavam fazendo, minha mãe, no momento da estocada final, peidou-se, de modo que teve todos os gostos no cu e eu herdei também o fato de sentir todos os meus prazeres na bunda.

Quando cheguei aos meus treze para catorze anos, em que todos os rapazes têm uma curiosidade enorme em ver uma mulher nua, ou pelo menos um pedaço de coxa, um seio ou outra parte do corpo feminino, eu andava a espreitar a ocasião em que algum criado, ou mesmo meu tio, iam mijar, para deliciar-me com o espetáculo de um caralho de homem.

Vidas escandalosas

Não sei porque era, eu sentia uma atração enorme para o instrumento de meus prazeres futuros.

Havia então, entre os empregados, um que possuía um paratilevas que era mesmo um primor de grossura e comprimento, fora a cabeçorra formidável. Uma destas picas que nos consolam até a alma!

Entretanto, o que mais aguçava a minha curiosidade e me dava um desejo insofrível, era poder ver a porra de meu tio. Este, porém era muito cauteloso, e jamais ia satisfazer as suas necessidades.

Sem trancar a porta da privada, ficando eu deste modo com o único recurso de calcular e julgar, pelo volume que lhe via na perna esquerda, as dimensões do seu mangalho que parecia ser colossal.

Um dia em que ele e a titia foram a cidade muni-me de uma varredura e fiz na porta do quarto dos mesmos uma série de buracos dispostos de maneiras que eu pudesse observar todos os movimentos noturnos.

– Confesso, Capadocio Maluco, acrescentou o Bembém, aumentando o movimento punhetal que vinha fazendo na minha pica, que nem uma só vez me passou pela cabeça a ideia de que ia ver a titia nua ou quase nua. O meu único pensamento era poder apreciar ereto o membro viril do titio.

Nessa noite, mal nos recolhemos aos dormitórios, eu fui postar-me, metido na comprida camisola de dormir, na porta e com os olhos pregados nos furos previamente feitos.

Parece [,] porém, que o casal não tinha pressa nenhuma em se foder ou então ambos andavam fartos, pois meu tio, em camisa da meia, sem tirar as calças, sentou a ler um livrinho que depois eu soube ser da Coleção Amorosa do Rio Nu, enquanto minha tia, em mangas da camisa, principiou uma temível caçada a algumas pulgas teimosas.

Se eu gostasse de mulher, teria me deliciado vendo, nos movimentos bruscos da caçada, os seios da moça, qua aram alvíssimos, da bicos vermelhos, redondos e rijos como se ela ainda fossa cabaçuda; porém todo mau prazer, toda a minha curiosidade, estavam entre as pernas do meu tio, no seu caralho, cuja lembrança me punha comichões na bunda.

Afinal, ela parece que cansou na perseguição dos pequenos animais, pois deixou cair a saia a rapidamente substituiu a camisa por uma pequena camiseta de meia de seda que lhe chegava até o meio das nádegas.

Mesmo sem querer, tive que admirar-lhe as pernas bem feitas, as coxas grossas, torneadas e muito claras, a basta pentelhada castanho escuro e com quanta raiva o confesso – o seu traseiro, amplo, macio, gelatinoso.

Capadócio Maluco

Ah! Se eu tivesse um cu daqueles, era feliz! Era impossível que meu tio, tendo ao seu dispor um cagueiro daqueles, pudesse vir a gostar da minha modesta bunda! Quantos ciúmes eu tive da tia naquela noite!

Parece que a leitura do tal livrinho produziu alguma coisa em titio. Ele principiou a olhar de vez em quando para a mulher, estendida de papo [para] o ar sobre o leito; depois passou várias vezes a mão pela altura da pica.

Finalmente, levantou-se, num momento tirou toda a roupa e caminhou para a cama.

Oh! Céus! Eu então pude ver, com toda a dureza que uma tesão completa lhe dava os vinte e cinco centímetros de nervo com que a Natureza o brindaria. Que porra!

Grande, rija, grossa, com uma chapeleta semelhante a uma para-choques da Central e fornida dum par de colhões que devia ter leite para uma família inteira.

Ele chegou-se ao leito, começou a beijar a esposa nos olhos, na beca, no pescoço, nos seios e depois, quando [a] sentiu tão arreitada como ele estava, afastou-lhe a[s] belas coxas, trepou para cima do leito e eu do meu observatório vi aquele primor de pica [no] cono papudo da titia, que auxiliava a entrada do monstro fazendo um amestrado exercício de quadris, a suspirar, a gemer[,] a virar-se, no mais completo dos gozos, na mais correta das fodas.

Não quis ou não pude assistir ao resto da cena. Eu tinha uma sensação esquisita no cu, parecia que as pregas latejavam. Mais tarde vim a saber que isso era tesão na bunda.

Corri para o meu quarto, fechei-me por dentro, atirei para longe a camisola que me incomodava e, tendo arrancado a vela do casamento, tentei metê-la pelo cu acima a ver si me acalmava. Fui caipora; as arestas da bugia machucavam-me o ânus e não a deixavam entrar.

Passei uma noite horrível.

II
No dia seguinte de manhã, levantei-me com uma firme resolução tomada: ou meu tio, naquele dia me enrabava, ou eu fugia de casa e dava o cu ao primeiro tipo que eu encontrasse e que mostrasse ser porrudo.

Logo cedo, pus-me de alcatéia a esperar que ele entrasse para o banheiro, pois era aí que eu pretendia executar meu piano.

As 6:30 da manhã ele passou com o lençol ao ombro e a saboneteira na mão. Dei o tempo necessário para que se despisse e chegando a porta disse:

– Está aqui isto, que a titia mandou.

Ele jé estava completamente nu; entreabriu a porta e eu num relâmpago penetrei no quarto de banho. Meu tio estava pateta, a olhar-me sem compreender. Eu peguei-lhe a porra e supliquei.

– Titio, você faz comigo o que fez esta noite com titia? Faz, sim?

Ergui a camisola e apresentei-lhe a minha bunda, que francamente, estava palpitando de ansiedade.

O estafermo de meu tio, entretanto, não era homem para compreender esses mistérios do amor. Não sabia o mundo de gozos que há numa bunda masculina quando ainda tem a prega mestra.

Pegou-me pela orelha, escancarou a porta, e, pespegando-me um valente pontapé no cu gritou:

– Safá! Que puto me saiu o rapaz!

Fui para o quarto, vesti-me num ápice, entrouxei a minha roupa e fugi de casa furioso, danando, em busca dum caralho que me fodesse.

III

Durante o dia todo vaguei pela cidade na doce esperança de encontrar um fanchono em quem as minhas formas roliças e afeminadas despertassem o apetite e provocassem uma cantata.

Foi[,] porém, trabalho perdido: por mais que eu andasse pelos mictórios a espiar picas e fizesse mil gestos reveladores das minhas qualidades e encantos enrabativos, parece que naquele dia os amadores de cus tinham desaparecido. As seis horas da tarde sentei-me, levado dos diabos, num dos bancos do Rocio, pensando na falta de enrabadores que há nesta cidade.

Momentos depois, abancou-se junto a mim um cidadão alto, magro, ossudo, com um bom palmo de nariz e um tanto maduro. Olhou para mim três vezes e sorriu; eu correspondi logo ao sorriso e o velhote chegou-se para meu lado, entrando logo na conversa.

– Então o menino está passeando?

Eu fitei o camarada com vontade louca de dizer que andava a procura duma porra, porém contive-me e respondi:

– Estou, sim senhor. Meu tio pôs-me na rua.

Capadócio Maluco

O homem parece que se comoveu com minha desgraça, porque pousou a mão sobre a minha coxa e apertou-me levemente a pica. Não esperei mais, também fui com a minha mão de criança e agarrei-lhe a porra, que era suficientemente avantajada.

– Você gosta? perguntou-me.
– Creio que sim; nunca experimentei.
– Como, meu bem? Você ainda é virgem, ainda tem as preguinhas todas?!
– Tenho, sim.

O meu novo camarada pareceu ficar mais moço, convidou-me para ir ao cinema, onde assisti a uma sessão inteira segurando-lhe a pica.

Depois, quando saímos, eu e seu Gouveia, era assim que ele se chamava, fomos tomar chocolate com pão de ló.

Finalmente, as dez horas, mais ou menos, eu, com o braço do meu novo amigo passado pela cintura, entrava no quarto em que ele morava ali pelas bandas dos Arcos.

Eu sentia perfeitamente a sensação de uma noiva ao entrar na câmara nupcial; anelava por ver-me encaixado na pica do Gouveia e ao mesmo tempo sentia um certo receio por essa enrabação.

O aposento em que entramos era bem mobiliado e tinha uma ampla e fofa cama a convidar ao amor, ao gozo.

Gouveia era um hábil fanchono e possuía a verdadeira arte de um amador de bons cus.

Ele mesmo, com toda a meiguice e cuidado, foi me tirando a roupa até eu ficar unicamente com as ceroulas.

Depois sentou-me num sofá enquanto rapidamente se despia, ficando com as mesmas vestes que eu.

Veio então para junto de mim e, tomando-me a cabeça entre as mãos, colou os seus lábios nos meus, primeiro num longuíssimo beijo e depois num terno chupão.

Foi para mim a primeira revelação de gozo que eu tive. Quanto é saboroso um beijo de homem sorvido assim lábio a lábio! Todo o meu corpo tremeu numa desconhecida vibração. Instintivamente, meti a mão pelas ceroulas do Gouveia e fui segurar-lhe a porra, que estava assaz dura.

O meu iniciador na putaria deixou-me então a boca e veio sugar-me os pequenos bicos de meus peitos. Recebi com[o] um choque elétrico; a natureza, para provar que eu vim ao mundo para tomar na bunda, pôs-me nos seios a qualidade feminina, isto é, as carícias do Gouveia

Vidas escandalosas

eles responderam ficando eretos, empinadinhos, tal qual como se eu fosse mulher.

O meu camarada de quando em vez murmurava: "Que petisco! Que pitéu! Novinho em folha! Donzelo desde a pica até o cu!"

Entretanto, a agitação que me produzira o afago do velhote nas maminhas me tonteara completamente, fizera de mim uma pilha de luxúria. Quando ele parou um instante, baixei a cabeça e beijei-lhe o caralho.

O Gouveia tremeu todo e murmurou:

– Que vocação! Este foi feito para isso!

Eu ia levantar-me para responder-lhe quando senti que uma de suas mãos prendia-me na mesma posição enquanto ele me dizia:

– Bembém, continua assim, depois lambe e ... depois ... chupa.

Não tive o menor escrúpulo em cumprir essas ordens, porque, como já disse, eu era um adorador de caralhos.

Enquanto isso, Gouveia fazia-me festas com uma das mãos na cabeça e com outra amimava-me as nádegas, passando sobre elas muito levemente, com verdadeira ternura e indo as vezes com o dedo adestradamente coçar-me, também muito superficiosamente, sem introduzi-lo, as pregas da minha bunda.

Se eu não estivesse com a boca cheia pela cabeça de sua porra, que latejava, ter-lhe-ia pedido para meter o dedo a fim de saciar-me um pouco. Ele, porem, não o teria feito para não estragar o cabaço que eu ainda possuía.

De repente, sem que eu esperasse, o corpo do Gouveia deu um estremeção fortíssimo [,] eu tive a boca e a garganta inunda[da]s por uma grande leitada. A esse tempo ele premia-me com mais força o olho do cu e chupava-me o pescoço, na nuca.

Tive tal prazer, senti tal ventura, que mesmo com a boca cheia de leite de pica, tombei a cabeça sobre as coxas do velhote.

Estivemos uns minutos, não sei quantos, naquela posição, a prolongar o êxtase daquele deleite.

O Gouveia ergueu-se, foi a um armário e trouxe uma garrafa dum magnífico Moscatel e dois copos para, segundo ele dizia, celebrar a minha iniciação no batalhão de Cupido.

Propôs então o Gouveia, e eu com entusiasmo aceitei, que despíssemos as ceroulas para melhor gozar a carne contra a carne.

Capadócio Maluco

Sentei-me nas pernas do velhote e começamos a bebericar o vinho pelo mesmo copo, a beijarmo-nos lubricamente, a sugarmos os beiços e a chuparmos a língua um do outro.

O meu primeiro amante de velho somente tinha a aparência, pois possuía mais fogo que muito moço que anda por aí; eu, por meu lado, tinha mil comichões na bunda.

Ele procurou com a mão a minha pica dizendo:

– Deixa eu ver com[o] está dura essa piroquinha...

Uma decepção o esperava: a minha pica mantinha-se como sempre estendida completamente, porém mole, flácida, mulambenta.

Ele esteve a friccioná-la algum tempo, porém em vão. Entretanto, eu sentia, eu bem sentia a impressão forte do seu carinho, mas era na bunda que tinha tremuras enormes.

O Gouveia perguntou-me:

– Bembém, você não tem tesão?

– Tenho, tenho muito até, mas na bunda, nas pregas do cu.

Com esta declaração, o caralho do homenzinho, que já estava a meio pau, armou todo, com todo o garbo e valentia.

O Gouveia carregou-me nos braços e pôs-me em cima da cama.

Ó doce momento! Eu ia finalmente receber na bunda o membro viril de um homem! Com que ventura eu me estendi de bruços sobre o leito, esperando o amoroso ataque!

O meu deflorador untou o famoso nabo com bastante vaselina, meteu-o entre as minhas pernas trementes de desejo e receio, apontou a cabeça da pica na minha bunda e forçou um pouco.

Senti uma dor estranha; parecia que o caralho do Gouveia era de ferro em brasa: rasgava e queimava ao mesmo tempo. Soltei um gemido e ele parou, perguntando-me meio gago:

– Bembém, quer que eu tire um pedacinho?

– Não! Não! Vai empurrando devagar, que eu aguento.

O Gouveia, com a mão direita ora a pegar-me nos bicos das maminhas, ora a tentar entesar-ma a pica com maestria de uma punheta, cascou-me mais um pouco de porra para dentro da bunda.

Eu sofria e gozava ao mesmo tempo, sentia as pregas a dilatarem-se e um calor consolador a subir-me pelo ânus a proporção que o mangal[h] o entrava. Num dado momento, o Gouveia parou a introdução, depois pegou-me nos quadris com as mãos nervosas, e num movimento brusco,

Vidas escandalosas

chamou-me aos peitos, empurrando-me toda a enorme porra pelo cu adentro.

Uma horrível dor varou-me de lado a lado porém ato contínuo o caralho do Gouveia amenizou-me o reto com uma avantajada esporradela. Foi tal a sensação de gozo que eu senti que desmaiei.

1914

[*Menino de Gouveia*. Uberlândia, Minas Gerais: O Sexo da Palavra, 2017]

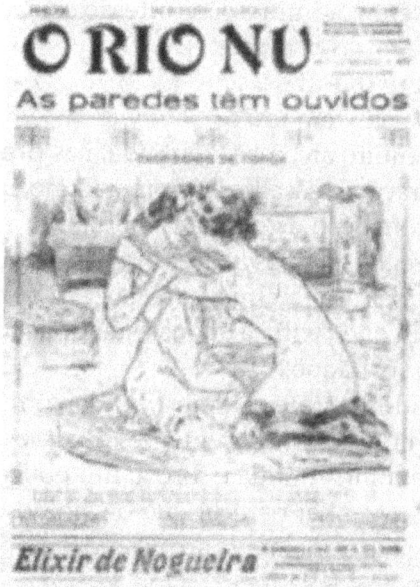

Capa da revista *O Rio Nu*, onde foi publicado, como um suplemento, "Menino de Goveia". Fonte: Hemeroteca Digital Brasileira.

Efrén Rebolledo

(Actopan, 1877-Madrid, 1929)

Poeta modernista mexicano cercano a la vertiente parnasiana. Diplomático en Guatemala y Japón en los finales del porfiriato, ambos escenarios influyeron en su obra poética, particularmente en *Cuarzo* (1902), publicado en el país centroamericano, y *Rimas japonesas* (1907). Fue fundador de las revistas *Nosotros* (1912) y *Pegaso* (1917). Bajo el gobierno de Venustiano Carranza se reincorporó al servicio diplomático y vivió en Francia, Holanda, Noruega y España, donde murió. Su obra, esencialmente poética entre 1896 y 1916, se vuelve mucho más narrativa en sus últimos años, como lo evidencia su novela *Salamandra* (1919) y *Saga de Sigrida la Blonda* (1922). También se dedicó a reeditar sus libros de poesía, por lo que pueden apreciarse cambios entre las primeras ediciones y las de la década del veinte.

"El beso de Safo" es un poema publicado en 1916, dentro de la colección *Caro Victrix*. El lugar de la representación plástica, casi escultórica, delata la influencia parnasiana del poema, particularmente, el influjo de *Las canciones de Bilitis* (1894), de Pierre Louÿs, quien fingió en un inicio que esos versos habían sido escritos por una discípula de Safo y que él solo era un traductor. El poema de Rebolledo guarda evidentes similitudes con las estrofas finales de "El anciano y las ninfas" de Louÿs. Este poema lésbico participa del interés de Rebolledo de presentar a la mujer como un sujeto activo en el amor y la sexualidad.

Existe una edición de sus *Obras Completas* (México: Instituto Nacional de Bellas Artes, 1968), realizada por Luis Mario Schneider, que incluye una introducción y una bibliografía, así como una selección y presentación de Xavier Villaurrutia publicada décadas después de la muerte de ambos (*Poemas escogidos*, México: Consejo Nacional para la Cultura y las Artes, 1990).

El beso de Safo

Más pulidos que el mármol transparente,
más blancos que los blancos vellocinos,
se anudan los dos cuerpos femeninos
en un grupo escultórico y ardiente.

Vidas escandalosas

Ancas de cebra, escorzos de serpiente,
combas rotundas, senos colombinos,
una lumbre los labios purpurinos,
y las dos cabelleras un torrente.

En el vivo combate, los pezones
que se embisten, parecen dos pitones
trabados en eróticas pendencias,

y en medio de los muslos enlazados,
dos rosas de capullos inviolados
destilan y confunden sus esencias.

1916

[*Obras completas*. Luis Mario Schneider, ed. México D.F.: Instituto Nacional de Bellas Artes, 1968.]

José Manuel Poveda

(Santiago de Cuba, 1888-Manzanillo, 1926)

Producto de la Guerra de Independencia vivió parte de su infancia en República Dominicana donde, con once años, redactaba el semanario manuscrito titulado Cuba. Este fue el inicio de una serie de publicaciones periódicas que fundó y dirigió como *El Estímulo, Ciencias y Letras* y *El Gorro Frigio*. Entre sus textos más interesantes se encuentra su correspondencia con su coterráneo Regino E. Boti, junto al que se le considera precursor de la vanguardia poética cubana.

Versos precursores (1917) está considerado su libro más significativo, al que se sumaría *Proemios de cenáculo* (1918) y una gran cantidad de ensayos aparecidos en las múltiples revistas en las que colaboró. También es autor de varios relatos y de una novela, "Senderos de montaña", cuyo manuscrito destruyó su esposa. Usó los seudónimos Mirval de Eteocles, Filián de Montalver, Darío Notho, Raúl de Nangis, Fabio Stabia y Alma Rubens,[1] el más importante de todos, con el que firmó un grupo de poemas bajo el título *Poemetos de Alma Rubens*, entre los que se encuentra el que seleccionamos, donde se junta el erotismo lésbico y el incesto.

Los cuerpos

Junto con la hermana, nacida a la misma hora, del mismo vientre y sobre el mismo lecho, se dispuso a dormir Dadá esa noche. Crisé y Dadá estaban las dos solas, y quisieron protegerse; había frío, y quisieron abrigarse. Las dos estaban pensativas, cada una acerca del que amaba, y pensaban las dos muy abrazadas, sin decirse nada.

Cada una pensaba en su adorado; pero eran tales sus deseos y sus pensamientos, sus ansias y sus ensoñaciones, que las dos se abrazaron con más fuerza, se besaron en los labios y se estrecharon voluptuosamente, como si soñaran, sin decirse nada.

---

[1] Alma Rubens fue una actriz norteamericana del cine mudo que alcanzó notoriedad luego de 1916, año en el que participó en seis películas. La selección de un seudónimo femenino para estos "poemetos" habla tanto del interés de su autor en la vanguardia, el cine incluído, y del espacio de experimentación temática y formal que le otorgaba esta máscara de actriz que lo protegería de posibles ataques.

Vidas escandalosas

Luego Crisé y Dadá, sin separarse, sollozaron las dos juntas, con los ojos cerrados, con sus brazos enlazados y se durmieron sollozando en silencio, sin que ninguna de las dos intentara preguntarle a la otra quién se había interpuesto entre ambas.

1912-1917

[Tomado de *Poemetos de Alma Rubens*. Introducción y notas de Alberto Rocasolano. Santiago de Cuba: Editorial Oriente, 2004]

Enrique Loynaz Muñoz

(La Habana, 1904-1966)

Poeta y ensayista cubano, uno de los cuatro hijos del General del Ejército Libertador Enrique Loynaz del Castillo. Junto a Emilio Ballagas, uno de los poetas místicos cubanos, un tono que puede escucharse en el poema que aquí seleccionamos. Gran parte de su poesía permaneció inédita hasta el 2007, cuando fue reunida por la Editorial Letras Cubanas. Según Zenaida Gutiérrez-Vega, él mismo consideraba su obra como "absurda", a pesar de haber merecido elogios de críticos como José María Chacón y Calvo –con el que tuvo una gran amistad que atestiguan las muchas cartas que le escribió– y haber sido publicado por Juan Ramón Jiménez y Cintio Vitier en sendas antologías. Recorrió Europa y parte de los Estados Unidos durante su juventud. Como el resto de sus hermanos, también poetas, Dulce María, Carlos y Flor, vivió una vida acomodada y dedicada al cultivo del intelecto. Sus últimos versos parecen datar de 1937, varios años antes de su muerte. Hay en su visión desoladora del mundo y de sí mismo, y en su afán por escapar a lugares remotos, una conexión con Julián del Casal.

Has llegado cuando estaba en el remanso...

Has llegado cuando estaba en el remanso...
Cuando habíame dormido
y estaba soñando un sueño
muy tenue, como de niño.

Has llegado demasiado
tarde. Así te esperé un siglo
y otro siglo sin hallarte.

Yo tenía un infinito
cansancio de estar tan solo:
llamé, y no oíste mis gritos.
Busqué, y no pude encontrarte

Vidas escandalosas

porque andabas escondido
sutilmente...

Es demasiado
tarde: ahora amo el vacío
de mi vida y el secreto
de mi sueño, tan sencillo.

Ya no quiero tus tesoros,
ya no quiero de tus vinos.

¡demasiado tarde! Ahora
voy a ser para mí mismo
y tendría mucho miedo
siguiendo junto contigo.

Tú, que sabes la miseria
que me doblega y has visto
mis heridas, sé piadoso:
¡sigue adelante y solo, tu camino!

2 de abril de 1922

[Tomado de *Poesía completa*. Ángel Augier, comp. La Habana: Editorial Letras Cubanas, 2007]

Augusto D'Halmar

(Narrador chileno, 1882-1950)

Seudónimo de Augusto Jorge Goemine Thomson. Autor de las novelas *Juana Lucero* (1902), *Ansia* (1910), *La lámpara en el molino* (1914), *Pasión y muerte del cura Deusto* y otras obras. Ganador del primer Premio Nacional de Literatura en Chile. Una edición crítica de *Pasión y muerte del cura Deusto* inauguró esta Serie S del IILI. También escribe varios libros de viaje, entre los cuales hemos seleccionado fragmentos de un libro de viajes semi-ficcional a Egipto, la India y otros lugares, *La sombra del humo en el espejo* (1924), publicado en una cuidada edición de Ricardo Loebell (2009).

El crítico chileno más importante de mediados del siglo XX, Alone (seudónimo de Hernán Díaz Arrieta), en su libro *Los cuatro grandes de la literatura chilena* (1963), comenta lo que dice Fernando Santiván sobre D'Halmar en *Memorias de un tolstoyano* (1955) y *Confesiones de Santiván* y agrega: "Sin embargo, hay algo que Santiván no dice, que hasta ahora nadie ha dicho claramente, aunque todos lo saben: el uranismo de D'Halmar, que no lo explica todo, pero sin lo cual nada se entiende" (19). Curiosamente utiliza el término "uranismo", ya muy anticuado en 1962, pero es el primero que habla claramente de la homosexualidad de D'Halmar y la importancia del tema en su obra. Obras críticas sobre este aspecto de la obra de D'Halmar incluyen estudios de Sylvia Molloy, Jaime Alberto Galgani, Ricardo Loebell, Héctor Domínguez Rubalcaba, Víctor Roche Monsalve y Daniel Balderston.

El viaje a la India que sirve de punto de partida de *La sombra del humo en el espejo* se hizo en 1907; D'Halmar iba a ser cónsul chileno en Calcuta, pero se enfermó y se fue al poco tiempo. Sin embargo, lo que publica 17 años después es semificcional, y parece que el joven egipcio Zahir es ficcional, ya que D'Halmar hizo el viaje a Egipto y Calcuta en compañía de otro chileno. D'Halmar ficcionaliza en una serie de obras, desde Ansia, su amor por varios jóvenes, basados a veces en Santiván, que lo abandona para casarse con la hermana de D'Halmar, y que cuenta su versión de sus relaciones con la familia de D'Halmar en *Palpitaciones de vida* (1909), y luego, de forma más clara, en los libros que publica después de la muerte del ex cuñado.

Vidas escandalosas

La sombra del humo en el espejo

V

Una nube de guías se ha abatido sobre nosotros como si quisieran arrebatarnos en una razzia; con sus túnicas azules, estrechas como fundas, y sus tocas como solideos, tienen todo el mismo aspecto flaco y sin juventud de los camellos. Gesticulan y vociferan como poseídos; se disputan entre sí con palabras que parecen pedradas; muestran los puños y los bastones, y después, en una risa que descubre todos sus dientes, vuelven a solicitar al viajero con un tono a la vez insinuante como el de una almea y veladamente amenazador como el de un Ali-Babá.

Solo uno habíase quedado atrás dejando pasar el grueso de los turistas y se había reservado para hacer pasto en mí. Con una sonrisa muda, desconcertadora, como lo es siempre en las viejas razas, se me había colocado al lado y ajustaba su paso al mío como si debiéramos recorrer juntos el camino de la vida. Yo marchaba imperturbable, divertido y fastidiado por su insistencia, y detallaba de reojo a ese árabe, parecido a primera vista a todos sus compañeros.

No era como los otros, porque era más fresco y mucho más esbelto. Flexible de talle como un felino, tenía ese bronceado indefinido en que parecen confundirse la raza semítica con la negra y con la ariana. Sus rasgos eran nobles como la línea de sus formas, casi transparentadas por la túnica; pero lo que constituía su hermosura era la nariz vibrante, la admirable boca infantil y grave y los ojos entoldados, cambiantes y profundos, como deben ser los de aquellos que en la quietud persiguen la ronda de los espejismos. Me parecía haber encontrado en alguna parte esa mirada, tal vez en un presentimiento, y casi a pesar mío le dije, parándome bruscamente, mi horror por cicerones y guías.

–Está bien, Sidi –me repuso deteniéndose a su vez–; no temas que te importune; que Allah te acompañe.

Hablaba un francés gutural; pero la voz conservaba su amplitud armoniosa. Agitó en signo de despedida la fusta que llevaba en la mano; y, entre aliviado y pesaroso, yo proseguí solo mi camino hacia la pirámide de Cheops que veía destacarse entre las otras.

XIII

El primer día que yo volviera a las Pirámides, mi gamal de la noche anterior acompañaba un grupo de alemanes; yo le hice desde lejos una amistosa seña; pero a mi estupefacción, abandonando sus clientes, vino a reunírseme como si le hubiese llamado.

Esta vez no era posible rehusar sus servicios, y sabiendo por experiencia cuán interesados son los árabes, pensé iba a pagar cara su complacencia de la víspera.

–Tú has visto las tumbas faraónicas por fuera, pero no las has visitado –me dijo el muchacho examinándome siempre con curiosidad–. Conmigo puedes entrar donde quieras, porque por derecho de familia somos los guías de Giseh.

Y sin transición:

–Desde ayer yo, que he visto hombres de todas partes, me devano los sesos por descubrir de dónde eres tú. ¡No, déjame adivinar! No puedes ser inglés, porque te expresas en francés, ni francés, porque pareces inglés. Los españoles son pequeños, los alemanes toscos y los italianos antipáticos. Si fueras de las mesetas de enfrente, yo también sé el persa; pero más bien tienes algo de las gentes húngaras, que nunca puede saberse lo que son.

–¿Conoces, pues, muchos idiomas?

–Nosotros los sabemos todos, porque por familia, como te dije, hemos sido guías de Giseh, adonde vienen todos los europeos. Además, mi madre es de Hads-kehui, de los israelitas que fueron expulsados de España hace mucho tiempo, y nada más que por ella yo hablo el castellano antiguo y el turco y el hebreo. Yo me llamo Zahir. Mi padre se llama Egipcius y decía descender de un príncipe de nuestra tierra, el único de cincuenta hermanos casados con cincuenta hermanas que no fue asesinado por su mujer en la noche de bodas.

–Así –exclamé riendo–, tú vendrías a ser el nieto de una Danaide.

Pero Zahir se contentó con mirarme con admiración.

–Tú eres sabio, y yo no sé sino lo que he oído –adujo evasivamente–. Ni siquiera me enseñaron a leer. Conozco apenas el Cairo. Nunca he atravesado el Desierto, y quisiera haber recorrido, como tú, el mundo.

–¿Por qué crees he viajado tanto?

–Porque solo los que han dejado de ser de ninguna parte tienen la figura que tú tienes. Uno cree haberte visto ya. Y miras y hablas como si vinieras desde muy lejos y fueras a volver a partir.

Estábamos al pie de la pirámide de Cheops, desprovista ahora a la luz del día de todo prestigio tenebroso, y Zahir se detuvo frente a la puertecilla que conducía al hipogeo. Yo hice un ademán para retenerle.

Vidas escandalosas

—Escucha, Zahir –le expliqué–: tienes razón: yo he venido desde lejos, pero nada más que por la Esfinge. A ti puedo decírtelo: nada de lo que les interesa a los demás, me interesa. Deja, pues, esos sepulcros, y si no tienes que hacer vamos a visitarla.

Zahir volvió a contemplarme, con asombro.

—Tú sabes –me dijo bajando la voz– que cuando yo era pequeño me quedaba dormido muchas veces a sus pies. Como ella no se cansa de mirar el Desierto, ella es la única cosa que uno no se cansa de mirar; pero los turistas vienen, la miran y se van sin haberla visto. Ella tampoco los ve.

—Porque mira como tú.

Zahir esquivó los ojos y se acentuó en sus labios la sonrisa indefinible que también parece errar por los suyos. Era bello y joven, y, sin embargo, algo muy olvidado: una como sabiduría ingénita, astuta, dulce y desencantada, le iluminaba interiormente como una luz que a través de esa arcilla fresca, ardiera desde "la noche de los tiempos".

XIV

Entonces, descendiendo la pendiente, Ella se nos apareció, menos grande y más carcomida bajo la luz del sol, rodeada de gentes que parecen haber establecido campamento en torno suyo; otros guías, otros viajeros, que desde lejos oímos gritar y vemos agitarse. Toman fotografías con el eterno Kodak, y las mujeres de la banda, aturdidas por una efímera juventud o marchitas ya por la vida, han trepado sobre la cabeza única y la rodean de una voluble corona de trajes claros y de sombrillas abiertas. Hay una inquietante inconsciencia femenina en esa familiaridad de las esfinges sin secreto, con la despreciativa intimidadora, y solo entonces comprendo que Ella no es seguramente de su sexo, como no es de ningún sexo, de ninguna edad, de ninguna época religiosa. Su perennidad sobre todos los mitos consiste en que no representa nada. Y ese nada hace temblar como algo ya fuera de la imaginación humana.

Nos hemos dejado caer en la falda de arena, y distraídos por ese juego a que parecen entregarse los hombres de un día, vemos poco a poco retirarse el sol acerado de invierno. Con el día, uno a uno o por pequeños grupos se van también los visitantes, y al fin podemos acercarnos, sofocado el ruido de nuestros pasos por estas arenas como ninguna sordas que la rodean.

El crepúsculo toca a su fin, y la mutilada ha recobrado su divinidad inmarcesible envuelta en ese hálito, que es como el incienso de la hora azul, después del fulgor de cirios de la hora amarilla, que la inmaterializa hasta hacerla parecer nada más que una masa vaporosa de sombras. Sobre el profundo azul del vacío, agujereado de estrellas, también los otros fantasmas parecen a la vez salir y entrar en un encantamiento; son rosados siempre, como si se proyectara sobre ellos la aurora de alguna edad muy remota, y los extensos arenales y las dunas se colorean del mismo tinte extraterrestre, como si en realidad estuviésemos en otro planeta.

Después, es el regreso, ya en la noche cerrada, bajando religiosamente la voz al aproximarnos a una de esas formas obsesionantes, apresurando el paso para distanciarla más pronto. La primera vez que vinimos con Zahir, yo temía también volver a perder el tranvía; pero él me preguntó si no me había agradado mi vuelta al Cairo en camello, y volví a dejarme conducir hasta el gran puente, sin que tampoco aceptara de ser remunerado. Después, nos acostumbramos el uno y el otro, y ya ninguna preocupación de la hora interrumpía las largas audiencias que nos acordaba la Esfinge. Envueltos ambos en el inmenso burnous de mi guía, él callaba y yo fumaba esta misma pipa que ahora fumo escribiendo, o bien conversábamos quedamente, como en una iglesia. Podíamos creernos los únicos sobrevivientes en la linde de la necrópolis y de los desiertos, y jamás dos hombres de tan distintas razas se han sentido más reunidos por toda esa inmensidad que se hacía en torno nuestro, por esa eternidad que gravitaba sobre nosotros, sobre el fuego fatuo de nuestra existencia.

1924

[*La sombra del humo en el espejo*. Ricardo Loebell, ed. Santiago de Chile: Sangría Editora, 2009]

Miguel Rasch Isla

(Barranquilla, 1887-Bogotá, 1952)

Descendiente de alemanes, está considerado como un poeta pornógrafo, particularmente por los sonetos de *La manzana del Edén* (1926). Fue empleado bancario y diplomático en Europa. Sus primeros sonetos fueron publicados en el diario Rigoleto, y reunidos luego en *A flor del alma* (1911). En 1915 se traslada a Bogotá donde se vinculó al grupo Los nuevos –Eduardo Castillo, José Eustasio Rivera, Luis Eduardo Nieto Arteta y Armando Solano. Fue considerado en su tiempo el mejor sonetista de Colombia. En Bogotá publicó *Para leer en la tarde* (1921), *Cuando las hojas caen* (1923), *La visión, poema en doscientos tercetos* (1925) y *La manzana del Edén* (1926). Luego fue cónsul en Santander, España, y en Hamburgo, Alemania, donde aprendió la lengua de sus antecesores y recopiló sus Sonetos (1940). Gregorio Marañón prologó su *Púrpura y oro, camafeos taurinos* (1945), un libro con ilustraciones de Antonio Alcalde.

La manzana del Edén es su libro más conocido, por estar compuesto de sonetos eróticos, entre los que se encuentra el que aquí incluimos. En el proemio Rasch Isla explicita así sus intenciones: "Lectora: después de esta página, que es como una cortina previsora, cuida de no adelantar un paso más hacia dentro. De lo contrario, tropezarán tus ojos con un pequeño museo o salón en que doce cuadros audaces reproducen otras tantas veces tu cuerpo desnudo. Mi fantasía ingenióse, de modo que cada figura descubre, a su turno, partes, actitudes, momentos y aun resabios de tu intimidad femenina; a lo cual se agrega que mi pincel inexperto no supo revestirlos con las galas de la discreción, por donde muchos rasgos y detalles aparecen tal como los figuró Naturaleza en el lienzo vivo de tu carne". Ubicando "Culto a Safo" como colofón de la colección, Rasch Isla se suma a los muchos hombres que proyectaron sus deseos con versos de un erotismo lésbico cargado de estereotipos.

Culto a Safo

Bajo el cielo de Lesbos floreció tu malicia,
y en Lesbos adquiriste la afición con que eres,
en el coro festivo de las otras mujeres,
la que eróticamente las provoca e inicia...

Vidas escandalosas

¿Qué goce de otros mundos o qué extrema delicia
hallas en el inverso culto de tus placeres?
¿Por qué al beso del macho que fecunda, prefieres
el beso de la amiga: tu émula en la caricia?

Dichosa tú que sabes, sin manchar su blancura,
deleitarte en la núbil plenitud de sus senos
y embellecer el vicio con tu propia hermosura.

Salve a ti en el cortejo de las mujeres bellas
que ayúntanse a los hombres en connubios obscenos:
tu pecado rebelde no es el de todas ellas.

1926

[Tomado de Omar Ardila y Hernán Vargascarreño. *Las cinco letras del Deseo*. Bogotá: Ediciones Exilio, 2016]

Porfirio Barba Jacob

Seudónimo de Miguel Ángel Osorio (Santa Rosa de Osos, 1883-Ciudad de México, 1942)

Autor de varios poemarios y numerosas crónicas periodísticas. La mejor edición de su poesía es la de Fernando Vallejo (1985); sus crónicas mexicanas han sido recogidas por Eduardo García Aguilar como *Escritos mexicanos* (2009). Tuvo una vida novelesca, que ha sido motivo de dos biografías de Fernando Vallejo, una en tercera persona, *Barba Jacob: el mensajero* (1983) y otra en primera, *El mensajero: la novela del hombre que se suicidó dos veces* (1991). Osorio publicó bajo varios seudónimos –Ricardo Arenales, Maín Jiménez–, siendo el más duradero el que encabeza esta entrada. En Ciudad de Guatemala fue amigo de Rafael Arévalo Martínez, quien lo representó en el famoso cuento "El hombre que parecía un caballo" en 1914, motivo de escándalo para Osorio, quien usaba el seudónimo de Ricardo Arenales en ese momento, y que se llama "el señor Aretal" en el cuento. El cuento de Arévalo reveló las pasiones que siente el narrador por el señor de Aretal, que pasan de una fascinación a una repugnancia. De cierto modo es posiblemente el primer acto de "outing" (revelación de la homosexualidad de otra persona sin su consentimiento) en la historia de la literatura latinoamericana.[1] Hemos seleccionado algunos poemas de Barba Jacob, algunos explícita y únicamente de temática homosexual, otros que aluden de modo más general a diversas sexualidades y al tema de la sensualidad. En *Paradiso* de José Lezama Lima (1966) uno de los personajes se refiere "aquel poeta Barba Jacob, que estuvo en La Habana hace pocos meses, debe haber tomado su nombre de aquel heresiarca demoníaco del XVI, pues no solo tenía semejante en el patronímico sino que era un homosexual propagandista de su odio a la mujer".

---

[1] Un eco de este outing puede leerse en *La estatua de sal*, de Salvador Novo:
"Hablamos [Xavier Villaurrutia y Salvador Novo] con él [Rafael Heliodoro Valle] de Ricardo Arenales, otro poeta colombiano de quien se contaban horrores. Era 'el hombre que parecía un caballo', en la descripción que alguien hacía de él. Heliodoro se ofreció a llevar a aquella curiosidad al 'estudio' de 'los muchachos'.
Su fealdad me fue tan inmediatamente repulsiva como su incongruente descaro. Le pregunté si le gustaba no sé ya qué poeta; y 'Lo que a mi me gusta es que me penetren duro' –dijo con su belfo grueso y amoratado. Luego sacó cigarros, nos dio, encendimos, chupé –tres veces, sosteniendo el aire, nos instruía."

Vidas escandalosas

Las ediciones de los poemas publicadas en vida del escritor son muy descuidadas, y los poemas aparecen en distintos lados con muchas variantes. Hemos utilizado las versiones de los poemas de Barba Jacob que aparecen en la edición de Fernando Vallejo (Bogotá: ProCultura, Presidencia de la República, 1985).

Retrato de un jovencito

Pintad un hombre joven, con palabras leales
y puras: con palabras de ensueño y de emoción:
que haya en la estrofa el ritmo de los golpes cordiales
y en la rima el encanto móvil de la ilusión.

Destacad su figura, bella, contra el azul
del cielo, en la mañana florida y sonreída:
que el sol la bañe al sesgo y la deje bruñida;
que destelle en los ojos una luz encendida,

Que haga temblar las carnes un ansia contenida;
y que el torso, y la frente, y los brazos nervudos,
y el cándido mirar, y la ciega esperanza
¡compendien el radiante misterio de la vida!

1911

Canción delirante

Coro:
Nosotros somos los delirantes,
los delirantes de la pasión:
ved nuestras vagas huellas errantes,
y en nuestras manos febricitantes
rojas piltrafas de corazón.
Abrid, que llegan los trashumantes
de una ignorada, muelle Stambul.
¿A qué las fugas alucinantes,
si hay tras las arduas cumbres distantes
los mismos mares y el mismo azul?

Porfirio Barba Jacob

Los embrujados:
Dolor... zozobra... puertas abiertas:
la marihuana, la tentación...
¡Cielos azules y alas abiertas!
Por vagos mares de ondas inciertas
vaga el esquife de la ilusión;
las viejas vides están desiertas,
mueve fantasmas el corazón,
y...

Los invertidos:
Ved nuestras úlceras en carne viva
que escuece el áspero soplo del mar.
Fue nuestra pobre carne cautiva
de una nefanda deidad activa
que los rubores vedan nombrar.

Coro:
Nosotros somos los delirantes,
los delirantes de la pasión;
ved nuestras vagas huellas errantes,
y en nuestras manos febricitantes
rojas piltrafas de corazón.

[Publicado en *Poemas intemporales*, pero parece que se publicó inicialmente en la revista *Vida en La Ceiba*, Honduras, en 1918. Dedicado a Rafael Heliodoro Valle.]

Vidas escandalosas

Ricardo Arenales *Zig-Zag* por Toño Salazar, México, 1922. Fuente: Toño Salazar. Disparates. San Salvador: Museo de Arte Moderno, 2005

Primera canción delirante

Goza tu instante, goza tu locura:
todo se ciñe al ritmo del amor,
y son solo fantasmas de la vida
el bien y el mal, la sombra y el fulgor.

Fía tu corazón al viento loco;
álzalo a las manzanas del jardín,
dáselos al mar, llévalo al monte puro
y vive intensamente, porque... en fin...

Porfirio Barba Jacob

Sepulta en los trigales la cabeza
cuando el trigo comience a frutecer;
sentirás que un espasmo te sacude,
como si te besara una mujer.

Piensa que hay en ignorados rumbos,
para tu ensueño, un deslumbrante Ofir:[2]
que con el oro rubio de sus minas
acuñarás tus ansias de vivir.

Dimos la ley segura de los astros
y la insegura ley del corazón,
cuando flota tu alma en el fragante
incienso de la próvida ilusión.

Ama el carmín efímero, los senos,
la blanca nuca, la sedeña tez:
por las dulces amantes poseídas
nos queda el alma en lírica preñez.

Dános tu propio ritmo, la intranquila
canción que circunscribe tu ideal,
que nada enseña, mas lo dice todo
por vaga... y ondulante... y musical.
Aplaude al ruiseñor enardecido
y a la estrella en su cielo de zafir:
él baña en melodías tu sendero
y ella cifra tu claro porvenir.

Si eres artista, con segura mano
erige tu cincel o tu laúd,
y embellece el camino que te lleva
del tálamo nupcial al ataúd.

Ama el tumulto báquico, los juegos

---

[2] Ofir, región bíblica famosa por su riqueza.

aleatorios, el brillo del puñal,
y los viajes absurdos que no tienen
ruta fija ni punto cardinal.
Y, en fin, pues te llama la locura,
corre a su voz, penetra en su jardín,
embriágate en sus brazos peligrosos
y goza de tu instante, porque... en fin...

[Publicado en *Ideas y Noticias* en Guadalajara en 1921, bajo el seudónimo de Ricardo Arenales. Dedicado a Toño Salazar (sobre quien hay mucha información en las biografías de Vallejo). Versión de la edición de Vallejo]

Bocetos de Porfirio Barba Jacob por Toño Salazar. Fuente: Toño Salazar. Disparates. San Salvador: Museo de Arte Moderno, 2005.

Balada de la loca alegría

Mi vaso lleno –el vino del Anáhuac–
mi esfuerzo vano –estéril mi pasión–
soy un perdido –soy un marihuano–
a beber –a danzar al son de mi canción...

Ciñe el tirso oloroso, tañe el jocundo címbalo.
Una bacante loca y un sátiro afrentoso
conjuntan en mi sangre su frenesí amoroso.
Atenas brilla, piensa y esculpe Praxíteles,
y la gracia encadena con rosas la pasión.
¡Ah de la vida parva, que no nos da sus mieles

sino con cierto ritmo y en cierta proporción!
Danzad al soplo de Dionisos que embriaga el corazón...
La Muerte viene, todo será polvo
bajo su imperio: ¡polvo de Pericles,
polvo de Codro, polvo de Cimón!

Mi vaso lleno –el vino del Anáhuac–
mi esfuerzo vano –estéril mi pasión–
soy un perdido –soy un marihuano–
a beber y a danzar al son de mi canción...

De Hispania fructuosa, de Galia deleitable,
de Numidia ardorosa, y de toda la rosa
de los vientos que beben las águilas romanas,
venid, puras doncellas y ávidas cortesanas.
Danzad en delitosos, lúbricos episodios,
con los esclavos nubios, con los marinos rodios.
Flaminio, de cabellos de amaranto,
busca para Heliogábalo en las termas
varones de placer... Alzad el canto,
reíd, danzad en báquica alegría,
y haced brotar la sangre que embriaga el corazón.
La Muerte viene, todo será polvo:
¡polvo de Augusto, polvo de Lucrecio,
polvo de Ovidio, polvo de Nerón!
Mi vaso lleno –el vino del Anáhuac–
mi esfuerzo vano –estéril mi pasión–
soy un perdido –soy un marihuano–
a beber –a danzar al son de mi canción...

Aldeanas del Cauca con olor de azucena;
montañesas de Antioquia, con dulzor de colmena;
infantinas de Lima, unciosas y augurales,
y princesas de México, que es como la alacena
familiar que resguarda los más dulces panales;
y mozuelos de Cuba, lánguidos, sensuales,
ardorosos, baldíos,
cual fantasmas que cruzan por unos sueños míos;

Vidas escandalosas

mozuelos de la grata Cuscatlán –¡oh ambrosía! –
y mozuelos de Honduras,
donde hay alondras ciegas por las selvas oscuras;
entrad en la danza, en el feliz torbellino:
reíd, jugad al son de mi canción:
la piña y la guanábana aroman el camino
y un vino de palmeras aduerme el corazón.

La Muerte viene, todo será polvo:
¡polvo de Hidalgo, polvo de Bolívar,
polvo en la urna, y rota ya la urna,
polvo en la ceguedad del aquilón!

Mi vaso lleno –el vino del Anáhuac–
mi esfuerzo vano –estéril mi pasión–
soy un perdido –soy un marihuano–
a beber –a danzar al son de mi canción...

La noche es bella en su embriaguez de mieles,
la tierra es grata en su cendal de brumas;
vivir es dulce, con dulzor de trinos;
canta el amor, espigan los donceles,
se puebla el mundo, se urden los destinos...
¡Que el jugo de las viñas me alivie el corazón!
A beber, a danzar en raudos torbellinos,
vano el esfuerzo, inútil la ilusión...

[Publicado inicialmente en el diario *El Imperial de Guatemala* en 1924 con la indicación "México 1921". Incluido en Poemas intemporales, y luego en Canciones y elegías con el subtítulo "Sobre un tema de la Antología Griega". Versión de la edición de Vallejo]

Porfirio Barba Jacob

Elegía platónica

Amo a un joven de insólita pureza,
todo de lumbre cándida investido:
la vida en él un nuevo dios empieza,
y ella en él cobra número y sentido.

Él, en su cotidiano movimiento
por ámbitos de bruma y gnomo y hada,
circunscribe las flámulas del viento
y el oro ufano en la espiga enarcada.

Ora fulgen los lagos por la estría...
Él es paz en el alba nemorosa.
Es canción en lo cóncavo del día.
Es lucero en el agua tenebrosa...

[Publicado inicialmente en 1932 en *Poemas intemporales*, donde está dedicado al poeta nicaragüense Eduardo Avilés Ramírez.]

Elegía del marinero ilusorio

Pensando estoy... Mi pensamiento tiene
ya el ritmo, ya el color, ya el ardimiento
de un mar que alumbran fuegos ponentinos.
A la borda del buque van danzando,
ebrios del mar, los jóvenes marinos.

Pensando estoy... Yo, cómo ceñiría
la cabeza encrespada y voluptuosa
de un joven en la playa deleitosa,
cual besa el mar con sus lenguas el día.
Y cómo de él cautivo, temblando, suspirando,
contra la Muerte
su juventud indómita, tierno, protegería.
Contra la Muerte,
su silueta ilusoria vaga en mi poesía.

Vidas escandalosas

Morir... ¿Conque esta carne cerúlea, macerada
en los jugos del mar, suave y ardiente,
será por el dolor acongojada?
Y el ser bello en la tierra encantada,
y el soñar en la noche iluminada,
y la ilusión, de soles diademada,
y el vigor... y el amor... ¿fue nada, nada?

¡Dame tu miel, oh niño de boca perfumada!

[Publicado inicialmente en *Canciones y elegías* (1932) con el subtítulo "Fragmento del delirio de la noche en Culpan. Dedicado a la poeta mexicana Rosario Sansores, quien atendía a Barba Jacob en una enfermedad.]

[Tomados de *Poemas*. Fernando Vallejo, ed. Bogotá: Procultura, 1985.]

Salvadora Medina Onrubia

(La Plata, 1894-Buenos Aires, 1972)

Escritora, periodista, feminista y militante anarquista argentina. Empezó a escribir bastante joven en colaboraciones periodísticas. Se crió en Entre Ríos y se mudó a la ciudad de Buenos Aires donde entró en contacto con grupos anarquistas. Se le reconoce como una de las pioneras del feminismo en Argentina, confrontando las convenciones sociales de la época, sumada a cuestionamientos a la familia tradicional y la monogamia. En 1914 dio un discurso para pedir la liberación del anarquista Simón Radowitzky, siendo la primera mujer que tomaba la palabra en una manifestación política. En 1919 se casó con Natalio Botana, dueño del diario *Crítica*, que ella dirigiría a la muerte de este en 1946, convirtiéndose así en la primera mujer argentina en dirigir un periódico. Fue abuela del escritor Copi, quien la señala como la primera argentina que escribió sobre lesbianas y adúlteras. Agradecemos a Federico Botana el interés en la obra de su abuela.

Publicó diversas piezas teatrales como "Las descentradas" (1929), una novela y las colecciones de relatos *El libro humilde y doliente* y *El vaso intacto y otros cuentos*, del cual hemos elegido el cuento "La casa de enfrente" para esta antología. Medina Onrubia presenta una variedad de personajes mujeres cuyas vidas no se ajustan a las expectativas sociales, conformando así una mirada crítica sobre las relaciones heteronormativas, frente a las cuales el deseo femenino y lésbico se construye sutilmente como una posibilidad de fuga del mandato patriarcal.

Emma Barrandeguy, quien fuera la secretaria de Medina Onrubia, publicó una biografía de la escritora feminista titulada *Salvadora, una mujer de crítica*.

La casa de enfrente

Enfrente de mi casa hay una teatral casa de departamentos. Se abre sobre mi jardín. Y digo teatral, porque me recuerda las curiosas descripciones de los teatros chinos.

Desde un banco del jardín, desde la terrasse del saloncito azul, desde la cama, puedo ver a la casa vivir su vida.

Son cinco pisos: sobre cada comedor un comedor, sobre cada sala una sala, sobre cada escritorio un escritorio.

En el saloncito azul nos reunimos siempre unas cuantas amigas. Todas somos raras. Amamos la literatura, el kummel y los cigarrillos turcos. Hablamos de cosas extraordinarias para mujeres. Tenemos opiniones filosóficas. Se hace música y se leen versos; se habla lo mismo de la filosofía de Patanjali,[1] que del último figurín.

Por temporadas se cose o se hace tricot. Las costumbres varían.

Entre nosotras, Bibí es la única soltera. Ella curiosea, mira y ríe.

Su aspiración, a la que estorban tantas, tantas cosas, es ser bailarina clásica. ¡Oh, Bibí!

Se conforma bailando para nosotras, sirviéndonos el té con movimientos rítmicos.

Vimos hacer la casa; tiene un recuerdo obscuro y trágico. Una tarde, desde un andamio se cayó un obrero. Entre el hormiguero de gente amontonada esperando la ambulancia, que pronto llegó anunciada desde lejos por un campanilleo insistente; veíamos los chicos del barrio por fin quietos y silenciosos; los compañeros del muerto espantados, mudos, helados, aun de la que había pasado rozándolos demasiado cerca; sintiendo vibrar en medio de su dolor sincero la alegría egoísta de no haber sido ellos; los cascos agudos de dos vigilantes que chillaban y escribían algo en sus libretas...

Apuntaban. ¿Qué? ¡Qué podían escribir ellos ante eso!

Veíamos al caído. Era un hermoso muchacho joven, muerte y moreno. Su blusa azul manchada de cal y de sangre lo ennoblecía. Sus cabellos negros, crespos, dejaban ver la frente ancha, más blanca que la cara. Estaba allí, tenía los ojos abiertos, los brazos en cruz; sobre él, en el fondo radiante de un cielo azul, el andamio roto colgaba trágico, ciego, fatal.

Luego leímos que tenía una madrecita vieja a la que mantenía... que no estaba muerto; que se quejó débilmente al subirlo a la ambulancia y murió en el camino al hospital.

¡Qué pronto terminaron la casa! En qué silencio angustioso siguieron trabajando semanas y semanas... Tuvieron que cambiar las losas de la vereda donde el sol había fijado demasiadas manchas obscuras.

Cuando la casa estuvo pronta, cruzamos en patota a visitarla.

---

[1] Pensador hindú cachemiro, autor del *Yoga-sutra*, importante texto sánscrito compuesto por aforismos (sutras) acerca del yoga.

Salvadora Medina Onrubia

Ya estaba allí instalado un portero andaluz de uniforme tan flamante como los carteles rojos y llamativos que adornaban los anchos balcones.

Nos la enseñó toda hablando tanto, tanto, como solo es capaz de hablar un andaluz. También hacía chistes.

Eran amplios y lujosos departamentos de falsos jacobinos e historiados vitraux. Lujo barroco e improvisado, pero agradable. Los bajos un poco obscuros; todos con algo de jaula y algo de convento.

Y tenían ya su bautismo de sangre. Ya tenían dolor. Sin embargo eran aun como una página en blanco que esperaba a los seres humanos que vendrían a vivir allí sus vidas múltiples, sus dolores, sus alegrías.

Por eso, cuando empezaron a habitarse y a zumbar su canción inquieta de colmena ciudadana, nuestra curiosidad de mujeres se transformó en otra más aguda curiosidad psicológica.

No éramos heroínas de Henri Barbusse, brumosas y sutilizadas; éramos buenas muchachas que teníamos en nuestro hogar un jardín lleno de sol, una terrasse con cómodas hamacas y un encantador saloncito azul. Nuestra curiosidad no era enfermiza ni angustiosa. Sin embargo, nos interesamos por la casa más de lo debido.

El tercero

Fue el que primero se habitó. Transformaron el escritorio en dormitorio para una señora paralítica, muy viejita, que vive en un largo sillón, que todas las tardes sacan al ancho balcón. Es la dueña de la casa y debe ser muy rica: hay siempre un revuelo de sotanas y santos hábitos, monjiles por la calle.

Tiene enfermera, dama de compañía que le lee y la manicura; recibe innumerables visitas; de gentes viejas, pobres, con aires vergonzantes y ratoniles que viven de ella o vienen a pedirle.

Hay también un matrimonio joven. La mujer es muy rubia y tiene un aire suave y humilde de protegida. Con seguridad no son hijos.

Inesperadamente, una tarde murió la paralítica. En su sillón de ruedas, en el balcón donde llegaba un rayo de sol, se extinguió dulcemente como una luz que ha ardido demasiado tiempo. ¡Qué interesante estuvo esa tarde y luego nuestro teatro chino!

Vimos todo el trágico aparato de la muerte, luces, flores, colgaduras negras con lágrimas de plata, hombres graves, mujeres sollozantes, el carro fúnebre empenachado y pretencioso.

Vidas escandalosas

Los avisos de los diarios no nos dijeron nada nuevo; solo que era solterona.

Invitaba –como toda familia– una sobrina: la rubia suave. Luego infinidad de corporaciones religiosas, que pedían además a los fieles "rogaran por su santa alma". Las sociales de los diarios publicaron el retrato antiguo de una mujer casi joven. Una china de ojitos chicos y cara simpática, peinada con un arte complicado de rizos y bananas.

Todos a una voz la llenaban de los más retumbantes elogios hechos para estos casos. Decían que con ella se extinguía una preclara familia patricia, cultivadora de todas las virtudes cristianas.

Dejaba una fortuna fabulosa, que salvo algunos legados –uno insignificante, casi vergonzante a la sobrina suave– iba íntegra a beneficencias y conventos.

Todas esas frases de periódicos, esas laudades y esos inciensos no podían disfrazar el vacío doloroso, la gran negación de esa vida árida, que no dejaba detrás nada más que oro.

Esa cosita chiquita, agarrotada, doliente, que veíamos por las tardes arrastrar hasta un rayito de sol, había sido una mujer; y una mujer que nació con todos los dones.

¿Qué tragedia, qué vieja tragedia lejana le cerró las puertas de la vida?

O fue solo su destino, su frío e incomprensible destino, el que le negó la esclavitud doliente y dichosa de la hembra-madre; el que le negó el calor del amor que hasta las bestias buscan?

Todo su oro, todo su oro no pudo dárselo. La vida –qué fue para ella la vida, que no pudo sentir ni comprender, porque ni tuvo que luchar por ella...

Su oro. Fue la maldición de su oro que la alejó del afecto leal de la verdad, del amor.... Sobre su retrato pienso que habrá tenido encanto su sonrisa, gracia criolla sus ojos chiquititos. Y vivió sin vivir. Su carne estéril se secó, se anquilosó. Muerta, ida, solo deja detrás manos avaras para su oro. Tristezas hipócritas para su muerte que no tortura ningún corazón.

Llevó un cortejo suntuoso. Al verla salir, Bibí tuvo un desgarrador acceso de lágrimas. Fueron quizá las únicas sinceras y desinteresadas.

Ese mismo día empezó el desbande. La lavandera se llevó la silla de ruedas. Lo repartieron todo a raras gentes nuevas. Atados de ropas, adornos, muebles, libros. Todas, todas las cosas que ella había amado, que habían llenado sus días grises de solterona vieja. Luego un carro se llevó los últimos despojos.

El marido de la sobrina inició casi en seguida contra los curas un pleito escandaloso...

Y otra vez el cartel rojo de grandes letras blancas en el balcón abierto...

Muy pocos días después una nube de pintores y tapiceros invadió el departamento. En un momento lo decoraron, lo embellecieron para hacerlo digno de los magníficos muebles antiguos que llegaron en grandes carros una mañana.

Ahora hay escritorio, sala y comedor a nuestra vista.

El comedor es espléndido con sus muebles góticos, ahumados al viejo estilo alemán, sus platas suntuosas, sus regios stores.

Sobre el aparador un enorme retrato del Kaiser, preside la casa. Del ex Kaiser con su uniforme gris y sus tiesos bigotes.[2]

A Bibí le causó una gracia inconmensurable esto:

—Tienen al Kaiser, ché. Son alemanes los nuevos vecinos.

Alemanes eran y no necesitamos muebles góticos ni retratos del Kaiser para saberlo.

Al balcón salió un señor, el dueño, el padre, al que inmediatamente llamó Bibí "Don Otto". Era de verdad un Don Otto. Alemán, alemán, alemán.

Alto, gordo, cuadrado; con pelo escaso cortado en cepillo casi al rape, el cuello corto y mucho más ancho que la cabeza pequeña y cuadrada y con tres magníficas arrugas en la sonrosada. La nariz redonda, chiquita, recogida, donde maravillosamente se sostienen los gruesos lentes, una sospecha de bigotito teutón; todo esto de un color rojo subido de sangre congestionada de bebedor de cerveza y comedor de chucrut.

Mi vecino Don Otto es el boche gordo de las caricaturas. Claro, tiene su Doña Gretchen. Flaca, arrugada, de un rubio que es peluca seguramente, y que debió antaño embellecerla, pero que hoy la hace como haría a un fantasma un casco de oro.

Usa en su cuerpo seco y tieso vestidos riquísimos, bordados, con encajes, de esas suntuosidades extravagantes cuyo chic comparten las inglesas.

Gatos, perros, pájaros, un loro, un mono, todo eso desfiló por el balcón. Son dos boches mulos —decía Bibí—. Como no tienen hijos han prohijado todos esos bichos.

---

[2] Wilhelm II, abdicó el 9 de noviembre de 1918.

Vidas escandalosas

Nos equivocamos. Tenían tres hijos que llegaron un mes después, o más. Dos muchachos que no eran ya chicos, y no eran aún hombres. No escapaban a la ley que hace de los chicos a esa edad lo más ridículo, lo más desdichado. Franz y Fritz, como los bautizamos en seguida, eran dos gansos de patas largas y cabeza cuadrada. En ciertos casos, usaban un jacket como el de Don Otto... ¡oh, manes de Brummel!

Además una hija.

Elsa. También por obligación tenía que llamarse Elsa. Elsa de Lohengrín, Elsa encantada princesa maravillosa. Fue ella, desde el día que la vi por vez primera en el balcón el descanso de mis ojos. Bibí no se atrevió a ponerle nombre. La miró asombrada.

–¿Será la hija? –dijo.

La hija es. Besa a Don Otto, arregla la mesa con flores; hace las corbatas a Franz y Fritz; besa, abraza, molesta a su madre Gretchen; besa a los gatos, a los perros, a los pájaros, al mono; arregla moños el domingo de paseo a su mucama, ríe, juega.

A veces por las noches la veo de perfil sentada al piano. La luz violenta de la habitación arranca llamas de su cabellera de oro. Canta con un hilito de voz que parece un chorro de agua clara, baladas viejas en alemán, mientras Don Otto la escucha con unción.

Tiene los brazos delgados, el escote infantil las manos grandes y blancas.

¿Viste? No sé cómo viste. Todo lo que Elsa lleva es juvenil, fresco, primaveral como ella.

Bibí, mi amiguita afrancesada que hace de cada uno de sus guantecitos una obra de arte, que cree que la estabilidad del mundo depende de que ella lleve derecha la costura de su media, que frunce su naricita de una manera impertinente en cuanto ve dos colores que no armonizan, no se ha atrevido a decir que Elsa es "caché". Elsa no ofende la tersa hoja de rosa de su cutis poniéndose polvos. Menos khol, menos carmín. Con seguridad no manicura sus manos grandes y blancas. No usa pijama, sino un simple delantal a rayas por las mañanas.

Mientras la mucama la contempla, limpia ella la casa concienzudamente. Por las tardes teje, lee, borda.

Siempre está ocupada, siempre está contenta. Elsa es una criatura divinamente feliz.

Vienen muchas gentes de visita. Todas alemanas y todas raras. Mujeres morenas o rubias de vestimentas estrafalarias. Muchos Ottos.

Otra clase de alemanes más flacos y morenos, con pelo en cepillo, pero más largo. "Hermans" seguramente.

Más que nadie viene una señora viejita con el traje de seda negra y el pelo de seda blanca peinado en bandós lisos que le diseñan un puro perfil de camafeo.

Fina, triste, suave, como escapada de una vieja novela alemana y romántica. Bibí la llama la "anciana burgravesa". Yo pienso que es un hada y que es la madrina de Elsa.

Ahora quiero contar algo que vi en casa de mis vecinos alemanes la noche de Navidad. De esa Navidad del año veinte, en que la vieja Alemania no cenó su cena pantagruélica, ni cantó sus clásicas baladas... en la que fue su Santa Claus el espectro del Hambre y de la Muerte.

Ellos estaban lejos del dolor. Estuvieron de fiesta. Vinieron todos los amigos. Comieron y bebieron como comen y beben los buenos alemanes. Cantaron en la mesa gravemente, seriamente, con las copas levantadas con gesto litúrgico. Más tarde pasaron a la sala, donde Elsa se sentó al piano y cantó sola. Ellos rugieron de alegría; mientras desde un rincón, sentada en una alta silla gótica, la "anciana burgravesa" parecía defender ella sola a Elsa contra toda esa ruidosa vulgaridad que había comido bien. E inesperadamente, Elsa tocó algo que los hizo callar a todos y ponerse de pie. Y sucedió lo que quiero contar. Fue ella la de la idea.

Se levantó, dejó su sitio del piano a la anciana burgravesa que con su traje de seda negra, su corbata de encajes blancos, sus bandos de plata y sus manos pálidas y ensortijadas, parecía más que nunca la buena hada vieja, de una vieja leyenda del Rhin brumoso.

Fueron todos al comedor. Y los hombres cuadrados militarmente al modo boche, las mujeres tiesas en sus trajes de fiesta, agrupados delante del retrato que preside el comedor, cantaron.

Cantaron su viejo himno alemán, su "Deutches über Alles", hoy de un ironismo trágico. Y sin cuadrarse cantaron más. Tal vez canciones de Navidad, cálidas y familiares canciones de su país deshecho, de su hogar lejano, llenas de recuerdos que ponían una emoción de angustia, una belleza única en las voces graves...

Delante de todos estaba Elsa con su traje rosa y su cabellera de oro ardiente y de entre el torrente soberbio de armonía surgía su voz cristalina y pura que era como un chorro de agua clara. Y en la sala contigua, sola y grave, la "anciana burgravesa" acompañaba al piano.

Vidas escandalosas

Pobre, pobre y triste desterrado de Amerongen...[3] Sin trono, sin hijos, viendo irse vencida a la vieja compañera de tu vida atormentada, cargadas tus espaldas por el más enorme bagaje de odio y vilipendio que pueden soportar hombros humanos, derrotado en tu ciega soberbia que no sabe resolver tu cobardía en el gesto final de la bala que haría de ti un héroe; vestido aun con tus brillantes uniformes, que son los de una máscara, pobre, solo, acorralado como un lobo después de ser el señor del mundo. ¡Qué helada sería tu noche de Navidad!...

Tras la negra maldición que te hizo sobrevivir a tu grandeza, en medio de tu soledad enorme de rey y de vencido, ¿no sentiste llegar a tu alma un leve soplo lejano de infinita dulzura?...

No tienes reino, no tienes súbditos, no tienes hogar, no tienes ya nada...

Yo te veo, como el fantasma de los viejos reyes de esas legendarias epopeyas guerreras de odio, de sangre, de brutalidad, de desolaciones. Solo William Shakespeare podría cantar tu miseria.

Pero, lejos, muy lejos; más allá de los mares, en país extraño y hostil hay un pequeño rinconcito cálido de hogar. Allí tienes reino, allí tienes súbditos; allí se agrupan, cuadrados con reverencia ante tu uniforme gris y tus bigotes tiesos. Allí, tus hijos leales te asocian a su alegría, a la paz de su vida buena y simple, te aman.

Y Elsa, Elsa, la rubia criatura maravillosa, pensó en ti con ternura, te dio su voz clara, te dio su emoción...

Cómo reía Bibí de las dulces lágrimas que mojaron mi cara. Sí, Bibí, yo ya no veo a Don Otto como el burgués gordo, ridículo y resoplante. No me hace reír como a ti su devoción sentimental por el caído. Su imperialismo, su jacket, las tres arrugas sonrosadas de su noca esconden a un quijotesco caballero del Ideal.

Lo comprendo, porque soy la hermana de esos hombres hoscos, de ojos alucinados, cuyo odio por todo eso que Don Otto encarna, tú temes tanto. ¿Te asombras? Ellos, que son mis hermanos lo comprenderían como yo... Pero, tu cabecita ligera, tu linda cabecita no entiende estas cosas.

El primero

El primer piso, más bajo de techo, más obscuro, es una garconnière... En perfecto argentino se le llamaría cotorro, o "rotoco". Es mejor, pues,

---

[3] En el castillo de Amerongen, Holanda central, buscó refugio Wilhelm II luego de su abdicación.

garconnière, dice casa de hombres solteros y por lo menos dos de los cinco dueños del "rotoco" no son solteros: conozco a sus señoras.

Otro, es hijo de un famoso usurero que chupó hasta la última gota de sangre de dos generaciones de porteños calaveras. Ahora sus hijos se gastan concienzudamente toda esa sangre, y como la vida es un círculo vicioso, se la gastan en lo mismo: en ser calaveras, suprema aspiración de cierta juventud.

Vemos dos salas y comedor. Hay allí un lujo estrepitoso de fonógrafos, pianolas, sofás, almohadones, butacas, pieles, cuadros malos, luces cambiantes, alfombras mullidas. Y entre toda esa barahúnda de bazar caro, como extrañado de hallarse en ese sitio, hay un viejo brasero castellano de plata maciza. Si fuera mío en estos días ardientes que lo hacen inútil, yo lo llenaría hasta los bordes de agua clara y fresca y haría flotar en ella rosas, muchas rosas... Pero, el brasero castellano de plata forjada no es mío. Es de los cinco señores de la casa.

Hay también un mucamo y un cocinero gordo de gorro almidonado.

En ausencia de los cinco señores ellos reeditan admirablemente sus juegos. Todas las mucamas de la casa se sientan en los sofás, oyen la pianola.

La ilusión del mucamo es la gorda de la mantequería, con la que retoza entre sofás y almohadones, mientras el cocinero se va dentro con cierta sudorosa cocinera a la que suele hacer cosquillas.

Todos los vicios que horrorizan a las ingenuas gentes honestas; a las ejemplares esposas de los dos señores, a sus hermanas, a ellos mismos cuando se reintegran a sus respectivos hogares, se practican allí en gran escala.

Si enfrente hubiera otros vecinos, si vivieran allí ellos mismos con sus familias.

Pero enfrente solo hay un gran jardín, y en medio de ese jardín la casa en donde vive la que sueña, la que sonríe sabiamente a la vida...

Juegan bestialmente. Se pasan hasta treinta horas sin dormir, sin despegarse de la carpeta verde y milagrosa. Parece que esa ansia les despertara hambre y sed insaciables, porque el mucamo y el cocinero van y vienen con bandejas cargadas de bebidas y sandwiches, que se tragan inconscientes, sin dejar las cartas.

Lord Sandwich, el famoso jugador que los inventó para sus hijos de todas las edades, puede descansar tranquilo: ¡Le hacen honor!

Vidas escandalosas

Cuando juegan no quieren saber nada de mujeres. Si alguna llega, da vueltas por allí prudente y aburrida y se va. Siempre a jugar vienen caras nuevas. A veces caras curtidas, de ingenuos estancieros, que hacen pensar en raras confabulaciones inconfesables.

En el silencio de la madrugada suele oírse claro el tintineo de las fichas y voces roncas, tomadas, que acusan: pierna, póker, color; veintiocho, treinta y uno...

A veces una real, un pozo grande, un buen bluff, una linda agarrada, arrancan rugidos de admiración. Gritan o discuten, pero raras veces; en seguida vuelven a su desesperante silencio.

Suele alguno levantarse tambaleante y salir al balcón donde se apreta la frente y los ojos con las manos enervadas de sostener las cartas.

Muchas veces cuando juegan, agarro los gemelos de carreras para verles mejor las caras: surgen del pequeño disco inconscientes los unos de los otros, con el instinto desnudo, salvajes y brutales. Se desencajan las mandíbulas, los ojos brillan ávidos, los dedos se agarfian; son desconfiados, hostiles y ansiosos. No hay demonio que posea mejor al hombre que el demonio del juego. No hay otro, no hay otro.

Luego las mujeres. Vienen muchas y siempre distintas. Se renuevan. Creo que ya conozco toda la carne de lujo de Buenos Aires. Comen con ellos, ríen con sus risas chillonas y agresivas. ¿Por qué ríen tan particularmente las hetairas? Eso no es risa. Es un retorcimiento agresivo de soberbia y de odio... y de dolor.

Tocan fonógrafo y pianola. Bailan tangos y shimmys y blues. Muchas veces bailan con la luz apagada o velada y se ven solo las siluetas esfumadas y las estrellas rojas de los cigarrillos. Organizan sin saberlo un bonito espectáculo de revista porteña.

Otras veces se van repartidos en dos o tres autos magníficos y oigo sus voces cuando vuelven a la madrugada.

Hay una que toca el piano y canta un poco. Será eso lo que la hace la preferida ya hace tiempo.

Es delgada, fina, con los cabellos negros y la cara muy blanca y tiene un aire ingenuo, dulce y señoril.

Una noche, esperando la hora de cenar, envuelta en un ancho batón obscuro, en la habitación alumbrada con una semi-luz muy amortiguada, se sentó al piano...

Un hombre, que yo conocía, llegó en seguida. Automáticamente empezó a acariciarla. Le metía las manos por las anchas mangas, ella lo rechazaba dando pequeños grititos. Por fin se levantó y yo vi bajo la seda obscura del batón abierto una pálida desnudez lechosa. Y rápida, inesperadamente, el hombre la tumbó en el sofá.

Y en la penumbra era una mancha blanca deslumbradora la falda de su camisa que se agitaba grotesca y rítmica y eran dos trazos claros las finas piernas de la pecadora.

Yo lo vi todo. Lo vi erguirse y buscar a tientas por la alfombra los lentes; luego abotonarse, mientras ella, tendida aun en el sofá, sin moverse, no dejaba de reír.

No era el hombre que solía abrazarla. Era otro de fuera. Era el marido de una casta e intransigente señora que suelo visitar. Él... él es aun más casto, más grave, más intolerante que ella.

Tres o cuatro veces van que viene una chiquilina delgadita, esbelta, peinada a la garçon, con los vestidos muy cortos, y a la que los afeites y los gestos audaces no pueden esconder la juventud. Sin embargo, se vende como las otras. Bebe, fuma, ríe con una risa más tajante, más agresiva, más de hetaira que la de las otras. Pobrecita, es casi una niña. Así, de esa edad, debe ser la hija del hombre que me enseñó la otra noche la blancura deslumbrante de la falda de su camisa.

Tiene un perrito chico como blasón. El perrito parece una borla de empolvarse a la que hubieran puesto un collarcito colorado lleno de cascabeles.

Deben haberla llamado esta noche, pues bajé temprano del automóvil con su perrito debajo del brazo.

No había aun nadie en la casa y ella inició su espera.

Cuando subí otra vez ella esperaba aún. La habían olvidado sin duda y se entretenían en otro lado. Ella se aburría. Hizo con las luces cambiantes todas las combinaciones posibles. Salió al balcón. Volvió a entrar. Jugó con el perro. Ensayó escalas en el piano. Por fin, arrastró al balcón una butaquita monísima, de muñeca y se sentó mirando a las estrellas.

¡Qué le dirían las hermanitas estrellas, a ella, pobrecita? Le dirían que ella era un ser entre los seres, una mujer que tenía un alma, una vida, un destino... ¿Qué sintió la prostituta, sola, frente por frente con el gran silencio?...

Yo oí un llanto, un llanto suave, lejano, rítmico que aumentaba, que subía como una marea de sollozos entrecortados e implorantes. ¡Cómo lloraba!... ¡De qué manera magnífica lloraba esa niña-mujer a la que pagaban para que riera!

Era un llanto hondo, desgarrado, cálido, convulso. En el sagrado misterio de la noche, bajo las estrellas y bajo los soles yo sentía palpitar en ese llanto el dolor de todas las hembras de todas las edades. Por los ojos cínicos, pintados e infantiles rodaban todas las lágrimas de todos los besos...

Pobre perrito; se le acercó, la comprendía, quería consolarla. Ella lo tiró dentro de la pieza donde se hizo un ovillo aullando dolorido y asombrado.

Y lloró mucho rato. Luego, agotada, se quedó inmóvil con los brazos caídos, la cabeza de la insolente melenita rubia doblada sobre el hierro del balcón, inerte, como una triste muñequita rota...

El ruido escandaloso de un auto de carreras llenó la calle.

—Lilí, ¿todavía estás ahí? Bajá. —Hombres y mujeres de claro.

Tardó mucho Lili en bajar. Alguna broma le daban y ella contestó con voz desgarrada palabras innobles; subió al auto con su perrito bajo el brazo y al alejarse se oía desde lejos su risa inconfundible.

El perrito no podía contar que Lilí había llorado. Además, tal vez llorara de rabia nomás, porque se olvidaron de ella en la farra.

¿Para qué hacer tanta literatura sobre lo que puede pasar por el alma de un trasto de alquiler por bonito que sea?...

El segundo

Es un hogar casi recién formado. La esposa no es muy joven; usa gruesos lentes de miope y va a ser madre muy pronto. Tiene la cara congestionada, los movimientos torpes y lentos. Se pasa las tardes sentada frente al balcón en un sillón bajito cosiendo la ropa del hijo que vendrá.

Casaron después de un noviazgo de muchos años al morirse la madre de ella que le dejó bastantes pesos. Él no habría podido nunca mantener más que, escasamente, sus aspiraciones. Tenía un empleo insignificante como su persona gordita, morocha, elegantemente vestida y con bigotes a la americana.

Al principio vivían allí las dos hermanas de ella. Una se casó. La vimos en sus coloquios incandescentes con el novio, un muchacho provinciano como ellas, simpático, y al que con seguridad no tendría que mantener como la hermana.

Después —ya era tiempo— la vimos casarse, ante un blanco altar improvisado con un Cristo de plata y dos candelabros antiguos que bajó Elsa misma. Estaba casi bonita con sus velos de virgen, trémula, emocionada. La vimos después cómo escapaba con él en un auto ya vestida de viaje.

La que quedó es demasiado alta, demasiado flaca, demasiado morena, demasiado movediza.

Sale al balcón, a la vereda, habla con el portero, con el mantequero, con la bordadora, con los chicos de la calle. Sobre todo la atraen las visitas del primer piso. No ve, no sabe nada, pero su instinto agudo la hace sospechar. Dos o tres veces que muy de noche alguien de allí ha llamado, ella ha tirado su llave por el balcón.

Suele sentarse con la hermana un rato y la ayuda a coser. Cuando sale va siempre escoltada por una china con uniforme de mucama inglesa. Ese piso no me parecía interesante hasta que:

Una tarde, en la sala, la larga estaba sola, inactiva y perezosa. Tirada en el sofá enseñaba las piernas sin forma, cuando entró el hombrecito moreno y gordito de bigotes a la americana y la besó en la boca. Ella le devolvió el beso muchas, muchas veces, dejando que las manos de él buscaran inútilmente en su tórax liso de muchacho flaco.

Llegó en un auto la hermana cargada de paquetes. Ropitas para el niño, obra del tenorio. Los dos la recibieron alborozados y mientras él la ayudaba a desatar los paquetes, la larga lo revolvía todo con sus manos curiosas.

Sería para que la enferma tuviera más aire y más luz por lo que cambiaron momentáneamente la sala por el dormitorio.

Ella misma dirigió el arreglo, moviéndose con trabajo, ayudando, arrastrando su pobre cuerpo fatigado y deforme.

Dos días después se enfermó. Fue un parto largo, brutal, de mujer que no es joven. Todo el barrio temblaba a sus largos alaridos que no parecían humanos. Vinieron dos médicos. Tras las persianas entornadas, pues el calor enloquecía, se veían mover sombras atareadas por el cuarto.

La hermana estaba con ella casi todo el tiempo. Curiosa, excitada ante el gran misterio de la vida y de la carne. Luego salió un momento al comedor, y allí, con las dos manos juntas por detrás sostenía el picaporte y con la espalda apretaba la puerta, mientras el hombre aplastándola contra ella la besaba en la boca. Para bajar su boca ella abría mucho las piernas, él se estiraba, grotesco, ridículo...

Y tras esa puerta, la que sufría la mayor tortura cortaba el aire con su largo aullido de bestia doliente.

Vidas escandalosas

El cuarto

Hay cuatro hijillos, que juntos los cuatro caben en un canasto, con holgura. El menor tiene aun nodriza y pronto llegará otro más. No se sabe cuál es más rubio, más sonrosado, más mofletudo.

A la madre que es muy joven y rubia como ellos, la impiedad de esa maternidad brutal la ha agotado. Su cuerpo deformado se adivina frágil, su cara de pálida se esfuma en manchas violáceas.

Lee, lee eternamente, tirada en un sillón ancho de paja, adornado con un moño y un almohadón azul, que tiene en el balcón.

Bibí –que lo sabe todo– me ha contado su historia. La triunfadora historia de su amor.

Era corista de un teatrillo cualquiera. El, un nombre ilustre, joven, rico, buen mozo, la amó. Contra la desesperada oposición de su familia que aun no la conoce y la desprecia siempre, se casó con ella.

Se lo ve poco. Está todo el día en el centro y solo viene a cenar. Sale casi todas las noches, rara vez con ella. Ella, en su gineceo, vive sola, rodeada de los hijos, de las niñeras, de las nodrizas. Cuando todo ese ejército se va a la plaza ella les dice adiós desde el balcón con un gesto triste de moribunda. Horas y horas, inmóvil, con el libro en las rodillas, se pierde en no sé qué ensueño vago, como gozando de su soledad que amara, de su soledad tan grande.

No sale jamás. No tiene amigas. Las de él, las de su familia, la desprecian; a la familia de ella, a las amigas de ella, las desprecia él.

Ahora ella es la madre de los hijos, "la señora". Él espera que sea su familia la que dé la señal a la "sociedad" abriéndole sus puertas.

Aunque él no espera nada. La amó. La ama, pero es un muchacho joven y aturdido y sigue viviendo aun la vida esa que ahora ella no puede compartir, porque es la "señora".

Es bueno, noble, le dio todo lo que un hombre puede dar. Ella lo sabe. Por eso es dulce, agradecida y le sonríe siempre con esa sonrisita que aprendió en el teatro. Lo despide con un beso... Todos sus días son tan iguales, tan iguales. Tras de ella, la puerta del cuarto se vuelve un rectángulo negro.

Llegan los chicos. Se levanta y entra. Luego llega él. Comen los dos solos, ella le sonríe, le sonríe... Él la trata con amor, con ternura, pero se va enseguida. Ella se queda en el balcón viéndole irse, se queda, se queda...

Entonces es que llora. Todas las noches llora tan suave, tan resignada, tan tristemente como cuando sonríe.

¡Pobre mariposa de luz, crucificada por el amor en cuatro cruces de carne mofletuda!...

¿Por qué te dieron tanto? ¿Por qué te dieron todo lo que podían darte? Ya no eres la chica alegre y rubísima que bailabas con tus zapatitos de seda rosa poniéndote en la frente la rodilla... ¡Qué bien lo hacías! ¿Recuerdas?

Ahora eres un enigma frágil y doloroso. ¿Sabrá que lloras el hombre que siempre te vió sonreír?

¿Por qué va a llorar – pensará él – si le he dado tanto?

Y ella llora, llora mirando hacia la luz de la gran ciudad... llora sin saber aun por qué, crucificada por el amor en cinco cruces de carne inocente.

El quinto

Por el ancho hall del Retiro[4] caminaba a prisa delante de mí. Iba vestida de negro, con un luto flotante de largos velos transparentes sobre el flojo vestido de seda opaca que se pegaba a su cuerpo sin corsé.

Tantas mujeres caminan a prisa por el hall del Retiro, pero esa sola llamó mi atención; tan distinta de las otras era como una criatura de otra raza. "Ya" de otra raza, más fina, más vieja.

Andaba a prisa, con un paso ágil y rítmico de bailarina rusa que ha aprendido la ciencia del movimiento plástico. Yo la seguía, como envuelta en el encanto inconsciente de esa euritmia, y noté que ella iba dejando una estela débil de frangipane.

En el tren, ayudé a la casualidad para poder, sentada cerca, verle la cara y me esforzaba dolorosamente por recordar dónde la había visto ya... dónde había visto ya otra vez esos ojos magníficos con ojeras hondas y torturadas de mujer que llora; esa cara fina de un moreno pálido, donde toda la evolución y todo el refinamiento no alcanzaban a borrar un trazo cuadrado de mandíbula.

Esa nariz nada clásica, demasiado corta quizá, la boca grande, los dientes deslumbrantes de blancura, pero irregulares; y de todas esas cosas inarmónicas, el conjunto más armonioso que pudiera imaginarse para una mujer.

---

[4] Estación del tren en Buenos Aires.

Yo pensaba... ¿qué tiene? Solo sus ojos son bellos y sin embargo todas a su lado son insignificantes, inacabadas, feas.

¿Ama?... El amor rodea a las personas de un halo de belleza que deslumbra. ¿Tristeza? También. Esos ojos negros de ojeras maceradas lloran. Oh, sí. Lloran. Si esta criatura no llorara sería insignificante.

Luego, su vago olor a frangipane, sus pies estrechos demasiado bien calzados, sus piernas finas, de tobillos quebradizos, su traje opaco que vive pegado al cuerpo rítmico, cálido como ella, que se mueve con ella. Un vestido no puede adherirse así más que a un cuerpo limpio, perfumado, de mujer joven y suave y esbelta y que solo lleva debajo de él una camisa leve de seda. Solo puede ir así vestida una mujer que sabe desnudarse.

Bajó conmigo, delante de mí, que me atrasé para verla andar. Nos internamos juntas por las calles arboladas y ella entró en la casa de enfrente.

Entonces recordé. Ya la había visto. Ya me había llamado la atención su palidez, su equívoca melena castaño oscuro, lacia, demasiado lacia y demasiado cepillada. Solo que nunca la vi de negro. Se asomaba al balcón envuelta en un kimono polícromo bordado con pájaros, árboles y pagodas; tenía también un traje de china verdadera con anchos pantalones.

En el mismo piso viven dos hombres más. Uno casi viejo, de lentes, bajo de estatura, antipático. Otro, rubio, alto, ancho, casi un atleta. Suele a veces salir al balcón en pijama y bajo la seda, su cuerpo se adivina fuerte y bien hecho como el de un dios joven.

Muchas noches, él y la mujer pálida, abrazados, muy juntos, se acodan al balcón, mirando al vacío y soñando...

Se están así horas enteras, llenos de esa dulce serenidad de los amantes que se poseen. Se aman. Jóvenes y bellos son ellos mismos el amor.

Una siesta, yo vi el brazo desnudo de la mujer cerrando la persiana. Se había atado en la muñeca un lacito celeste. Yo pensé: hace sombra y va a tenderse al lado de su amante que la espera con las manos torpes y temblorosas de deseo. Y, vagamente, recordé durante muchos días la mano blanca, el brazo delgado, el lacito celeste atado a la muñeca; y allá, en la penumbra de la pieza el hombre joven y rubio tembloroso de deseo, mientras en la calle el sol hacía vibrar las piedras.

Se aman. ¡Cómo se aman!... Ella, con su paso rítmico, su suave perfume, su pálido gesto de princesa pálida lo va diciendo.

Tienen un mucamo japonés cobrizo y enigmático, que sacude en el balcón cosas espléndidas. Grandes pieles de oso, mantones de Manila suntuosos y pesados, estofas, tapices. Toda la decoración de gentes super-civilizadas, a las que ennoblece el amor por las cosas inútiles y bellas que hacen dulce la vida.

Fue, en un dorado atardecer de verano, cuando el olor de los jardines regados, la risa de los chicos vestidos de blanco, la paz de la hora, hacían tan bueno este rinconcito florido de suburbio, que estalló el drama rápido y brutal. Entraron por la calle serena y arbolada camiones y autos llenos de policía, desplegaron fuerzas como para cercar una tropa de chacales furiosos, se colocaron por las esquinas, en la vereda, y otros entraron en la casa de enfrente ante el asombro aterrorizado del portero andaluz.

Se amontonó gente. Una pandilla de chicos sucios surgió de quién sabe dónde, el mucamo y el cocinero del cotorro del primer piso se acodaron al balcón, una turba de curiosos se mezcló con la gente policíaca: la sirvienta de la opulenta pechera tiznada y el pelo de cáñamo, chapándose el dedo, miraba azorada a los balcones del quinto piso donde aparecían y desaparecían extraños rostros innobles. Pasó más de una hora. Seguramente registraban. Tocaban con sus manos sucias todas las bellas cosas de la casa, las hundían en los cajones donde la princesa pálida guardaba sus prendas más íntimas.

Yo estaba estremecida de un horror sin nombre. Policía, pesquisas; ya habíamos notado esos días algo raro por las esquinas. Bibí temblaba como si todos esos hocicos innobles la husmeasen a ella. –Oye, Bibí: en la cara del asesino hay siempre algo de valor bestial, del instinto ciego de la naturaleza; el ladrón por poco inteligente que sea es ya un artista de la sensación, un rebelde que se juega mil veces y vive su rebeldía.

El hombre que los rastrea, los caza, nos libra de ellos, es el "hombre que caza hombres". Sí, Bibí, sí... tienes razón; en otras vidas lejanas fuimos mujeres de apaches, mujeres de piratas. Pero te vas con todas... Se hará tarde. Vete. No veas estas cosas crueles. Vete con ellas.

Se van. Era tiempo. Cómo temo que aparezca, delante de todos, mi princesa pálida esposada como una ladrona...

Y salen entre una larga vibración de expectativa. Primero el hombre antipático de los lentes. Luego el japonés con su cara indescifrable de ídolo de bronce, detrás su amante rubio... Pero, allí está ella, entre los curiosos. No la he visto llegar. Se acerca lentamente, toda pálida entre sus velos negros.

Ellos pasan indiferentes, correctos, elegantes, sin parecer darse cuenta de que en una muñeca llevan la doble pulsera que los ata a un polizonte.

Vidas escandalosas

Veo una seña imperceptible del japonés que la deja de pie inmóvil. Trae un paquetito blanco que tiembla colgado de su mano sin guantes; estoy segura que oigo los latidos de su corazón. Y ellos pasan impasibles, desconocidos, hasta el carro infame.

Pero no. Ella es mujer. No puede resistir tanto. Con un gemido se abraza a su amante; que con su brazo libre la oprime contra él. Se besan en la boca; entre la turba están divinamente solos... Su beso debe tener un gusto salado de lágrimas.

Una garra brutal cae sobre el brazo frágil y la arranca groseramente diciéndole algo que no alcanzo a oir. El dios joven defiende su hembra y el polizonte atado a su muñeca es un fantoche sucio que se agita grotesco.

Solo puede calmarlo el hombre de los lentes que habla con ella en esa dulce y ceceante lengua de Hungría. Le da dinero, mucho.

Primero era como si quisieran llevársela también; luego se han contentado con apuntar algo. Su experiencia les dice que es la más presa.

Se van por fin. En la casa han puesto sellos y ella ya no tiene hogar. Le queda el paquetito que tiembla colgado de su mano sin guantes; el montón de dinero que la dio el amigo viejo y que ella guarda en su bolsita negra, demasiado lentamente.

En la calle, vuelta a su paz, ella mira sin ver. El portero la habla, ella no le contesta.

¡Pobre amorosa pálida!... Yo siento como si debiera levantarme y llamarte.

Ven –te diría– quédate conmigo. Sé la bienvenida como una hermana joven. Ven, entra; mi sofá azul es lo bastante ancho para las dos. Es cómodo, mullido, hospitalario, con grandes almohadones para tus perezas.

Conversaremos... ¿Cómo te llamas?... ¿Isabel? Debes llamarte Isabel. Es un nombre suave, de mujer pálida, armonioso y frágil como tú, amiga. Los hombres son algo del alma de las gentes.

¿Yo? Yo me llamo Salvadora. Te sorprende ¿verdad? Es un nombre español. Los nombres de esa raza tienen algo de ella. Son audaces y sonoros. Solo las españolas se llaman Luz, Gracia, Sol, Gloria, Milagros, Salvadora. Un nombre casi feo, casi insolente. Yo amo llamarme así. Además, ¿de qué otra manera podría yo llamarme?

Los nombres tienen color. ¿No lo sabías? Yo veo el color de los nombres. El tuyo es de un violeta pálido y brilla suavemente. El mío es de un rojo obscuro y brilla demasiado.

Salvadora Medina Onrubia

Tú, levantando tu manga me mostrarías el brazo fino, de piel suave, en donde la garra del bruto dejó cinco manchas azules. En tus ojos habría lágrimas, temblarían tus labios. ¡Pobre amor!... Con las yemas rosadas de mis dedos ya acariciaría suavemente cada marca brutal; pondría en ellas, una a una, mis labios pintados... y lloraríamos. Es tan dulce llorar juntas... Los hombres, por más que el amor los sutilice, no entenderán jamás el placer del llanto suave, el placer de sentirse divinamente triste, de abandonarse blandamente al dolor.

Y verás. Yo te consolaré. Yo soy una maga, que sé bellos conjuros de palabras. Yo sé la ciencia abstrusa de ir derecho al alma. Yo haré dulce tu pena. Lo verás, amiga.

Más tarde, en mi cama demasiado ancha, demasiado baja, dormiremos abrazadas, como dos inocentes.

Para dormir tú te pondrás mi pijama lila que él ama tanto; su color armonizará maravillosamente con tu carne pálida y suave, de una suavidad de milagro.

Por la mañana, encontrarás rosas en tu baño. Yo pondré esencia de frangipane para ti, en el frasco esbelto de cristal tallado con tapón de oro, que fue de una abuela lejana que murió aun rubia. ¿Sabes? Ella, como tú, habló esa lengua húngara, dulce y ceceante. Con ella –dicen que hizo versos muy bellos. Yo, que heredé su pecado, la recuerdo siempre con amor. Guardo, encuadernado en piel y en oro, un libro muy viejo. Es lo que de su vida lejana, de sus amores, de sus dolores, de su belleza, de todo lo que fue una mujer hermosa y con talento, queda: un frasco y un libro. Y yo no lo comprendo. Lo leerás tú. De tus labios oiré el ritmo meloso y ceceante. Luego me dirás qué es lo que dicen. Así la conoceré más. Podré amarla mejor. Los versos de la muerta olvidada te darán en tu lengua la bienvenida. Ella hará que no seas en mi hogar una extranjera.

Después, en mi ropero encontrarás camisitas pequeñas y diáfanas, anchos batones suaves, guantes, flores de seda. Este es el cajón de las cintas, ¿ves? Las hay de todos los matices y están revueltas en un desorden armonioso como si fueran sueños. ¿Quieres que ate con una un lacito en tu muñeca?

¿Te gustan como a mí, las bellas cosas frívolas e inútiles?... Ven. Tengo muchas, muchas. Yo te ayudaré a llevar tu tristeza, a ponerte bella para cuando tu amor vuelva a verte...

Mientras tú mirabas a la calle sin ver, yo pensaba decirte todo eso. Yo sabía que tu dolor lo necesitaba. Te quedabas sola, no tenías a nadie...

Vidas escandalosas

Te irías a encerrar a un frío cuarto de hotel donde te darían una helada hospitalidad a cambio de tu dinero. Allí llorarías. Allí llorarías mucho.

Y sin embargo no te dije nada. No me atreví a decirte nada. Te miré ir a pasos vacilantes, demasiado lentos, como si el irte te doliera físicamente, como si esperaras mi voz amiga. Y en la calle obscura ya, tu paquetito blanco fue una mancha lejana.

No pude. No fue. Jamás sabrás...

Tú te hundiste en la vida por tu camino, oh, pálida, oh doliente, oh amorosa...

La mantequería

En la planta baja, a ambos lados del amplio zaguán, hay dos negocios. El de la izquierda es una mantequería limpísima, toda blanca. El otro es lujoso, obscuro, cerrado de cortinas.

En la mantequería hay montañas de quesos dorados, miel, huevos, frutas, verdaderas torres de latas de aceite y de dulces.

Los dueños son italianos. Se casarían sin duda jóvenes, casi de la misma edad. Los años hicieron a la mujer gorda y balanceante como un globo cautivo, llenaron su cara lunarosa de pelos hirsutos, y le dieron un gesto agresivo de pantera madre.

El hombre se conserva mejor. Joven, robusto, sonrosado, con bigotes rubios retorcidos y ojos de porcelana azul. Panzón, petizo, de manos cortas y limpias, despacha siempre vestido con un guardapolvo blanquísimo, que le da un aire coquetón y juvenil. Tienen dos hijas, ya casadas, que pasan allí el día todos los domingos con yernos y nietos. Son bonitas y elegantes.

El viejo para salir usa un traje azul, botines marrones oscuros, cuello palomita, corbata bien anudada y clara, rancho, y una cadena maciza de oro cruzándole la repleta barriga... ah... y bastón.

Tienen una sirvienta gallega. Esta gallega merece un capítulo para ella sola.

Tendrá veinte años. Es gorda, colorada, de cara brillante. Sus cabellos crespos, rubios y escasos parecen hechos con una cuerda deshilachada. Y tiene una cantidad de pecho inverosímil.

De tanta carne, aquello ha perdido ya su forma común. Es como si dentro del corpiño se guardara una almohada grande, que a veces le abultara de un lado y a veces de otro.

Salvadora Medina Onrubia

Lleva siempre corsé. Un corsé oscuro de sudor, grasa y humo. Al menos así me lo imagino yo. Las ballenas le aparecen por los costados rompiéndole el blanco delantal de ordenanza.

Al fregar sin duda refriega todo eso que tiene delante contra la pileta, porque siempre ese lado está más obscuro y brillante que el resto del delantal.

La tratan como a hija de la casa. No trabajará mucho, pues siempre está en la calle.

Todos los mucamos, todos los proveedores, todos los jóvenes púberes del barrio están enamorados de ella. Su abundante y grasiento pecho, es algo así como el altar votivo donde se enciende toda mirada y todo tierno deseo de muchas cuadras a la redonda. Gallega que consigue tener un pecho así no es ya un cero en la vida.

Yo la he visto en el sofá del primer piso defenderlo a zarpazos del mucamo que quería aventurarse en ese macizo altar de Venus doméstica. También he visto que estando ella tomando el fresco en la puerta de la mantequería, el vigilante, intentó una inspección detenida del lugar. Justo es decir que salió mal parada la autoridad.

Una mañana, el chico de la carnicería así, en passant, le dio tan terrible manotón que la hizo dar un grito de dolor.

El portero andaluz le dice chistes que la hacen reír y se cobra en experiencias táctiles por esos lugares. El niño clorótico de la judía dueña de la casa de bordados extiende las dos manos cuando ella pasa, y un chico miope que vive a la vuelta también inicia exploraciones lácticas a la sombra de los árboles. Este fue un tiempo el preferido.
Por las noches la mantequería baja sus persianas metálicas, pero sin duda por el calor las banderolas quedan abiertas y yo puedo verla toda.

El patrón hace en su escritorio la cuenta del día mientras la gallega le ceba mate. Luego apaga.

Una noche, para devolverle el mate levantó los ojos. Frente a él estaba el codiciado altar. Fue esa su perdición. Ahora lo vemos tantas veces correr tras la gallega, que se parapeta riendo con las montañas de latas y de quesos.

Cuando la alcanza hunde sus manos cortas con anillos en ese abundante montón de carne tentadora, perturbador de la tranquilidad pública.

Una noche iniciaron el galop de costumbre. De golpe aquello cambió. La gallega se alejó con el mate, mientras el señor hacía esfuerzos hercúleos

Vidas escandalosas

para levantar del suelo una enorme pila de jabón que no estorbaba para nada. Y la vieja, con su cara agresiva constelada de lunares peludos, apareció inocente como una paloma. Se puso a probarle al esposo infiel un guardapolvo blanco que le hacía; volvió la gallega con un mate para ella y entre las dos apreciaban el efecto que hacía el corte de la prenda. Solícita, maternal, lo miraba con amor; le arreglaba el guardapolvo con alfileres que se sacaba de la boca igual que un ilusionista; le sonreía tocándolo golosa, como a un tesoro, mientras por detrás la gallega le sacaba la lengua y le hacía con las manos gestos inconvenientes y obscenos.

El pobre italiano mantequero está perdido por la desbordante súbdita de Alfonso XIII;[5] mientras su esposa, siguiendo el destino de todas las esposas, veranea en la higuera plácidamente.

El amor inspira a estos culpables ardides pintorescos.

El mantequero sale por la noche con su traje azul, su cadena, su bastón, sus botines marrones y su rancho. Da una vuelta y cuando calcula que todos duermen vuelve; abre despacito, con precauciones de ladrón la puertita de la cortina, por la que aparece la Venus del barrio, con un traje de muselina rosa lleno de voladitos y adornada de infinidad de cosas doradas. Se van de garufa y vuelven tardísimo. Entra primero él haciendo ruido para despistar a la ingenua esposa que duerme confiada soñando con los angelitos. Un rato después ella se escurre silenciosa y cierra.

Para Bibí, más que para todas, esto fue un venero inagotable de carcajadas.

Cuando se acuerda, cuando ve por la calle a alguno de los héroes del romance de amor, se pone epiléptica de risa. Una tarde no sé qué tentación le dio. Salimos las dos; el mantequero limpio que relucía como siempre, estaba solo parado en la puerta de su negocio.

Cuando cruzamos la oigo decir bien fuerte y tranquilamente:

—Che, qué papa sería mandarle un anónimo a la pobre señora de la mantequería y contarle todas las cosas que vemos de noche por esa banderola. Y lo de los paseos. —Y señalaba con su dedito rosado la banderola.

Yo no oí más. Cuando ella terminó ya estaba en la estación. Nunca he corrido tanto.

La oía gritarme, a la loca, que la esperara... después de un rato llegó llamándome a gritos, riéndose todavía, tan fresca y tan tranquila.

---

[5] Rey de España que fue derrocado por Primo de Rivera.

De que el mantequero oyó no hay duda. Hay que ver cómo nos miran él y la gallega desde ese día.

Él sobre todo. Qué expresiones más desesperadas, más implorantes, más trágicas. Zaccone es a su lado un bufito cualquiera.

Casi en seguida llegó el primero de año. Era por la mañana. Estábamos Bibi y yo en el fondo del jardín donde hay un sauce y un banco, cuando llegó la mucama arrastrando a gatas una canasta cargada hasta los bordes con la flor de la mantequería y entusiasmada:

–Señora, señora. Esto le manda el patrón de la mantequería de enfrente por ser año nuevo–. Era el cuerno de la abundancia, había allí de todo lo imaginable. La mucama seguía. Qué atento, qué monada de vecino. Pensar que nunca le compramos nada. En cambio el almacenero. Vamos a sacarle la libreta, señora. Ahora mismo se lo voy a decir... En fin, un disgusto para el almacenero.

A Bibí le era chico el banco y tuvo que tirarse al suelo para reírse a su gusto. Gritaba.

–Un chantage. Hemos hecho un chantage. El hombre de la mantequería nos quiere sobornar, quiere comprar nuestro silencio.

Yo ya no me reía; lloraba... y la muchacha parada al lado de la canasta, con un queso en la mano nos miraba asombrada, creyendo que era la emoción de ese regalo de las mil y una noches lo que nos hacía desvariar.

Yo pude hablar primero:

–Bueno, decile al mantequero que muchas gracias y que se quede tranquilo. ¿Entendés bien? Que se quede tranquilo.

Y Bibí: –No te olvides de decirle que se quede tranquilo.

Bibí me ha quitado todas las cosas de la canasta y las ha mandado a su casa, porque dice que honradamente le pertenecen a ella. Solo me ha dejado el queso.

La casa de bordados

Es un comercio pequeño decorado con papeles obscuros. Maderas oscuras, cortinas azules, dos o tres almohadones lo hacen agradable a las señoras que prefieren hacer sus compras en ese ambiente discreto y casi elegante. Ha comprendido bien su negocio la vieja viuda judía vestida de negro que es allí la dueña.

Vende también útiles para labores, encajes, flores de seda, medias, guantes.

Vidas escandalosas

Para que la ayude en todo eso tiene una chica dependiente. Una chicuela insignificante, ni fea ni bonita, sin frescura de juventud, sin formas precisas bajo su ritual traje negro de vendedora.

Obligada a estarse todo el día en ese ambiente oscuro, a sonreír siempre, a hacerse agradable para sacar un centavito más a las clientes bajo la mirada inquisitorial de la dama judía, su personalidad es una mancha borrosa.

En los ratos en que no hay gente en el negocio cose o teje. Levanta un pico de la cortina y se sienta en el rayito de luz. Siempre trabaja con la cabeza inclinada sobre un hombro. El pelo castaño y sedoso echado hacia atrás descubre toda la frente ancha y pálida y en su boca vaga una imperceptible sonrisa de Mona Lisa. Se parece extraordinariamente a la Gioconda.

Estoy segura de que su novio se lo dice a todas horas y es por eso por lo que se ha enamorado de ella.

Debe ser poeta el novio. O pintor. Lleva chambergo ancho, chalina negra y un poco de melena.

Es muy alto, muy flaco, tiene ojos afiebrados y manos de señor.

Todas las tardes la espera en la esquina, o apoyado en un árbol casi frente a mi puerta. Cuando ella sale, muy agarraditos del brazo se hunden en la calle arbolada.

Yo sé que la modistilla de la sonrisa clásica mira con tristeza el jardín señorial, el castillo florido, los autos suntuosos, los trajes y los sombreros de la vereda de enfrente. Que piensa en la pobreza trágica de su novio bohemio...

Vida: tú eres ciega. Ciega como el niño vendado. Y loca. Más loca que la Io de Esquilo el inmortal. Y repartes tus dones como lo que eres.

Bibí lo dice... tanto le gustaría a ella cantar, bailar, levantando sus patitas sobre los tablados y sobre las orquestas de los teatros llenos de luces y de gentes que la aplaudieran...

¿Y Gloria? Gloria Brena que tiene tanto talento, tanto talento.

¿Y a mí? Cuántas cosas me diste que yo no quería, que yo no necesitaba.

Entre ellas, mi alma múltiple que todo lo gusta y con nada se queda; la maldición de que todos, todos mis deseos se hagan en mis manos cosa viva.

Salvadora Medina Onrubia

Vida: yo solo hubiera querido un alma simple de modistilla, una vidita obscura y laboriosa, una sonrisa triste y pensativa, un novio bohemio y pobre, muy pobre y que me amara mucho... Que me dijera versos afiebrados a la luz de las estrellas; versos que yo no comprendiera...

Vida, entre tantas, tantas cosas como me diste, no vino la humildad...

[*El vaso intacto y otros cuentos*. Buenos Aires: M. Gleizer, 1926]

Salvadora Medina Onrubia. Fuente: https://www.cultura.gob.ar/salvadora-medina-onrubia-la-mas-olvidada-de-las-descentradas-8913/

Pablo Palacio

(1906-1947)

Escritor ecuatoriano nacido en Loja. Después de la publicación de *Un hombre muerto a puntapiés* (1927) publica varios otros libros literarios, además de estudios de derecho e historia. Traduce a Heráclito. Es activo en la política ecuatoriana. A partir de 1937 comienza a presentar señales de desorden mental. Muere en un hospital de Guayaquil.

"Un hombre muerto a puntapiés" (1926) es el relato más importante de Palacio. Ha pasado por muchas ediciones impresas y digitales, ha sido tema de una película, y es el texto que encabeza la edición crítica de Palacio que publicó la Colección Archivos. Se puede consultar el artículo "Crímenes de odio y la invención de una literatura queer ecuatoriana" de Daniel Balderston, en *Los caminos del afecto* (2015), y el prólogo a la edición que realizó Alicia Ortega.

Un hombre muerto a puntapiés

> *"¿Cómo echar al canasto los palpitantes acontecimientos callejeros?"*
> *"Esclarecer la verdad es acción moralizadora."*
> El Comercio de Quito

"Anoche, a las doce y media próximamente, el Celador de Policía No. 451, que hacía el servicio de esa zona, encontró, entre las calles Escobedo y García, a un individuo de apellido Ramírez casi en completo estado de postración. El desgraciado sangraba abundantemente por la nariz, e interrogado que fue por el señor Celador dijo haber sido víctima de una agresión de parte de unos individuos a quienes no conocía, solo por haberles pedido un cigarrillo. El Celador invitó al agredido a que le acompañara a la Comisaría de turno con el objeto de que prestara las declaraciones necesarias para el esclarecimiento del hecho, a lo que Ramírez se negó rotundamente. Entonces, el primero, en cumplimiento de su deber, solicitó ayuda de uno de los *chaufferes* de la estación más cercana de autos y condujo al herido a la Policía, donde, a pesar de las atenciones del médico, doctor Ciro Benavides, falleció después de pocas horas.

Vidas escandalosas

"Esta mañana, el señor Comisario de la 6ª· ha practicado las diligencias convenientes; pero no ha logrado descubrirse nada acerca de los asesinos ni de la procedencia de Ramírez. Lo único que pudo saberse, por un dato accidental, es que el difunto era vicioso.

"Procuraremos tener a nuestros lectores al corriente de cuanto se sepa a propósito de este misterioso hecho."

No decía más la crónica roja del Diario de la Tarde.

Yo no sé en qué estado de ánimo me encontraba entonces. Lo cierto es que reí a satisfacción. ¡Un hombre muerto a puntapiés! Era lo más gracioso, lo más hilarante de cuanto para mí podía suceder.

Esperé hasta el otro día en que hojeé anhelosamente el Diario, pero acerca de mi hombre no había una línea. Al siguiente tampoco. Creo que después de diez días nadie se acordaba de lo ocurrido entre Escobedo y García.

Pero a mí llegó a obsesionarme. Me perseguía por todas partes la frase hilarante: ¡Un hombre muerto a puntapiés! Y todas las letras danzaban ante mis ojos tan alegremente que resolví al fin reconstruir la escena callejera o penetrar, por lo menos, en el misterio de por qué se mataba a un ciudadano de manera tan ridícula.

Caramba, yo hubiera querido hacer un estudio experimental; pero he visto en los libros que tales estudios tratan solo de investigar el cómo de las cosas; y entre mi primera idea, que era esta, de reconstrucción, y la que averigua las razones que movieron a unos individuos a atacar a otro a puntapiés, más original y beneficiosa para la especie humana me pareció la segunda. Bueno, el por qué de las cosas dicen que es algo incumbente a la filosofía, y en verdad nunca supe qué de filosófico iban a tener mis investigaciones, además de que todo lo que lleva humos de aquella palabra me anonada. Con todo, entre miedoso y desalentado, encendí mi pipa. Esto es esencial, muy esencial.

La primera cuestión que surge ante los que se enlodan en estos trabajitos es la del método. Esto lo saben al dedillo los estudiantes de la Universidad, los de los Normales, los de los Colegios y en general todos los que van para personas de provecho. Hay dos métodos: la deducción y la inducción (véase Aristóteles y Bacon).[1]

El primero, la deducción me pareció que no me interesaría. Me han dicho que la deducción es un modo de investigar que parte de lo más

---

[1] Referencia a *Organon* de Aristóteles y al *Novum Organum* de Francis Bacon.

conocido a lo menos conocido. Buen método: lo confieso. Pero yo sabía muy poco del asunto y había que pasar la hoja.

La inducción es algo maravilloso. Parte de lo menos conocido a lo más conocido... (¿Cómo es? No lo recuerdo bien... En fin, ¿quién es el que sabe de estas cosas?) Si he dicho bien, este es el método por excelencia. Cuando se sabe poco, hay que inducir. Induzca, joven.

Ya resuelto, encendida la pipa y con la formidable arma de la inducción en la mano, me quedé irresoluto, sin saber qué hacer.

—Bueno, y ¿cómo aplico este método maravilloso? –me pregunté.

¡Lo que tiene no haber estudiado a fondo la lógica! Me iba a quedar ignorante en el famoso asunto de las calles Escobedo y García solo por la maldita ociosidad de los primeros años.

Desalentado, tomé el Diario de la Tarde, de fecha 13 de enero –no había apartado nunca de mi mesa el aciago Diario– y dando vigorosos chupetones a mi encendida y bien culotada pipa, volví a leer la crónica roja arriba copiada. Hube de fruncir el ceño como todo hombre de estudio –¡una honda línea en el entrecejo es señal inequívoca de atención!

Leyendo, leyendo, hubo un momento en que me quedé casi deslumbrado.

Especialmente el penúltimo párrafo, aquello de "Esta mañana, el señor comisario de la 6ª...." fue lo que más me maravilló. La frase última hizo brillar mis ojos: "Lo único que pudo saberse, por un dato accidental, es que el difunto era vicioso." Y yo, por una fuerza secreta de intuición, que Ud. no puede comprender, leí así: ERA VICIOSO, con letras prodigiosamente grandes.

Creo que fue una revelación de Astartea.[2] El único punto que me importó desde entonces fue comprobar qué clase de vicio tenía el difunto Ramírez. Intuitivamente había descubierto que era... No, no lo digo para no enemistar su memoria con las señoras...

Y lo que sabía intuitivamente era preciso lo verificara con razonamientos, y si era posible, con pruebas.

Para esto, me dirigí donde el señor Comisario de la 6ª. quien podía darme los datos reveladores. La autoridad policial no había logrado aclarar nada. Casi no acierta a comprender lo que yo quería. Después de largas explicaciones me dijo, rascándose la frente:

---

[2] Astarté, denominación fenicia-cananea de una diosa mesopotámica que representaba el culto a la madre naturaleza, la fertilidad y los placeres carnales.

Vidas escandalosas

—¡Ah!, sí... El asunto ese de un tal Ramírez... Mire que ya nos habíamos desalentado... ¡Estaba tan oscura la cosa! Pero, tome asiento; por qué no se sienta señor... Como Ud. tal vez sepa ya, lo trajeron a eso de la una y después de unas dos horas falleció... el pobre. Se le hizo tomar dos fotografías, por un caso... algún deudo... ¿Es Ud. pariente del señor Ramírez? Le doy el pésame... mi más sincero...
—No, señor —dije yo indignado—, ni siquiera le he conocido. Soy un hombre que se interesa por la justicia y nada más...
Y me sonreí por lo bajo. ¡Qué frase tan intencionada! ¿Ah? "Soy un hombre que se interesa por la justicia." ¡Cómo se atormentaría el señor Comisario! Para no cohibirle más, apresuréme:
—Ha dicho usted que tenía dos fotografías. Si pudiera verlas...
El digno funcionario tiró de un cajón de su escritorio y revolvió algunos papeles. Luego abrió otro y revolvió otros papeles. En un tercero, ya muy acalorado, encontró al fin.
Y se portó muy culto:
—Usted se interesa por el asunto. Llévelas no más, caballero... Eso sí, con cargo de devolución —me dijo, moviendo de arriba a abajo la cabeza al pronunciar las últimas palabras y enseñándome gozosamente sus dientes amarillos.
Agradecí infinitamente, guardándome las fotografías.
—Y dígame usted, señor Comisario, ¿no podría recordar alguna seña particular del difunto, algún dato que pudiera revelar algo?
—Una seña particular... un dato... No, no. Pues, era un hombre completamente vulgar. Así más o menos de mi estatura —el Comisario era un poco alto—; grueso y de carnes flojas. Pero una seña particular... no... al menos que yo recuerde...
Como el señor Comisario no sabía decirme más, salí, agradeciéndole de nuevo.
Me dirigí presuroso a mi casa; me encerré en el estudio; encendí mi pipa y saqué las fotografías, que con aquel dato del periódico eran preciosos documentos.
Estaba seguro de no poder conseguir otros y mi resolución fue trabajar con lo que la fortuna había puesto a mi alcance.
Lo primero es estudiar al hombre, me dije. Y puse manos a la obra. Miré y remiré las fotografías, una por una, haciendo de ellas un estudio completo. Las acercaba a mis ojos; las separaba, alargando la mano; procuraba descubrir sus misterios.

Pablo Palacio

Hasta que al fin, tanto tenerlas ante mí, llegué a aprenderme de memoria el más escondido rasgo.

Esa protuberancia fuera de la frente; esa larga y extraña nariz ¡que se parece tanto a un tapón de cristal que cubre la poma de agua de mi fonda!, esos bigotes largos y caídos; esa barbilla en punta; ese cabello lacio y alborotado.

Cogí un papel, tracé las líneas que componen la cara del difunto Ramírez. Luego, cuando el dibujo estuvo concluido, noté que faltaba algo; que lo que tenía ante mis ojos no era él; que se me había ido un detalle complementario e indispensable... ¡Ya! Tomé de nuevo la pluma y completé el busto, un magnífico busto que de ser de yeso figuraría sin desentono en alguna Academia. Busto cuyo pecho tiene algo de mujer.

Después... después me ensañé contra él. ¡Le puse una aureola! Aureola que se pega al cráneo con un clavito, así como en las iglesias se las pegan a las efigies de los santos.

¡Magnífica figura hacía el difunto Ramírez!

Mas, ¿a qué viene esto? Yo trataba... trataba de saber por qué lo mataron; sí, por qué lo mataron...

Entonces confeccioné las siguientes lógicas conclusiones:

El difunto Ramírez se llamaba Octavio Ramírez (un individuo con la nariz del difunto no puede llamarse de otra manera);

Octavio Ramírez tenía cuarenta y dos años;

Octavio Ramírez andaba escaso de dinero;

Octavio Ramírez iba mal vestido; y, por último, nuestro difunto era extranjero.

Con estos preciosos datos, quedaba reconstruida totalmente su personalidad.

Solo faltaba, pues, aquello del motivo que para mí iba teniendo cada vez más caracteres de evidencia. La intuición me lo revelaba todo. Lo único que tenía que hacer era, por un puntillo de honradez, descartar todas las demás posibilidades. Lo primero, lo declarado por él, la cuestión del cigarrillo, no se debía siquiera meditar. Es absolutamente absurdo que se victime de manera tan infame a un individuo por una futileza tal. Había mentido, había disfrazado la verdad; más aún, asesinado la verdad, y lo había dicho porque lo otro no quería, no podía decirlo.

¿Estaría beodo el difunto Ramírez? No, esto no puede ser, porque lo habrían advertido enseguida en la policía y el dato del periódico habría sido terminante, como para no tener dudas, o, si no constó por descuido del repórter, el señor Comisario me lo habría revelado, sin vacilación alguna.

¿Qué otro vicio podía tener el infeliz victimado? Porque de ser vicioso, lo fue; esto nadie podrá negármelo. Lo prueba su empecinamiento en no querer declarar las razones de la agresión. Cualquier otra causal podía ser expuesta sin sonrojo. Por ejemplo, ¿qué de vergonzoso tendrían estas confesiones:

"Un individuo engañó a mi hija; lo encontré esta noche en la calle; me cegué de ira; le traté de canalla, me le lancé al cuello, y él, ayudado por sus amigos, me ha puesto en este estado"

o,

"Mi mujer me traicionó con un hombre a quien traté de matar; pero él, más fuerte que yo, la emprendió a furiosos puntapiés contra mí"

o,

"Tuve unos líos con una comadre y su marido, por vengarse, me atacó cobardemente con sus amigos"?

Si algo de esto hubiera dicho a nadie extrañaría el suceso.

También era muy fácil declarar:

"Tuvimos una reyerta."

Pero estoy perdiendo el tiempo, que estas hipótesis las tengo por insostenibles: en los dos primeros casos, hubieran dicho algo ya los deudos del desgraciado; en el tercero su confesión habría sido inevitable, porque aquello resultaba demasiado honroso; en el cuarto, también lo habríamos sabido ya, pues animado por la venganza habría delatado hasta los nombres de los agresores.

Nada, que a lo que a mí se me había metido por la honda línea del entrecejo era lo evidente. Ya no caben más razonamientos. En consecuencia, reuniendo todas las conclusiones hechas, he reconstruido, en resumen, la aventura trágica ocurrida entre Escobedo y García, en estos términos:

Octavio Ramírez, un individuo de nacionalidad desconocida, de cuarenta y dos años de edad y apariencia mediocre, habitaba en un modesto hotel de arrabal hasta el día 12 de enero de este año.

Parece que el tal Ramírez vivía de sus rentas, muy escasas por cierto, no permitiéndose gastos excesivos, ni aun extraordinarios, especialmente con mujeres. Había tenido desde pequeño una desviación de sus instintos, que lo depravaron en lo sucesivo, hasta que, por un impulso fatal, hubo de terminar con el trágico fin que lamentamos.

Pablo Palacio

Para mayor claridad se hace constar que este individuo había llegado solo unos días antes a la ciudad teatro del suceso.[3]

La noche del 12 de enero, mientras comía en una oscura fonducha, sintió una ya conocida desazón que fue molestándole más y más. A las ocho, cuando salía, le agitaban todos los tormentos del deseo. En una ciudad extraña para él, la dificultad de satisfacerlo, por el desconocimiento que de ella tenía, le azuzaba poderosamente. Anduvo casi desesperado, durante dos horas, por las calles céntricas, fijando anhelosamente sus ojos brillantes sobre las espaldas de los hombres que encontraba; los seguía de cerca, procurando aprovechar cualquiera oportunidad, aunque receloso de sufrir un desaire.

Hacia las once sintió una inmensa tortura. Le temblaba el cuerpo y sentía en los ojos un vacío doloroso.

Considerando inútil el trotar por las calles concurridas, se desvió lentamente hacia los arrabales, siempre regresando a ver a los transeúntes, saludando con voz temblorosa, deteniéndose a trechos sin saber qué hacer, como los mendigos.

Al llegar a la calle Escobedo ya no podía más. Le daban deseos de arrojarse sobre el primer hombre que pasara. Lloriquear, quejarse lastimeramente, hablarle de sus torturas...

Oyó, a lo lejos, pasos acompasados; el corazón le palpitó con violencia; arrimóse al muro de una casa y esperó. A los pocos instantes el recio cuerpo de un obrero llenaba casi la acera. Ramírez se había puesto pálido; con todo, cuando aquel estuvo cerca, extendió el brazo y le tocó el codo. El obrero se regresó bruscamente y lo miró. Ramírez intentó una sonrisa melosa, de proxeneta hambrienta abandonada en el arroyo. El otro soltó una carcajada y una palabra sucia; después siguió andando lentamente, haciendo sonar fuerte sobre las piedras los tacos anchos de sus zapatos. Después de una media hora apareció otro hombre. El desgraciado, todo tembloroso, se atrevió a dirigirle una galantería que contestó el transeúnte con un vigoroso empellón. Ramírez tuvo miedo y se alejó rápidamente.

Entonces, después de andar dos cuadras, se encontró en la calle García. Desfalleciente, con la boca seca, miró a uno y otro lado. A poca distancia y con paso apresurado iba un muchacho de catorce años. Lo siguió.

−¡Pst! ¡Pst!

---

[3] Quito.

Vidas escandalosas

El muchacho se detuvo.

–Hola rico... ¿Qué haces por aquí a estas horas?

–Me voy a mi casa... ¿Qué quiere?

–Nada, nada... Pero no te vayas tan pronto, hermoso...

Y lo cogió del brazo.

El muchacho hizo un esfuerzo para separarse.

–¡Déjeme! Ya le digo que me voy a mi casa.

Y quiso correr. Pero Ramírez dio un salto y lo abrazó. Entonces el galopín, asustado, llamó gritando:

–¡Papá! ¡Papá!

Casi en el mismo instante, y a pocos metros de distancia, se abrió bruscamente una claridad sobre la calle. Apareció un hombre de alta estatura. Era el obrero que había pasado antes por Escobedo.

Al ver a Ramírez se arrojó sobre él. Nuestro pobre hombre se quedó mirándolo, con ojos tan grandes y fijos como platos, tembloroso y mudo.

–¿Que quiere usted, so sucio?

Y le asestó un furioso puntapié en el estómago. Octavio Ramírez se desplomó, con un largo hipo doloroso.

Epaminondas, así debió llamarse el obrero, al ver en tierra a aquel pícaro, consideró que era muy poco castigo un puntapié, y le propinó dos más, espléndidos y maravillosos en el género, sobre la larga nariz que le provocaba como una salchicha.

¡Cómo debieron sonar esos maravillosos puntapiés!

Como el aplastarse de una naranja, arrojada vigorosamente sobre un muro; como el caer de un paraguas cuyas varillas chocan estremeciéndose; como el romperse de una nuez entre los dedos; ¡o mejor como el encuentro de otra recia suela de zapato contra otra nariz!

Así:

¡Chaj!

          [con un gran espacio sabroso

¡Chaj!

Y después: ¡cómo se encarnizaría Epaminondas, agitado por el instinto de perversidad que hace que los asesinos acribillen sus víctimas a puñaladas! ¡Ese instinto que presiona algunos dedos inocentes cada vez más, por puro juego, sobre los cuellos de los amigos hasta que queden amoratados y con los ojos encendidos!

¡Cómo batiría la suela del zapato de Epaminondas sobre la nariz de Octavio Ramírez!

Pablo Palacio

¡Chaj!
¡Chaj!
            [Vertiginosamente]
¡Chaj!
en tanto que mil lucecitas, como agujas, cosían las tinieblas.

[El relato fue publicado en la *Revista Hélice* de Quito en su primer número en 1926. Se incluye en el libro *Un hombre muerto a puntapiés* al año siguiente, en edición de la Universidad Central de Quito. Seguimos el texto de la edición de la Colección Archivos]

Alfonso Hernández-Catá

(Salamanca, España, 1885-Río de Janeiro, 1940)

Aunque fue legal y apasionadamente cubano, no puede despreciarse el hecho de que, tanto por su nacimiento y crianza, como por su labor diplomática en Europa y América Latina, su obra posee un elevado carácter cosmopolita. Las mayores influencias en sus relatos son las de Edgar Allan Poe y Guy de Maupassant, pero especialmente la de Benito Pérez Galdós. Le interesó particularmente el tema de la modernidad y los efectos de la modernización en las sociedades hispanoamericanas, y lo trata en sus obras con una mezcla de miedo y fascinación.

Es uno de los primeros narradores hispanoamericanos en abordar el tema de la homosexualidad. Primero, en su novela *La juventud de Aurelio Zaldivar* (Madrid, 1911), donde la homosexualidad aparece de un modo oblicuo. Luego, en *El ángel de Sodoma* (1928), donde el tema ocupa el centro de la trama. En ella, José María Vélez-Gomara, un joven español de ambigua constitución física –caderas pronunciadas, falta de vello corporal– y psíquica –como su nombre indica– va al circo y queda prendado de la belleza física de un trapecista. Este deseo le tortura y trata en vano de eliminarlo y mantenerlo en secreto. Luego de intentar diferentes formas de autodisciplina – transformación de las formas de caminar y vestir, refugio en el trabajo intenso, rutinas físicas, ascetismo– se embarca en la búsqueda de una novia. Luego de meses de una relación banal con la joven Cecilia, se convence de que no puede canalizar sus deseos en esa dirección. Cree que su ultima oportunidad es marchar a París para dejar que su deseo homosexual se exprese en el anonimato de la gran ciudad. Allí pacta una cita con otro hombre, pero recibe una carta de alguien de su ciudad que le recuerda el honor que le debe a su familia –el poder del apellido, la autoridad del Padre. Finalmente, la culpa lo conduce al suicidio y se arroja a las vías del tren.

La segunda edición (1929) es la más conocida. Se publicó acompañada de un prólogo del endocrinólogo y sexólogo Gregorio Marañón y un epílogo del abogado y criminólogo Luis Jiménez de Asúa. Estos paratextos hablan, por una parte, de las justificaciones y autoridades necesarias para insertar socialmente un texto literario centrado en la homosexualidad; por otra, del cambio de perspectiva que los debates sobre el tema iban teniendo: de las ideas morales y religiosas a las positivistas. Los "invertidos" y "viciosos" eran ahora considerados como "enfermos". Hay una edición crítica de Maite Zubiarre (Stockcero, 2011), quien también estudia su libro en *Cultures of the Erotic in Spain 1898-1939*.

En este texto existe una oposición espacial entre el circo, el muelle, la estación de trenes de la gran ciudad, donde el deseo homosexual es posible, y los espacios de poder patriarcal –el banco, la casa familiar, el pueblo–, donde es reprimido. Por esa razón hemos escogido el capítulo III, centrado en la visita al circo, fragmentos del capítulo VI, que muestran el auto-castigo impuesto por el protagonista, y el capítulo final, donde el deseo de autoaniquilación, único deseo permitido en el espacio novelesco, triunfa una vez más sobre el deseo del otro.

El ángel de Sodoma

Capítulo III

Los primeros síntomas fueron casi imperceptibles y se engendraron, sin duda, en aquel trueque de facciones entre las dos muchachas. Los segundos los trajo Jaime de su viaje a tierras remotas, a modo de contrabando indómito comprado y escondido en su alma, hasta entonces dócil, en uno de esos puertos donde confluyen las razas y los vicios de varios continentes. La revelación postrera, volcán abierto de improviso sobre una montaña umbrosa y florida, la tuvo José-María la noche aquella en que, arrastrado por el hermano menor, fue al circo.

La tarde en que llegó Jaime de su primer viaje, cuando estaban en el muelle esperando el atraque del buque, José-María dijo a sus hermanas:

–No quiero que lo disgustemos. Ni una palabra de vosotras... Puesto que va a estar tan pocos días, que no se vaya preocupado.

La boca carnosa y golosa se contrajo en la cara rubia, y los finos labios exangües trazaron en el rostro moreno una línea de tesón cruel. Por obra de aquella boca ávida que ponía en toda la faz, desde el pelo de aureola al vértice tenuemente velloso y casi vegetal de la barbilla, un reflejo rojizo, de sexo, Amparo, estremecida apenas escuchó la primera palabra de solicitud, a modo de centinela que esperase el primer alerta de la pasión, enamoróse de un mozo vulgar empleado en el almacén situado en la planta baja de la casa, mientras Isabel-Luisa, con cautela sagaz, sin otorgar la menor concesión, manejando una coquetería de ojos bajos y graduadas frialdades, tenía soliviantado al hijo del banquero en cuyas oficinas trabajaba José-María. Éste sufría por igual de las dos amenazas, pues si anhelaba para la primera un hombre de otro rango, no quería que, por el dinero nada más, un canijo, sietemesino también de alma, pudiera comprar a Isabel-Luisa con la garantía única de un sacramento.

Desde el primer momento comprendió que carecía de energía para oponerse a que una de las bocas buscase con ingenuo impudor ocasiones para convertirse en camino de las entrañas, y a que la otra mordiese, en silencio, palabras e intenciones. Y su aptitud maternal solo manifestada, hasta entonces, en cuidados femeniles y en minuciosidades heredadas de la mujercita de incansables manos, mostróse en esa primera encrucijada de la vida pura y desvalida. Ante el comienzo de aventura de las dos bocas, José-María siguió siendo "la madrecita", y no pudo hacer más que lamentarse y sufrir.

Cuando el buque se reclinó a reposar en el muelle, les devolvió un ser cuyo busto casi habían desconocido desde un rato antes entre el techo de planchas y la faja blanca de la toldilla. Era un Jaime nuevo, curtido de cierzos y de soles, más fornido, con algo de imperativo y de excesivamente desenvuelto en los ademanes, iluminado a menudo por una sonrisa casi procaz, de superioridad. Y sus hermanos, viéndolo ir y venir por el buque, despedirse reteniendo manos y sosteniendo miradas, estaban absortos, en una admiración algo medrosa. Cuando lo abrazaron los tres —Amparo más fuerte que ninguno—, sintieron una impresión de extrañeza. Ya en la escalerilla, Jaime se volvió a decir adiós con la mano a una mujer joven, y para aplacar las miradas interrogativas de los suyos, explicó:

—Es la hija de un domador de fieras. Viene toda la compañía con nosotros: gentes estupendas... Hoy mismo armarán aquí el circo y pasado mañana debutan. Iremos tú y yo, José-Mari.

En la casa, Jaime fue como un espectáculo amedrentador. Cantaba, al levantarse, canciones desconocidas; iba por entre los muebles sin la mesura cuidadosa de los otros; echaba en la sobremesa la silla para atrás, balanceándola sobre las patas traseras mientras contaba aventuras increíbles y hablaba de la estupidez de vivir en un solo sitio, y de la grandeza del mundo, cual si la hubiese medido con el inquieto compás de sus piernas. Entre risotadas excesivas —risa ya hecha a dominar el tumulto del mar—, burlóse de los licores caseros hechos por José-María, y sacó de su equipaje una caneca de ginebra. Y de vez en cuando soltaba la copa, lanzaba un insulto contra los burgueses, perseguía una imagen turbadora y solo visible para él en el humo del cigarro, y cerraba el puño en espera de una contradicción que no llegaba.

Encarándose con Amparo, le preguntó:

–Qué, ¿tienes novio?

Y sin cuidarse del silencio, volvióse hacia la otra:

–¿Y tú?... Bien: no queréis decírmelo... De dar tumbos y tumbos por ahí se aprende la vida... ¡Hay que gozar, muchachas! El que de seguro tendrá ya pecho donde apoyarse eres tú.

José-María vio los ojos aventureros clavados en los suyos, y bajó la faz encendida en un rubor mucho más intenso que el de sus hermanas. Jaime aparecíasele tan ajeno, que deseaba que se fuera pronto; y solo cerrando los párpados y eliminando algunas entonaciones harto broncas, reconocía en él un resto de la voz que le había dicho adiós un año antes desde el mismo muelle en donde lo viera volverse para dar una despedida capciosa a la hija del domador de fieras. Cuando, al otro día, mientras él estaba en la oficina Isabel-Luisa y Amparo salieron solas con él, casi tuvieron miedo.

La noche en que debían ir al circo José-María hubo de esforzarse para no dejar de cenar. Estaba intranquilo. Ráfagas de presentimiento hacían oscilar la llama de su alma. Estuvo por decirle a Jaime que no iba, so pretexto de no dejar solas a las muchachas; pero Amparo previno el falso escrúpulo antes de formularse:

–Ya es hora de que salgas a divertirte siquiera una noche. Nosotras nos acostamos tranquilitas, y en paz.

Y cual si la boca calculadora quisiera garantizar con su vigilancia los posibles desmanes de la otra, Isabel-Luisa añadió:

–Puedes irte tranquilo, que no nos separamos ni un minuto.

Ya José-María había sospechado que entre la hija del domador y Jaime existía algo; pero apenas estuvieron los dos solos, en la calle, la mano fraterna cogiósele al brazo, y el rostro aproximóse confidencial. "¡Era una mujer maravillosa, única! Hecha a luchar con hombres y fieras tenían sus caricias un sabor terrible. Besarla era como estar en capilla." A pesar de que en los malditos barcos españoles nada se puede hacer, porque el capitán se cuida más de la moral que del mal tiempo, él había logrado verla una vez en mallas, de lejos, igual que iban a verla poco después, en el número final, haciendo ejercicios sobre el trapecio entre los tigres y los leones. "¡Qué mujer admirable! ¡Qué formas! La escultura de una de las negras del Senegal con piel color de día, rubia y rosada... ¡Ah, solo por eso vale la pena viajar, José-María! Las mujeres que uno ve desde niñas, haciéndose, no son iguales a las que se encuentran de pronto. ¿No te pasa a ti con las que vienen aquí los veranos?"

Pero José-María apenas lo escuchaba. El rubor que antes encendióle el rostro, quemábale ahora todo el ser. Sentado en la silla al borde de la pista, bajo el enorme cono de la lona serpeado de cuerdas y reflejos, miraba pasar los números sin complacencia, en espera de no sabía qué, y apenas oía ya las palabras candentes de Jaime, atento al confuso rumor de su espíritu.

El olor de muchedumbre apiñada uníase al aliento agrio emanado por las jaulas de las fieras, invisibles y próximas. Los payasos no lo hicieron reír ni los ilusionistas lo sacaron de su ensimismamiento. Al despejar la pista para colocar el fuerte enrejado que la transformaba en inmensa jaula, de cuya cúspide pendían dos trapecios, el malestar de José-María acrecentóse. Frente a ellos, por un portillo al cual se adosaban los cajones en donde viajaban las fieras, penetraron el domador de altos bigotes, vestido de calzón joyante, y una mujer y un hombre cubiertos con mantos oscuros. En seguida, en saltos tímidos, comenzaron a entrar el león reumático, el tigre morfinómano, las dos panteras a quienes la alternativa de renunciar a la carne o morir había transformado en vegetarianas. Los rugidos despedazaban el silencio. El público contenía la respiración más por deseo que por temor de tragedia. Y en tanto el hombre de los bigotes enhiestos y el calzón de raso chasqueaba la fusta, la diestra de Jaime oprimía el brazo de su hermano exhortándolo a no perder el espectáculo deslumbrador de ver caer aquel manto oscuro que ocultaba la estatua apasionada presta a surgir.

—¡Mira!... ¡Mira!

A una señal, las dos crisálidas emergieron dejando en tierra la fea envoltura que embotaba sus formas multicolores, y cuatro brazos se tendieron hacia los trapecios. Hubo una doble lección de escultura violenta, hecha de músculos, de forzadas sonrisas, de emanaciones de juventud poderosa. Fieras y hombres miraban, con el mismo mirar, el rápido bambolearse de los dos péndulos humanos. Los verdes, los rojos, los azules, los amarillos luminosos de los trajes, fundíanse en un solo color indefinible, frutal aún. Y, como un eco de aquel movimiento ritmado por el látigo y por el allegro cobrizo de la charanga, personas y bestias cabeceaban, cabeceaban... Al final del número, el león y el tigre, rampantes, a uno y otro extremo de la línea recorrida por los acróbatas, recibieron a los gimnastas entre sus garras, en un abrazo repentino que alzó alaridos de voluptuosa angustia. Y, por último, en carrera circular dirigida desde el centro por el domador, la mujer, el hombre y las fieras formaron, durante pocos minutos, una rueda de vértigo cuyos radios sonoros trazaba la fusta.

Se quedaron largo rato sentados, mientras salía la multitud, hasta que las crudas luces de los arcos, que también hacían volatines al extremo de los alambres, se extinguieron. Luego entraron a saludar a los protagonistas de la fiesta. Encogido durante las presentaciones, José-María tuvo un momento entre su mano la tibia de la mujer, la de su compañero de hazaña y la del domador. Los invitaron, casi por fuerza, a tomar unas copas de coñac y Jaime supo, con júbilo, que en la primera escala de su buque volverían a encontrarse. Ya en la calle, oprimiendo de nuevo el brazo fraterno, vanidosamente interrogativo, el marino preguntó:

—¿Qué te ha parecido? Ya verías cómo me miraba. Es una mujer de primera. ¡Ah, por una hembra así, aunque hubiera de desembarcarme de diez buques!... ¿Te fijaste en sus ojos? ¿En su boca?

Sin estas dos últimas preguntas, la dulce autoridad de José-María habríase alzado temerosa, presta a protestar o a persuadir. Pero la respuesta, surgiendo repentina en su mente, fue tan inesperada, tan turbadora, tan nueva y pavorosa para él mismo, que hubo de apretar los labios, según solía hacer Isabel-Luisa, para que ni una palabra revelara el hirviente abismo abierto de pronto en su conciencia. Jaime iba saturado del propio deseo, y por eso no pudo advertir su estupor ni leer en sus ojos mojados de espanto las contestaciones. Pero su alma debía grabarlas con trozos de fuego en cada una de sus facciones: "No, no se había fijado en la mujer... Ni siquiera sabía si era rubia o morena. Sus cinco sentidos sumados al de la vista, no habíanle bastado para mirar, con todo anhelo, con todas las potencias sensuales dormidas hasta entonces, sin que su razón se diera cuenta, a otra parte. Desde que las dos crisálidas dejaron en el suelo la envoltura, un instinto imperativo, adueñándosele de la mirada, borró por completo la estatua femenina, las fieras, hasta la multitud. Fue un largo y hondo minuto, turbio, lleno de removidas heces de instinto, en el cual su razón, su moral, su pudor, sus timideces, su dignidad misma, sintieron estallar debajo de ellos una erupción repentina e irresistible. Y ahora, en medio de la calle, dando traspiés que, por fortuna, Jaime atribuyó a su falta de costumbre de beber, confesóse sin medir aún todo el alcance terrible del descubrimiento, que solo el eco del tacto de una de las tres diestras estrechadas persistía en la suya, y que solo una figura perduraba en su retina y en sus nervios: la del hombre... ¡La del hombre joven y fornido nada más!"

Capítulo VI

Esa huida de un enemigo que ni siquiera había reparado en él; esa carrera de brazos tendidos hacia las personas y sitios tutelares, para comprobar después que llevaba su enemigo en sí y que solo un tajo divino podría escindir las dos mitades hostiles de su ser permitiéndoles escapar una de otra, constituyó durante muchos meses la única aventura dinámica de José-María.

Pero que el aire fuera ágil y cargado de aromas; que estuviera saturado de luz y de perezas o presentase la cristalina transparencia invernal, su conciencia funcionaba inmutable, escandalosa y trémula, a modo de despertador incrustado en el reloj de su vida, exacto en el desencadenar alarmas al comienzo de cada hora propicia al sueño de las claudicaciones.

Para no poner ante sus pasos la negra cinta de un destino aherrojado en la alternativa del sacrificio y del vicio sin perdón, cerraba los ojos al pasado mañana y, marcándose cortas etapas de futuro, las seguía con obstinada voluntad.

Como en todas, hubo en la primera dos aspectos: el relativo a sus hermanos, a su apellido, y el relativo a él, "Mañana haré esto; pasado lo otro", decía, sin atreverse a ir más allá; pero vagamente, pensaba: "Contrariaré la expansiva sensualidad de Amparo, trataré de quitar del carácter de Isabel-Luisa esa frialdad utilitaria, seca... Habré de reencauzar a Jaime..." Y, por último, simultáneo a la observación de que todas estas faltas ajenas eran solo del carácter, se acordaba de sí, y decía torvo: "Y tendré que modificar también esta constitución física mía, que bastaría para delatar a cualquiera que viese mi cuerpo, el combate de insinuaciones y resistencias que se pelea de continuo en mí".

Le despachó a Jaime cartas donde el imperativo recorría desde la súplica a la exigencia. La gratitud debida al padre y la conducta debida al nombre ilustre de los Vélez tomaba bajo su pluma argumentos tan vehementes que el marino, por gratas que fueran las distracciones de su vida, no habría podido leerlas sin inquietud. La mayor parte de este epistolario no llegó a su destino, y al serle devuelto a José-María, éste volvió a leer las cartas escritas por su mano meses antes, cual si en vez de ser suyas le fuesen dirigidas por alguien muy íntimo: como si él fuese un poco Jaime, y un José-María lejano conocedor de sus zozobras, quisiera servirle de lazarillo en la infernal senda.

Mientras tanto, hacía media hora de gimnasia violenta todas las mañanas y, en el intervalo entre el final y la comida y la hora de regresar al escritorio, se sometía en la terraza, desnudo, al rigor del sol, que le abrasaba la piel, le producía tremendas cefalalgias y dejaba dentro de sus ojos un chisporroteo de estrellitas cáusticas, terribles.

–¿Has visto las herejías que hace este hombre? ¡Y con ese cutis de jazmín que da envidia! Te vas a poner hecho un moro –decíale Amparo.

–¡Ojalá! –respondía él con tanto ardor, que Isabel-Luisa, saliendo de su ensimismamiento, terciaba:

–Hay que dejar a cada cual con sus manías. Es el mejor modo de no reñir.

Y entonces el alma de José-María se abría en consejos que la boca morena recibía risueña y la boca rubia con un rictus casi sardónico.

Cuando, bajo la piel suave, los músculos fueron marcando sus protuberancias, José-María, a empuje del estímulo, empezó a aprender a fumar. Los esfuerzos para tragarse el humo le causaban tos y dolores de cabeza. A veces una colilla "olvidada ex profeso" para que le sirviese de testimonio viril, lo despertaba con su pestífero olor; y entonces todos sus esfuerzos por caer en la cama rendido y no dar al pensamiento ocasión de mecerlo con un vaivén que concluía diluyendo su voluntad en sensaciones equívocas, veíanse fallidos injustamente.

¡Para el menor resultado apreciable precisaban meses y meses de trabajo, mientras que las tentaciones y los sueños insinuábanse y se multiplicaban en menos de un minuto! Bastaban las candencias morbosas y estúpidas de un tango en la ciudad, el desarrollo mórbido de las olas en la playa, la ternura de algunos verdes en la campiña, la forma de alguna nube en el cielo para que el drama de su carne y de sus nervios tomase estado imperativo.

Los ojos y las manos se le iban a la menor distracción tras de las revistas de modas, tras de las labores de tijera y aguja que sus hermanas realizaban; pero no volvió a poner los dedos en ellas. Cuanta inclinación sospechosa movía su simpatía, era contrarrestada con rigor. Habituóse a andar a pasos largos, rítmicos. Usaba bastón, y en vano dejaba transcurrir tres y cuatro días sin afeitarse para dar a su rostro un aspecto áspero. Burlándose de esos esfuerzos, una voz interna le decía:

–Todo es inútil. Tu barba, tu cara envuelta en humo, tus trabajos, pueden menos que ese desasosiego muelle que a veces te turba. Los ejercicios de días y días, los sacrificios de meses, son vencidos por un medio día de tormenta, por un tropezón involuntario con el compañero de la oficina, por una mirada imposible de sostener en la calle. ¿Recuerdas la impresión que te hizo ayer aquel vendedor? No se trata de una cosa que puedes adquirir o dejar, sino de una cosa que eres porque naciste así, porque te engendraron así. Y tarde o temprano...

Pero a esta ironía cínica respondía el carácter con nuevas precauciones, ahincando el ímpetu para cumplir las etapas sin desmayar.

[...]

Cuando una voz aguda pinchó la pompa de añoranzas en que estaba aislado y lo restituyó a la realidad del café, encogióse. En la mesa inmediata los militares disputaban, y uno más joven que los otros, de mandíbula brutal, golpeó con la diestra la cruz pendiente de su pecho. Era un mozo cetrino, áspero. Feo y violento entreveraba de palabrotas su discurso, y a modo de suprema razón daba puñadas en el mármol. ¡Cómo admiró José-María su empaque altivo! Y no había en su admiración, hecha de pura envidia, nada del atractivo turbio que, desde niño, habíanle producido otros seres de su propio sexo; nada del sentimiento de admiración delictiva que le produjo el Hércules del circo. Aquel hombre, tal vez en un segundo de cólera ciega o en uno de esos miedos absolutos que anulan hasta el instinto y obligan a huir hacia adelante, habría consagrado su varonía con cifra heroica; y él, el que en tantos minutos, en tantas horas de desmoralizadora primavera resistía al enemigo, se consideraba, frente a su fuerza ufana y armada, indigno, débil.

Con su mandíbula bruta y su alma forjada de un golpe, el militar podía mirar a no importa a quién cara a cara, y blasfemar y exasperarse a la menor contradicción, mientras que él, en cuanto dos ojos lo examinaban, sentíase obligado a humillar la cabeza. ¡Ah, de haber estado en la vida solo, de no tener la responsabilidad de tres destinos, él también se habría ido a la guerra, no importa a cuál, a pelear negro de humo, amarga la boca de pólvora y el alma de barbarie!

[...]

Capítulo X

París, nombre-promesa para cualquier buscador de cualquier alcaloide de vida, lo acogió con esa sonrisa de fin de otoño hecha de grises y de cielos bajos. De la estación al hotel reflejáronse en sus ojos las imágenes desconocidas y empero familiares del Sena, de la Catedral de las dos torres truncas, de la Torre Eiffel y del jardín ilustre de las Tullerías. Una cándida sorpresa de que su Vélez-Gomara no significase en el hotel sino por la calidad de la habitación elegida, complacíale. Su proyecto era cambiar de hotel apenas se orientase, e ir a otro más apartado, con falso nombre. La indiferencia con que era escuchado el verdadero lo disuadió de esta precaución. Al abrir las maletas regaladas por Amparo e Isabel-Luisa, emergió de ellas un hálito embalsamado. José-María comprendió que su ropa deshonraba aquellas maletas que acababan de hacer un viaje nupcial, y salió dispuesto a comprar prendas que terminaran de una vez su ascetismo estúpido.

En la tienda su diestra palpaba con delectación los hilos frescos, las sedas tibias y crujientes, las batistas traslúcidas, los crespones de lujosa granulación. Fuerte de su dinero y poseído por esa incontinencia adquisitiva que sienten las mujeres en las tiendas, separó calcetines, tirantes, camisas, pijamas, mudas interiores, corbatas... Todo era leve, de calidad extrema. Le ofrecieron marcárselo en poco tiempo y se negó. Como el comerciante interpretase que no era el precio sino el plazo de ejecución lo que retraía al cliente, disminuyó éste y subió aquel con tanta obsequiosidad que José-María estuvo a punto de gritarle: "¡Pero si lo que yo quiero es no llevar ninguna marca! ¡Si he venido a suprimirme los apellidos, idiota!"

Camino del hotel compró jabones, agua de lavanda y una loción. Sus trajes le parecieron indignos de lo adquirido y, seguro de hallar buena ropa hecha para su cuerpo, entró en una sastrería y compró de todo, sin que apenas hubieran de reformar las prendas.

Luego volvió al hotel y abrió la mampara que separaba su alcoba del baño. El agua tibia, borboteante, subía en la bañadera de porcelana, y un rayo de sol se refrescaba en ella abriéndose de placer en luces de colores magníficos. José-María se bañó como jamás en su vida se había bañado: en una inmersión larguísima, llena de ensueños sin forma. No era aquel el baño de la mañana, de aseo: era un goce de sentirse liviano en la olorosa transparencia y de descubrir, además, que el agua no merece siempre su fama de casta.

Bajó a comer y, antojándosele angosto el comedor del hotel, echóse a la calle. El vaivén de la muchedumbre, las terrazas, los guiños luminosos de los anuncios, multiplicaban la sensación concreta que desde la subida al tren experimentase: ¡El mundo era grande, grande! Cada uno de aquellos seres quizás, muchos de seguro, tendrían sobre su conciencia no solo pasiones inevitables, sino crímenes, ¡y vivían! Comió con apetito, bebió, y a los postres sintió la impaciencia de ir a ver si sus compras habían ya llegado. La ropa interior, sí; pero hubo de telefonear al sastre y, no obstante los apremios, tardaron cerca de dos horas. Cuando los sastres llegaron subió a su cuarto y se transformó, maravillándose de la propia magia. ¡Era otro! Pero no solo por las obras: era otro ya cuando, al despojarse de la bata de felpa, sin atreverse a mirar cara a cara la inmensa luna del armario, se vio íntegro, terso y túrgido el cuerpo de que tantas veces se había avergonzado, la cara iluminada por la sonrisa...

Salió de nuevo, de continuo alegre y atónito de que nadie le preguntase nada, de que nadie se fijase en él; y fue a un teatro frívolo. Ya tarde se acostó aturdido y feliz.

Casi lo mismo hizo al otro día y al siguiente. No tenía impaciencia. Estaba seguro de que su ocasión, su aventura, había de llegar. Y mientras tanto bastábale la dicha de no sentir pesar sobre su alma el pétreo escudo de su casa, de contemplarse ya sin rebozo en el espejo, y de sentir, a modo de anticipo de todas las caricias, las de la ropa fina. Gustaba de situarse en las terrazas de los cafés a ver el río humano. Por la tarde iba a los salones de té y, rechazando con denegaciones desdeñosas e inapelables las invitaciones a bailar de las muchachas, pasaba horas y horas sintiendo en la carne el ritmo desmoralizador de la música e interesándose por los jóvenes de belleza profesional que bailaban con viejas restauradas y sin miedo al ridículo. Cada día comía en un sitio, visitaba un barrio, cambiaba de universo, y esperaba seguro, sin premuras.

Tenía la certeza de que le habría abastado un gesto en cualquier espectáculo, en cualquier bulevar, para acelerar su destino. Pero no quería. Sin duda muchos de aquellos hombres solos y bien vestidos pertenecían a la funesta secta de las víctimas del error de Dios, y un solo ademán, un solo relumbre de ojos hubiera bastado. Si en su ciudad –de la que pasaba días enteros sin acordarse– lo identificó uno, allí, en el inmenso París,

¡cuán fácil hallar cien! No quiso. Estaba seguro de que al aproximarse el instante decisivo sentiría la emoción de las anunciaciones. Y esta hízole palpitar las sienes una tarde, de vuelta del Bosque de Bolonia, en donde él creía hallar siempre un poco de primavera rezagada.

Iba en automóvil, echado con indolencia en el respaldo, y de pronto una figura destacóse en la muchedumbre de la acera. Al pronto José-María no advirtió que no iba sola porque primero sus ojos y en seguida todos sus sentidos se sumaron a la vista para contemplarla. Y hubo un choque de miradas instantáneo y especioso como un largo convenio.

José-María despidió el automóvil y siguió a pie. El mozo era alto, hercúleo, con una extraña fatiga en el rostro –que a él le recordaba otro rostro visto solo dos veces en la existencia. Un anciano iba a su lado. De soslayo, cada vez que el oleaje de gente amenazaba separarlos, el joven se cercioraba de que José-María le iba a la zaga. Tras lenta caminata se detuvieron ante el escaparate de una librería y entraron. José-María penetró también, impelido por extraña audacia. Mientras el anciano –"Su padre", pensó José-María al comparar las facciones– husmeaba en la mesa de los libros recién publicados, el hijo sacó una hoja de papel y escribió con lápiz en ella. Cual si tuviera larga práctica, José-María comprendió la maniobra y, en el apelotonamiento de la salida, el billetito estuvo en su mano.

Los desconocidos tomaron un coche y él se quedó en la acera, con el papel quemante. Lo puso en el bolsillo del chaleco, y tomó otro auto, hacia el hotel. Un rubor tardío subióle de todo el ser, sofocándolo, y desabrochóse la chaqueta que, a pesar del bolsillo interior hinchado de billetes y documentos, expandióse hacia atrás sin que él se ocupase de repetir el gesto desconfiado de rústico en viaje hecho tantas veces en los días últimos. Su diestra, en cambio, oprimía trémula el bolsillo del chaleco donde estaba el billetito con estas palabras: "Mañana cinco tarde salida metro Javel."

Al subir al hotel el portero le dijo que habían venido a procurarlo y tuvo la idea disparatada de que el mancebo hubiera podido adelantársele. Imposible –se dijo enseguida– :No sabe quién soy. Y sin curiosidad, atribuyéndolo a un error, para darse en seguida por entero a sus emociones, se acostó y estuvo hasta muy tarde insomne, con una impresión de miedo dulcísimo en toda la carne y en toda el alma.

En vez de pensar en "aquello", cien ideas fútiles salpicaban su inquietud. Se durmió, y despertó cuando mediaba el día. Su baño fue lento, con minuciosidades de rito. No quería pensar en nada. Cuantas ideas intermediarias entre el presente y las cinco de la tarde acudían a su mente, eran rechazadas por una euforia azorada, vagamente temerosa de quedarse quieta. Iba y venía, tarareaba canciones, cosa rara en él. En el fondo tenía miedo, y cantaba cual si estuviera en senda oscura.

Bajó a comer, y luego fue a una peluquería donde entregó las manos a los cuidados dolorosos de una manicura. ¡Qué despacio avanzaba el tiempo! Volvió al hotel a mudarse de ropa, y, al bajar, halló, en el casillero donde colgaba su llave, una carta. La puso en un bolsillo exterior, desentendido de cuanto no era su aventura, y salió para estudiar en la estación subterránea de la Ópera el mapa del Metropolitano. Como le sobraba tiempo, volvió a subir y siguió a pie hasta la Magdalena. El tiempo precipitóse de súbito y empezó a faltarle. Iban a dar las cuatro y media ya. Descendió presuroso, y con el hacinamiento de la multitud sintió que algo en la americana le crujía: era la carta olvidada. Rasgó el sobre, y un efluvio de su ciudad, de su vida anterior, escapóse de él y entróle imperativo en el alma... Era de Claudio. "Ojalá que la razón social pudiese algún día ser: 'Osuna Vélez Gomara y Compañía' –decíale tras de las primeras frases. Le advertía, después, haber enviado telegramas a los corresponsales, quienes, de seguro, irían a buscarle para atenderlo... Había llegado una carta del extranjero, abierta por él en persona, por fortuna, y en ella el Cónsul de Kingston anunciaba la muerte de Jaime a bordo de un barco contrabandista apresado cerca de la Florida. Esto no lo había dicho a nadie, ni a Isabel-Luisa– ¿Para qué? Cuanta discreción se tuviese con las cosas atañederas al honor familiar era poca..." Toda la carta respiraba suficiencia, vanidad. Le recomendaba distraerse, no ser demasiado económico, no olvidar nunca no ya su apellido, sino la representación de la casa...

Era cual si la ciudad entera le hubiese escrito para sacarlo del olvido... ¡No, no podía ser! ¿Adónde iba? ¿A qué precipicio lo llevaba aquella sierpe de luces horadando sombras?

Un reflujo moral destruyó toda su voluptuosidad, toda su manumisión; y comprendió que ya no podría volver jamás a la ciudad fundada por los suyos ni emprender otra vez la vida oscura de secretas ignominias y de constante enfrenar las bestias de su cuerpo.

La idea de volver al hotel, de recibir la visita del corresponsal –sin duda el visitante del día anterior– también le horripilaba. ¡La muerte, solo la muerte, le abría una puerta pura! Pero tampoco podía suicidarse sin un motivo, dejando la menor pista de sospecha hacia el verdadero. Era preciso proceder con cautela. Su padre mismo habíale dado ejemplo...

La imagen de su cabeza destrozada por una bala llevaría a la ciudad, a Claudio, a las hermanas por quienes se había sacrificado tantos años, una incomprensión dolorosa y, tal vez, a Cecilia, una comprensión que era necesario evitar. La estirpe de Los Vélez-Gomara acababa en él y no podíale poner broche sucio. La muerte, sí; mas no en cita declarada, sino en encuentro casual. ¿No había en toda casualidad un cabo voluntario sujeto por la mano de Dios? Ahora ese cabo lo tendría él.

El convoy se detuvo. "Javel" decían las grandes placas de esmalte; y la carne obedeció al conjuro del nombre. ¡Ay, ya no mandaba ella, sino la conciencia! Quedó en el andén, solo, como indeciso, mientras muchos subían y llegaban otros para aguardar al tren siguiente. Todos los días la torpeza de los no habituados al tráfico de la gran urbe originaba accidentes. Habría uno más.

Cuando, poco después, dos ojos amarillos, miraron a la estación desde lo profundo del túnel, él se acercó al borde de la plataforma, despacio, con una cautela femenina, que ni a los más próximos infundió sospechas, y en el instante justo dio un traspiés.

Un largo estrépito de hierros y de gritos pasó sobre su carne virgen e impura.

1928

[*El ángel de Sodoma*. Madrid: Editorial Verbum, 2016]

Teresa de la Parra

Ana Teresa de la Parra Sanojo (Paris, 1889-Madrid, 1936)

Destacada escritora y periodista venezolana, nacida en una familia terrateniente y aristocrática. Sus primeros años transcurrieron entre París y Caracas. Para sus primeras publicaciones utilizó el seudónimo Fru-frú. En 1923 se traslada a París y en 1924 publica su primera novela *Ifigenia (o diario de una señorita que se fastidiaba)*, que le abrió el reconocimiento entre círculos parisinos y luego el internacional. En esta novela, Teresa de la Parra cuestiona el modelo social que condena a las mujeres a ser solamente esposas y madres, especialmente en el ámbito latinoamericano. Su segunda novela *Memorias de Mamá Blanca*, publicada en 1929, le valió la consagración literaria. Como ha señalado Sylvia Molloy en un conocido artículo, después reunido en *Poses de fin de siglo*, la ficción de Parra está "marcada en su totalidad por la inquietud del género, la disfuncionalidad familiar y el desasosiego físico", así como por una serie de estrategias de desplazamiento y transposición que requiere una lectura oblicua de aquello que, aunque no es explícito, está presente.

En 1927, Teresa de la Parra había sido invitada a Cuba para dar una serie de conferencias sobre la condición femenina. Ahí conoció a Lydia Cabrera, con quien establecería una relación íntima que fue central hasta los últimos años de su vida y quien la acompañaría hasta su muerte por tuberculosis en Madrid. El carácter de la relación entre ambas fue ocultado por largo tiempo en la tradición literaria y social venezolana, en un trabajo sistemático de borramiento de sus diarios y cartas. Como lo ha reconocido la escritora venezolana Gisela Kozak en su artículo "El lesbianismo en Venezuela es asunto de pocas páginas: literatura, nación, feminismo y modernidad", Teresa de la Parra "ha suscitado siempre respuestas críticas o simples pasiones absolutamente encontradas", es una escritora a quien se le ha cuestionado tanto su feminismo, como su soltería, y hasta su belleza.

En esta edición hemos decidido incluir fragmentos de sus dos novelas (que reclaman una lectura *entendida*), así como unas cartas dirigidas a Lydia Cabrera.

Ifigenia. Diario de una señorita que escribió porque se fastidiaba

De Tercera parte Hacia el puerto de Áulide, Capítulo I (fragmento)

En un momento dado, María del Carmen, la sirvienta, quien, habiendo sido en otros tiempos amiga predilecta de mi niñez, por aquella su indiscutible elegancia en el arte de jugar con tierra, es hoy, bajo la sabia dirección de tía Clara, la de no menos indiscutible elegancia en el arte de servir la mesa; María del Carmen, digo, pasó una fuente en la cual yacía un trozo de carne con papas al vapor. Tía Clara y yo nos servimos y comenzamos las dos a cortar y comer muy pausadamente, nuestras respectivas tajadas de *roastbeef*. Abuelita, que por causa de su artritismo tiene terminantemente prohibidas las carnes rojas, no comía. Esperaba con las manos entrelazadas sobre el plato limpio, a que tía Clara y yo acabásemos con la carne, y entretanto, sus ojos, me observaban muy fija y obstinadamente. De pronto dijo:

–Me parece, María Eugenia, mi hija, que te has adelgazado mucho últimamente. Tienes ojeras y mal color. Creo que deberías tomar el jarabe de glicerofosfatos de Robín, la Emulsión de Scott o cualquier otro fortificante.

Hubo una larga pausa, durante la cual, siguió la carne viajando, a pedazos, de mi plato a mi boca mientras Abuelita, cruzada de manos, continuó observándome tan fija, y tan obstinadamente como antes. Luego de mirarme así un buen rato, a sus anchas y a su entera satisfacción, inspirada sin duda en el mismo tema, volvió a hablar:

–Ya se cumplieron los dos años de la muerte de Antonio. Hoy hace justamente ocho días que se celebraron las misas del segundo aniversario... ¡y cómo pasa el tiempo, Señor...!

Aquí suspiró Abuelita. Hubo una pausa por la cual se extendió todo el sentimentalismo del suspiro, y después volvió a decir:

–Clara, no comprendo por qué no se han abierto todavía las ventanas. Quiero que María Eugenia se distraiga. Le hace falta alegría, ver gente y tener amigas... ¡Todas las cosas tienen su término! ¡Hay que gozar de la juventud...! ¡Es muy lícito y muy natural...! Ya es tiempo de que María Eugenia, se quite el luto y se siente en la ventana.

Aquella misma tarde, tía Clara, luego de rezar el rosario, le dijo a María del Carmen, que sacudiese bien, por dentro y por fuera las dos rejas del salón y que sacase de la tabla de arriba del armario de la ropa blanca, la alfombrita y los dos cojines que se usan para apoyar los codos cuando se está en la ventana.

Y fue a eso de las cinco y cuarto, cuando por primera vez, tía Clara y yo, muy vestidas y peinadas, tal y como si fuésemos a salir de visitas, nos sentamos la una frente a la otra en los dos poyos correspondientes de la ventana, que se halla situada a la derecha del salón. Y mientras que juntas, nuestras cuatro rodillas parecían besarse silenciosamente, con el mutismo ritual de las ceremonias, Abuelita se instaló cerca de mí en su sillón de mimbre, y Chispita, la perra lanuda de tía Clara, satisfechísima de poder reanudar al fin lejanas costumbres que, durante el lapso de estos dos últimos años debían brillar rutilantes en la monotonía de su existencia virginal, la señorita Chispita, digo, se subió de un brinco a la ventana, se extendió boca abajo sobre la alfombra de poner los codos, asomó su hociquillo negro por entre dos balaustres de la reja, y desdeñando mirar el bullicio de la calle, se entregó a sus ensueños entornando voluptuosamente los ojos.

Y fue así como quedó sólidamente establecido en la práctica aquel lícito principio enunciado por Abuelita en la mesa durante el almuerzo: "¡Hay que gozar de la juventud!".

Hasta aquel momento histórico de mi vida, yo nunca me había sentado en la ventana, e ignoraba por completo su psicología. Es cierto que estaba ya muy acostumbrada a mirar, tras de las rejas abiertas, a uno y otro lado de la calle, tantos y tantos bustos femeninos, de cabezas más o menos interesantes o triviales, más o menos feas o bonitas, más o menos indiferentes o curiosas, que al atravesar la ciudad me miraban pasar, y me seguían con la vista fija a través de los barrotes. Es cierto que me había asomado algunas veces en las ventanas de la casa de tío Eduardo, acompañada de mi prima, pero en realidad, hasta aquella tarde, no conocí la sensación exacta y el verdadero sentido de esta frase, símbolo de regocijo "ponerse en la ventana".

Ahora recuerdo que al principio, la tal sensación me resultó algo ridícula. Me parecía que nosotras cuatro, o sea, Abuelita, tía Clara, Chispita y yo, habíamos tomado para aquella especie de ceremonia de inauguración, unas actitudes inmóviles y solemnes que eran horriblemente falsas. Ante semejante sensación de falsedad me juzgué ridícula; como consecuencia del ridículo empecé por aburrirme, seguí por crisparme de nervios, y acabé por echar violentamente de menos las tardes pasadas en mi cuarto, a solas, con mi bordado y mis libros.

Vidas escandalosas

A pesar de tanto aburrimiento y nerviosidad, al fin, sin saber cómo, empecé a distraerme. Mi atención se había ido engranando poco a poco en los detalles que la rodeaban, e insensiblemente, una vez en ellos, me condujo por el camino de las observaciones. Primero noté que a medida que avanzaba la hora propicia del paseo, los vehículos iban aumentando más y más, hasta llenar de ruidos y de movimiento la calle entera. Cuando el bullicio estuvo en todo su apogeo, inopinadamente, allá en el fondo de mi alma estalló la siguiente filosófica exclamación:

—¡Ah! ¡Qué triste sino el de los condenados a mirar cómo pasa la vida, sentados así en esta actitud secundaria de humilde espectador! ¡ay Dios mío! y quién fuera por lo menos uno de esos neumáticos grises, que atados con cuatro correas en la parte posterior de los automóviles, corren alegremente por el mundo!

Hipótesis desesperada que me hizo dar un salto de impotencia. Y como ocurriese que en aquel propio instante el extremo de la cortina de seda crema que adorna la ventana se hallase preso y arrugado a modo de pañuelo, entre la palma y las falanges de mi distraída mano izquierda, al dar yo el salto de impotencia, la cortina entera se estremeció. Viendo la conmoción, tía Clara dijo:

—¡Estate quieta, María Eugenia! Vas a romper esa cortina.

Y reanudó con Abuelita los inagotables e interesantísimos comentarios, que a propósito de los transeúntes, vehículos y pasajeros, brotaban abundantes de sus respectivas bocas, desde hacía ya media hora.

Abuelita observó:

—Veo, Clara, que ahora pasa muchísima menos gente a pie que la que pasaba hace un rato ¡qué raro!

—No es nada raro, es muy natural —respondió tía Clara. Y explicó—: Mira, de las cinco a las cinco y media, pasa toda la gente que va a las vespertinas del cinematógrafo. Después la calle se queda sola hasta las siete o las siete y media, que es cuando vuelven a pasar ya de regreso.

—¡Aaaah! —dijo Abuelita, explicándose el fenómeno. Luego añadió—: ¡Es prodigioso cómo se ha generalizado en Caracas el gusto por el cinematógrafo...! Y me dicen que la mayoría de esas películas son inmoralísimas. Yo creo como Eduardo: ¡entre el cinematógrafo y los bailes americanos, están acabando con las buenas costumbres, aquí, y en el mundo entero!

Entretanto yo estaba observando una cosa nada trivial ni despreciable. Y era que todos los pasantes, salvo rarísimas excepciones, así fuesen hombres o mujeres, así fuesen viejos o jóvenes, así fuesen a pie, en automóvil, o en coche, al ver nuestra ventana se fijaban en mí, dando muestras evidentes de curiosidad y admiración. Esta experiencia empezó por interesarme y acabó por halagarme muchísimo, tanto, que en un momento dado, en vista de la insistencia general, resolví levantarme de mi sitio e ir a comprobar yo misma ante el espejo grande del salón, aquel aserto unánime del público. De pie frente al espejo, en la penumbra de la hora, me miré detenidamente un buen rato, y en efecto, me encontré tan linda con mi vestido blanco de crespón de China, mis finos brazos desnudos, y mi collar de granates ceñido a la nieve del cuello, que complacida me quedé mucho tiempo con las manos en alto arreglando a derecha e izquierda, estas dos rubias, sedosas y onduladas «patillas» de pelo que se dibujan netamente a uno y otro lado de mis sienes... Pero la voz de tía Clara, me sacó al fin de mi feliz y animado arrobamiento, al decir así, desde su poyo de ventana, sin volver la cabeza y con los ojos clavados en la calle:

–Ya que estás de pie, María Eugenia: ¡enciende!

Me fui hasta la puerta del salón, le di una vuelta a la llave eléctrica, el salón se iluminó alegremente, y volví a sentarme en mi poyo vacío frente a tía Clara, sonriente, satisfechísima, diciéndome que después de todo era un verdadero crimen el haber pasado dos años enteros privando a los transeúntes del placer de admirar mi belleza, y privando a mi belleza del placer inmenso de sentir la admiración unánime de los transeúntes.

Y ya una vez hecho semejante juicio, lejos de aburrirme comencé a divertirme muchísimo. Me pareció que sentada así, en el salón alumbrado, junto a la reja abierta de par en par sobre la animación de la calle, mi persona adquiría un notable parecido con esos objetos de lujo que se exhiben de noche en las vidrieras de las tiendas para tentar la codicia de los pasantes. Abuelita era en ese caso el dueño de la tienda, tía Clara, uno de los dependientes, y como yo, Chispita, también estaba de *réclame* en la vidriera. Esta idea se fue fijando tanto en mi mente, que al fin me dije con palabras concretas:

"Sí. Soy en efecto un objeto fino y de lujo que se halla de venta en esta feria de la vida".

Y como el símil en general era muy exacto, y como a mí, por otro lado, me divierte muchísimo meterme en imaginación dentro de cualquier objeto, animal o persona que no sea yo misma, le di vida a la metáfora, e imaginando joyas, brocados y toda clase de objetos preciosos, inmóvil en mi poyo, mientras pasaba la gente me di a pregonar en voz muy baja:

–¡Estoy en venta...! ¿Quién me compra...? ¿quién me compra...? ¿quién me compra...? ¡estoy de venta...! ¿quién me compra?, ¿quién me compra...? ¿quién me compra...?

Pero Abuelita, que a pesar de sus 78 años conserva todavía el oído muy fino, interrumpió de pronto el estribillo de mi juego porque preguntó impaciente:

–¿Qué dices hablando sola, María Eugenia?

Por toda contestación levanté la voz y seguí diciendo al mismo rítmico compás que marcaba mi estribillo:

–¡Estoy en venta...! ¿Quién me compra...? ¿quién me compra...? ¿quién me compra...? ¡Estoy en venta...! ¿quién me...

–¡Pues estás diciendo una tontería...! ¡Sí, una cosa muy impropia que ni aun en broma debe decir jamás una señorita, y muchísimo menos así, en la ventana, donde pueden oírla e interpretarla mal! Si alguno al pasar te dijera un atrevimiento, lo tendrías muy merecido, y no podrías quejarte.

Esto dijo Abuelita muy alterada. Esperó luego a que pasasen unos cuantos segundos, y añadió entonces con voz muchísimo más suave:

–¡No sé, no sé, María Eugenia, mi hija, cuándo aprenderás a medir el alcance de tus palabras!

Yo no volví a decir más el estribillo en cuestión, pero recuerdo que mentalmente lo seguí repitiendo aquella tarde y todas las tardes subsiguientes, al sentarme de nuevo en la ventana, sola, entre tía Clara y Chispita, porque Abuelita que le teme mucho al aire y al polvillo de la calle, no volvió a acompañarnos más en nuestra habitual y vespertina diversión.

1924

[*Ifigenia*. Sonia Mattalía, ed. Madrid: Anaya & Mario Muchnik, 1992]

Teresa de la Parra

Teresa de la Parra. Fuente: Wikipedia

Las memorias de Mamá Blanca

A ti, que, al igual que Mamá Blanca, reinaste dulcemente en una hacienda de caña, donde al impulso de tu mano llamaba a los peones la campana para la misa del domingo, subía en espirales de oración a la hora del Ángelus sobre el canto de los grillos y el parpadeo de los cocuyos, el humo santo de la molienda en el torreón y te dibujas allá, entre la niebla de mis primeros recuerdos, lejana y piadosa, apacentando cabezas sobre un fondo de campo, como la imagen de la donadora en el retablo de algún primitivo.

Advertencia

Mamá Blanca, quien me legó al morir suaves recuerdos y unos quinientos pliegos de papel de hilo surcados por su fina y temblorosa letra inglesa, no tenía el menor parentesco conmigo. Escritos hacia el final de su vida, aquellos pliegos, que conservo con ternura, tienen la santa sencillez monótona que preside las horas en la existencia doméstica, y al igual de un libro rústico y voluminoso, se hallan unidos por el lomo con un estrecho cordón de seda, cuyo color, tanto el tiempo como el roce de mis manos sobre las huellas de las manos ausentes, han desteñido ya.

A falta de todo parentesco uníanme estrechamente a Mamá Blanca misteriosas afinidades espirituales, aquellas que en el comercio de las almas tejen la trama más o menos duradera de la simpatía, la amistad o el amor, que son distintos grados dentro del mismo placer supremo de comprenderse. Su nombre, Mamá Blanca, era, en el fervor de mis labios extraños, la expresión que mejor convenía a su vejez generosa y sonriente. Habíaselo dado al romper a hablar el mayor de sus nietos. Como los niños y el pueblo, por su ignorancia o desdén de las abstracciones, poseen la ciencia de acordar las cosas con la vida, saben animar de sentido las palabras y son los únicos capaces de reformar el idioma, el nombre que describía a un tiempo la blancura del cabello y la indulgencia del alma fue cundiendo en derredor con tal naturalidad que Mamá Blanca acabaron diciendo personas de toda edad, sexo y condición, pues que no era nada extraño el que al llegar a la puerta, una pobre con su cesta de mendrugos, o un vendedor ambulante con su caja de quincalla, luego de llamar: toc, toc, y de anunciar asomando al patio la cabeza: "¡Gente de paz!" preguntasen familiarmente a la sirvienta vieja, que llegaba a atender, si se podía hablar un momento con la señora Mamá Blanca.

Aquella puerta, que, casi siempre entornada, parecía sonreír a la calle desde el fondo del zaguán, fue un constante reflejo de su trato hospitalario, una muestra natural de su amor a los humildes, un amable vestigio de la edad fraternal sin timbres ni llave inglesa y fue también la causa o circunstancia de donde arrancó nuestro mutuo, gran afecto.

Conocí a Mamá Blanca mucho tiempo antes de su muerte, cuando ella no tenía aún setenta años ni yo doce. Trabamos amistad, como ocurre en los cuentos, preguntándonos los nombres desde lejos, amortiguadas las voces por el rumor del agua que cantaba y se reía al caer sobre el follaje. Iba yo jugueteando por el barrio y de pronto, como se me viniese a la idea curiosear en una casa silenciosa y vieja, penetré en el zaguán, empujé la puerta tosca de aldabón y barrotes de madera, pasé la cabeza por entre las dos hojas y me di a contemplar los cuadros, las mecedoras, los objetos y en el centro del patio un corro de macetas, con helechos y novios que subidos al brocal de la pila se estremecían de contento azotados por la lluvia de un humilde surtidor de hierro. Allá, más lejos aún, en el cuadro de una ventana abierta, dentro de su comedor, la dueña de la casa con cabeza de nieve y bata blanca, se tomaba poco a poco una taza de chocolate mojando en ella plantillas y bizcochuelos. Hacía rato que la contemplaba así, como a la madrina de las macetas y del surtidor, cuando ella, volviendo los ojos, descubrió mi cabeza que pasaba la puerta. Al punto sorprendida y sonriente, me gritó cariñosa desde su mesa:

–¡Ajá, muy bien, muy bien! ¡Averiguando la vida ajena, como los merodeadores y los pajaritos que se meten en el cuarto sin permiso de nadie! ¡No te vayas y dime cómo te llamas, muchachita bonita y curiosa!

Yo le grité mi nombre varias veces hasta que llegó a oírlo y ella, como tenía el alma jovial ante lo inesperado y le gustaba el sabor de las pequeñas aventuras, volvió a gritar en el mismo tono y con la misma sonrisa:

–¡Yo me llamo Mamá Blanca! ¡No te vayas, no te vayas, ven acá, pasa adelante, ven a hacerme una visita y a comerte conmigo una tajada de torta de bizcochuelo!

Desde mi primera ojeada de inspección había comprobado que aquella casa de limpieza fragante florecía por todos lados en raídos y desportillados, cosa que me inspiró una dulce confianza. La jovialidad de su dueña acabó de tranquilizarme. Por ello, al sentirme descubierta e interpelada, en lugar de echar a correr a galope tendido como perro cogido en falta, accedí primero a gritar mi nombre, y después, con mucha naturalidad, pasé adelante.

Sentadas frente por frente en la mesa grande, comiendo bizcochuelo y mordisqueando plantillas dialogamos un buen rato. Me contó que en su infancia había traveseado mucho con mi abuelo, sus hermanos y hermanas por haber sido vecinos muchos años, pero en otro barrio y en unos tiempos que ya se iban quedando tan lejos, ¡tan relejos!... Me encontró parecidos con personas ya muertas, y como yo, por decir algo, le refiriese que en mi casa teníamos muchas rosas y el loro Sebastián, que sabía gritar los nombres de todo el mundo, me llevó para que conociese en detalles su patio y su corral, donde también había rosas; pero en lugar de Sebastián, ejércitos de hormigones, ¡ayayay! que acababan con las flores.

Nacida en una hacienda de caña con trapiche y oficinas de beneficiar café, Mamá Blanca conocía a tal punto los secretos y escondites de la vida agreste que, al igual de su hermano Juan de la Fontaine, interrogaba o hacía

Vidas escandalosas

dialogar con ingenio y donaire flores, sapos y mariposas. Enseñándome patio y corral me fue diciendo:

—Mira, estas margaritas son unas niñas coquetas que les gusta presumir y que las vean con su vestido de baile bien escotado... Las violeticas de esta canastilla del patio viven tristes porque son pobres y no tienen novio ni vestidos con que asomarse a la ventana; no salen sino en Semana Santa, descalzas, con la sayita morada a cumplir su promesa como los nazarenos. Aquellas señoritas flores de mayo son millonarias, allá van en su coche de lujo, y no saben de las cosas de la tierra sino por los cuentos que les llevan las abejas que las adulan porque viven a costa de ellas.

Y así fue como saciada por entero mi curiosidad entre violetas y margaritas, bizcochuelos y plantillas, Mamá Blanca y yo nos fuimos corriendo de la mano, camino de nuestra gran amistad. A partir de aquella tarde, bajo el menor pretexto salía de mi casa, volteaba a todo correr la esquina, penetraba en el zaguán amigo y comenzaba a gritar alegremente como quien participa una estupenda noticia:

—¡Aquí estoy yo, Mamá Blanca, Mamá Blanquita, que estoy yo aquí!

Nadie comprendía que a mi edad se pudiesen pasar tan largos ratos en compañía de una señora que bien podía ser mi bisabuela. Como de costumbre, la gente juzgaba apoyándose en burdas apariencias. Aquella alma sobre la cual habían pasado setenta años era tan impermeable a la experiencia que conservaba intactas, sin la molesta inquietud, todas las frescuras de la adolescencia, y, junto a ellas, la santa necesidad del árbol frutal que se cubre de dones para ofrendarlos maduros por la gracia del cielo. Su trato, como la oración en labios de los místicos, sabía descubrirme horizontes infinitos e iba satisfaciendo ansias misteriosas de mi espíritu. No creo, por lo tanto, exagerar al decir no solo que la quería, sino que la amaba y que como en todo amor bien entendido, en su principio y en su fin, me buscaba a mí misma. Para mis pocos años aquella larga existencia fraternal, en la cual se encerraban aventuras de viajes, guerras, tristezas, alegrías, prosperidades y decadencias, era como un museo impregnado de gracia melancólica, donde podía contemplar a mi sabor todas las divinas emociones que la vida, por previsión bondadosa, no había querido darme todavía, bien que a menudo, por divertirse quizás con mi impaciencia, me las mostrase desde lejos sonriendo y guiñando los ojos maliciosamente. Yo no sabía aún que, a la inversa de los poderosos y los ricos de este mundo, la vida es espléndida no por lo que da, sino por lo que promete. Sus numerosas promesas no cumplidas me llenaban entonces el alma de un regocijo incierto. Sin sospecharlo me iba a buscarlo a todas horas en la paz de los paisajes campesinos, en los ratos propicios en que florece el ensueño, en el mundo indefinido de la música o los versos y en el encanto que emana dulcemente de las cosas e historias de otros tiempos. Como Mamá Blanca poseía el don precioso de evocar narrando y tenía el alma desordenada y panteísta de los artistas sin profesión, su trato me conducía fácilmente por amenas peregrinaciones sentimentales. En una palabra: Mamá Blanca me divertía. He ahí la razón poderosa por lo egoísta de mi apego y continuas visitas.

Con sus pobres dedos temblorosos y sin mayor escuela, tocaba el piano con intuición maravillosa. A los pocos días de habernos hecho amigas, emprendió el largo, cotidiano obsequio de darme lecciones, sentadas las dos todas las tardes ante su piano viejo. Después de las clases, merendando juntas, solía decirme a guisa de otro gentil regalo:

–Siempre le pedí a Dios que entre los hijos me mandara siquiera una sola hijita. Como es terco y le gusta hacer milagros cuando no lo molestan, me la mandó ahora: a los setenta años.

Debo advertir que Mamá Blanca, cuyo amor maternal, traspasando los límites de su casa y su familia, se extendía sin excepción sobre todo lo amable: personas, animales o cosas, vivía sola como un ermitaño y era pobre como los poetas y las ratas. A la muerte de su marido se había dado a malgastar su fortuna realizando los más perseverantes y lamentables negocios de bolsa. Su amor a cierto fausto magnífico y futuro, dentro del cual, entre damascos y púrpuras, repartía dádivas a manos llenas como frutos cosechados sin esfuerzo en una tierra de promisión, la había impulsado a ello. De modo que si sus especulaciones fallidas no le dieron nunca a probar el sabor de la riqueza, que es deslavazado y fértil en desencantos, le regalaron, en cambio, generosamente, por virtud bendita de la imaginación, la parte verdaderamente esplendorosa, la del ideal, la misma que en el evangelio se apresuró a tomar María. Ahora, en su pobreza, fiel a su gentil vicio, jugaba a la lotería.

Sus hijos se condolían de tanto aislamiento dentro de tanta estrechez e insistían para que fuese a habitar al lado de uno u otro en sus cómodas y más o menos bien decoradas casas. Mamá Blanca respondía obstinadamente:

–¡Los viejos estorban! Cuando quieran verme, vengan todos a todas horas: ahí tienen mi puerta de zaguán, que, como buena puerta de pobre, siempre está abierta.

Vidas escandalosas

"Los viejos estorban" era un subterfugio. Su abnegación maternal, siempre alerta para acudir a reclamar la mitad de cualquier tristeza o contratiempo, no había logrado anular en ella su sagrado horror por todo aquello que significase vulgaridad. Me refiero especialmente a la vulgaridad del alma. Las nueras de Mamá Blanca, muy unidas entre sí, gracias a la necesidad absoluta de vivir rivalizando, educadas casi todas en Europa, hablaban bien varios idiomas, viajaban mucho, hacían sport, no se vestían mal, cifraban su honor en el brillo más o menos deslumbrante de sus relaciones y se avergonzaban con discreción de aquella suegra que vivía en una casa con pisos de ladrillo, junto a una vieja sirvienta mal vestida y que, por otro lado, ni era inteligente, ni era instruida. Mamá Blanca, cuyos ruidosos fracasos en todo lo que representase éxito material le habían conquistado aquella sólida reputación de poca inteligencia, atrincheraba tras su pobrecito francés aprendido en Olendorff,[1] el más estupendo temperamento de artista y una exquisita, sutil inteligencia, que más aún que en los libros se había nutrido en la naturaleza y en el saborear cotidiano de la vida. Estas eran las causas por las cuales, con amable ironía ante el peligro de sus nueras, había sabido encerrarse en su casa de ladrillos y en su torre de marfil: "los viejos estorban".

Sus hermosos ojos negros, que en el marco del rostro tan gentilmente marchito no perdieron nunca el fuego de la juventud, brillaban a menudo con chispazos de malicia y sus palabras, que eran armoniosas tanto por la musicalidad del tono cuanto por la gracia infinita del pensamiento, mezclaban con sazonada medida la ternura a la ironía.

Se burlaba afectuosamente de todo porque su alma sabía que la bondad y la alegría son el azúcar y la sal indispensables para aderezar la vida. A cada cosa le ponía sus dos granitos.

Yo creo que jamás reina ninguna llevó su manto de brocado y de armiño con la noble soltura con que Mamá Blanca llevaba su pobreza. Aseguraba que había aprendido tal arte en su más tierna infancia y en el ejemplo de un viejo pariente a quien llamaba Primo Juancho. Siempre pulcra, su amor a todo lo que fuese placer de la vista la inducía a disimular con multitud de ardides, en muebles y en objetos, las injurias del uso o

---

[1] Heinrich Gottfried Ollendorff (1803-1865) gramático y profesor de lenguas alemán que desarrollo conocidos métodos de aprendizaje de lenguas extranjeras basados en la repetón con títulos como *Nouvelle methode pour apprendre, a lire, a ecrire et a parler une langue en six mois*.

de los accidentes, para luego, cuando viniese el caso, descubrir el engaño por medio de una frase salpicada de ingenio.

Un día, como se le rompiese en forma irremediable y muy visible un jarrón de porcelana antigua que servía de envase a una de sus plantas preferidas, cubrió la parte superior, que era la maltrecha, atando en contorno y como mejor pudo un pañuelo de seda escocesa. Luego, alejándose unos pasos, contempló y comentó el desacierto de su trabajo interrogando al jarrón con gran dulzura:

–Pobre viejo: ¿Tienes dolor de cabeza?

El jarrón, en efecto, adquirió para siempre un aspecto humano de humilde y cómica resignación.

Llena de fe cristiana, trataba a Dios con una familiaridad digna de aquellos artífices de los primeros siglos de la Iglesia, quienes rebosantes de celo, para bien demostrar a los fieles la Ira Santa y la Sagrada Justicia del Señor, no vacilaban en tallarlos en piedra tirándose de las barbas o arrojando a Adán del Paraíso por medio de un acertado puntapié. Pero el Dios de Mamá Blanca no se indignaba nunca ni era capaz del menor acto de violencia. A menudo sordo, siempre distraído, presidía sin majestad un cielo alegre, lleno de flores en el cual todo el mundo lograba pasar adelante por poco que le argumentasen o le llamasen la atención haciéndole señas cariñosas desde la puerta de entrada.

La música fue siempre la gran pasión de su vida. Cuando sentada al piano lograba apresar entre sus dedos la corriente de comunión divina que une al compositor con el ejecutante, al igual de los santos en éxtasis, se alejaba de la Tierra y se transfiguraba. En tales momentos, la realidad, por apremiante que fuera, no existía.

Una vez, hallándose perdida y feliz en el sutil laberinto de un Claro de Luna, de Beethoven, vinieron a avisarle que un individuo, de quien era acreedora, después de continuas diligencias y demandas realizadas por sus hijos, llegaba finalmente a saldar su deuda, entregando el dinero en propias manos. Al oír el anuncio lanzado por la vieja sirvienta desde el umbral de la sala, Mamá Blanca volvió apenas la cabeza y respondió con una severidad solo empleada en tales casos:

–He dicho ya mil veces que no me molesten nunca, bajo ningún pretexto, cuando estoy en el piano.

–Dice que... –Iba a replicar la sirvienta.

–Dice ¡nada! –interrumpió Mamá Blanca–; que vuelva otro día.

Vidas escandalosas

Y siguió vagando dichosa por su etérico laberinto, bajo la luna. Inútil es advertir que el deudor renuente no volvió jamás y que Mamá Blanca, ya de regreso a la Tierra, deploró mucho tiempo, casi entre lágrimas, semejante coincidencia.

Los achaques de su piano, cuyas cuerdas gastadas se resistían de tiempo en tiempo a sonar como es debido, la hacían sonreír de indulgencia en atención a tan larga fidelidad herida por fin de decadencia. Sus propias deficiencias la llenaban de un suave desencanto que florecía en consejos si, dado el caso, yo me hallaba sentada a su lado. En tal circunstancia, cesaba la pieza comenzada, se quitaba los anteojos, apoyaba los codos en el teclado, cruzaba sus manos salpicadas por las manchas del tiempo y me decía en voz de confidencia, señalando con los ojos el nombre del compositor, en el libro abierto sobre el piano:

–¿Tú ves? Yo hubiera llegado hasta él porque lo comprendo, pero no lo alcanzo. Estos dedos viejos no me ayudan ni me ayudaron nunca, porque en mi tiempo, hijita, no se usaba aprender con fundamento. Aprende, aprende tú para que gobiernes en las notas, no vengan ellas a gobernarte a ti. óyelo bien y no lo olvides: este es el único mando que da ventajas y no deja remordimientos ni busca enemigos.

¡Sí! Tú hubieras gobernado en las notas y en otros muchos reinos que no son de este mundo, Mamá Blanca, porque tú tenías genio, nadie lo sospechó nunca, y fue sin duda esa ignorancia de la opinión ajena la que purificó tu alma del más leve soplo de vulgaridad, como un nuevo bautismo de belleza y de gracia.

Una mañanita de abril, muy temprano, como quien se marcha a una excursión campestre, ante el suave concierto que formaban juntos el surtidor de la pila y el piar de los pajaritos saltando sobre el alero, sin dolor ni quejas, Mamá Blanca se fue dulcemente camino de aquel cielo que durante la vida había tenido el buen cuidado de arreglar a su gusto: ¡tan propicio a la íntima alegría! Ya dormida, sus ojos entreabiertos por una inmóvil sonrisa, cantaban a lo lejos en el coro de los Bienaventurados. Cuando el ataúd, ligero y florido como su espíritu, pasó sin dificultad por la puerta del zaguán, el ángulo final que se ofreció a la vista pareció exclamar desde la altura dirigiéndose a todos los de adentro:

–¡Adiós, hasta después, y dispensen la molestia!

Como tanto me lo había recomendado, una vez ya ausente me apresuré a reclamar cierto manuscrito misterioso que se hallaba dentro de su armario y en el cual, durante su vida y sus ratos perdidos, solía trabajar clandestinamente, como el niño que juega con objetos destinados a más graves empleos. Sabiendo de antemano que estaría yo siempre de buen grado a la sombra de su espíritu, me había dicho repetidas veces:

—Ya sabes, esto es para ti. Dedicado a mis hijos y nietos, presiento que de heredarlo sonreirían con ternura diciendo: "Cosas de Mamá Blanca", y ni siquiera lo hojearían. Escrito, pues, para ellos, te lo legaré a ti. Léelo si quieres, pero no lo enseñes a nadie. Me dolía tanto que mis muertos se volvieran a morir conmigo que se me ocurrió la idea de encerrarlos aquí. Este es el retrato de mi memoria. Lo dejo entre tus manos. Guárdalo con mi recuerdo algunos años más.

Y guardado, en efecto, han pasado por él varios años.

Siendo indiscreción tan en boga la de publicar Memorias y Biografías cortando aquí, añadiendo allá, según el capricho de biógrafos y editores, no he podido resistir más tiempo a la corriente de mi época y he emprendido la tarea fácil y destructora de ordenar las primeras cien páginas de estas Memorias, que Mamá Blanca llamó "retrato de su memoria", a fin de darlas a la publicidad. Como se ha visto, quien las escribió solo fue célebre ante el afecto conmovido de mi alma. Esta es, sin duda, la única originalidad que ofrecen sobre las demás. Mientras las disponía, he sentido la mirada del público lector, fija continuamente sobre mí, como el ojo del Señor sobre Caín. No es de extrañar que, perdida su primera frescura, hayan adquirido ya una pretensión helada y simétrica, condición fatal que rige casi todo escrito destinado a la imprenta. Queriendo condensar y aspirando a corregir, he realizado una siega funesta. Como bandada de mariposas perseguidas, las frases originales han dejado sobre las viejas páginas sus pintadas alas: las alas de la vida. En el nuevo manuscrito son muy pocas las que vuelan todavía. Sin ejercer como yo la profesión de las letras, Mamá Blanca escribía con el gracioso abandono de esos autores cuyas hojas de libro corren ligeras sobre los años y nunca se marchitan. Tal observación la había hecho ya más de una vez leyendo sencillas cartas de personas que jamás aspiraron a entrar en el templo solemne de la literatura, por lo cual he deducido con melancolía que esta necesidad imperiosa de firmar un libro no es hierba que nos brota por la fuerza del talento, sino quizá, quizá, por la debilidad del espíritu crítico. Sé de antemano que la mayoría de mis colegas y lectores contemporáneos no han de reprocharme la poda hecha en terrenos de naturalidad y limpidez, sino acaso por lo que encierra de incompleta. Sensible a la aprobación, tal seguridad me regocija. En nuestros días, el ingenio alerta suele realizar en la sombra, entre formas desapacibles y a espaldas de la naturaleza, obras de un esplendor hermético. Para llegar hasta ellas, es preciso forcejear mucho tiempo, hasta abrir siete puertas con siete llaves de oro. Cuando se logra penetrar en el último recinto, se contempla con extenuación un punto interrogante velado y suspendido en el vacío. Por lo que me atañe, puedo asegurar, con la dulce satisfacción del deber cumplido, que he llevado siempre a exposiciones cubistas y a antologías dadaístas, un alma vestida de humildad y sedienta de fe: lo mismo que en las sesiones espiritistas, no he visto ni oído a mi alrededor sino la oscuridad y el silencio.

    La escuela de lo hermético, unida a la falta de tiempo, condición que gobierna todas las horas de nuestros días, ha logrado colocar los placeres del espíritu y las sonrisas de la idea al alcance de nadie. Creo que por medio de esta alianza, combinada con la multiplicación de las máquinas, se inicia la etapa final de nuestra Redención, que consiste, a mi entender, en matar el pensamiento con la fuerza hercúlea del pensamiento. Adán y Eva pecaron por soberbia de la inteligencia. Como represalia, Dios encerró en ella la mayoría de nuestros dolores y miserias. Libre de la inteligencia y de sus goces maléficos, la humanidad se verá libre de una especie de cofre lleno de serpientes. Como la muerte, negación de todo malestar y nuestro principal castigo, solo es adversa por la imagen horrible que la idea nos refleja obstinadamente en su espejo perverso, roto el espejo, maldita entre las serpientes, perecerá la muerte y viviremos por fin con la serena confianza de los vegetales y los dioses. Mamá Blanca amaba la sarna alegría y buscaba con pasión la dicha ajena. Ante esta iniciativa de publicar sus Memorias deformadas comprenderá sin duda que deseo llevar así mi granito de arena al dichoso remate de nuestra Redención y aprobará conmovida…

    Pero no. Escribiendo la frase final he visto acercarse a mi mesa la sombra de la eterna viajera. Con la seña del silencio impresa sobre una triste sonrisa ha susurrado a mi oído en tono de suave reprimenda:

    –¡Chst! Basta de vanos argumentos. Hablas demasiado. ¿Por qué no aprendiste con mi piano viejo a errar sin disculparte? Mi memoria retrataba la vida, que es desaliñada, graciosa y torcida. La exhibes corregida en una forma que muy triste es asentirlo: no la favorece. Después de pecar por desobediencia y temeridad, como la mujer de Lot, me has negado varias veces por respeto humano, lo mismo que San Pedro. Podría decirte muy severamente: "Vete y no peques más", si no fuese porque juzgo imprudente anatematizar el pecado con demasiada violencia. Proscrito del mundo, su absoluta ausencia podría dejar tras él una aridez de desierto, pues, ¿qué valdría ya la vida sin la gracia del perdón y la indulgencia?

1929

[Las memorias de Mamá Blanca. Edición crítica. Velia Bosch, coord.
París: ALLCA XX, 1988]

Cartas a Lydia Cabrera

Cabra:
Si supieras cómo estoy de cuerpo y espíritu con esta asma horrible. No tengo sino un quinto de mi conciencia y personalidad. Todo lo demás se lo lleva esta especie de huracán y vivo sin saber lo que quiero ni dónde estoy. En general, noto cierta mejoría.

Tengo el alma llena de regrets. Pienso, Cabra, que ya encarriladas como estábamos no debimos dejar nuestro piso de Mario Roso, sino haber regresado después de mi operación. Tal vez no me hubiera dado el asma. Aunque caliente, hubiera sido soportable el verano en Madrid. Habría recibido allí las visitas de Mamá y María, y luego hubieras regresado tú de Marienbad. Ahora me siento en el aire sur la branche. Me doy cuenta de lo fácil y barato que es la vida en Madrid comparado con esto. Pero, en fin, ya está hecho y no hay que mirar atrás. Hay que luchar. Quizás podamos encontrar en la banlieu alta algún refugio para pasar el invierno. Si me siento mejor me ocuparé de buscarlo

Te quiere

T

13 de agosto de 1935, París

Domingo
Cabrillotica:
El día de ayer fue bastante bueno. Me quedé todo el día acostada para descansar bien. A eso de las 6 vinieron María, Mamá y Paulette y se quedaron una hora más o menos.

El nacimiento de tu nueva hija no me extraña, sé que es un haz de complicaciones para el porvenir, pero es al mismo tiempo un gran susto y una cosa compensa la otra. No me has dicho si se parece a Ninú. En Surennes están precisamente en pleno conflicto perruno. Paulette le llevó a Nena un perro no sé de qué raza. A poco de irse María a España, como lloraba mucho, lo llevaron a una clínica, se dieron cuenta de que tenía una hernia. Ayer fueron a verlo y se encontraron con el perro sufriendo un horror y una deuda de más de 500 francos (35 frcs. diarios). A todas estas Elia está trágica pendiente de su perro. No quiero decirte el drama que sería si se muere. Pensaba contarte el cuento para que siguieras esteril, pero comprendo al mismo tiempo que te hayas dejado llevar por tu incontrolable "instinto maternal".

El Dr. Vibert es lo más bueno del mundo; se interesa mucho en que no sufra, pues ha sido asmático él también. Sigo con las inyecciones; esta mañana vino a hacérmela y a sacarme aire, lo que me alivió mucho. No temas por el neumo; este médico me asegura que se trata de autointoxicación. No puedes imaginarte cómo se ha portado todo el mundo, hacen lo imposible por aliviarme. Es un mal rato, Cabrillotica, que estoy pasando.

Hasta mañana,

T

1935 París

Lunes
Cabrita:
Muchas gracias por tu cariñosa carta de esta mañana (donde me dices tu encuentro con Kipling). Estoy mejor de mi estado general, pero siempre sigo muy aburrida. Recibe muchos besos. Escribo después.

T

—

Cabrillotica:
Me parece que tengo un mundo de cosas que decirte, cosas sin fin, todas las que pienso y te cuento "de lejos" en mis ratos de soledad y de no hacer nada, que es casi de lo que se compone mi vida aquí.

Recibí tu telegrama. Me siento como resucitada del estado general; ahora me siento mejor, pero no tanto como la semana pasada. El martes me vestí y fui con Isabelita a casa de Bosviel (encontramos allí unas santiagueras, una de ellas me dio mucha lástima, resultó enferma en víspera de embarque). Me preguntas por mi estado y lo que siento: la respiración y el corazón como caballos desbocados, es como si estuviera haciendo "el tour de France".

Todos me atienden mucho y con cariño extraordinario, hasta Elia, a quien encontraron rezando de rodillas y en cruz (cosa que había visto en Zarauz) para que yo me curara.

Si te digo que esta última enfermedad me ha desbaratado la voluntad y alegría de vivir. Me siento como muerta. Te escribo enteramente acostada con el papel sobre la almohada. He podido hacerlo por la gran mejoría del asma, que espero sea definitivo. ¿Sabes?, se me ha hecho una especie de fobia nerviosa el escribir. No puedo aguantar el ruido ni la conversación. Cuando me dejan con el cuarto a media luz y enteramente sola me quedo con los ojos cerrados horas y horas. Fuera de ti a nadie escribo así sea urgente. Ahora te digo adiós. Beso para ti y Seida,

T
1935, París

[*Cartas a Lydia Cabrera. Correspondencia inédita de Gabriela Mistral y Teresa de la Parra.* Rosario Hiriart, comp. Madrid: Ediciones Torremozas, 1988]

Delia Colmenares Herrera De Fiocco

(Piura ¿1902?-19c)

Sus primeras publicaciones aparecen en la revista limeña *Lulú* y posteriormente en *La Prensa*. En poesía, publica los poemarios *Iniciación* (1922) y *Meteoros: versos* (1926). Trabajó también diversas obras de teatro: *La fuerza del amor, La mecanógrafa, Teresa Vernier*.[1]

En la segunda década del siglo XX publica *Confesiones de Dorish Dam*.[2] En la narrativa, publicará dos libros más. Uno de ellos es *Con el fusil al hombro. Epistolario del soldado desconocido* (1926), donde "hace la elegía del soldado que muere, suicida, en la guerra con Chile y critica al ejército y a las autoridades peruanas".[3] Después de una larga pausa de publicación vuelve con *Cuentos peruanos* en 1964.

Si bien no se conocen muchos datos biográficos de la autora, su primera novela *Confesiones de Dorish Dam* es un hito en la representación literaria de las subjetividades lésbicas en el Perú. Es, muy probablemente, la primera novela peruana de esta temática. Las *Confesiones* participan de la estética del modernismo, donde la representación de lo exótico y lo cosmopolita son elementos claves. La novela se presenta como un manuscrito que la bella Dorish Dam entrega a una periodista que conoce en un barco durante una travesía por el Pacífico. En esos papeles, estructurados a manera de una confesión, la protagonista revela aspectos de su "vida infernal". Se trata de una mujer aristocrática, de grandes experiencias mundanas y viajeras, descrita como "sublime y diablesca creación de una estampa de Leonardo Da Vinci" (5).

La protagonista transgrede diversas convenciones a las que estaban sometidas las mujeres peruanas a inicios del siglo XX. La sexualidad

---

[1] Elvira García y García. *La mujer peruana a través de los siglos*. Serie historiada de estudios y observaciones. Lima: Imp. Americana, 1925.

[2] La edición consultada (ejemplar de la biblioteca de la Universidad de Wisconsin, Madison), no muestra expresamente la fecha de publicación. El ejemplar presenta una dedicatoria de la autora donde se consigna: "Para el profundo historiador y crítico Jorge Guillermo Leguía. La autora. Lima, 191(?)9. No queda muy claro si se trata de un número 1 o 2, pero varias referencias internas de la novela como: la alusión a la Primera Guerra Mundial, la mención del presidente Augusto B. Leguía, etc., además de la probable edad de la autora, nos hacen pensar que esa dedicatoria sea del año 1929, año más factible de su publicación.

[3] Giovanna Minardi. *Cuentas. Narradoras peruanas del siglo XX*. Lima: Ediciones Flora Tristán/ Ediciones Santo Oficio, 2000, p. 25.

ocupa un lugar importante en estas *Confesiones*, y su expresión recala en expresiones artísticas –principalmente la danza–, en lo erótico y lo romántico en una tensión frente al deseo lésbico, que la sitúa en una posición contrahegemónica del proyecto nacional peruano propuesto por la generación del Centenario.

La atención de la crítica recibida por esta novela ha sido muy escasa y destacan los artículos de Carmen Tisnado ("El personaje lesbiano en la narrativa peruana contemporánea") y Claudia Salazar Jiménez ("Subjetividades en la frontera del género; una lectura de la narrativa lésbica peruana del siglo XX"), quien acaba de reeditar y prologar esta novela.

Confesiones de Dorish Dam

Creo que todos aquí somos de confianza. Estamos entre artistas, entre camaradas. ¿Quién va a hablar mal?[4]

El joven teólogo me quedó mirando con extrañeza. Parecía que mi pequeño discurso le había emocionado.

–Quien va a hablar mal –murmuró– ¿Quién va a hablar mal? Es Ud. tan niña. Recién le han abierto hoy las puertas de una vida que Ud. no conoce. Yo quisiera ser un hermano suyo para salvarle, Dorish.

–¿Salvarme... a mí... de qué?

–De todo esto que Ud. está viendo.

–¿Pero si es tan bello cómo quiere privarme de ello?

–Pobrecita niña. Aquella Baronesa... no la mire Ud., da náuseas, va a perder su buen corazón. No vuelva a venir a otra fiesta de estas Dorish. Se lo suplico. No venga.

–¿No venir? Para ello la Baronesa me ha entrenado en muchas cosas de la vida, y esta fiesta la ha hecho para mi debut de mujer. ¿No le parece que mi debut ha sido espléndido? Me han aplaudido bastante y todos quisieran hacerme suya... hasta Ud., sí, hasta Ud.

–¡Dorish!

–Sí, escuche, porque yo soy fascinante por bella y por mi natural don de danzar que ya llega a la perfección gracias a mi maestro ruso que se empeña en que domine la coreografía. Soy fascinante, todos se

---

[4] Los comentarios y críticas a pseudoartistas e intelectuales serán constantes a lo largo de la novela.

enamoran de mi, hasta las mujeres... ¿No sabe? Voy a ser sincera con Ud., voy a hablarle claro, no me da vergüenza, más vergüenza es para mí ser hipócrita. Sí, amigo Dominico, la Baronesa es mi gran enamorada, mejor dicho: ella me hace el amor a mí. ¡Es encantador! Cuando recién me conoció me regalaba continuamente flores, perfumes, bombones... iba con ella a todas partes; luego me besaba diciéndome palabras muy bonitas de que yo era tan buena y tan linda que por ello me admiraba y me quería... Tal, como si fuese un macho enamorado de la hembra.[5]

Después llegó lo sensual: querer verme el cuerpo para acariciarlo y de la caricia llegaba el vértigo y el espasmo... Un vicio agradable para el que le gusta, y depravante para el que no se adapta a él. Aberraciones de la Naturaleza;[6] eso es todo.

–Qué lástima, Dorish, que sea Ud. tan cínica con esa cara de ángel que tiene.

–Diga menos cínica al acusarme, que aquellas que envueltas en oropeles trafican bajo el antifaz hipócrita, todos los vicios.

–Qué lástima Dorish que le guste todo ello, y toda esta fiesta.

–Es Ud. egoísta e hipócrita.

–¿Por qué?

–Porque está Ud. desechando la fiesta y no huye de ella.

–Es que estoy escribiendo un libro y estoy estudiando esta fiesta de pecado.

–¿Para ponerla en su libro?

–Sí.

–¿Cómo? ¿Va a darla a conocer al público?

–Es decir... como explicarle... voy a pintar en el libro, el mal de esta fiesta, el mal que causa a los mortales estas orgías que degeneran sus cuerpos y sus almas.

–¿Pero es que Ud. quiere convertirse en un regenerador?

–No pretendo tal cosa. Ello es muy difícil. La civilización actual en muchos de sus aspectos no es más que una repetición de lo pasado. Las cosas que fueron a través del tiempo se suceden, se repiten. Para regenerar la actual civilización habría que repetir el castigo con que Dios azotó las célebres ciudades de Sodoma y Gomorra por el soberbio emporio de su corrupción.

---

[5] La representación de la sexualidad lésbica se presenta bajo el dualismo activa/pasiva y masculina/femenina, que son comunes en otros textos de la época.
[6] Persistencia de la moralidad cristiana.

—¿Y Ud. no cree que la última guerra europea ha sido un castigo?
—Sí, es verdad, un gran castigo.

Hubo unos momentos de silencio. El joven teólogo sacó de dentro de una fina cartera de cuero de Oriente, un diminuto crucifijo de oro. Luego me lo ofreció. Mirándome tiernamente me dijo:

—¿Quiere aceptar este recuerdo?

Yo le miré. Tomé en mis manos el pequeño crucifijo. Los clavos que tenía en las manos y los pies eran de esmeraldas. Era un crucifijo primoroso.

—¿Por qué —le dije— se aparta Ud. de él?

—Porque el alma de Ud. está en peligro de naufragio y yo no quiero que naufrague. Este crucifijo será el más hermoso piloto que dirija su barco. Bésele, bésele señorita Dorish. Bese al hombre que vino al mundo para salvarnos.

Sentí dentro de mí un escalofrío. Las palabras del joven teólogo me conmovieron. Besé varias veces el Crucifijo.

—Gracias, muchas gracias —repuse—. Es Ud. un noble espíritu. Gracias. He de conservar este crucifijo como lo más valioso que tengo entre mis joyas.

—¡Oh! no. Como lo más valioso que tenga entre sus joyas, no, Dorish. Esto no es una joya, esto es una divina representación a quien Ud. ha de adorar rezándole y evitando ir por el mal camino.

—¿Es Ud. apóstol de este siglo?

—No sonría, si no ha de conservar el Crucifijo como se merece, devuélvamelo Dorish.

Inmediatamente ante tal actitud yo fruncí el ceño.

—Señor teólogo, tal vez yo me he expresado mal, pero mi sentimiento es otro.

En seguida envolviéndome bien en mi tapado y colocando dentro del corpiño de mi vestido el Crucifijo quise apartarme del joven teólogo.

—¿Dónde va, Dorish? Ya es de madrugada ¿Por qué no nos retiramos de esta fiesta cuyo esplendor está ya marchito?

—No, no, aun no me voy. Déjeme gozar. Estoy muy joven para apartarme de la vida. Déjeme que goce. Venga conmigo. Vamos a ver qué hacen los otros.[7]

---

[7] El tópico del *carpe diem* está presente a lo largo de la novela, en estrecha vinculación con el goce de la juventud.

—Mire ¿no le parece que ya la fiesta está en el grado repugnante? Mire... ¿No siente una atmósfera viciada? ¿No comprende que el pecado está en el rostro de todos? ¿Por qué no nos vamos de aquí Dorish? ¿No le produce náuseas todo esto?
—No, es interesante, me gusta.
—¡Dorish!
Fue tan severa la pronunciación de mi nombre que cayó sobre mí como un latigazo. Hubo un silencio enorme. Yo bajé la mirada, me sentí avergonzada y con la voz temblorosa dije al teólogo:
—Vámonos de aquí pronto.
Por una de las puertas del Palacio, que no era la principal, salimos clandestinamente. Llamamos un automóvil. El chofer, con una sonrisa maliciosa, nos miró. ¿Qué se figuraría la cara negra y lujuriosa del chofer? Por el trayecto del camino que corríamos no nos dijimos ni una sola palabra. Parecía que íbamos de duelo. La aurora principiaba a rayar. Habíamos llegado a Miraflores.[8] Estábamos al pie de la puerta de mi casa. Yo convidé al teólogo a que pasara a mi casa, pero no quiso. Estaba demasiado pálido. Me tendió la mano para ayudarme a bajar del automóvil y muy sereno se despidió de mí diciéndome:
—Que tenga un hermoso sueño. Hasta pronto.
Me quedé perpleja. Inconsciente le dejé alejarse. Cuando me di cuenta era ya tarde. ¿Por qué no le di un beso en su rostro pálido y bello? ¿Por qué no se lo di?

CANSANCIO

A las cinco de la tarde me desperté. Todo el cuerpo lo tenía adolorido, como si hubiese hecho un enorme trajín. Los ojos me ardían y sentía un cansancio en las carnes y en el espíritu. Lo primero que hice al despertar fue mirar el Crucifijo que coloqué en un lindo estuche y puse sobre la mesa de noche. En seguida toqué el timbre. La puerta se abrió y apareció por ella la camarera.
—La señorita manda...
—Tráigame una limonada.
—¿Nada más?

---

[8] Barrio limeño de clase alta.

—Si han traído algunas cartas para mí.
—Perfectamente.

La camarera desapareció y yo abriendo uno de los cajones de la mesa de noche saqué el libro *Manón*[9] para leer algunos párrafos. Este libro era mi delirio, lo amaba mucho. ¿Por qué? Acaso al alma de Manón le encontraba alguna afinidad con la mía. Sí, en esa inquietud de amar el lujo.

La camarera ha vuelto con la limonada y unas cartas.

—Señorita —me dijo— El señor Ivan Ivanoff espera en el salón de Estudio.

—Dígale que me disculpe hoy. Que no podré recibir la clase de baile, que vuelva mañana. Dígale que he estado en una fiesta hasta altas horas de la noche.

—Muy bien.

—¿Oyó? Que vuelva mañana por la mañana. Que le espero a almorzar.

Ivan Ivanoff gran bailarín ruso se había quedado en Lima por algunos meses. Había venido en una compañía de ópera. Era el que dirigía el cuerpo de baile. Ivan Ivanoff era noble. Bailaba antes de la guerra europea de 1914, solo para los Zares. Nunca había salido del teatro del Palacio Imperial. Ivanoff era sumamente delgado pero fuerte. Tenía una blancura inverosímil; sus ojos eran de un azul oscuro, ojos grandes y expresivos. Su cabello color oro, pero no de un oro arrebatado sino de un oro de tono de trigo. Pero lo mejor que tenía eran las manos. ¡Ah! las manos... parecían dos palomas inquietas. Sus manos las tenía primorosamente cuidadas y en una de ellas lucía un anillo con una piedra violeta. Era una amatista. Cuando le conocí y supo de mi afición per el baile clásico se interesó por mí e insistió en darme algunas clases. No se crea que por su mente pasó la idea del negocio, no, las clases eran gratuitas.

Pero volvamos a la sortija que llevaba una amatista. Aquella piedra tenía una hermosa y trágica historia. ¿Por qué no? Si en la corte de los Zares de Rusia es donde se registran las más extrañas historias de pasión, de odio y de crimen. La amatista fue regalada a Ivanoff por una Condesa de la corte del Zar. Esta Condesa se enamoró locamente del bailarín. Le hizo su amante por espacio de un año. Y así vivían felices hasta que una noche bailando Ivanoff la Danza de Lucifer, en un movimiento brusco que hizo en la mano, el anillo salto hasta el palco del Zar quien en medio de su despotismo tomó el anillo que cayó a sus pies. El Zar examinó la

---

[9] *Histoire du chevalier des Grieux et de Manon Lescaut* (1731), novela de Antoine François Prévost d'Exiles, conocido como Abbé Prevost. Una historia trágica de amor.

Delia Colmenares Herrera De Fiocco

piedra, le gustó y al estarla mirando fijóse que la piedra podía levantarse encontrando bajo ella un letrero en el oro que la sostenía, un letrero que decía: "Tú, siempre tú". Condesa Saraka. El Zar sonrió pero su sonrisa era de odio hacia la enamorada pareja. La Condesa era una de sus favoritas.

Cuando hubo terminado de danzar el bailarín, le hizo encerrar en un cuarto oscuro para castigarle haciéndole dar latigazos hasta que su cuerpo vertiera sangre. A la Condesa la mandó a la Siberia. El anillo lo hizo botar a una de las fuentes del jardín de Palacio. Pero el anillo fue recuperado al bailarín gracias a la audacia de uno de los cuidadores de los juegos de fuentes que adornaban los jardines.

He ahí la historia de la amatista de Ivanoff quien con la guerra de 1914 pudo salir de la esclavitud.

Bien. El bailarín me ha mandado un bello ramo de rosas rojas que me había traído para la clase de una de las danzas. Lo he hecho poner en uno de los jarrones de mi cuarto.

He vuelto a llamar a la camarera para que me traiga otra limonada. La sed que tenía era insaciable. Las cartas que estaban sobre la bandeja aún no las había leído. No tenía ganas de leerlas. Pero luego me entró la curiosidad y comencé a leer. Eran tarjetas de algunos de los convidados de la fiesta de la Baronesa que me saludaban y otras eran declaraciones de amor. No puse atención a ninguna de ellas. Pedí que se me preparase un baño caliente para templar mis nervios. A las siete de la noche vino a verme la Baronesa. Traía puesta una rica capa de piel de Rusia. No sé por qué me hizo el efecto de una cantante de ópera. Le hice pasar al saloncito de confianza.

–Pero por qué no me dices –murmuró con cariño– el motivo por el que te desapareciste antes de que terminara la fiesta.

–Simplemente porque sentí cansancio.

–No lo creo.

–¿Por qué?

–Porque tu espíritu es inquieto. ¿Por qué no confiesas que fue el joven teólogo que te hizo salir?

–Digo que no, estaba cansada. Los excesos de la fiesta produjeron un raro malestar en mí.

–¿Acaso no te gustó la fiesta?

–¡Oh! sí, sí. Fue bella. Salí impresionada de ella.

La Baronesa sacó de uno de los bolsillos de su capa una linda cigarrera y me ofreció un cigarrillo turco que yo rechacé.

–¿Cómo, no fumas, Dorish? ¿También el mojigatón del teólogo te ha prohibido que fumes? ¡Oh! no seas tonta. No hagas caso de las cosas. Es un chiflado. Le ha dado por lo místico. A todo el que puede y se deja, dice él, que lo hará un santo. Cuidado, Dorish. No te dejes llevar de los consejos de ese hombre.

–Me parece un buen hombre, de una gran alma.

–¡Bah! Ya caíste en su red, ya te conquistó.

–¿No es tu amigo?

–Sí, Dorish. Siempre va a mi casa pero tenemos ideas encontradas. Yo le dejo con las suyas y marcho yo con las mías. A ver, confiesa, te has enamorado de él.

–No, no. ¿Por qué me preguntas?

–Me dijeron que te vino a acompañar a tu casa...

–Sí, ¿y eso qué tiene?

–Nada, claro que nada... ¿De verdad que no fumas?

–Sí, dame acá la cigarrera.

Y prendí un cigarrillo. No sé por qué la Baronesa me atrae. No lo sé, por qué le obedezco.[10]

–Mañana, Dorish, quiero que vayas a mi casa. Voy a enseñarte unas lindas esculturas. He hecho la tuya también.

–La mía... que...

–Sí, tu imagen la he trasladado al mármol. ¿Si vieras lo bella que estás? Voy a terminarla aún.

–Pero, sin haberme puesto a mí de modelo, ¿cómo has podido trabajar, cómo has visto las líneas de mi cuerpo?

¡Oh! no había necesidad del modelo. Con los ojos te he desnudado.[11] Cabalmente por eso quiero que vayas mañana a mi estudio para ver si las líneas de tu cuerpo son fiel copia de las que he hecho yo. Vas a quedarte maravillada de tu estatua.

–Gracias, Baronesa. Mañana iré.

Se hizo silencio; luego dije:

–¿Deseas tomar algo Baronesa?

–Nada, gracias. Me marcho ya.

–¿Por qué tan pronto?

---

[10] Esta frase y sentimientos hacia la Baronesa se repiten constantemente en la novela.
[11] Contraste entre el desnudamiento "con los ojos" y el desnudamiento físico. En otras partes del texto, Dorish se refiere a sus encuentros sexuales con la Baronesa.

—Tengo que ir temprano a Lima. Estoy invitada a una comida y he de cambiarme de ropa.

—¡Ah!

La Baronesa se levantó, se compuso la capa, se dio unos cuantos paseos en el saloncito hasta que concluyó de fumarse el segundo cigarrillo. Yo también estaba de pie. Al salir la Baronesa se detiene en el camino y vuelve a mi diciéndome:

—Permite, vamos, siéntate aquí. Un detalle preciso me falta en la escultura que te estoy haciendo.

—¿Qué es? —repuse.

—¿No hay nadie quien nos mire aquí?

—No.

—Estamos solas.

—Sí.

—Pues bien: necesito ver un detalle de los pezones de tus senos.

—De mis senos... ¿No los has visto tantas veces?

—Sí, pero no recuerdo exactamente su tamaño. Quisiera verlos. Es el único detalle que me falta para concluir la escultura.

—Pero aquí...

—¿No dices que no hay nadie? ¿O también el joven teólogo te ha dicho que ver el cuerpo para hacer una obra de arte es pecado?

—No, no, a mí no me domina nadie Baronesa.

—Bravo, así debe de ser, así me gustas.

Y el deseo lujurioso de la Baronesa se revelaba en la mirada ávida por ver y palpar nuevamente mis senos que saqué a su vista para convencerme de lo que iba a hacer. En seguida sus finas manos los cogieron y los acariciaron. Luego los besó.

—Ya —repuse, y me paré ocultando los senos dentro de mi vestido.

—Sí, ya los palpé, mañana te espero.

Y la Baronesa dándome un último beso en la boca desapareció de mi vista.

Con todo, me decía, esta mujer me atrae. Iré mañana a su casa.

1929?

[*Confesiones de Dorish Dam*. Lima: Imprenta Torres Aguirre.]

Ofelia Rodríguez Acosta

(Pinar del Río, 1902-La Habana, 1975)

Escritora cubana y una de las activistas feministas más destacadas de los años 20 y 30 en Cuba, parte de la llamada "segunda generación republicana". Su producción es bastante prolífica y de diversos géneros, además de ser la directora de Bohemia, una revista semanal de gran difusión (50,000 ejemplares semanales) desde la cual lanzó una campaña feminista en 1930. Previamente había fundado y dirigido la revista *Espartana* en 1927. Más allá de su labor como periodista, publicó diversas novelas entre las que destacan: *El triunfo de la débil presa* (1926), *Sonata interrumpida* (1943), *La dama del arcón* (1949) y la más controvertida de todas por su aproximación a la sexualidad femenina *La vida manda* (1929), novela que ha sido recientemente reeditada por Madeline Cámana (incluye un sustancioso estudio preliminar). A pesar de ser una alta figura pública de la intelectualidad y el feminismo cubanos, poco se sabe de su vida entre 1957 y 1975, menos aún hay noticias sobre su destino final, sin mayores rastros que puedan confirmar su fallecimiento en La Habana o México.

Sus personajes femeninos, y en especial los de *La vida manda*, experimentan la libertad sexual, siendo una de las primeras novelas cubanas que presenta la sexualidad lésbica. La crítica Nina Menéndez señala el énfasis en el silencio y las miradas entre los personajes Delia y Gertrudis como elementos que construyen el deseo lésbico. Frente a la heteronormatividad que considera a la mujer como un objeto, esta novela nos presenta personajes femeninos cuyo goce está al mismo nivel de los hombres. La novela enlaza el lirismo de la prosa con el erotismo que fluye sin las restricciones del género: "¿Era Damián? ¿Félix? ¿Antonio? ¿Delia? Sus deseos fueron calmados físicamente, sin que ella supiera cómo ni por quién."

Además del artículo de Nina Menéndez ("*Garzonas y feministas* in Cuban Women's Writings of the 1920s: *La vida manda* de Ofelia Rodríguez"), tenemos los estudios de Vicky Unruh ("Performing Women and Modern Literary Culture in Latin America"), Madeline Cámara (texto introductorio a la versión utilizada para esta antología), Zaida Capote ("Eros y emancipación. Ejes del feminismo cubano en la obra de Ofelia Rodríguez Acosta"), entre otros.

Vidas escandalosas

La vida manda

De la Primera Parte, capítulo IV (selección)

[...]
Despertó [Gertrudis] al otro día con una fuerte opresión en el pecho. Sabía que tenía un dolor en el alma, pero sentía pánico de acercarse a él. Trató de hacerse la que lo ignoraba; sin embargo, una tristeza sutil, humilde, la abatía. Se vistió, pensando con amargura en cuán distinta situación espiritual lo había hecho la mañana anterior. Le pareció que habían transcurrido muchos años de golpe, y se asombró de verse allí, vistiéndose como todos los días para ir a la oficina, en la vulgar continuidad de todas las horas.

Al doblar una esquina se encontró de pronto con Delia, y, aunque deseaba más que nunca estar sola, como le inspiraba curiosidad esta mujer, aceptó su ofrecimiento de llevarla en automóvil hasta La Habana.

–¿Qué le pasa hoy, Gertrudis? Hay una demacración muy triste en su rostro.

El interés de las palabras y la sinceridad de su acento la enternecieron.

–¡Cosas que pasan, Delia! ¿Le parece poca tristeza al tener que vivir queriendo superar a la vida?

–No sea usted tan analítica, porque lo único que saca en consecuencia es volverse escéptica. Le advierto que mis mejores palabras las tengo y las guardo siempre para usted.

–¿Debo agradecérselo?

–No, de ninguna manera. Un agradecimiento de usted sería casi un insulto. Yo la respeto profundamente. Siempre me conmueve y me deja pensativa un encuentro con usted.

–Es usted muy amable para conmigo: Delia. ¡Qué difícil es lograr ser amable sin que nuestra amabilidad corra riesgo de caer en el enojo ajeno!

–No, para mí, no. ¿Y para usted? ¿La enoja mi entusiasmo?

–En modo alguno; es demasiado gentil.

–Gracias, gracias. Usted no me evita...

–Pero no la busco... ¿Por qué voy a evitarla?

–¿Y por qué no va a buscarme?

–Eso es; lo uno y lo otro, ¿por qué?

–Usted es terriblemente sincera.

—Cuando la veo, me interesa usted, Delia. Me agrada su conversación, por muchas cosas, una de ellas porque halaga un poco mi vanidad... Vamos, porque me permite ser vanidosa, sin que eso llegue a constituir un delito.
—Me alegra cuánto me dice. ¿Quiere usted ser mi amiga?
—No; yo no quiero tener amigas.
—¿Por qué ese aislamiento? ¿Quiere usted amortajarse en vida? ¡Es tan dulce la amistad!
—Profésela usted, si quiere. Hoy por hoy, yo me basto sin ella...
—¿Está usted segura de lo que dice? Eso es una soberbia...
—Que nace del dolor, Delia. Yo puedo tratarla a usted cuántas veces la vea. Me siento un poco comprendida por usted; pero si fuéramos amigas, quizá se echara todo a perder. Usted sabe que yo sé quién es usted.
—¿Me censura?
—No.
—¿Me compadece?
—Tampoco.
—Soy así de un modo inevitable.
—Sea usted como usted quiera y por lo que quiera. Lo único que a mí me interesa de usted es su corazón.
—¿Lo cree usted capaz de amar?
—En un sentido, pagano, humano y divino.
—¿Hay otro sentido?
—Para mí, sí.
—Explíquelos todos. Pagano, ¿por qué?
—Porque es usted amante del placer, en todas sus variaciones.
—Bien. ¿Humano?
—Porque es usted generosa para todos los seres. Comprensiva y compasiva. Porque a usted le inquieta el sentido de la muerte.
—¿Y el cuarto?
—El que usted no tiene, o mejor: su corazón. El del sacrificio, el del afecto directo, personal, íntimo. El que nace del centro, del núcleo mismo del corazón; del que no es solo pagano, porque no busca, el placer principalmente; ni abstractamente humano, porque va derecho al hombre en su individualidad; ni divino, porque no es homogéneo ni místico; el que lleva todos estos espejismos, sufre todas estas influencias, pero triunfa de todas ellas; el amor absoluto, sin principio ni fin.
—¿Ama usted?

—Tengo esa gloria.
—Quiera Dios no la pierda; me dolería demasiado.
—¿A usted?
—Amiga mía –déjeme llamarla así por un momento– quizá esté usted despertando el cuarto sentido de mi corazón.
[...]

De la Segunda Parte, capítulo III (selección)

[...]
Había sido lo suficientemente incauta, a fuer de sincera y espontánea, para creer que ella era, en realidad, el único amor y la mujer máxima en la vida de aquel hombre. ¿Por qué tantas manchas sobre la honradez de Damián? ¿Por qué ocultarle tan intencionadamente?...

Y sintió una pena, una pena profunda al pensar en los labios mancillados de mentira de su Damián. Deseó lavárselos, en un bautismo sacramental de agua clara, en una indulgencia plenaria de su amor. Pero tal fue la revolución que sufrió en su proceso este sentimiento generoso, que asomó a sus pupilas algo parecido al desprecio.

Delia tomó una mano entre las suyas, y con voz queda:
—¡Cuánto sufre usted!
—Gracias, Delia. Es usted muy bondadosa conmigo.
—Porque la quiero, Gertrudis, hasta el sacrificio. No lo olvide usted; recuérdelo siempre, si es que pueden flotar mis palabras en su memoria, sobre este mar de fondo de su corazón.
—¿Me quiere usted, me ha dicho?...
—Hasta el sacrificio, sí.
—No la entiendo, o quizá es que no puedo entenderla en este momento.
—Yo nunca he amado a una mujer como usted, hasta la renuncia, hasta la pureza de los sentidos, con estar los sentidos tan pendientes de ella...
—Delia, calle usted. ¡Calle usted, por favor! Me trastornan sus palabras, porque no puedo ahora razonar. Ha hecho usted mal en elegir este momento para decírmelas: estoy indefensa. Pero, de todos modos, creo no ha debido hacerlo nunca. ¡Qué lástima! Pierdo su casi amistad. Porque, usted sabe, yo no soy mujer que soporta estas situaciones. Le ruego me deje usted en la próxima esquina.
—Como usted quiera. Usted no puede comprender cómo yo la respeto y la estimo. ¡Oh, si usted supiera! Es aburrido. Quiero hacer de este amor

una pequeña obra de arte, acaso una virtud moral. ¡Oh, si lo lograra! Yo creí que no había más sensaciones nuevas, y las hay, sí. En lo erótico, lo agoté todo; en lo lírico, estoy haciendo sorprendentes descubrimientos...
—Hemos llegado...
—Al término de su carrera. ¿No me guarda usted rencor?
—Perdóneme la brusquedad, pero al lado de lo que me sucede, nada significan, para mí, ni usted, ni su vida, ni sus palabras. Adiós.
—Sin embargo, gracias, Gertrudis, y adiós.

De la Tercera Parte, capítulo II (selección)

[...]
—¿Va usted a beber más?
—Sí ¿por qué no? Yo resisto más de lo que usted cree.
Delia le soltó el brazo y se sentó a verla beber.
Gertrudis se llevó la copa a los labios, despaciosamente, con premeditación. Al apurar, escondió todas sus miradas allá en el fondo, en la cerrazón del cristal. Acabó, y rio a plena boca. Cogió un cigarro. Delia se le encendió.
Pusieron un disco en la grafonola, y Fonseca la sacó a bailar. Desde su butaca, Delia la veía dar vueltas y pasos, abandonada al compañero.
Dos o tres veces rio Gertrudis con equívoca alegría. Con una risa que sonaba a olvido, a cosa que se estrena: era como una música que hubiera dormido inédita en su garganta y que de pronto hubiera roto a tocar a toda orquesta.
Se sentó, justamente frente a Delia. Los demás jugaban y gritaban en absoluta independencia. Gertrudis se sentía excitada, intranquila hasta el último repliegue de su carne y de su alma. Sacudía de vez en cuando la cabeza, como dando de lado a un pensamiento. A ratos, se torturaba las manos, retorciéndose los dedos, pellizcándose los nudillos. Los labios se le empurpuraban entre los dientes, y luego, empalidecían momentáneamente.
Estaba radiante con aquella expresión de dolor fiero en la cara, con el trémulo de su extraña risa entre los labios, con la vibrante onda que recorría como un arpegio todo su cuerpo; con el brillo centellante de sus ojos negros, apasionados hasta la tortura.
Sintió clavada en ella como ponzoñoso aguijón la mirada buida de Delia. Inmóvil, se puso a mirarla ella también. Los ojos contrarios tenían

una rara expresión filante. Bellos, dominadores, abrían pertinazmente una larga incisión en su temperamento.

La mirada de Gertrudis, hipnotizada, bajó hasta los labios de Delia que se estremecía voluptuosamente. Alocada, halló placer en aquella sensación nueva. ¡Qué onda y dolorosa caricia la de aquellos pérfidos malévolos ojos fascinantes! También los suyos llegaron a mirar, así. Se agitó pecaminosamente en la larga, interminable, dulce mirada de la otra mujer.

Delia sonreía triunfalmente. Esa sonrisa húmeda y palpitante, despertó a Gertrudis. Volvió en sí espantada. Se turbó desesperada, en medio de su caótica desorientación. La bebida se le subía a la cabeza, cegándola.

Se levantó con brusquedad y corrió a la mesa de juego.

—¡A ver! Cartas.

Y jugó, con igual deliciosa emoción en el juego, sintiendo la atracción del vicio con íntimos temblores en el alma. Perdió, perdió todo. ¡Qué gozó el de perder de esa manera febricitante el dinero! Toda ella supeditada a las cartas. ¡Con un ansia cada vez más grande de faltar, de ser mala, de llegar al fondo de todas las cosas! Y mientras su mano inexperta, temblorosa, pálida, arrojaba las cartas, sus labios escanciaban cocktail tras cocktail.

En el vapor de todo aquello sintió como si todos los hombres que estaban allí la besaran, y la poseyera. Toda quemada de deseos, ardió espontáneamente.

Recordó sus despertares de virgen. Su oscura y delirante ansia de llegar al placer. Su afán por sentirse martirizada en el goce supremo, por un hombre que le había gustado de pronto en la calle.

Bebió, riendo toda la noche; cada vez más hondo en la pendiente: transida de una alegría malsana, de un sufrimiento mortal.

Como en sueños vio que todos se marchaban. Y ella también.

Que la llevaban a alguna parte. La conducía un hombre. Su voz ronca, insegura, la oyó en las postrimerías de su discernimiento.

¿Era Damián? ¿Félix? ¿Antonio? ¿Delia? Sus deseos fueron calmados físicamente, sin que ella supiera cómo ni por quién.

1929

[*La vida manda y otros textos*. Madeline Cámara, ed. Doral: Stockcero, 2018]

José María Vargas Vila

(Bogotá, 1860-Barcelona, 1933)

De formación autodidacta, fue maestro, periodista y escritor. Sus ideas políticas liberales eran radicales, por lo que en su obra hay fuertes críticas al clero, al conservadurismo de todo tipo y al imperialismo estadounidense. Llegó a autoconsiderarse un anarquista. Esta posición política lo obligó al exilio en Venezuela en 1886, donde fundó revistas como *Eco Andino* y *Los Refractarios*, y donde vio la luz su primera novela: *Aura o las violetas* (1887). En 1891 es expulsado por el presidente venezolano y se radica en Nueva York, donde conoció a José Martí y fundó la *Revista Ilustrada Hispanoamericana*. Cumplió cargos consulares para el gobierno ecuatoriano de Eloy Alfaro en Roma, donde fue excomulgado por la Santa Sede por su novela *Ibis* (1900). Otra vez en Nueva York, fundó la revista *Némesis*, uno de cuyos artículos antiimperialistas le valió la expulsión de Estados Unidos en 1903. Tras un breve período como representante diplomático de Nicaragua en España, junto a Rubén Darío, y una estancia en Cuba durante la segunda mitad de la década del veinte, se asentó definitivamente en Barcelona.

Aunque en la mayoría de sus obras las situaciones eróticas son heterosexuales, tanto en su *Diario personal* como en *La conquista de Bizancio* aparece explícitamente la temática homosexual. Lo que diferencia esos textos de *En los jardines de Lesbos* es que en esta pieza la protagonista es lesbiana y, por ende, su personalidad y su sexualidad se encuentra en el centro de la trama. La novela permaneció inédita hasta el 2015, cuando la publicó Panamericana Editorial acompañada de un estudio crítico de Juan Carlos González Espitia. En su introducción, González Espitia data el manuscrito hacia finales de 1929, cuando el autor aún vivía en Cuba. Acusado muchas veces de misógino, en esta novela Vargas Vila crea un personaje femenino en el que encarna su ideal de oposición a la moral, llevado hasta el enfrentamiento con la heteronormatividad y con posiciones políticas tan polémicas como las suyas. Esa articulación de la sexualidad y la política se produce también entre la sexualidad y la creatividad, pues Margarita de Atienza, la protagonista de la novela, es "escultor" y autora del texto "En los jardines de Lesbos", que leemos gracias a Valerio Villar, un alter ego de Vargas Vila que recibe con interés su manuscrito.

Vidas escandalosas

Respetamos la peculiar puntuación del autor, aunque eliminamos indicaciones sobre el manuscrito, ajenas a los propósitos de esta antología.

En los jardines de Lesbos

[...]
la suavidad del ahora invadía el estudio de Valerio Villar cuando sonó el timbre de la puerta de calle que daba sobre el jardín, y, poco después entraba el criado trayéndole una tarjeta;

un persistente olor de heliotropo se escapaba del cartón cuasi amarillo color viejo marfil, en el cual se leía, litografiado, un nombre de mujer: *Margarita de Atienza*; nombre de flor, recuerdos de Dumas, pensó para sí el maestro, y sonrió:

–Adelante, dijo:

alta, esbelta, majestuosa, una dama entró;

elegante;

una elegancia de Circo, o de Gimnasio;

falda corta, flotante, que le hacía una especie de pantalón de écuyère;

chaqueta, ceñida al talle, con cuello alto, sin el más leve escote;

una corbata a la marinera, sobre la cual, un enorme ónix, hacía reflejos;

las mangas, largas y estrechas, dejando adivinar, una membratura fuerte, cuasi viril;

botas con zapatos de charol negro y cañas de ante blanco, con botonadura negra, casi hasta la mitad de la pierna;

una sortija negra de acero, con un cabuchón de agata, de un verde leguminoso, puesta, no sobre el dedo anular sino sobre el del corazón;

dos serpientes de hierro, igualmente negras, con cabezas de coral, enlazadas, como con furia, le ceñían el puño derecho a modo de brazalete;

bella, muy bella;

una belleza de discóbolo, de líneas fuertes, sin rotundidades femeniles, sin seno, sin protuberancias, una cintura de arquero, unas piernas delgadas y recias, como de corredor o de atleta;

todo el aspecto de un joven gimnasta, escapado de una Palestra;

unos ojos, negros, imperiosos, meditativos, sin ternuras, dominadores, como de una ave de presa; la nariz corta, voluptuosa, sin lineamientos estatuarios; la boca grande, sensual, con un gesto enorme de dominio, a la cual no daban belleza sino los dientes blancos, unidos, en los cuales, más como una coquetería que como una necesidad, el oro de una pequeña orificación centellaba, como el ojo de una áspid inmóvil en el cáliz de una flor...

belleza orgullosa, de adolescente atrevido, escapado a las carreras de un Gineceo, de joven Gladiador, ansioso de pisar la arena, y de vencer, contemplado por el ojo acariciador de Nerón, a través de su esmeralda cóncava;

una manera violenta de estrechar la mano, como de Domadora de Fieras, o de Director de un Circo:

–Maestro

–Señora...

una elegante inclinación;

un apretón de manos, tan fuerte, que a Valerio Villar le fue casi doloroso;

él tenía unas manos delicadas, sensitivas, de anciano, habituadas únicamente al manejo de la pluma; ella, tomó asiento en una butaca, jugando con las borlas de su sombrilla de alta empuñadura de nácar con filamentos de oro;

el mismo olor de heliotropo de la tarjeta se escapaba de toda ella, y llenaba la estancia de su esencia vaporosa y sutil;

él, se arrellanó en el sillón de su bureau, mirando con gran interés aquella extraña y bella persona, casi sin encanto femeniles, pero llena de una rara sugestión, dominadora, de Beluario;[1]

ella, paseó una mirada serena por los armarios y anaqueles con libros, los cuadros colgados a los muros, y no lo detuvo con delectación sino en un busto de Virgilio que en un ángulo del aposento proyectaba blancuras lácteas en las penumbras que lo rodeaban;

miró la figura aun erecta del Maestro, y el payama de seda color vino a grandes ramazones negras, que había embosado a la ligera para recibirla;

luego sacó de su bolsa de marroquí verde pálido, ornado con grandes iniciales de plata, un pequeño Álbum en satín violeta, bordado de lises de oro, y broche del mismo metal, que mostró, a Valerio Villar, diciéndole:

–Hace más de quince años que yo no tengo otra lectura que los libros de usted; ellos han sido mi alimento espiritual, la fuente en la que he abrevado para calmar mi sed de amor a la belleza;

usted, ha sido el Apóstol de la Belleza y de la Libertad; esta última, no me interesa; yo, no amo más Libertad que la Libertad de Costumbres, y

---

[1] Beluario, quien combate con las fieras, transformado en un topónimo por el autor.

Vidas escandalosas

esa la profeso sin necesidad de que alguien me la conceda; las libertades políticas, no me interesan; no soy bastante fea, y estoy bien lejos del grado de imbecilidad que se necesita para ser una sufragista declamadora; no amo la Política, esa ciencia de arruinar los hombres la dejo a nuestros Magistrados que la practican a maravilla; yo, no soy sufragista sino en Amor; y, no doy mi sufragio sino a las mujeres muy bellas, y eso no para ir a los Congresos, tumultuosos como un Mercado, sino a los Templos de Amor, silenciosos como una Pagoda, donde no se adora sino la Belleza de Paphos, pensativa, o la desnudez de Friné que cegó con su esplendor las pupilas que sus jueces; así, pues, yo, no amo de usted, sino sus Poemas, y sus Novelas;

las últimas, sobre todo, han sido mi Adoración; les debo las más bellas horas de mi Vida...

sonrisa agradecida, y una leve inclinación de cabeza de Valerio Villar, vivamente interesado ya en los decires de aquella alma inquieta, con algo de excentricidad, que es siempre una forma de distinción de espíritu; él no odiaba sino lo vulgar, y aquella Mujer no lo era; por eso, la escuchaba como atención;

ella continuó en decir:

–A los quince años, fui expulsado del colegio de Hermanas del Sagrado Corazón porque hallaron un libro de usted bajo mi almohada; ...la Monja que lo halló no comprendía, desde luego, nada de lo que usted decía, pero quemó el libro; ¡qué pensaba la Monja!

eso no podría decirse; no se ha hecho aun el análisis del cerebro de un ganso; ese día podría saberse cómo piensa y lo que piensa una Monja;

en la Sociedad, en la cual entré luego, tuve ocasión de ver, que todas mis amigas, leían novelas de usted, pero, ninguna lo confesaba;

los libros de usted tenían para ellas el encanto de un Vicio Secreto, y los Vicios Secretos son los que más se aman; ese es el encanto del Adulterio, que hay que ocultarlo; el día que un Adulterio se hace público pierde todo su encanto; el Amante se hace algo tan vulgar como el Marido; y, continuar en amarlo, es algo tan imposible como amar a su Marido; yo, no sé lo que es amar a ninguno de los dos, al Marido, ni al Amante; ambos son ese producto asqueroso de la Naturaleza, ...que se llama el Hombre;

y, luego, como si hiciese un viraje violento en su monólogo, dijo:

–¿Ve usted este Álbum? ...es la Historia de mi Alma, y de mi Vida; de mi Vida, que es tal vez la mejor de las Novelas de usted; hoy, que entro en el ciclo más tormentoso de esa Vida, y, siento que ella va a llegar

acaso muy pronto a su trágico desenlace, vengo a poner esa Novela suya en manos de usted;
calló;
se puso en pie; colocó el Álbum sobre la mesa;
estrechó la mano de Valerio Villar;
y, se alejó...
con el paso rítmico de un Atleta que se retira del Circo.
Valerio Villa la acompañó hasta la puerta, y se inclinó ante ella, en uno de esos estos elegantes que le eran habituales, gestos de gran Señor, de los cual es se ha perdido ya casi la exquisita tradición;
volvió hacia su mesa de trabajo, tomó el Álbum, y lo fojeó;
eran una serie de notas, truncas, incoherentes, pero todas ellas escritas en bellos caracteres, y algunas casi podría decirse que con amor, tanto así la caligrafía era cuidada y primorosa
tarjetas hornadas con dibujos a tinta, con pensamientos cortos, como prisioneros de las líneas que les servían de marco;
cartulinas perfumadas con paisajes, sitios soñadores, y al margen anotaciones discretas;
poemas cortos, en pocas líneas, que no alcanzaban a hacer los "Poemas en Prosa" de Turguenew, ni los Pequeños Poemas de Baudelaire, y, recordaban apenas, las Iluminaciones de Rimbaud;
dísticos tallados como si fuesen hechos no a la pluma, sino al cincel;
un vértigo de sensaciones atropelladas y tumultuosas;
sin orden, sin fechas, sin itinerario posible para seguirlas;
no había, continuadas y formando como pequeños capítulos, sino ciertas páginas de al principio, al medio y al fin, que eran como islotes en que aquella Alma agitada y errabunda se detenía, para mirar
su vida y contarla;
pero, aún esas líneas, eran cortas, inconexas, y trepitantes;
un perfume de sexo y de boudoir, se escapaba de aquellas páginas pesadas de Voluptuosidad;
atraído por ellas, Valerio Villar, se entregó a su lectura.
"En los jardines de Lesbos"[2]
[...]

Yo, no sé estudiar Anatomía, sino con los labios;

---

[2] Aquí comienza el manuscrito de Margarita de Atienza.

mi lengua, es la cuchilla con que yo quemo, sin despedazar, los bellos cuerpos que amo...
arteria por arteria...
músculo por músculo...
nervio por nervio...
mi lengua es un pincel que dibuja paisajes sobre los cuerpos que beso...
no hay Belleza de Paisaje semejante a la Belleza Corporal puesta al desnudo...
las colinas de los senos;
la ondulación sinuosa de las ancas, playas abiertas a todas las caricias;
el valle etrusco del vientre, que siente pasar sobre él los alisios de los besos...
¡oh! Venus, ¡oh! Venus... ¡cómo es de bella la concha en que navegas sobre el mar...!
¡déjame ser uno de los Tritones que la llevan, besándola con la grupa escarlata fulgente de arreboles!

La Castidad es una Victoria, obtenida sobre sí mismo;
un Triunfo sin laureles, y sin trofeos;
el Amor es la Victoria, obtenida sobre los otros...
¿su botín?
un cortejo de bellos cuerpos que sufrieron la cadena de nuestros brazos...
ningún César arrastró más bella carriola de Vencidos que la que he llevado yo en mi seguimiento;
ninguno.

Hay horas de ser león, y, horas de ser abejas...
horas de torturar, con nuestras manos, que se hacen garras...
y, horas de libar con nuestros labios, que succionan el cáliz de una flor;
la embriaguez de la Sangre y, la de la miel, ambas son bellas...
embriaguez de fieras y de dioses.

La Soledad es la única atmósfera respirable a nuestro Amor...
ven a la Soledad;
embriaguémonos de ella; en una embriaguez de besos...
sintiendo yo los ritmos desnudos de tu cuerpo temblar bajo las caricias de mis manos, como una arpa, en el Silencio...

el reflejo de nácar de tu cuerpo, perla pálida, que un rayo lunar hace luminosa sobre la playa roja de la alfombra...

la sombra de tu cabellera; halo de tinieblas para tu faz lilial;

la Noche dormida entre tus pestañas, como una puma entre las malezas...

el néctar en la comisura de tus labios, en espera del colibrí que libe tus secretos;

tu cabellera despide un olor de jazmines en la Noche; un río de sándalo, oscuro de voluptuosidades infinitas...

como odora tu cuerpo todo, sobre el cual mis labios ensayan el diapasón de todas las caricias...

mis manos errátiles ¿a dónde van?... parece que han perdido el tacto, fatigadas de buscar el secreto de las sensaciones más extrañas...

ya se fue el Sol con sus raudales de fuego...

la sombra es azul, flor delizada de oro...

ella nos envuelve como un manto sobre el lecho de cojines olorosos en que reposamos nuestros cuerpos...

estréchame contra tu corazón;

que muera yo sobre él, a la sombra de tus pestañas oscuras, que parecen haber hecho prisioneros todos los soles en el fondo de tus pupilas turbadas...

como se hacen densas esas pupilas desmayadas de Voluptuosidad...

el Leviatán del Deseo se revuelca en el fondo, y, yo me miro en ellas, como en un lago de fango...

bésame...

bésame...

no dejes de besarme...

abrázame

en tus brazos, yo no soy sino un harapo que el huracán de la Lujuria sacude... vela desgarrada, extendida a lo largo del mástil de tu cuerpo tibio

déjame esconder mi cabeza bajo tus brazos, a la sombra de las axilas umbrías, como vellos de mazorcas maduras...

exprime las flores de mis senos erectos; mis pobres senos que sufren;...

acaricia la opulencia de mis caderas, pasea tus manos vencedoras sobre mis carnes vencidas...

poséeme...

agótame...

mátame de amarme...

que muera,
bajo el fuego de tus ojos...
rosa fenecida bajo los besos del Sol.

[...]

La Patria, es una Ficción, pero una Ficción Encantadora, al menos para mí;
yo, amo enormemente mi Patria, no con un Amor de Patriota, sino con un Amor de Artista;
el patriotismo es una Vulgaridad, como todas las Virtudes; el Amor a la Belleza, es una Pasión Genial, como todas las Excelsitudes;
y, yo amo a mi Patria, no por ser mi Patria, sino por ser tan bella;
yo, Escultor, muero de Admiración por ese Escultor Divino que esculpió en las Soledades del Mar esa Obra de Belleza Incomparable que es mi Patria...
esa Venus, no de Mármol sino de Agata, surgiendo de las Soledades del Mar, desnuda como un lucero, y pálida como un lis;
un lis de esmeralda, al cual pesan con pasión el Sol y el Mar, disputándose con igual violencia su Dominio...
cada vez que yo regreso a mi Patria, me siento más orgullosa de haber nacido en ella...
en mi Patria, no todo es grande, pero todo es bello; ¿cómo no amarla yo, que tengo el Culto y la Pasión de la Belleza?...
he vuelto a temblar de Amor, y mis ojos volvieron casi a cegar del deslumbramiento, al ver el maravilloso cabuchón, surgir ante mí de entre las olas del Mar, en su horizonte de rosales y de palmeras, reclinada a la sombra de sus jardines oscuros...
el cielo reflejado en sus olas se hacía denso, como un tapiz de violetas, estriado de oros mórbidos...
caí de rodillas ante ella;
y, la adoré.

[...]

un grande Amor es siempre una Gran Locura...
¿qué mayor Locura que el Amor?

¡Oh! cómo el Mundo es luminoso a la luz del Amor...
cuando yo no soy iluminada por un Grande Amor, veo el Mundo en tinieblas...
la hora del Amor es en mí fugaz, pero es talmente ardiente y luminosa que el Sol es como un carbón extinto al lado de mi Amor:
y, mi Amor no es sino un Deseo...
el Deseo violento de la Carne;
mi Amor, no tiene Alma...
y, a causa de eso, no busco el Alma en los seres que amo, es decir, en los cuerpos que deseo;
nada odio yo tanto como la aparición del Alma en el Amor...
cuando ella aparece en los ojos del Ser que amo, yo trató de matarla con un beso... hacer ciego
los ojos que se permiten revelar un Alma...
las almas, no se besan...
¿y, qué sería la Vida sin el beso?
la Vida, duerme en la Sombra;
y, es el beso el que despierta la Vida...
el beso, es el Alma del Amor...
es decir:
el Alma del Deseo...
del Deseo inextinguible...
como este que sentí por Berta Doltz
por su cuerpo de luz, y sus divinos ojos de miosotis...
envueltos en los candores de la Tarde...
el deseo de acercarme a ella acreció en mí, casi hasta la exasperación; se hizo violento, como todos mis deseos;
ya no pensé sino en seguirla, y en perseguirla a dondequiera que iba...
frecuenté los salones que ella frecuentaba, fui a los salones de Té donde ella iba, mi auto seguía el suyo en los paseos, tan de cerca que su chofer había de amonestar el mío, por temor de un atropello;
le fui presentada en una reunión;
era amable, tierna, suave; una de esas mujeres sin alma; tierras vírgenes, en espera de todos los conquistadores;
le hablé de hacerle su busto y sonrió, como si soñara con el mármol, y su carne de oblación temblaba ya bajo las caricias de mis manos antes de que estas modelaran sus formas a golpe de cincel...

Vidas escandalosas

La partida de Erasmo[3] para sus posesiones de Campo con objeto de arreglar sus asuntos antes de su matrimonio me permitió acercarme a ella a pesar de las precauciones de su familia para impedirlo;

el oro, corruptor, lo puede todo;

su modista me sirvió de intermediaria para nuestras primeras entrevistas, como me servía para otras muchas;

y, fue en casa de su manicura que estrechamos nuestra amistad...

vino a mi atelier burlando la vigilancia de sus Padres, por medio de una estratagema de carruajes, y la complicidad de una doncella suya, sobornada por mí;

posó para su busto desnudo, con una Ingenuidad que fingía admirablemente el rostro de la Inocencia

y lo esculpí con delectación;

sin el modelo presente, yo trataba de seguir los lineamientos armoniosos de la Hermione de Guido, cuya belleza languideciente tiene todo su atractivo en su propia fragilidad;

los bustos de fuerza y esfuerzo no me seducen; el Júpiter Mansuetus que hacía la desesperación de Rafael no ha hecho la mía

el San Juan de Guido Cagnacci, que me había servido de modelo para el busto fuertemente plástico de Marta Pinzón con sus exuberancias de joven atleta,[4] no podía servirme para el de esta delicada y frágil miniatura que ahora esbozaba; solo la estatuaria griega podría darme modelos, como el de aquel encantador Apolino apoyado en ese tronco de árbol, sobre el cual corre una luz fuerte que se hace de oro y parece servirle de diadema; lo incierto, lo vago, lo indeciso de estas formas, aún por afirmarse y acentuarse, formaba el encanto y la armonía de ese delicioso busto de niña que tardaba en hacerse una Mujer... tuve que imaginar sus senos para esculpirlos, se diría que estaban aún por nacer; las deliciosas crisálidas que un día la caricia brutal del Hombre harían brotar;

[...]

Talmente me absorbió ese mi nuevo Amor que apenas si puse atención a los sueltos de los Diarios, el Matrimonio de Marta con el actor Shiaffeni; celebrado en Milán;

---

[3] Prometido de Berta Doltz y primo de la protagonista.
[4] Personaje de la novela.

José María Vargas Vila

felizmente el corazón sirve para algo más que para amar;
sirve también para olvidar;
es la válvula de escape del Recuerdo;
mi corazón había olvidado tan completamente a Marta que nada podía galvanizar ese cadáver, al cual mi nuevo Amor le servía de Epitafio.

Berta me llevó a casa de su Modisto, para ver su traje de Novia
tuvo la inconsciente Crueldad de ensayarlo ante mí, ornándose de su Manto Nupcial y su corona de azahares;
un ciego furor me poseyó;
tuve ímpetu descargar la corona sobre su frente, y desgarrar el rico tisú del manto con mis manos;
no tuve fuerzas sino para llorar y abrazar sobre mi corazón aquel cuerpo adorado, que ataviado así parecía un sirio de plata pronto a arder ante un Altar; …el de Himeneo;
y le dije en nuestro Álbum:

Guarda ese manto nupcial, tiene pliegues de mortaja… ¡cómo tiembla, cómo se aja sobre la frente lilial…!
ven a mis brazos ven…
como dos olas que se unen en la playa, gozamos la dicha de estar solas
mi corazón desmaya…
en la embriaguez del beso…
de tu beso adorable, tanto más puro, cuando más culpable…
eres virgen…
me has dado tu pureza…
y, permaneces virgen…
qué tristeza…
no poder desflorar
ese divino y mágico
azahar…

nuestro abrazo intenso, no da flores de niño al Mundo…
su bendita esterilidad, no aumenta un ser más a la Humanidad

[…]

Vidas escandalosas

Hoy...
anochece, y ella no llega...
el corazón me dice su decreto...

Erasmo Ortiz ha regresado súbitamente de su hacienda avisado por alguien;
ha tenido muy violenta escena con los padres de su novia en la cual ha roto su compromiso de matrimonio con ella;
la consternación de estos ha sido enorme;
ellos ignoraban nuestras relaciones, y suponían que salía a verse con su modista y su manicura...
así se lo aseguraron a Erasmo; este ha accedido a continuar sus relaciones y celebrar su enlace, siempre que Berta jure no volver a verme;
ella lo ha jurado, y lo que es más triste aún: lo ha cumplido;
¿se va a casar?
no
van a casarla...
me la roban...
me cierran las puertas de su casa...
he sido puesta fuera de ella: como un contagio...
esa es la frase de su Madre...
no me resigno a la soledad de sus caricias
el frotamiento de su cuerpo de lis me es necesario...
me parece que lo veo aún bajo mis besos...
blancuras de camelia, en el olor de una selva... el ánfora de su vientre y, el cáliz de oro, de sus desnudos...
...
que ella sienta en otros brazos el estremecimiento sagrado...
y tiembla bajo otros besos y el aliento de otra boca...
jamás...
jamás...
la tragedia Brutal, entra en mi Vida...
la siento aullar en mi corazón, con su boca de Ménada...
¿dónde la paz de mi Jardines Interiores?
huyó...
la Soledad de mis Jardines Exteriores, estos que me rodean, parece llorar su ausencia...

el Mar, opaco, ruge;
ha dejado de cantar...
la Melodía Lírica de la Naturaleza, ha huido con Ella...
con Ella, que huye de Mí...
y, yo, no soy ya sino la sombra de su Sombra... que la sigo, que la persigo... que tiendo los brazos hacia su Recuerdo, ya que no puedo abrazar su cuerpo, y beso las huellas de sus pasos, ya que no puedo besar sus pies...

muerdo mis labios, ya que no puedo juntarlos a los suyos, y bebo su sangre amarga como el acíbar de mis lágrimas...

¿dónde están sus ojos, que no reflejan ya el esplendor de las borrascas de los míos?

sus labios, que ya no cantan, para mí, la Música de sus Palabras, y no acendran para los míos el licor de sus besos, que era como el Alma del Mundo, hecha una Miel?

mi Adoración se prosterna ante su Recuerdo, y sigo su sombra de rodillas...

mi lecho está intacto; hace días y noches que no me reclino en él...

¿para qué, si me falta el calor de su cuerpo, la cadena de sus brazos y el imán de sus besos, pérfidos y temblorosos como las olas?

en mi Soledad, imploro sus divinas manos ausentes, ese ostensorio en el cual está la hostia tibia de todas las caricias...

el vuelo de los pájaros, que huyen, me parece vuelo de sus besos, que se fueron

y, besó las alas de la brisa fugitiva como si besase las tibiezas de su cuerpo tantas veces desnudo, para mí...

veo parpadear las estrellas, como si viese cerrarse sus ojos, agobiados por mis besos...

y, la busco,
y, no la hallo;
me la vedan,
me lo ocultan...
erro en torno de su casa, cerrada como un sepulcro...
todo me es hostil cerca de ella...
hasta las casas de los vecinos que me cierran sus puertas...
el Sarcasmo,
la Burla,
el Desprecio...

asoman a los ojos y a los labios de aquellos que me ven vagar en torno a su morada, y estacionarme largas horas cerca de ella...
sus Padres, se han quejado a la Autoridad;
y, esta me ha prohibido pasar por cerca de su casa, ni detenerme ante ella;
anoche, mi auto fue devuelto de la esquina por la orden imperiosa de un Agente de Policía...
para disculpar esas brutalidades, empiezan a susurrarse leyendas, y a hablarse de mi locura...
los parientes de mi marido, inconsolables de haber sido desheredados por él, empiezan a hacer gestiones ante un juez para que declare mi Invalidez mental, y me prohiba el manejo de mis bienes...
los míos, deseosos de heredarme en vida, hablan de recluirme en un Manicomio
nadie tiene Piedad de mí, sino Desprecio...
estoy sola...
sola como mi Amor...
todo Infortunio es una Soledad.

1929

[*La cosecha del sembrador / En los jardines de Lesbos / Ítalo Fontana*. Juan Carlos González Espitia, ed. Bogotá: Panamericana Editorial, 2015]

Bernardo Arias Trujillo

(Manizales, Colombia, 1903-1938)

Escritor colombiano que se suicidó con una sobredosis de morfina. Como muchos escritores de su época fue también diplomático y colaboró en periódicos como *El Universal*, *El Liberal* y *La Patria*. Tradujo *La balada de la cárcel de Reading*, de Oscar Wilde, un autor al que rinde homenaje en su obra en repetidas ocasiones. La crítica ha señalado también las coincidencias entre su producción y la de Marcel Proust. Entre sus textos se destacan *Por los caminos de Sodoma: confesiones íntimas de un homosexual* (1932), *En carne viva* (1934), *Risaralda* (1935) y *Diccionario de emociones* (1938).

Como asegura Daniel Giraldo, Arias Trujillo sigue siendo un autor muy poco conocido incluso dentro de Colombia, a pesar de que en 2012 Lucio Michaëlis, sobrino del escritor, reeditó sus obras mayores. En esta ocasión seleccionamos dos fragmentos de su novela *Por los caminos de Sodoma* y su poema "Canción a Roby Nelson". En esta pieza narrativa, usando el alter ego de Sir Edgar Dixon, Arias Trujillo transcribe la historia de la atormentada vida de David. La novela es explícita tanto en los sufrimientos del sujeto como en los encuentros homoeróticos. Esto conduce a Giraldo a afirmar que "el autor registró en los anales de la literatura colombiana un pensamiento muy avanzado con respecto a su época. Arias Trujillo reconoció el papel fundamental del deseo sexual en la dinámica social y, más importante aún, puso esta relación en función del tiempo". Esto justifica la estrategia discursiva de emplear la tercera persona y usar un noble inglés como narrador. Daniel Balderston destaca que, si bien Arias Trujillo siguió el consejo que tanto Wilde como Proust dieron a Gide sobre nunca decir "yo" en la mayor parte de su obra, el poema "Canción a Roby Nelson" es una excepción. En él, el autor parece recordar un encuentro en Buenos Aires con un muchacho del puerto.

Hemos escogido los textos de la reedición realizada por Lucio Michaëlis, cuya versión Kindle incluye la novela y el poema. En esta edición el poema aparece fechado en Buenos Aires, enero de 1933 y firmado por el mismo Edgar Dixon.

Vidas escandalosas

Por los caminos de Sodoma. Confesiones de un homosexual

Panorama móvil de un hombre o análisis espectral de un espíritu[1]

Esta vida que voy a narrar tiene algo de extraordinario. No es la vida cotidiana, medida con el rasero común de las gentes. Es una existencia dolorosa, el vivir de un hombre anormal, que un día cualquiera habrá de ser carne de clínica, de suicidio o de laboratorio. Esta vida que se va a desenvolver dentro de poco, como una hebra maravillosa, por oscuros laberintos de picachos hostiles, no fue trazada por Dios por cauces tranquilos y naturales, sino que fue dibujada por mano caprichosa, por atajos ocultos, espinados de amarguras increíbles. Las paralelas de la normalidad no cercaron nunca su temperamento, y David fue el hombre solitario, la llama triste que abatieron todos los vientos, y el dolor tembloroso que se paseó por sobre la haz de la tierra, como un espíritu errante, inasible a las almas de los hombres.

En estas páginas se van a levantar, para la vista de todos, las úlceras suntuosas de un joven que tuvo una deficiente educación sexual y cuya vida fue acibarada por la intolerancia de unos, por la insensibilidad de otros y por la indiferencia de todos. Solo una mujer –la única criatura que él no buscó jamás, porque nunca fue deseada– iluminó su senda con fogatas de comprensión amorosa. No es la suya propiamente una vida excepcional. Es seguro que antes que él, desde el principio del mundo, hayan vagado por la tierra seres atormentados como David, que murieron silenciosamente, porque les faltó coraje para narrar a sus semejantes sus horribles tragedias. Muchos de ellos se fueron calladamente al socavón definitivo, volcados por la pena, sin descubrir sus llagas, ni decir una palabra del roedor constante que los fue aniquilando, como si hubiesen sido pasados cada siglo por molinos de tormento.

Sir Edgar Dixon es un filisteo que no ha sentido terror por ninguna de las miserias humanas. Alejado en un todo de morbosidades tentadoras, un día, un hombre intoxicado por las manzanas de Sodoma, tuvo la sinceridad de desnudarle su vida. Entonces yo, Sir Edgar Dixon,

---

[1] Este es el texto inicial de la novela, una suerte de prólogo o prefacio ficcional en el que Arias Trujillo emplea la voz del personaje Edgar Dixon para crear el marco narrativo de la historia de David y, a la vez, cuestionar la hipocresía social e incluso la ignorancia de los hombres heterosexuales. El fragmento siguiente se corresponde con el final del primer capítulo.

descubrí que en la sociedad actual, hay un mundo en el subsuelo, que ni hemos mirado, ni tampoco hubiéramos comprendido en caso de descubrirlo. Y lleno de piedad, entré por todos sus laberintos, conviví con los uranistas para mejor estudiarlos, cultivé con muchos de ellos amistades perdurables, y comprendí que tenían inmensos corazones, y que la civilización hipocritona de que alardeamos los hostilizaba hasta hacerles la vida un martirio. En verdad os digo, hermanos míos, que no hay dolor igual a sus dolores; que son varones de tormentos y que en todos ellos hay ricas vetas de virtudes que desaparecen, por la taimada mojigatería de los que solo quieren que todos actúen según sus gustos y aficiones, sin pensar que cada hombre tiene libertad de satisfacer sus necesidades naturales, como la vida misma se lo ordene.

Esta narración no tiene nada de fantástica. Es verídica en todas sus partes y como ella, se encuentran a diario, en todas las ciudades y villorrios del mundo. Posiblemente, a muchos, a una gran mayoría, esta novela parecerá inmoral. Yo no lo creo así. La escuché narrar del propio David, un muchacho que andaba por Londres escondido de sus compatriotas que lo perseguían, porque en vez de sacrificar rosas mustias en los altares de Venus Afrodita, dejaba de vez en cuando, unos frescos jacintos en el pedestal de Adonis. Él fue quien me descubrió los grandes secretos y las oscuras tragedias de los pederastas. Él me guió por los caminos extraviados de Sodoma, y a estas horas, con su mal a cuestas, debe estar ya, entregado al sopor de la tierra, porque su vida era infeliz y la estaba acortando cada día con drogas estupefacientes. Sin embargo, cuando él me habló de todo esto, no solamente no me pareció inmoral su tragedia, sino que comprendí que por nuestra intolerancia había en el mundo, millones de vidas truncadas o infelices. Y me propuse tomar apuntes de sus historias para hacer estas revelaciones.

Ya veremos el escándalo de las grullas moralistas cuyas calvicies impúdicas se ruborizan al ver un niño desnudo. Ellas devorarán golosamente estas páginas, para alborotar luego el cotarro y mesarse los cabellos, horrorizados de que en este siglo fullero y asustadizo haya surgido una voz honrada que pide piedad, comprensión y tolerancia para los pederastas. Sé también, hasta la saciedad, que entre los escandalizados, estarán los miembros de una fauna que tuve oportunidad de conocer, durante mis excursiones por los caminos de Sodoma. Son ellos, los pederastas fracasados, los perros falderos que hablan mal en público de Wilde, y secretamente lo adoran y lo imitan con grotesco servilismo.

Vidas escandalosas

Son unos monaguillos extenuados y masturbadores, que posan de castos y de normales, pero que por las noches cuando tienen la seguridad de que el vecino duerme ya, pasan furtivamente por los zaguanes de los hoteles, en busca de mozos sucios de cordel, y se deslizan por debajo de las frazadas nauseabundas, como lagartos obscenos, para dejarse ensartar de cualquier lacayo que a simple vista pueda erguir un miembro de buenas proporciones.

Yo me los tengo muy bien conocidos y fichados, y sé que son éstos, los que más tratan de perseguir y de amargar la vida de quienes, más honrados que ellos, practican el tímido amor "que no puede decir su nombre",[2] convencidos de que ejecutan un acto natural y bello, puesto que la Naturaleza lo tolera y lo estimula, como puede observarse en infinitas especies de la Creación. Los otros, son la tropa burguesa, las señoritas nerviosas y los señoritos que se creen el centro del mundo y que fuera de lo que emana de ellos, es absurdo, anormal, o grosero. Esos pobres hombres, afortunadamente, no leerán tal vez estas cuartillas desgarradoras. ¡Son demasiado normales! Hominicacos vulgares y comunes, gentes de la tierra, renacuajos felices que todavía, a estas horas, y en este siglo, copulan con sus mujeres con la misma sencillez primaveral que Adán y Eva en el paraíso, no conciben que de todo hay en la viña del Señor y que es necesario respetar todos los gustos, así como se respetan las creencias y existe un código que consagra los derechos individuales.

Es muy posible también, que este libro sea más perseguido de lo que merezca. Será un homenaje espléndido, para mí, que tengo el orgullo de una sangre inglesa, matizada de argentina, que me permite el lujo de escribir tan bellamente en el idioma del Manco, como en la dulce lengua del pederasta Shakespeare. Estamos en una época venturosa: mientras la policía entra en tropa, como galgos hambreados, a los interiores de las librerías, en busca de los libros inmorales, los rateros desvalijan tranquilamente a los ciudadanos, en medio de la más envidiable impunidad. Nuestro país es así.

Los que se tomen la molestia de motejar este libro de pornográfico, no vayan a creer que me han ofendido. Me fascina sencillamente que me intercalen en el huerto aromático del Decamerón y que se me incluya con Petronio y Marcial, con Homero y con Sócrates, y con toda la infinidad

---

[2] Expresión de Alfred Douglas en su poema "Two Loves" de 1892, que se citó en el juicio a Oscar Wilde.

de hombres divinos a quienes se les tiznó de pederastas, tan solo porque tuvieron el valor de preocuparse de estas sensibilidades misteriosas.

¿Hasta cuándo serán los hijos de Sodoma, menospreciados y envilecidos? ¿Hasta cuándo se sentirán más infelices que un animal del campo, y para ejercer su amor tendrán que ocultarse, porque Grecia ha muerto y los bárbaros no quieren evacuar todavía las ruinas de la Acrópolis? ¿Hasta cuándo vamos a ignorar el cristianismo de esta dulce palabra: Tolerancia?

Entra, ahora sí, lector arrojadísimo, por este laberinto que huele a azufre, como el Muerto... Yo te he de llevar de la mano, por esta excursión infernal, en la certidumbre de que al salir de nuevo a la campiña, sudoroso aún y palpitante de espanto, dirás estas palabras de Spinoza: "Respecto a las acciones humanas, yo no he querido juzgarlas. Me he contentado con comprender". Porque comprenderlo todo, es perdonarlo todo, dijo un hombre que estaba en sus cabales.

Y ahora, bravo lector, toma tu cruz, y sígueme...

La infancia en la penumbra

[...]
David tenía quince años. Era espigado y robusto, de bellas líneas estilizadas. Las caderas eran armoniosas como las ánforas. Un hombrecito en botón, una efebidad fértil y seductora. Su frente, ancha, despejada, sobre la cual caía un mechón rubio de su cabellera ondulada, era, como la piel de su rostro, de un matiz pálido y sedoso. Tenía cerca de su boca pequeñita un lunar delicioso y al sonreír se abría la fruta de sus labios para mostrar una hilera de dientes inmaculados. Estaba en esa edad indecisa, en ese tercer sexo ambiguo, en que a la distancia no se distingue en el cuerpo de los adolescentes su verdadera masculinidad; en esa edad exquisita en que hay en ellos algo de mujer, mucho de niño y la pubertad varonil se insinúa levemente, como un reflejo.

Hacía un fuerte sol de verano y era la hora del mediodía. La tierra exhalaba vahos de mejorana y alientos vitales. Había en la voluptuosidad del campo un sosiego de idilio, que invitaba a la vida. David vagaba solitario por la campiña, jadeante, rabioso, desazonado, como queriendo tomar a alguien para morderlo, azotarlo y exprimirlo. Era un día de vacaciones, y con un pretexto que dio en su casa, se encaminó por las afueras de la aldea, en dirección al río, para buscar un paraje de soledad,

Vidas escandalosas

y entregarse luego a la caricia lustral de las aguas. Anduvo, anduvo, río arriba, río arriba, casi hasta sus cabeceras, buscando un remanso de agua pensativa, como él, como su alma; después de algunas excursiones descubrió un charco transparente, agobiado de sol, que invitaba a la voluptuosidad de un baño. David se desvistió con lentitud, y al verse francamente, desnudo bajo el sol, miró todo su cuerpo, extasiado.

De pronto volvió a sentir las convulsiones preliminares de la tarde inolvidable, y tuvo el presentimiento de que el fenómeno habría de repetirse. Le vino como un vértigo de locura y se arrojó a la tierra, sobre la tierra cálida, la abrazó cual un salvaje, como si quisiera poseerla, porque el roce con ella le producía sensaciones inéditas. Cuando, todavía fatigado de esa insania excéntrica, se levantó, aún se erguía su falo, como un asta. Lo acarició largamente, observándolo ahora sí, con entera libertad, en todos sus detalles y deslizaba su mano, con ternura, sobre el vello que apenas aparecía por los alrededores, como una casta sombra...

Y para alejar esa voluptuosidad que, a pesar de todo, le asustaba, se arrojó deliciosamente al agua tibia, acogedora y buena, que le oprimía como si estuviera enamorada de su hermosura. Sobre sus ondas flotaba con un placer inaudito y se dejaba llevar de la corriente, con placidez y sensualidad. Estaba en esas deliciosas sumersiones, cuando oyó un golpe recio, un chisporroteo de gotas que cayeron sobre su espalda como un diluvio. Abrió los ojos, y cerca de él, maravillosamente desnudo, estaba un compañero de su colegio, estudiante de un curso superior. Era un mocetón fornido, de dieciocho años, en cuya musculatura de atleta se dibujaba ya el macho próximo, el macho pujante y dominador. Tenía varias copas ganadas en los estadios, como campeón de carreras, y esa gimnasia le había esculpido un cuerpo armonioso, de una lámina perfecta, como un adolescente griego. Abrazando cariñosamente a David, le invitó a salir a la orilla. Pero David estaba avergonzado, y cubría con sus pequeñas manos el tesoro desconocido. El amigo insistió y, tomándolo de un brazo, ejercía sobre él una dulce violencia. David, viendo el desenfado de su compañero, que dejaba descubierto su sexo con una admirable impudicia, cobró ánimos y salió a la ribera del río. Y miraba con disimulada admiración la estampa del compañero, y cuando vio que su verga enorme se erguía majestuosamente, se sintió humillado de su sexo pequeñito, que no significaba nada al lado de ese inmenso fruto que colgaba del cuerpo admirable del atleta.

Sentáronse a la orilla, bajo la sombra de un árbol de extenso follaje, sobre un pajonal cómplice que abrigaba y escondía sus cuerpos. En tanto que conversaban cosas insustanciales, las manos del compañero no perdían tiempo; y cerca, muy cerca de él, lo abrazaba, lo estrechaba con ímpetu. Luego, tímidamente al principio, fue recorriendo con sus manos el divino cuerpo de David, que se estremecía con una dulzura inexplicable, como si las palmas de las manos de su amigo estuviesen forradas de terciopelo. Rozaba con ellas sus piernas, sus caderas, el pecho y luego fue llegando al sitio definitivo. Cuando David sintió que sus atributos estaban en las manos del amigo, que los acariciaba apasionadamente, su voluptuosidad estalló como un volcán, en una forma nunca sospechada. Su adolescencia se fue irguiendo con altivez y por todo su cuerpo pasó un temblor horrible. Los dientes chocaban unos contra otros y cayó sobre los brazos del apuesto mancebo, tembloroso, como una lira recién pulsada. Entonces, el compañero se echó sobre él, lo agarró fuertemente, estrujándolo y empezó a morderlo y a besarlo por toda la geografía elemental de su cuerpo novicio. Le dio un beso en la boca que lo dejó lívido, ligeramente teñido de sangre. En seguido, como un loco, recorrió golosamente con sus labios el cuerpo del chiquillo y por fin, estacionado en el sexo pequeño y firme, empezó a succionarlo desesperadamente. David estaba enceguecido, aterrado, y temblaba como la rama al viento.

Luego, le dijo muy suavemente, susurrando, con unas palabras que eran como lejanas, cortadas, casi incoherentes.

–Derrámate en mi boca, derrámate en mi boca...

David no podía comprender, porque aún el velo de ese misterio no se le había descubierto. Pero definitivamente entregado, sintiendo un placer indescriptible, fue experimentando un goce supremo, que pasó como un relámpago por su cerebro, recorrió igual que una serpiente eléctrica la espina dorsal; vio luces maravillosas, de su garganta salieron gemidos y de sus labios una saliva cálida y espumosa; sintió que se iba de la tierra, de su cuerpo, y... pudo darse cuenta de que salía algo desconocido, caliente y líquido de su sexo, que era absorbido horriblemente por la boca insaciable del compañero. Luego quedó adormecido, laxo, como un trapo abandonado.

Siguió un silencio de siglos. El amigo tomó después su parte más oculta, y empezó a hacer un movimiento que iba aumentando gradualmente. Pasado el gran letargo, David observó que del cuerpo estremecido de su condiscípulo, manaba una fuente de rocío. Mientras tanto, su cerebro era una selva de interrogaciones. Luego, continuó el silencio dilatado, un silencio miedoso, como esos silencios del mar, de las selvas y de las noches profundas. El mozo se vistió despacio, y estaba acobardado, como si tuviese vergüenza o arrepentimiento de lo que había hecho. Se marchó luego, tambaleante, y le dijo casi al oído:

—No digas nunca a nadie lo que hemos hecho...

David taciturno y triste, contestó:

—No, no habré de decirlo...

Y después, cuando su amigo hubo desaparecido entre el boscaje, se echó sobre el pasto a llorar, a llorar... Lloró una hora, lloró dos horas, ¡quién sabe en su dolor cuántas eternidades lloraría! Tomó el camino de la aldea, lloroso de remordimiento, avergonzado, con un dolor ilímite, al mismo tiempo agradecido y rencoroso con su compañero. Por el camino polvoriento fue dejando un poco su amargura. Y al llegar a la aldea, una sonrisa triste y alegre se dibujó en sus labios. ¡Quién sabe si sería alegría ese gesto! ¡Pero de su rostro adolorido sangraba una sonrisa!... ¡Una sonrisa trágica, como las de las máscaras, como las de los payasos! Una sonrisa extranjera, desconocida para él. Ya iba atardeciendo y a lo lejos, empezaron a parpadear las bombillas eléctricas. También en los cielos lejanos se encendían las luces de Dios.

Y David iba por la sombra, metido en las sombras, como entre encrucijadas, como el hombre que se esconde entre una gruta para no ser sorprendido. Iba por una selva de interrogaciones, por un camino de larga ansiedad, absorto, con turbia alegría y clara tristeza. Iba inconsciente como un niño que juega en el jardín.

¡Ah! ya era un hombre que nacía, que acaba de nacer, y era como un Dios.

Si, era como un Dios, inútil y pequeño....

1932

Canción a Roby Nelson

Lo conocí una noche estando yo borracho
de copas de champaña y sorbos de heroína;
era un pobre pilluelo, era un lindo muchacho
del hampa libertina.

Bernardo Arias Trujillo

Ardía Buenos Aires en danza de faroles;
sobre el espejo móvil del Río de la Plata
fosforecían las barcas como pequeños soles
o pupilas de ágata.

En el asfalto móvil de la amplia costanera
el arrabal volcaba sus luces de colores:
poetas, pederastas, muchachas milongueras,
apaches, morfinómanos, artistas y pintores.

Los pecados ladraban como perros sin dueño
entre la bulliciosa cosmópolis del bar;
los marinos iban en góndolas de ensueño
sobre las aguas líricas del mar.

En un ángulo turbio miro desde mi mesa
a un pálido chiquillo que sonríe y me mira
y a través de las gotas rubias de la cerveza
mi lujuria conspira.

Tiene catorce años y en sus hondas pupilas
cercadas por paréntesis lívidos de violeta,
ojeras prematuras del vicio, ojeras lilas
de onanista o asceta.

¿Quién eres tú?, le dije,
rozando sus cabellos ondulantes de eslavo.
¡Yo! soy un niño triste...
Roby Nelson me llamo.

Roby Nelson... lindo nombre de golosina,
nombre que suena a dulces tonadas de ocarina,
nombre que tiene dóciles inflexiones de amor
y una delicadeza enfermiza de flor.

Y pienso: Este muchacho
es un retoño de hombre que errará por el mundo,
en sus pupilas grises hay un dolor profundo,

Vidas escandalosas

es hijo de inmigrantes venidos de lejanos países
y en su cuerpo errabundo
se ha cruzado la sangre de dos razas tristes.

Se llama Roby Nelson, flor del barrio,
que va de muelle en muelle, de vapor en vapor,
este chico vicioso de cabellos de eslavo
vende cocaína y amor.

Es hijo de la noche y huésped del suburbio,
hoja de Buenos Aires que el viento arrebató,
desperdicio del vicio, pobre pétalo turbio
que un arroyo se llevó.

Tal vez en un hospicio su cuna se meció
y es hijo de prostituta y de ladrón.
¿Quieres estar conmigo esta noche, pilluelo?
Y sus ojos piratas me dijeron que sí.

Mi sangre trepidaba entre llamas de anhelo
y naufragué en un tibio frenesí.
Besé entonces los lirios ignotos de sus manos,
la fresa de su boca congelada de frío;
nos fuimos vagabundos por los diques lejanos
y en esa noche griega fue sabiamente mío.

¿Qué quiere usted que hagamos?
me dice con la gracia de una odalisca rusa;
y se quita la blusa, se desnuda
y me ofrece su cuerpo como si fuese un ramo.
Desnudo entre los rojos cojines y las sedas
sobre la cama asiática me brinda sus primicias;
sus manos galopaban en pos de mis monedas,
las mías galopaban en pos de sus caricias.

Y besando su cuerpo de palidez divina
que tenía la eucarística anemia de las rosas
le dije tembloroso en un dulce clamor:

Bernardo Arias Trujillo

Te pido solamente que me vendas dos cosas:
Un gramo de heroína y dos gramos de amor.

¡Roby Nelson! ¿Dónde estarás ahora?
¿Nueva York, Río de Janeiro, Filipinas, Balsora,
Panamá, Liverpool?

¿Dónde estás, Roby Nelson de cabellos de esclavo,
con tus hondas ojeras, tu chaqueta de eslavo,
y tu raída gorra azul?

¿Por qué turbios caminos empañados de ausencia
van tus zapatos viejos robados a Chaplin?

Quizá la droga trágica que embriaga de demencia
como una diosa pálida amortajó tu esplín.
Muchachito bohemio, príncipe de tus vicios,
exquisito y perverso, frágil como una flor.

En mis noches paganas de crisis voluptuosas,
en los hondos naufragios de mi fe y mi dolor,
te pido como antes que me vendas dos cosas:
un gramo de heroína y dos gramos de amor.

1933

[*Por los caminos de Sodoma: Memorias íntimas de un homosexual.* Lucio Michaëlis, ed. Manizales: BAT, 2012]

Cantáridas

Paulo Vellozo (1907-1977), Jayme Santos Neves (1909-1998) e Guilherme Santos Neves (1906-1989)

Um extraordinário livro de sonetos obscenos escrito por dois irmãos, Jayme e Guilherme, e seu amigo Paulo Vellozo, na cidade brasileira de Vitória, Espírito Santo, em 1933. A produção poética dos três foi datilografada por Paulo Vellozo mas não foi publicada até 1985, numa edição feita por Oscar Gama Filho e Reinaldo Santos Neves. Essa edição, da Editora Max Limonad em São Paulo, inclui os mais de 120 sonetos da série e um apêndice de outros poemas "fesceninos", com notas de rodapé sobre o vocabulário sexual e escatológico da época, e comentários finais de Reinaldo Santos Neves. Uma seleção dos sonetos foi escolhida por Alexei Bueno para sua *Antologia pornográfica: de Gregório de Mattos a Glauco Mattoso* (2004). Numa nota de 1985 o único dos três que estava vivo já, Jayme Santos Neves, explica que autorizou a publicação porque "o texto representa e define, em verdade, o espírito de uma época alegre e distante". Agrega que seu irmão Guilherme e o Paulo Vellozo foram advogados e juristas mais tarde e ele médico. Agrega "uma palavra de esclarecimento": "A propósito de nada ou a propósito de tudo, xingar era chamar o outro de veado ou de filho da puta. E xingar alguém de veado constituía, aquela época, a maior ofensa possível. E era isso que fazíamos, nos poemas. Assim, quem escrevia o soneto era sempre o machão e o outro, a quem era endereçado, era sempre a vítima. O único objetivo, no final, era esculhambar o parceiro, ferindo-o no ponto mais sensível de sua honorabilidade" (44). Aclara que os sonetos "feitos a duas ou três mãos saíam do forno, prontinhos e quentes, em quinze a vinte minutos". Alguns são, de fato, assinados por dois ou três do grupo, mas a maioria leva uma inicial de um dos três (P., J. e G.).

Tem mais informação sobre *Cantáridas* na tese de mestrado de Felipe de Oliveira Fiuza, "Cantáridas: uma trindade de sátiros na década dos trinta" (2009).[1] A seleção nossa difere dos poemas incluídos por Alexei Bueno. Quando for necessário colocamos informação que está no aparato crítico da edição de 1985 de *Cantáridas*.

---

[1] http://repositorio.ufes.br/bitstream/10/3219/1/tese_3523_Felipe%20de%20Oliveira%20Fiuza.pdf

Vidas escandalosas

VI: O Sacanaz

Dizem aí que um tal Paulo Veloso,
Putanheiro maior que tenho visto –
Vate capenga, além de malcheiroso,
Tem na prega do cu seboso quisto.

Amante de tesudos garanhões,
E conhecido lambedor de conas,
Vivia sempre a esfaziar colhões
De libidinosíssimos fanchonas.

A história do seu quisto é bem imunda:
Estrepou-se o coitado, dando a bunda,
A quem tinha, a foder, serrano pau.

E a tenção lhe ficou de em toda a vida,
Fechar o cu a piça tão fornida,
Entrar para um convento e ser vestal![2]

XXI: Os três frescos de Alagoas

Guilherme, Paulo e Jaime, três bandalhos,
Putanheiros terríveis, sem iguais,
Em vez de abocanharem bons caralhos
Vivem a fazer sonetos imorais.

Guilherme, já velhote, é bem matreiro,
Bolina até veados, no cinema,
Nas horas vagas, consta que é padeiro,
Recebe patos de Francisco Gema.

---

[2] "Cona": órgão genital feminino; "fanchona": homossexual ativo; "piça": membro viril. Esse poema é do Jayme Santos Neves, o médico.

Cantáridas

O Paulo quer ser puto e muito sente
Não poder engolir grossa bichona,
Pois o quisto no cu fica na frente...

O Jaime, que sempre tem o pau bem rijo,
De uma menina, percebendo a toca,
Meteu o dedo sonda... e tirou mijo!³

XXXI: Vinte e quatro

Não lamentes, ó Jaime, o tem tormento,
Puto tem sido muito cabra forte;
E mesmo, a data do tem nascimento
Te obriga a ser veado até a morte!

A tua bunda, o teu andar dengoso,
Teu triste palavrório dissoluto,
Faziam-me pensar: "Paulo Veloso,
Será que o teu amigo Jaime é puto?"

Dobrando o vinte e quatro, estás fagueiro,
E diante de tal coincidência,
Acredito que és mesmo bundeiro.

E aí é que a coisa se estrumbica,
Pois conhecendo já tua tendência,
Só posso dar-te, de presente, a pica...⁴

---

³ Esse soneto vem assinado por "L," Lapusinha, uma personagem na série de sonetos. Também do Jayme.
⁴ Esse soneto é um presente de aniversário do Paulo ao Jayme. 24 é o número do veado no jogo do bicho.

Vidas escandalosas

XXXVI: Seu rabo...

Ó cu insaciável! Ó cu goloso!
Ou Leonidino! Cu Mariquinheiro!
Que só pensa no torpe e sujo gozo
Do seu dono, safado e putanheiro!

Olhe aqui, Paulo de Tarso Veloso:
– Dê modos ao seu cu, ao seu traseiro,
Que quando pica vê, fica dengoso,
Abre fechando, todo prazenteiro...

Diga-lhe que se contente com o pisto
A que você, prudente, chama quisto,
Escondendo aquela origem infamante!

E se ele não se der por satisfeito,
Dizendo-se buraco pouco estreito,
Enterre-lhe na prega o Pau Gigante![5]

LXXXIV. Cu guloso

Tremelicando a bunda gordurosa,
Passa o fresco e beato Frei Fabrício
À cata de bichoca escramelosa
Que se lhe grude ao rótulo orifício.

Os fanchos de lugar, com voz gulosa,
Por saberem do puto e feio vício,
Se alinham de pau duro em Santa Rosa,
E a cantarem-lhe o cu, fazem comício.

---

[5] Soneto do Guilherme sobre o Paulo.

Cantáridas

O Beato Gondim o cu não nega
Aos colegas e amigos garanhões,
Já no cu não lhe resta uma só prega!

E o padreca, no fim das bacanais,
Afagando, dos machos, os colhões,
Dá peidos, se espreguiça e pede mais...[6]

XCII. Belo horrível

O quadro era dantesco! E eu, numa pívia,
Apreciei-o todo, a me esporrar:
O Lápis nu, ganindo de lascívia,
Não tinha um só buraco a descansar...

No buraco do cu, Bulcão gemendo
Dava picadas de tirar centelhas!
E – as magriças bichocas espremendo –
Braga e Clovis fodiam-lhe as orelhas.

Mauro Braga, escanchado qual macaco,
As narinas do puto fodilhava;
Jerónimo fodia-lhe o sovaco...

Jasão, chegando e vendo a foda louca,
Separou-lhe a dentuça que rilhava
E enfiou-lhe o caralho pela boca!!![7]

---

[6] Esse soneto e de co-autoria de Paulo e Guilherme. Guilherme escreve os versos 2, 4, 5 e 9, Paulo escreve os outros.
[7] Assinado por Paulo Vellozo.

Vidas escandalosas

C. Tesão de cu!

Feroz tesão de cu, que é lente forte,
Pois faz de um cátis fino, pau gigante,
Tesão a que não há piça que dê morte,
Nem maçaroca bruta que a espante!

Tesão que não se pesa, pois o porte
E o volumaço é tão desconcertante,
Que, a querer-mos pesá-la – por má sorte –
Quebrará as balanças num instante!

Tal a tesão que o mano, últimamente,
Do parentesco nossos s'esquecendo,
Pela minha jerica mole, sente,
E eu fico triste, mudo e jujuru,

Por ser irmão do puto e, assim sendo,
Não poder ir lhe contentar o cu...[8]

CXIII. Florações de cu

Pegou-me um dia a sós, no consultório,
E loas me cantou ao pau travesso.
Chamou-o de formoso promontório,
Estranhando, de cu, ser ele avesso.

Chamou os meus pentelhos fios d'ouro,
Aos meus colhões chamou róseos melões,
E ao sentir do meu pau, já teso, o couro,
Arriou de repente os seus calções.

---

[8] "Jerica": membro viril. Poema assinado por Guilherme e, dedicado ao seu irmão Jayme.

Cantáridas

Mostrou-me o seu botão hemorroidáruim
Qual rubra rosa a reflorir ao centro
Do bojo alabastrino do panário.

E ao ver-lhe, do bujão, o grá-recheiom
Desdobrei o caralho. Fui-lhe dentro!
E quase lhe rachei o corpo ao meio.[9]

CXXI. Divagações

Fodi cricas, sovacos, fodi bundas,
E pívias já masquei, de mil maneiras;
Fodi coxos, carecas e corcundas,
Boas fodas já dei em bananeiras.

De cachorra, fodi muita babaça,
'Té nariz de cavalo forniquei!
Já m'esporrei nas tetas de uma vaca,
De muita franga o oveiro já virei!

Já fiz sessenta e nove co-um jumento,
A cricas já suguei, de nabo duro!
A mim mesmo fodi, em pensamento...

Mas, ao chupar o pau do Padre Elías,
Seus conselhos ouvi. Tornei-me puro!
Só dou o cu, de quatro em quatro dias...[10]

[*Cantáridas e outros poemas fesceninos*. Apresentação, Oscar Gama Filho; edição de texto, notas e comentários, Reinaldo Santos Neves. Vitória / São Paulo: Fundação Ceciliano Abel de Almeida / Editora Max Limonad, 1985]

---

[9] Assinado pelo Jayme, o médico.
[10] Soneto do Jayme e Paulo.

Otto Miguel Cione

(1875-1945)

Nació en Asunción, Paraguay, el 15 de agosto de 1875. Desde niño radicó en el Uruguay y se nacionalizó uruguayo. Fue autor de muchas obras de teatro, entre ellas *El arlequín* (1910) y *Paja Brava* (1920), así como de un libro sobre la vida en una estancia, *Lauracha* (1906) y de varios libros de cuentos. Algunas obras suyas (entre ellas *Lauracha*) fueron adaptadas al cine. Fue también periodista. Murió en Montevideo en 1945.

Su novela *Luxuria*, de la que hemos incluido algunos fragmentos, gira en torno a una bailarina africana Aicha que llega a fascinar a muchos hombres (y a algunas mujeres) de Buenos Aires por sus bailes sensuales, sobre todo la Danza de la Pantera. Es una obra fragmentada, que sigue las historias de varios personajes, casi todos con finales trágicos. Hemos seleccionado un fragmento inicial que describe el teatro donde Aicha va a debutar, y también un capítulo posterior que describe una fiesta en casa del arquitecto Tovar. Carlos Gustavo Halaburda y Daniel Balderston están preparando una edición crítica de *Luxuria*, de próxima aparición en la editorial de la Universidad Nacional de La Plata.

Luxuria: La vida nocturna de Buenos Aires

"Panorama"

Madame Mignon, que había sido cocinera en los primeros tiempos de su estada en la capital, tenía predilección por la gente de servicio, con tal de que no hubiera pasado mucho de la juventud. Sus amantes eran numerosos y los había de toda especie y calidad.

[...]

Su favorita del momento, pues practicaba el amor lésbico entre las muchas variedades de amor anormal de que gustaba, era una especialista muy conocida en el ambiente de cocotas, la Colombine, de alta estatura, casi esquelética, elegantísima en el vestir, de rostro que otrora fuera bello pero en la actualidad ajado y envejecido, con dos ojos de mirar lánguido y expresivo, tenía un encanto irresistible en su conversación y en sus maneras que revelaban su origen distinguido. Perdió toda su fortuna en Montecarlo en una sola noche. Empeñó sus joyas, fruto de su larga

Vidas escandalosas

actuación en el gran mundo parisiense de la "noce" nocturna, y emigró para Buenos Aires. Una vez en la ciudad tuvo su momento de boga, se hizo de fortuna y la volvió a perder en la ruleta del Tigre. Como consuelo a su desgracia, optó por los *"paraísos artificiales"*. A cada instante levantábase las polleras, descubría una de sus piernas, todavía hermosas, salteada de puntos sombreados, abría su cartera de mano, extraía una jeringa Pravatz y se daba una inyección de morfina. Lo mismo en un rincón de un paseo que en un zaguán, en un auto o en un gabinete privado... Y entonces sentía bullir en todo su ser las más extrañas perversiones sexuales y a ratos se transformaba en Safo o en Lesbia o en Venus Calipigia. Activa o pasiva, para ella era lo mismo. Madame Mignon subvenía a sus gastos y le daba alojamiento gratuito en su pensión, donde era conocida con el sobrenombre de "Mademoiselle Bidet".

Odette Casque D'or, tipo de "apachette", pequeña, bonita, "charmante", que usaba melena de un rubio dorado, simpática y muy cariñosa, poseía el don de atraer a las "lésbicas activas"; pues por propia confesión los hombres practican un amor demasiado brutal y de finalidad repugnante. Su pasión por el vicio que inmortalizó a Safo era intensa y a toda hora estaba dispuesta a practicarlo. Vivía con lujo, pues había heredado una fortuna cuantiosa, bien colocada en valores del Estado francés, y señalaba horas y turnos para recibir la visita de sus entusiastas "partenaires", a las cuales daba dinero y regalos valiosos, según el mérito de su trabajo.

Madame Mignon, que padecía del mismo mal, aunque complicado con todas las fórmulas del amor anormal, la odiaba sinceramente, celosa de que fuera tan codiciada por los viragos especializadas en el supremo arte; pero como abonaba puntualmente su "terme" y gastaba en extras con generosidad, la admitía en el círculo de sus relaciones habituales, aunque a regañadientes.

Celeste Aida, napolitana de "abascio u puorto", el célebre barrio sucio de la bella ciudad, era también una apasionada del amor lésbico, pero a la inversa de Casque d'Or que era pasiva y de la Colombine que lo era por interés, ella realizaba el tipo acabado de la invertida sexual típica. Enamorábase violentamente de las mujeres que le llamaban la atención y las perseguía con verdadera dedicación. No había conocido hombre alguno, según su propia confesión, y vivía de la generosidad de algunas ancianas ricas afectas a la práctica del sublime vicio, según ellas.

Otto Miguel Cione

Era delgada, pequeña, con rostro anguloso de tigre. Pómulos salientes y ojos sumidos en órbitas profundas, de color de "uva pelada".

Sabía atraer a ciertas mujeres, y una vez que las conseguía tornábase cruel con ellas, las castigaba y ejercía verdaderos actos de sadismo. Las celaba con el más exigente de los amantes. Cocainómana entusiasta. Madame Mignon no había querido admitirla en su pensión ni en su lecho porque la consideraba capaz de todo lo peor, y Casque d'Or que exigía belleza en sus amantes femeninos, la despreciaba ostensiblemente. Pero Celeste Aida agotaba todos los medios persuasivos para conquistarla, para hacérsela simpática. La perseguía a todas horas como el más enamorado de los amantes. Vivía suspensa de sus miradas. Varias veces la asaltó en su propia pieza y siempre fue despreciada, lo que acuciaba más su pasión.

—"Un giorno ti faró mia e se non vuoi ti ucciderò" –le dijo cierta noche y lo juró "per la Vérgine de la Cármene", mientras se mordía hasta hacerse sangre, el dedo índice de su diestra; y la miraba con ojos de fiera en celo.

Como se ve, Madame Mignon sabía rodearse de elementos de verdadera valía, y la muchachada alegre que conocía las interioridades de las cuatro mujeres, decía al verlas en el palco:

—Allá está la fuente con las "omelettes"...

[...]

Otro palco es ocupado por el famoso arquitecto don Amancio Ramiro de Tovar y sus amigos más íntimos. Heredero de cuantiosa fortuna, ejercía su profesión con verdadera dedicación, caracterizándose por su buen gusto y la originalidad de sus concepciones. Un artista nato, músico estupendo, pintor emérito, sabía escribir un soneto como un poeta excelso. Es un invertido sexual que no tiene rubor en demostrarlo. Alto, esbelto, de pelo rubio y ensortijado, posee ojos celestes grandes y saltones; boca pequeña, de dientes diminutos y perfectos, mejillas "naturalmente" sonrosadas. Viste con rebuscada elegancia, pero con mucha discreción en la elección de colores. Luce anillos artísticos, de piedras valiosas o cincelados por los mejores artistas de París. Usa pulsera de oro, de la cual pende una bola hecha de una gruesa esmeralda, y en la corbata ostenta enorme perla rosada. Es un exquisito en sus gustos y costumbres. Selecciona sus amistades entre la flor y nata de la aristocracia porteña, aunque no intima con nadie. En cambio gusta del trato de jóvenes atléticos, generalmente desconocidos, o de cualquier clase social con tal que puedan satisfacer *"su bella y sublime enfermedad griega"*, como él mismo la clasificaba. Le acompañaban algunos invertidos como él; pero exige en ellos mucha discreción en el trato y elegancia en el vestir.

Todos pertenecientes a la mejor sociedad porteña.

Cuando Amancio Ramiro de Tovar gusta de un hombre, comienza por mirarle con marcada insistencia. Se torna melancólico, revuelve sus ojazos celestes, suspira, se remilga todo y se convierte en un ser tan femenino que no hay mozo, naturalmente pervertido, que resista a su juego. Tiene una "garçonnière" que es un modelo en su género y de las más suntuosas de la ciudad. Los cuadros, esculturas y objetos de arte que la exornan, son del más refinado buen gusto. Su selección de jarrones de Oriente es estupenda. Lo mismo los tapices y alfombras. Hay una sala morisca, con divanes amplios y mullidos a lo largo de las paredes; rebosante de cojines desparramados por los suelos, sillones y sofás. Narguilés originales, mesitas de sándalo con incrustaciones de nácar y oro, juegos de café, de porcelanas bordeadas de guirnaldas de plata y oro. Celosías que dejan filtrar apenas la luz del día. En un ángulo de la estancia hay una puertecilla que abre sobre un corredor que conduce a una alcoba, donde solo hay un amplísimo lecho que apenas se eleva dos palmos del suelo. Mullidísima alfombra y varias pieles de oso blanco cubren el piso. Rodean el lecho, ocultando las paredes, sutiles cortinados de espumillas de colores tenues. Tras de guirnaldas de flores de cristal centellean luces abigarradas que alumbran la pieza con coloraciones de gruta. En esa alcoba es donde el genial arquitecto, olvidado de su sexo, entra sigilosamente a cualquier hora del día o de la noche, exaltado por su enfermiza pasión, vestido con toda propiedad de odalisca de un serrallo de Estambul, para caer en brazos del último sátiro degenerado como él, que ha llamado su atención.

[...]

"Expresionismo"

En su palacete de la calle Juncal, del más puro estilo plateresco español, el arquitecto Amancio Tovar ofrece una comida íntima a varios personajes políticos, sociales y literarios, celebrando el arribo a la capital del príncipe alemán Siegfried von Wallestein, hijo del que fue íntimo amigo del ex-Kaiser Guillermo de Alemania, y eminente pintor en sus ratos de ocio.

Otto Miguel Cione

Sobre sus costumbres privadas corrían extrañas noticias, señalándole como uno de los más entusiastas saturnianos conocidos, presidente de varias sociedades berlinesas para la propagación del "más puro de los amores entre amigos íntimos".[1]

Con sus constantes prédicas en diarios y revistas de su tierra y debido a su alta influencia personal en la ex corte imperial, había logrado que se derogara el célebre artículo No. 648 del Código Penal alemán, que considera "la sublime enfermedad griega" como un delito.[2]

Todo extranjero notable que llegará al país, profesor, literato, artista, pintor, sociólogo, hombre de ciencia, etc., era invitado a los ágapes íntimos semanales del arquitecto Tovar, que se realizaban en el precioso comedor de su regia *garçonnière*[3] de mozo soltero y recalcitrante antifeminista.

En un saloncillo estilo rococó, con divanes y muebles Luis XV, rebosante de artísticos bronces, candelabros de platino, esculturas y cuadros valiosos de firmas auténticas, jarrones de Sèvres, cristales de Bohemia, tapices legítimos de Esmirna y Chiras, mantones de Cachemira, panoplias de armas medievales, armaduras de samurais japoneses, suntuosos biombos chinescos, joyeles moriscos y persas, etc., qué le daban a la estancia el carácter de museo artístico, se hallaban varios caballeros, vestidos de frac, luciendo corbatitas negras, en forma de mariposas, sobre las rígidas pecheras almidonadas de las camisas, chalecos blancos de seda floreada, muy abiertos y cruzados sobre el abdomen, pantalones con trencilla negra al flanco, zapatos bajos de charol y medias negras transparentes.

Amancio Tovar, de pie, sosteniendo en su diestra un vaso que contiene

---

[1] Guillermo II de Alemania y Philipp zu Eulenburg tuvieron una estrecha amistad que muchos interpretan como relación homosexual. Entre los pasatiempos del kaiser estaban viajes en barcos con tripulantes exclusivamente masculinos, lo que explicaría la pasión por el marinero del personaje Siegfried von Wallestein. Eulenburg no tuvo ningún hijo con ese nombre, pero protagonizó un célebre juicio por homosexualismo conocido como caso Harden-Eulenburg, el que dio pie a lo que se conoce como círculo de Liebenberg. A este grupo se hace otra referencia directa al final de este capítulo, pues los integrantes de este círculo homoerótico en torno a Guillermo II se llamaban a sí mismos "tabla redonda de Liebenberg".

[2] El artículo 175 del código penal alemán, que condenaba el homosexualismo, estuvo vigente, aunque con variaciones, desde 1872 hasta 1994. Otto Miguel Cione parece estarse refiriendo a la larga lucha del Wissenschaftlich-humanitäres Komitee (1897-1933), liderado por Magnus Hirschfeld, contra esa norma jurídica. El caso Harden-Eulenburg y la lucha contra el artículo 175 tienen múltiples conexiones.

[3] Una muestra más de la común asociación entre homosexualidad y afrancesamiento puede apreciarse en el uso frecuente de galicismos y en el hecho de que el personaje Amancio Tovar hable en francés la mayor parte del relato.

un cóctel preparado por sus propias albas y finas manos, luce su gallarda silueta, mientras expone, en correcto francés, su opinión acerca del arte "brutalmente realista" de Rodin, cuyo Sarmiento de Palermo le irritan los preciosos nervios cada vez que en su Rolls Royce pasa a su vera.

Hay en su manera de hablar una gracia *sui generis*; acompaña sus frases, pronunciadas dulcemente, con gestos de gata mimosa; sus grandes ojos celestes, de párpados abultados, se revuelven dentro de sus órbitas, quedando a ratos en blanco; sus mejillas, levemente sonrosadas, acusaban el uso del carmín; su cabellera rubia, abundante, con raya al flanco, denunciaba el uso del agua oxigenada; su boca pequeña, de labios sutiles, su naricita perfecta, las orejas diminutas y enrojecidas de propósito, su barbilla alargada, con un hoyito gracioso debajo del labio inferior y el bozo apenas marcado, descubren enseguida su ambigua personalidad. Todo en él es femenino: la manera de mover las manos, que ostentan caprichosos anillos, las actitudes de su cuerpo, el movimiento de sus espaldas y caderas, sus poses naturales, su preocupación de agradar sin previo studio.

Desde el vientre de su madre estaba destinado a ser mujer, y la naturaleza, en un instante de indecisión, sin duda alguna, lo lanzó al mundo con cuerpo y atributos masculinos, pero su alma era de mujer.

Es un refinado en sus gustos y un exquisito en el vestir y su ropa interior es digna de una cocota de alto vuelo. Inteligente, culto, versado en todas las letras y las ciencias, es conversador adorable cuando se halla en la intimidad de su casa, frente de hombres solos. En sociedad, donde hay mujeres se torna adusto, triste y mudo. El príncipe de Wallestein ha pasado ya de los cincuenta años. Su cabeza cuadrada ostenta pocos y lacios pelos de un rubio sucio. Tiene ojos de carnero ahogado, nariz grande y pendiente, boca de gruesos belfos y de dientes grandes y amarillentos. Es de alta estatura y bastante grueso. El tipo no puede ser más vulgar; pero en cambio tiene una distinción de maneras cautivantes, que revelan su origen aristocrático.

Hay en la sala un ministro nacional, un senador, un estanciero archimillonario, un médico célebre, un pintor laureado y un periodista. Pocho Lasterra, que en el momento presente es el *béguin* oficial de Tovar; pero ese lazo de unión se mantiene en la más estricta reserva. El mucamo, un asexuado andaluz, de nombre Paquito, y que fuera de sus trabajos habituales en la casa, tiene la misión de invitar personalmente a las personas que han sido del *agrado de su amo*, o a los que le *han caído en gracia* o a los que desea tener en *su compañía*, en las orgías periódicas o en las sesiones privadísimas, asaz frecuentes, entró en la estancia y pronunció, todo remilgado, haciendo una cortesía de cuadrilla al príncipe:

–Son Altesse le Prince de Wallestein, est servi.

La comida era de carácter serio. Y nada durante su transcurso reveló la índole peculiar de los dos principales asistentes: el anfitrión y el invitado en cuyo honor se realizaba. Se habló de política, de artes, de teatros; pero contra lo que se figura el lector, no se hizo ninguna alusión pecaminosa. Hubo un instante en que al hablar de la belleza de las islas del Tigre, el príncipe dijo, con visible deleite:

–Yo conocí una isla solitaria que está en un célebre lago de Alemania, a la cual iba a la caída de la tarde, acompañado por un marinero bello y vigoroso... y se detuvo en suspenso.

Hubo como un frío polar en la mesa; pero fue momentáneo. Alguien pensó que lo del príncipe era una extraña manera de apreciar la melancolía de la caída de la tarde, en una isla solitaria, en compañía de un marinero bello y vigoroso.

La conversación siguió su curso normal, tras de una breve pausa.

Terminada la comida se pasó al saloncillo de recibo, donde el dueño de casa, a pedido general se sentó al piano y ejecutó con notables sentimiento y virtuosidad algunas de sus delicadas composiciones, y por último cantó con voz de contralto la *Serenata* de Toselli. Al terminar asomaban unas lágrimas en sus ojos de gacela asombrada.

Era de lo más sensitivo en el gremio.

Después retiró retiraron se los invitados y Tovar, notando que su *beguin*, Pocho Lasterra, se disponía a quedarse repatingado en un sillón, le dijo, airado, en voz baja:

–Ahora mismo te vas. Esta noche *no me siento tuyo*. Quiero *frivolizarme* con quien me dé gusto y ganas. Vete enseguida.

Echó mano de un billete de 100 pesos y se lo deslizó con disimulo en el bolsillo del chaleco, diciéndole con gracia:

–Gástalo bien y no me seas infiel...

Frase que quería significar: "utilízalo con alguna mujer, pero no con un colega mío".

Como se ve, tomaba sus precauciones sentimentales el muy truhán.

Pocho fuese detrás de los otros.

Vidas escandalosas

Quedaron solos el príncipe y Amancio Tovar, sentados en silencio frente a frente.

Paquito entró y anunció con voz equívoca:

—Las *muchachas* están en el salón morisco. Los *padrilles* esperan en el piso bajo. ¿Qué ordena el señor?

—Muy bien —contestó el aludido— ¿Qué niñas han venido?

—Rosa de Fuego, Frivolité, Ondas del Danubio, la Pompadour Madame Butterfly, Magnolia Fuscata... todas de lo más distinguido de la capital. Las *pirujas* han sido excluidas.

—Bueno, diles que dentro de un instante estaremos con ellas. A los mozos los harás pasar después al salón. ¿Qué tal pinta tienen?

—¡Oh! De primera agua. Hay uno que *me tiene loquita de la vida*...

Y fuese el mucamo, contoneándose todo.

—Es una locuela, Paquita, agregó Tovar con marcada indulgencia.

Y el príncipe, mirándole en los ojos, interrogó *sotto voce* y en italiano:

—Cara mía ¿avette fatto invitare especialmente al marinaio del Asturias?

Y el interrogado contexto en francés:

—Ma princesse chérie, vous désire sont des ordres pour moi!

—¡Ah! ¡Je vous remercie, vi ringrazzio! Carina.

Luego de un instante de espera, Tovar susurró casi al oído del príncipe.

—Si desea vestirse para las circunstancias, querida princesa...

—¡Oh! sí. Allons nous habiller...

—¿Traje de bailarina? Tengo uno lo más sugestionante, reservado para usted.

—¡Oh non! Pour faire l'amour j'ai besoin d'un simple pijama. Ça me suffit. ¡Ma belle!

—Pour moi le pijama sera une profanation. Il faut que je m'habille en femme sans s'il vous plait à mon boudoir.

Y ambos salieron de la estancia en dirección al *boudoir*.

El salón morisco se hallaba en pleno. Algunos de los invertidos allí presentes vestían coquetonamente de *niñas bien*, con sacos entallados, pantalones ceñidos a las caderas, peinados en las más variadas formas. Ojos ennegrecidos con rímel, mejillas, labios y orejas el carmín. Voces atipladas, suaves, melosas. Gestos y ademanes típicos.

Rosa de Fuego, el más exaltado, lucía un elegante kimono y calzaba chinelas terminadas en punta. Frivolité en traje de baño porque así podía lucir mejor sus formas realmente femeninas. Madame Butterfly, se pavoneaba como una gran dama de corte, en deshabillé de seda satín color rosa, con arabescos plateados y abalorios.

Tovar, vestido de maja, habíase acicalado con tanto esmero que en verdad parecía una bellísima mujer y hubiera podido engañar al más experto. Lucía un pie pequeñísimo, calzado con tacones altos, y en la cabeza un chambergo andaluz de alas derechas. Un ramo de claveles rojos sobre la oreja.

Reinaba en la sala morisca una luz atenuada de matiz lunar, que brotaba de lámparas invisibles, colocadas tras de una guarda plateada que corría a lo largo del plafón.

Varios *vitraux* incrustados de trecho en trecho en la pared de la estancia, representando escenas copiadas de los célebres camafeos romanos, que idealizaban el amor saturniano, completaban la iluminación de la estancia con reflejos abigarrados del más hermoso efecto.

Un diván amplio circuía la habitación y había en los cuatro ángulos unos como nichos ojivales ocupados por un lecho bajo, rebosante de cojines.

Varios pebeteros lanzaban al aire perfumados vados. Los pasos eran apagados por la espesura de las alfombras y tapices.

El príncipe entró sonriente y amable, visiblemente satisfecho, *bon enfant*, de hallarse entre colegas. Vestido con un pijama de seda a rayas negras y rojas, salpicado de rosas amarillas y ranuras verdes del más pésimo gusto, ¡*made in Germany*!

Todos los presentes tuvieron que retener una sonrisa de burla al notar el aspecto ridículo del aristócrata personaje; pero se contuvieron por respeto a su categoría de alteza imperial.

Tovar golpeó las manos y dijo a Paquito:

–Que pasen los *pretendientes*.

Gente de la más baja estofa, recogida por Paquito en los cafetines de la Boca, a bordo de algún buque recién llegado, truhanes de toda categoría que ante una promesa de buena recompensa monetaria se resolvían a contribuir a los placeres morbosos de aquellos degenerados, pertenecientes a la más alta sociedad argentina, pues las *muchachas* allí presentes ostentaban nombres de los de más abolengo social de la gran ciudad porteña.

Se adivinaba que Paquito los había *vestido de nuevo*, de pies a cabeza. Su aspecto no podía ser más torpe y todos permanecían cohibidos en aquella sala suntuosa, iluminada discretamente, pisando alfombras mullidas.

El príncipe, al notar la presencia de un gigantesco marinero inglés, que había conocido a bordo del buque que le trajo a América, lanzó un verdadero gemido de... satisfacción. Corrió hacia él, le tendió los brazos al cuello y después de estamparle un sonoro beso en la mejilla, le atrajo a uno de los nichos-alcobas. Tovar paseó sus miradas sobre los invitados y de pronto se sintió cautivado por uno de ellos, le hizo una seña, le atrajo hacia sí y le interrogó, acariciándole la cabeza con sus manos finas, rebosantes de joyas.

–¿Te gusto, precioso? Tú me encantas...

Y el aludido, un tipo de siciliano, de bigotes retorcidos, de ojos felinos y de aspecto de truhán, le contestó, quizá creyendo con toda sinceridad que se trataba de una mujer:

–Sei la piu bella delle donne che ho visto in mia vita.

Y se dejó abrazar y besar por la *bella donna*.

Con lo dicho, Tovar se sintió visiblemente jactado y lo arrastró consigo, con remilgos de coqueta en celo, hacia la alcoba allí próxima.

Las otras niñas eligieron cada cual a su *partenaire*, con arreglo a sus gustos, y la mansión del arquitecto Tovar fue teatro de la más nefanda de las orgías.

El príncipe falleció al día siguiente de una apoplejía fulminante. Era tiempo de que desapareciera del mundo de los degenerados de su especie, el que unió su nombre a la crónica escandalosa de toda una época, conocida en Alemania con el sugestivo nombre de "las fiestas de los caballeros de la Tabla Redonda".

La lujuria, en una de sus más torpes manifestaciones, tenía su templo en la mansión del arquitecto Tovar, en Buenos Aires.

[*Luxuria*. Santiago: Ediciones Ercilla, 1936, corregido]

José Urbano Escobar
(Ciudad Juárez, 1889-Chihuahua, 1958)

Profesor, traductor, periodista mexicano. Dirigió los periódicos *El Continental*, de El Paso, Texas, y *Perfil de Chihuahua* y *Cuaderno Cultural*. Publicó en vida *Las tribus de exploradores mexicanos* (1929), *Siete viajeros y unas apostillas de Paso del Norte* (1943). Dejó inéditos los libros de poesía *De la juventud y el dolor*, escrito en 1906, e *Ideario: la inquietud errante*, además de dos *nouvelles*: *El Evangelio de Judas de Keryoth* y *Vereda del Norte*, ambas escritas entre 1936 y 1937 y centradas en la amistad masculina –en el primer caso, entre Jesús y Judas.

Vereda del norte, como *El evangelio...*, fue publicada a comienzos de este siglo en la revista *Semanario* gracias al historiador Darío Oscar Sánchez quien proporcionó el mecanuscrito a José Manuel García. En 2005 vieron la luz en forma de libro en una edición del consejo del Fondo Municipal Editorial Revolvente, de la cual tomamos estos fragmentos de *Vereda del norte*. En la introducción de ese volumen, Adriana Candia afirma que esta obra no solo podría ser la primera novela mexicana de tema homosexual sino la primera novela juarense sobre la Revolución Mexicana. También la ha estudiado Ernesto Reséndiz Oikión.

La acción de *Vereda del norte* tiene lugar en los inicios del s. XX en San Francisco del Oro, un pueblo minero norteño. Se centra en el personaje de Ricardo García, un adolescente que acompañamos en su descubrimiento de la sexualidad y de los retos de la vida social, incluida la revolución. El bromance –como se le conoce ahora a este género– entre Ricardo y Teófilo ocupa la primera parte de la novela, a ella corresponden los fragmentos que hemos seleccionado. Los amigos vuelven a encontrarse al final, justo antes de que Teófilo sea ajusticiado por sus delitos.

Vereda del norte

Capítulo I

La entrada de la mina era un agujero negro, más negro que una tumba: mucho más profundo. Un boquete de cuatro metros de diámetro y varios kilómetros de profundidad, taladrados en la férrea carne de la montaña.

Vidas escandalosas

Los hombres deshacían las rocas en la afanosa búsqueda del oro.[1]

Allá, en la época del caos geológico, explican los que de esto saben, el agua corría por las montañas de las rocas nuevas, depositando, en las vereditas que formaban la erosión, sedimentos metalíferos que se incrustaban en las rugosidades rocallosas, formando vetas. Hoy los hombres horadan hormigueros milimétricos y allanan entre las tinieblas y el calor sofocante de las minas, desprendiendo los hilillos *auríferos*.

Todo es tenebroso en el fondo de los túneles, y sólo el parpadeo amarillento de las lamparillas que los mineros llevan sobre la frente – simbólicas lenguas de fuera de un Pentecostés materialista que distingue en la sombría fila de las tejas, las formas pétreas del vientre subterráneo. La montaña aprieta sus entrañas con la asfixiante cohesión de la roca que se defiende. Los hombres perforan siguiendo la veta, y la montaña va entregando sus tesoros.

La mina se llamaba La Fábula. ¡La Fábula! ¿No era este un nombre verdaderamente singular para una mina? ¿Minas? ¿Minas? ¿Qué? ¿Algún minero literato? No, no es concebible. Pero la mina se llamaba así: La Fábula.

Arracimados sobre una plataforma de madera sostenida por cables de acero, bajaban diariamente los mineros hasta el fondo del tajo. Allá abajo encendían sus lamparillas, chacoteaban y contaban historias coloradas, se desnudaban y, luego como sombras fantásticas de un país de pesadilla, se repartían por los túneles y comenzaban a desprender la rocalla, al golpe seco de las piquetas de acero. El toc-toc de los picos en el túnel tenebroso producía una sinfonía. ¡También la sorrera tiene su cántico! Aquel ruido, aquellos golpes del hierro sobre la piedra, eran como un reclamo por la pérdida del día, por la pérdida de la claridad.

El chamaco, Ricardito García bajaba, a veces, al tiro de La Fábula, para hacerle compañía a su papá que era minero. El muchacho no iba a trabajar, más bien servía de estorbo que de ayuda, pero el papá lo llevaba para que no diera guerra en la casa y, además, porque, para el chico constituían estas visitas a la mina una aventura de perfiles juliovernescos.[2]

---

[1] Toda esta descripción de la mina y el trabajo de los hombres para "taladrarla" puede ser leída desde un sustrato homoerótico por medio del cual el autor fija metafóricamente, y desde el inicio de su novela, la segunda lectura que debe darse a la amistad entre sus personajes. Del mismo modo, el personaje de Ricardito es presentado, desde el inicio, como un adolescente de gran imaginación y sensibilidad.

[2] Un tropo recurrente en la mayoría de las novelas de Julio Verne es el de fuertes amistades masculinas y el de devotos sirvientes dispuestos a dar la vida por sus adorados maestros;

José Urbano Escobar

Todo era maravilloso, treparse en la plataforma, apretujado entre los obreros vestidos de mezclilla; aspirar el humo de los cigarros de macuchi;[3] escuchar las risas de los barrenadores; aprender palabras de esas de media legua; achinarse con el rechinido de los cables. Sumergirse en la sombra sin tiempo que las tripas se le subían hasta la cabeza. Experimentaba primero una gran frescura, la sensación de un aire distinto, el aire de la tierra; luego levantaba los ojos para ver las paredes amarillosas del túnel que se iban ennegreciendo poco a poco, y que concluían, allá muy alto, en un círculo de claridad desde donde chorreaba el rebalse de la luz de arriba. El aliento de la tierra apretaba el pecho. La masa de sombra se tornaba más densa. Ya no se distinguía el boquerón azuloso. La atmósfera se tomaba cálida. El agujero se hundía en la sombra. Era aquello la noche del día, la noche de la tierra. Era como una caída durante el sueño. Ricardito pensaba que, si continuaban horadando, podrían llegar, alguna vez, al otro lado de la tierra, al otro azul, a la otra luz, y que quien se colara en el pozo, podría muy bien surgir en la región opuesta y perderse proyectado en el espacio. ¡Qué idea: la tierra perforada de lado a lado! Pero no. Pronto llegaban al fondo. Ahí se ramificaban los túneles. Era un mundo de fantasía. La densidad atmosférica enguantaba los cuerpos. La columna de tinieblas caía verticalmente, enterrándolos en las entrañas de la tierra. El muchacho sentía la presencia, casi sexual, del secreto de la montaña. Era una atracción lóbrega. Los ojos se acostumbraban, poco a poco, a la oscuridad, y principiaban a columbrar borrosamente las siluetas fantásticas de los mineros. Así deben vivir las hormigas –pensaba–. Sentía un deseo intenso de tumbarse sobre la tierra, de restregarse como un reptil, sobre el fondo del túnel. El tacto es el sentido de la tierra. El secreto de Isis.[4] Por supuesto que Ricardito nada sabía de los misterios egipcios, pero se dejaba poseer, inconscientemente, por el deseo de acariciar la tierra, de sentirla en todo el cuerpo, de palpar las entrañas del gran subterráneo.

Passepartout, de *La vuelta al mundo en 80 días*, y Hans y Axel, al servicio del profesor Lidenbrock en *Viaje al centro de la tierra*, son solo dos de muchos ejemplos.

[3] Tabaco.

[4] La descripción del rito de iniciación en el culto a Isis dada por Apuleyo en *Las metamorfosis* incluye un viaje al inframundo y ver el sol en medio de la oscuridad. Su culto pudo haber influido en el cristianismo –en el culto a María– y siguió manifestándose en la cultura occidental en el esoterismo y el neopaganismo, en todos los casos como diosa madre, a diferencia del dios padre judeocristiano.

Vidas escandalosas

Sentía después la presencia de la gran soledad. Lo llenaba de euforia acercarse a los hombres, darse cuenta de que todavía estaba junto a la humanidad. Parecía que los mineros flotaban, ingrávidos, en una ola de negrura, en donde bailaban, formando extrañas constelaciones, las llamitas de las linternas. Debajo de cada punto luminoso brillaban dos ojos; el sudor de las frentes relumbraba con resplandores anaranjados; los dientes blancos relampagueaban detrás de las bocas fatigadas. Los hombres, desnudos de medio cuerpo arriba, ya no parecían hombres, el sudor les formaba caminitos sobre los torsos hercúleos cubiertos de polvo. Las piquetas despedían chispas al chocar sobre la piedra. Los mineros cavaban en el sendero nocturno. Ya no eran seres de carne, sino de tierra; tierra en las orejas, tierra sobre los párpados, en las aletas de las narices, en los labios grotescos que, al sonreír, adquirían expresiones de máscaras pétreas. Trabajaban los mineros con el alma llena de tierra y, sin embargo, sonreían cuando se acercaba el chamaco.

—¡Quíhbo, mano!
—¡Quíhubo pues, valedor!
—¿No has encontrado gallitos de oro?
—Uno, chiquito. Te lo doy por un chino.
—Sobres.
—Pero tienes que esconderlo muy bien.
—Sobres.

Extraño que un minero cambie un gallito de oro por un rizo, pero, cuando se ha bajado desde lo azul; cuando ese rizo puede traer enredada una abeja de luz; cuando se han pasado muchas horas en la soledad y en las tinieblas, entonces ...

Entonces nada es extraño. Ricardito les inspiraba una gran simpatía a los mineros. Era el muchacho un "bajado" de la claridad. Tenía luz en la risa y en el cabello. Parecía un dios arrancado de los frisos griegos. Un dios con "huarachitos" y "calabacito" para el agua; Ganimedes[5] vestido de manta. Por supuesto que los mineros nada sabían de la Hélade, pero adivinaban, sentían ahí en subterráneo, la reminiscencia de los días pelágicos. El fondo humano será siempre el mismo.

---

[5] Ganimedes, hermoso príncipe troyano raptado por Zeus, quien lo hizo su amante y copero de los dioses. La descripción de Ricardo como un Ganimedes mexicano al servicio de estos mineros comienza desde el párrafo anterior, con el rizo de cabello, y se completa con sus huaraches —cierto tipo de sandalia mexicana, y un plato típico que imita su forma— y su calabaza —recipiente de agua de origen vegetal, y el vegetal mismo.

Después lo poseía la ansiedad de salir de aquel agujero. Regresar a la luz. La claridad estaba allá muy arriba, tan lejano como un lucero. Se despedía de su papá y de los mineros.

–¡Adiós, cuates!
–¡Nos veremos allá arriba!
–Cuando vuelvas tráete unas naranjas.
–Mejor una botellita de "eso". "Eso" quería decir "tequila" o "sotol", pero como estaba prohibido, le decían "eso".

De nuevo al malacate. Ascender. Se elevaba en el tubo de tinieblas; el calor amainaba poco a poco, las tinieblas se deshacían. Cerraba los ojos para acostumbrarlos a la claridad. Elevaban bocanadas de aire puro y de luz. Después salía del agujero. ¡Qué lindo se veía el pueblo desde la boca de La Fábula!

Del capítulo IV

[Ricardo ha ido a pasear por el campo con su perro, llamado Skippy, y se ha quedado dormido]
[...]
Despierta Ricardito cuando ya empieza a parpadear la tarde.

–¡Nos torcimos! –dice al perro–, nos va a agarrar la noche en el monte.

Sacude la cabeza, arrepentido de su galbana; carga al burro apresuradamente, y atravesando por entre setos y barandales, saltando regatos y espinándose en los matojos y escaramujos, emprende la caminata de regreso, cortando por las veredas para economizar tiempo, hasta llegar en una hora justa a la colina donde crecen los doce pinos gigantes. El muchacho los ha bautizado con el romántico nombre de Los Caballeros de la Montaña. Cerca de ese lugar pasa el camino del pueblo.

Respira satisfecho a pesar de que trae varios rasguños en la cara, dos o tres rasgones en la camisa, los pantalones bordados de cardillos y rosetillas, y las manos y las ropas, impregnadas con el aroma del poleo y de la menta del campo. Ha logrado bajar del cerro antes de que la sombra invada los senderos. Se encamina a tomar agua en el ojito que mana al pie de uno de los árboles, pero –¡Ay, chicharras!– distingue claramente, entre los Caballeros de la Montaña, a otro caballero de carne y hueso, y de extraña catadura: sombrero tejano, botas mineras y zarape. Está sentado junto al ojo de agua, labrando una varita con un cuchillo de campo.

La aparición del desconocido no es muy tranquilizadora, porque, a semejantes horas y en un paraje tan solitario, todo puede esperarse. Ni modo de dar un rodeo. Toma del suelo una estaca, por las malditas dudas, y echándole valor al paso, tira de frente, procurando que no se le conozca el miedo.

El mocetón que lo ha visto, se levanta y viene al encuentro del muchacho.

–¿Quihubo? valedor.
–Buenas tardes le dé Dios.
–¿Jala pa'l pueblo?
–Sí, señor.
–¿No quiere echar una malilla? –dice a Rico, sacando del bolsillo del pecho de la camisa una baraja mugrosa.
–No puedo, tengo que jalarle.
–¿Por qué tan apurado?
–Porque me están esperando en mi cantón.
–Todavía es temprano –dice el enzarapado, colocando el cuchillo en el tubo de la bota.
–Ni tanto, tengo que talonearle –replica el chico, sin dejar el pespunte, y tirándole una pedrada al Golondrino para que no corte por otra vereda.
–¿De modo que no quiere?
–No puedo, ya le digo.
–No se frunza, que pa'todo hay tiempo, cuando uno quere.
–No, de veras, tengo que llegar.
–El miedo es familia. ¿Por qué se pone tan abizcochado? Trae un perro muy bueno.
–Es muy bravo, y me cuida siempre.
–¿No le digo? ¿A poco tiene miedo? Conmigo no necesita que lo cuide naiden. No sea música.
–No lo digo por eso. Que pase buenas noches.
–Yo tenía también un perrito muy gente, el Lobo, pero tuve que matarlo porque le dio la rabia. Me hacía mucha compañía –continúa diciendo el desconocido, caminando al lado del muchacho, sin darle mucha importancia a las buenas noches.

Rico siente que la vereda se hace más larga. ¿Qué intenciones tendrá este amigo? Congoja, silencio. Y la noche que se echa encima.

—Ya lo había visto pasar por aquí otras veces –dice el mocetón, reanudando la plática después de una buena pausa cargada de inquietud–, pero usté parece que es medio música con los probes.

—Yo también soy probe. Ya ve que tengo que acarrear leña.

—Sí, pero –exclama el hombre suspirando...

—Pero ¿qué?

—Pero no tanto como otros –y la voz del desconocido se vela con un dejo de amarga tristeza–, no tanto como otros.

Otra vez el silencio. El muchacho quisiera encontrar algo de qué hablar, pero nada se le ocurre.

—¿Por qué tiene miedo? Valedor.

—¿Yo?

—¿Pos quién? Es que cree que voy a perjudicarlo, pero no hay d'eso. No se arrugue, yo vivo allá, en aquella milpa que negrea en la ladera. Friega mucho estar solo. Todos los días miro la mesma sierra y los mesmos árboles. ¡Y con la boca de palo!

—¿Porqué no baja al pueblo?

—Porque –y permanece pensativo, como buscando la causa– no me cuadra ese pueblo. ¿Se fuma un macuchi?

—No me gusta.

—¡A poco no chupa! ¿O no quere fumar conmigo?

—No, de veras, una vez chupé un cigarro y por poco y echo los hígados.

—Pos yo, con su permiso. ¡A ver si aluego se le antoja! Dicen que de ver dan ganas, –comenta, mientras lía pausadamente el tabaco negro en una hoja de maíz.

El desconocido, con los ojos fijos en el suelo, arroja bocanadas de humo, y camina ensimismado, como recordando algo lejano, como tratando de resolver algún enigma. Topa con una herradura y la levanta, dándosela a Rico.

—¡A ver si le trae suerte!

—Dios l'oiga.

—Apenas se distingue ya la milpa; la sembramos mi hermano y yo; él anda hora por la Sierra Alta; la milpa se ha puesto rete bonita. Da gusto verla; tapa a un hombre de alta. Hay un vale que dice que es dueño de ese terreno y que nos la va a quitar. ¡Estará por verse! Esa tierra no es de naiden. Tenemos también un cacho de melones y sandías; de las meritas güenas. Lo invito pa que vaya a comerse una, la que escoja, pa que vea que no semos tan maloras.

—Muchas gracias, pero, ahora no se puede, un día de estos...
—Un día d'estos, es lo mesmo que decir nunca, diga cuándo.
—Cuando vuelva al monte.
—¿Pal otro sábado? Croque hoy es sábado ¿verdá?
—Por todo el día.
—Güeno, yo andaré por aquí.
—Mejor allá arriba, en la Cruz del Difunto.
—Donde quera. Nomás me grita: ¡Teófilo!, esa es mi gracia, pa servir a usté.

Cosa rara, la desconfianza se ha deshecho. El muchacho y el mocetón han caminado juntos lo suficiente para poder ser amigos. Kilómetro y medio de vereda entre los pinos, constituyen una buena base para la amistad. Los pinos son árboles esencialmente sociables; siempre crecen en grupo, rectos, como buenos moralistas, pero en comunidad. Destilan amistad y resina.

—¿Vendrá, de veras?
—Deveritas, el otro sábado –afirma el rapaz, sugestionado seguramente por los pinos.
—¿A lo macho?
—A lo macho.
—Güeno, pos hasta la mirada.
—Hasta más ver.
—No se olvide.
—No, no tenga cuidado.
—Aquí se quebra el jarrito –dice el mocetón, tomando por la vereda montaraz.
—¡Pobre amigo! ¿Quién será? –se pregunta Ricardito, alongándose por el camino real.

Allá abajo, en el hondón del valle, bailotean, apeñuscadas en la tiniebla, las luces de San Francisquito. El burro apresura el trote presintiendo la querencia del corral.

Del capítulo VI

[Ricardo no ha podido asistir a la cita con Teófilo debido a la repentina muerte de Serapio, un vecino]
Ricardo duerme bocarriba. Con los brazos cruzados sobre la cabeza. Se ríe dormido como si departiera con ignotos visitantes. A veces habla

mientras duerme (mala costumbre, porque dice durante la noche lo que ha hecho durante el día). Ricardo ha soñado cosas macabras. Se le apareció don Serapio vestido de San Francisco, con las barbas negruzcas, las narices afiladas y la piel lívida. Se quedó como muerto y sintió que a él también lo sepultaban y que se quedaba solito, allá en la cañada de la sierra, sin lograr hacer un solo movimiento, metido en un agujero negro. Gritó desesperado y su mamá tuvo que ir a despertarlo. Qué bonito se siente cuando uno sueña cosas feas y despierta y puede pensar: al cabo estaba soñando. Ricardito es tan fino que a veces sueña que sueña.

El chico duerme cerca del zaguán, en un catrecito, provisto de buenas mantas porque en la sierra hace mucho frío. ¡Un muchacho dormido!, ¿te acuerdas, tú que amas los clásicos, del sueño de Telémaco, el efebo fértil, en el pórtico marmóreo del palacio de las Nestóridas?, ¡cuántas cosas soñaría Telémaco! Buscaba a su padre. La búsqueda de lo desconocido... Telémaco se levantó muy de mañana y Ricardo también.[6] No lo retuvieron ni el calor de las cobijas que parecía decir: "otro ratito". Ni la voluptuosidad del roce de las sábanas que era una caricia tibia. Nada. Tiene que ir en busca de (aquel mocetón). Toma el limpiador con la comida que su mamá le dejó preparada desde la noche: pan con frijoles, queso, tacos de carne seca y una manzana. El Skippy estaba allí, echado junto al bultito de la comida.

Camina Ricardo por las tronchas de la sierra. El aire huele a tomillo relentecido por el rocío de la mañana. El aire es frío, pero de un frío sabroso. De ese que pone a uno muy colorado y muy alegre. El agua en las acequias parece que corre más aprisa, como decidida a llegar más pronto a donde tiene que ir.

Ricardo llega por fin a la milpa, y se pone a gritar con toda la fuerza de sus pulmones:

–¡Teófilo! ¡Teófilo!
Nadie contesta.
"¡Si se habrá marchado!"

---

[6] La orientación sexual de Telémaco, hijo de Odiseo y Penélope, fue puesta en duda por haber sido criado sin la figura paterna y en medio del cerco de pretendientes de su madre. Su salida es entendida como una ruptura con esa pasividad, pues va en busca del padre; Ricardo, en cambio, persigue otra masculinidad. La noche pasada en el palacio de Néstor, Telémaco no durmió con su mentor, sino con Pisístrato, hijo menor de su anfitrión, lo que se convierte en un anuncio de lo que sucederá entre Ricardo y Teófilo.

En un madroño cercano chifla una calandria, como haciéndole burla. Chifla con demasiada fuerza para ser un pajarito. Ricardo levanta el rostro y se encuentra con Teófilo que, trepado en el árbol, se ríe del asombro del muchacho.

–Quihúbo, valecito. ¿Creyó que era un pájaro?

–La mera verdad...

–¿Qué no sabe que yo sé hacer como los animales?

–Mire, así grita el pitorreal... así platican las golondrinas ...(¿parecen viejas, verdad?)... así lloran los tecolotes ...

Teófilo arremeda el reclamo de cada uno de los animales del bosque.

–Sé hacer también como los coyotes... Así gritan en la noche... Aquí en la sierra, en las noches de luna, un solo coyote arma una grita que parece que son veinte... Sé hacer como los marranos y como los gallos cuando les hacen la rueda a las gallinas.

Ricardo ríe encantado. Aquello es un prodigio.

–Ven acá. ¿O, a poco no te sabes subir a los árboles?

–¡Cómo que no! Sé subirme a los árboles y bajar a las minas

–Entonces me ganas.

Ahora ya son amigos. El canto de las calandrias deshizo todo el hielo y todas las dudas. Es una amistad formada en la copa de un árbol. Sombra azulosa embebida en resinas... Tenue balanceo de las ramas mecidas por el viento de la mañana. Una cosa que pasa y no se ve...

–¡Qué bien deben vivir los pájaros! –exclamó Ricardo.

–Sería bonito ser pájaro para poder volar por todos los vientos.

–Sí. Y encontrarte de repente con un cazador.

–Eso no. Los cazadores no deberían matar a los pájaros; solo a los pájaros dañinos.

–No deberían, pero es tan bonito tirar. ¿A ti no te gusta?

–Sí. Pero no sé.

–Yo te enseñaría, pero el parque es muy caro.

–¿Sabes que ayer te estuve esperando y quedaste mal? –le dice Teófilo.

Ricardo le cuenta la historia de don Serapio.

–Bueno, así es la vida. Oye, como no me has dicho ni cómo te llamas, yo te he bautizado.

–¿Y cómo me pusiste? –pregunta Ricardo.

–¡Sacristán!

–¡Bah, me han puesto muchos sobrenombres, pero no tan feos!

—Pues sí, Sacristán, porque te ves muy mustio, muy moscamuerta y a la mejor eres una mulita.

A Ricardo le encanta que lo crean mulita.

—Entonces, yo también te voy a poner un sobrenombre.

—¿Cuál?

—Monaguillo. Así los dos tendremos nombres de gente de iglesia.

Risas alegres en la mañana llena de sol.

—Sale bien. Los sacristanes y los monaguillos siempre se entienden.[7]

—Oye, Sacristán. ¿Por qué tenías miedo cuando te hablé el otro día?

—La verdad, no era miedo. Pero yo no te conocía. Y tú estás más fuerte que yo.

—¡Bah!¿ Y ora me tienes miedo?

—Ya no.

—¿Y si yo fuera malo de veras?

—¡Éjele! ¿A poco quieres asustarme ahora?

—No. Pero ¿y si yo fuera un ladrón?

—¡Qué le hace!, no tengo ni qué me robes. Oye, ¿Podría aprender a chiflar como las golondrinas?

—Seguro que puedes. Es lo más fácil. Difícil hacer como los tecolotes. Mira: te metes estos dos dedos en la boca y luego soplas fuerte. Que el aire se vaya pa dentro. Y estiras la trompa así. ¿Oyes? ¡Igual a las calandrias! Hasta los calandrios se equivocan, ¿oyes?

Ricardo sigue cada una de las instrucciones de su compañero pero todo parece inútil. No logra chiflar.

—Calmantes montes, ya verás. Ensáyate bien. Ahora no puedes porque es la primera vez.

—¡Me relleva!

—No te desesperes.

Parten una sandía de corazón enrojecido.

—¿Ves? Así se les saca entero el corazón a las sandías. ¿Está buena, eh? Éstas son las mejores, las de cáscara oscura. Siempre que vayas a escoger una sandía, fíjate en que tenga la cáscara muy oscura y vidriosa para que no te salga lacia. Y que tenga una mancha amarilla grande. Y

---

[7] Los sobrenombres escogidos reproducen el patrón de relación entre varones adultos y muy jóvenes que se repite desde el inicio de la novela tanto entre los personajes como en las alusiones mitológicas.

que el rabito de donde estaba prendida en la mata esté bien amarillo. Come más.

—Ya no puedo.

—¡Újule, qué barriga tan chiquita! Yo sólo me acabo tres sandías como esta.

—Tú, pero yo no. Después dan cólicos.

—No da nada.

Se comen en silencio el corazón rojo.

—Oye, ¿tienes mamá?

—Sí.

—Y le contaste de mí el otro día?

—Sí.

—Y ¿qué te dijo?

—Que tuviera cuidado, porque por aquí hay mucha gente mala.

—¿Y tú qué le dijiste?

—Que sí, pero que tú no eras malo.

—¿Y ella qué te dijo?

—Que quién sabe...

—¿Sabes? Es que nadie es malo. Hay unos que son buenos para unos y malos para otros. Eso es todo. Y cuando uno es malo para algunos, las gentes creen que uno es malo para todos. ¿Entiendes?

—Sí.

Pasean por el campo caminando por entre los listones acerados, apartando con las manos las hojas del maíz, para no ir a cortarse. Están sumergidos en un mar verde claro, en donde juega el viento entre las espigas y las mazorcas que comienzan a amarillear. Van hasta los pinares. A ver si salen los ardillones.

—¿Has comido alguna vez ardillón?

—No.

—Son unas ardillas grandotas que hay aquí en la sierra. Son la cosa más buena. Ni el mejor pollo. Cuando los maizales están maduros hacen mucho perjuicio en las milpas. Siempre que matas un ardillón lo encuentras cachetón, cachetón, porque traen el hocico lleno de granos de maíz, o de piñones, o de bellotas, que guardan en sus agujeros para tener comida en el invernadero. Son muy económicos. Tienen una cola retegrandota, así de bonita. Cuando mate uno te voy a guardar el cuero.

Comen cerca del arroyo, junto al ojo de agua. Teófilo hace té de la montaña con unas yerbas que ha cortado entre los matojos de las rocas.

Ricardo saca muy orgullosos sus tortas, sus tacos y su manzana para compartirlos con su amigo. Juntan leña y cargan al Leal.
—Ya es hora de regresar a la casa.
—Todavía es temprano —dice Teófilo.
—No. Estamos retelejos. No llego ni en dos horas.
—Serán las cuatro.
—A las seis tengo que estar en mi casa. Antes de que se haga de noche, porque si no, mi mamá se pone muy inquieta cuando no llego temprano.
En el mismo lugar del otro día. Casi con la misma canción, se alonga cada quien por la vereda.
[…]

Capítulo VII

La amistad entra en la vida como el sol entra en los bosques: inundando las cosas de claridad y acariciante tibieza. Ricardo García es ahora un muchacho feliz. Su espíritu vaga libre en la tácita poesía de la vida. Ignora el adolescente que Platón, Leonardo y Whitman, reflejaban en los claros cristales de sus almas amantes, la luz que ahora lo inunda.[8] Pero, ¿para qué la letra si se es dueño del espíritu? ¿Para qué beber en el recipiente si se es dueño del manantial?

Cosa insignificante y, sin embargo, ¡cuál plena de fulgente belleza! Cosa baladí: la amistad de un romántico adolescente crecido en el campo, con un hombre rudo e ignorante, hijo de la naturaleza. Cosa nimia, pero, de esas pequeñeces está amasada la riqueza espiritual de la vida.

La incapacidad para el ejercicio de la amistad es vicio propio de almas de esclavos. El espíritu primaveral va lleno de ardor y de noble confianza al encuentro de las formas sagradas de la vida. Después, ya lo morderá el mundo.

El bosque y la montaña se le revelan en formas nuevas. Ricardo aprende a conocer las hierbas, los árboles y las flores del campo. Ahora puede capturar mariposas sin romperles las alas, sacar panales sin despertar la cólera de las abejas y sabe ponerles trampas a las zorras y a los coyotes. Teófilo también le enseña a encorralar a las codornices sanándoles dos piedritas, a tirar flechas con el arco, a buscar quesitos de malva y patos silvestres.

---

[8] Directa referencia a la homosexualidad de esos intelectuales de diversas épocas y regiones.

Vidas escandalosas

Pasan horas admirables tumbados sobre la alfombra de hojas de pino, observando la vida de los pájaros y de los insectos. Se trepan a los árboles, corren por las veredas de la montaña, se bañan en las pozas profundas del río. ¡Qué placer recibir sobre el cuerpo desnudo la caricia del sol y del aire libre! Teófilo sabe nadar de varios modos: de pecho, de lado, de ranita, para atrás; le enseña a Ricardo cómo debe bracear para no cansarse, cómo se nada mejor por debajo del agua; juegan a las toninas, a la roña, a las carreras de buques; echan sandías en la corriente y luego nadan para ver quién logra cogerlas primero.

Toda la opulencia del sol, del bosque y de la montaña, se ha transmutado en alegría del corazón.

Capítulo VIII

Sin embargo, se dice en el pueblo (¡maravilloso pueblecito para decir!).
El platillo del día es el cuento de los ladrones de ganado. Ya se han perdido algunas cabezas. Se sospecha que los ladrones son los hermanos Domínguez que tienen una milpa y una plantación de sandías en la falda del monte. No se les ha podido probar nada, pero es seguro que ellos son.

Las gentes del pueblo son honradas. Los Domínguez llegaron apenas unos cuantos meses. ¡Sabrá Dios de dónde vendrán! Uno de los hermanos, el mayor, baja al pueblo cada quince días, a comprar provisiones. Siempre anda muy bien armado. Tiene un modo extraño de ver, por debajo del ala del sombrero. Al menor nadie lo conoce. Jamás baja al pueblo, siempre está cuidando la milpa.

–¿Ya lo ves, muchachito? –dice la mamá de Ricardo–. ¿Ya lo ves?. Una madre nunca se equivoca. Bien te lo decía yo, que te cuidaras mucho porque podían ser gentes malas. Y tú encantado con ese sinvergüenza.

–Es que nada se les ha probado. Habladurías de la gente. No conocen a Teófilo, por eso dicen todas esas cosas. Ni tú lo conoces.

–Ni quiero conocerlo. Y lo que debes hacer es quitarte de esas amistades y no volver por ahí. ¿Lo oyes? ¡No volver por ahí!

Si es todo lo contrario lo que Ricardo quiere hacer. Tiene que volver y averiguar. Su amigo no puede ser un hombre malo. Podría apostar cualquier cosa. Podría meter por él una mano en la lumbre. ¡Un hombre que se ríe como él, es imposible que sea un ladrón! Aunque, quién sabe. Y este "quién sabe" le causa vergüenza y le duele, allá en lo más hondo. ¡Dudar de su amigo!

Él lo averiguará. Tiene su plan; irá a quedarse una noche en la milpa. Siente miedo, tiene que dormir fuera de su casa, en la sierra. Oír llorar a los tecolotes y a los coyotes. Sentirse inundado en las tinieblas que se enredan en los árboles del bosque, pero ese mismo miedo a lo desconocido lo atrae, como la bajada a los tajos de las minas, como el silencio en los subterráneos debajo de la tierra.

Una tarde le pide permiso a su mamá para ir a quedarse en la casa de Manuelito. Uno de sus amigos. Dizque dan una fiesta. Pero no se va para allá; se dirige a la milpa. Quiere sorprender al Monaguillo. ¡El susto que se va a dar!

Ricardo recorre el camino lleno de sombras. Este mismo caminito estaba lleno de sol. El ruido del agua de la cañada parece ahora distinto; con la sombra cambia la voz del arroyo. Se pierde la alegría, se hace ronca, parece una queja de las montañas. El bosque, durante la noche, está poblado por seres extraños.

Desde muy lejos distingue una pequeña fogata y un bulto. Es Teófilo. Por fin ha llegado.

–¡Pero Sacristán! ¿Qué andas haciendo por aquí a estas horas?

–Nada, vengo a quedarme contigo. ¿No quieres?

–¡Tú, a quedarte! ¿No tienes miedo?

Voz llena de amargura: "No. Ya soy un hombre".

–La noche está muy oscura. Creo que pronto habrá tempestad.

–¡Mejor!

–Y ¿Qué le dijiste a tu mamá?

–Que iba a quedarme en casa de Manuelito. A Manuelito le dije que si veía a mi mamá, le dijera que estaba con él. Pero me vine para acá.

–Y, ¿no tienes miedo?

–Ya te dije que no. ¿Crees que soy un gallina?

–No, Sacristán. Pero me parece imposible. Ahora que estoy más solo. Mi hermano se fue al monte. A linternear venados. ¿Ya cenaste?

–No, pero no tengo hambre.

–Come algo...

Cenan al amor de la fogata. Café con tortillas hechas con maíz tierno.

–A que nunca las has comido más sabrosas. Yo mismo las hago y te voy a enseñar cómo.

Luego, queso fresco con pedazos de piloncillo y elotes cocidos.

–¿Te gusta?

–Ni en la mejor fonda. Te das vida de rey.

Vidas escandalosas

—¿Vida de rey? No te pitorrees Sacristán. Sacristancito. ¿Y no tienes miedo?
—Y por qué me lo vuelves a preguntar. Ya te dije que no.
—No te enojes, Sacristán.

Los ojos del joven de la montaña se iluminan con la claridad de la ternura humana.

—Es que no sabes lo que estás diciendo.
—¡Cómo que no he de saberlo! Nada tiene de malo.
—Seguramente, pero no debías haber venido.
—¿Por qué no? Si somos amigos.
—Sacristán. Sacristancito. Que has venido a quedarte conmigo, a dormir, aquí en el bosque. Tú no sabes lo que estás haciendo.
—Sí lo sé. He venido porque quiero que me digas una cosa.

Las palabras se le quedan en el corazón.

—¿Qué quieres que te diga? ¿No somos los mismos amigos de siempre?
—Los mismos.
—¿Piensas algo malo de mí?

Ricardo permanece en silencio.

—¿Ves aquel nubarrón que se levanta sobre los picos de la sierra? Pronto llegará el aguacero. Va a llover como en el diluvio. Las tempestades son fuertes por acá. Los relámpagos lo dejan a uno como ciego, y los truenos asustan hasta a los tigres del monte.

Otra tormenta peor está desencadenada en el alma del muchacho, que permanece en silencio.

Ricardo toma su café pausadamente.

—Ya sé. Estás pensando qué a gusto estarías en tu casa.
—No.
—Pero ahora vas a ver lo que es bueno. Pasaremos la noche los dos solitos en la choza. No tengas miedo. Las tempestades no hacen nada.

Luego, un silencio poblado de inquietudes. La tormenta se avecina. Teófilo también se ha hundido en una salobre tristeza. Su alma primitiva y profética adivina.

—Sacristán, Sacristancito. Tú quieres que te diga una cosa. Te la diré ahora mismo. Pero no para que te asustes. Te lo debía haber dicho desde antes. Pero no podía. ¿Quién sabe si te vaya a hacer mal? Sacristán, Sacristancito. Tú eres muy buena gente, y yo, yo soy un perdido, un perdido. ¿Sabes lo que es eso?

José Urbano Escobar

Teófilo, sentado sobre una piedra, hunde la cabeza entre las manos, fuma desesperadamente su cigarro y parece que está viendo la hoguera, pero realmente está columbrando la lejanía.

—Vivíamos allá en el sur. Teníamos una casita. Mi papá y mi mamá se murieron cuando yo era chico. Teníamos una hermana, un día se la llevó un militar y la engañó. Mi hermano lo mató como los hombres, cara a cara y los dos armados. Mi hermano salió huyendo y no quiso dejarme. Yo tampoco lo habría dejado. Si él estaba perdido, yo también tenía que perderme. ¡La suerte! ¿Qué quieres? Así hemos rodado. Aquí estamos, hemos robado y matado, Sacristán, Sacristancito. Eres amigo de un ladrón. Estoy manchado con sangre. He tenido que matar para defenderme. Y cualquier día, si nos cogen, si lo saben ¡bueno!, Sacristán, Sacristancito. Ahora ya sabes toda la verdad. Es mejor que te vayas. Te iré a dejar hasta la orilla del pueblo.

La tormenta comienza. Primero relámpagos secos que dejan una cicatriz rojiza sobre el vientre de las nubes. La tormenta comienza.

Ricardo, con la cabeza caída sobre el pecho, siente que dentro de su ser se rompe un mundo de arrobadora fantasía. Su amigo no es el hijo de las montañas, el dios del bosque; es un ladrón. Es verdad todo lo que dice la gente. Dos lágrimas silenciosas se deslizan sobre sus mejillas.

—Entonces. ¿Quieres que me vaya? ¿Me corres?

—Sacristancito, te digo que es mejor que te vayas para que no seas tú el que tenga que decírmelo, porque eso sería peor. ¡Cómo puede un chamaco como tú, ser amigo de un ladrón!

—Entonces ¿quieres de veras que me vaya?

—¡Cómo voy a querer! No sé ni lo que quiero.

—Entonces ¡me quedo! ¡A mi qué me importa; tú qué culpa tienes!

Como impelido por un resorte, el Monaguillo se levanta de la piedra en que estaba sentado. Camina respirando fuertemente, dando vueltas alrededor de la fogata. Habla solo.

—Entonces, tú...

—Yo. Yo seré siempre tu amigo. Tu cuate. Tú siempre has sido bueno conmigo.

—Sacristán, Sacristancito, no merezco todo esto. Tú eres el único amigo que he tenido. Tú eres la única gente a quien yo quiero en el mundo.

La tormenta parece que se aleja. La lluvia no pudo llegar. El aire de la sierra ha cambiando. Barre las nubes para allá, para el norte.

—Yo no te quería decir nada.

—Vale más que me lo hayas dicho.

Allá muy alto, en el cielo, se escucha un grito ronco, algo como un lamento.

—¿Oyes Monaguillo? ¿Qué es eso?

—Son las grullas que pasan gritando. ¿Las has visto?

—Las he oído, pero yo no sabía que volaran en la noche.

—Sí, cuando viajan durante el día se esconden. Son muy matreras y muy vivas. Figúrate que una vez estábamos por allá, más arriba, en la sierra, cuidando la milpa. Las grullas nos hacían muchos prejuicios. Les encanta el maíz cuando comienza a madurar. No podíamos tramparlas. Son muy águilas. Siempre vuelan formando escuadra, con una adelante, que es la capitana, la más inteligente, la mas toreada. Nunca bajan a comer, sin que primero hayan ido una o dos a explorar el lugar para ver si hay nadie que las pueda molestar. Bajan a la madrugada o cuando se pone el sol. Durante el día se suben a los lugares más altos de la sierra y ni quién dé con ellas. Todas las madrugadas iba yo a esconderme entre las cañas de maíz para ver si bajaban, pero nada. Las grullas pasaban sobre mi cabeza, lo bastante altas para que no las alcanzara una bala. Lo que más muina me daba era que, en cuanto me retiraba del escondite alejándome un poco, las grullas bajaban muy orondas hasta el lugar donde yo las había estado tanteando. Parece que me conocían y que se habían propuesto burlarse de mí. Llegaba primero la capitana, una grulla preciosa, con plumas azul oscuro y pico negro. Veía para todos lados y luego llamaba a sus compañeras. Decidí entonces hacerles una jugada. Me llevé a otro compañero. Estuvimos un buen rato escondidos y luego lo hice que se fuera. Yo quería que las grullas vieran que se iba el cazador para que creyeran que ya no había peligro. Pero son muy truchas. La capitana había visto que se habían escondido dos hombres y que no se iba más que uno. Sabía hacer cuentas. A la siguiente mañana llevé a dos compañeros, pero nada. Las grullas no bajaban, sabían que éramos tres y que se iban dos. ¡Buenas para contar! A la siguiente madrugada fuimos cuatro. Se retiraron tres. No pasó mucho sin que el animal bajara a buscar maíz como a veinte metros. Me puse tan nervioso que no pude esperar a que bajaran las otras. Maté a la capitana, se le habían enredado las cuentas. Sabía contar hasta tres. Pero ya cuatro, eran muchos números para ella.

El aire ha cambiado. Vuelve la tormenta.

—No vamos a escaparnos.

José Urbano Escobar

Imponente, solemne, luminosa noche de las montañas. Los coyotes gritan agoreramente en la crestería del monte, presintiendo la tormenta tremenda que llega. Las nubes renegridas avanzan amenazantes, devorando la llamita rubia de las estrellas. Los relámpagos cárdenos iluminan el vientre sombrío de los nubarrones, revelando su profundidad y haciendo ver las puntas negras de los pinos lejanos. Luego, queda todo nuevamente en la negrura. Poco a poco llega la tormenta. Primero un viento húmedo bramando entre los pinares. Luego las primeras gotas de agua, frescas y grandes. Después, el chasquido fragoroso del aguacero. El granizo. El trueno multiplicando su estrépito en las cañadas. Los relámpagos enceguecen los ojos. Huele a quemado. Acurrucados en la choza, Ricardo y su compañero, viven un momento de zozobra. Se sienten solos, en medio del universo. Átomos perdidos en el seno de la naturaleza convulsionada por una cólera misteriosa e indomable. Prisioneros del bosque negro y de las montañas fantásticas y de los cielos enloquecidos, poblados por espíritus infernales, rodeados por fuerzas gigantescas, de energías inexorables y desconocidas. ¡Qué vale la vida! ¡Qué vale la fuerza de los hombres ante la furia de la naturaleza! Son dos pobres seres insignificantes, abandonados en la noche profunda, sombras entre sombras, a quienes solamente queda el sentimiento de la confianza, el encuentro de un espíritu que sabe que hay otro espíritu, el consuelo borroso del calor humano en medio de la gran soledad. Se sienten empequeñecidos, anonadados, uno junto del otro, en medio de las montañas llenas de enigmas, y de fuerzas cósmicas desencadenadas. Calor de humanidad. Presencia inefable de otro ser humano.

Teófilo pasa su mano sobre los cabellos de su compañero.

–Sacristán, Sacristancito ¿de veras eres mi amigo?

[La llegada de la Revolución Mexicana separa a los amigos que solo volverán a verse, al final de la novela, antes del fusilamiento de Teófilo y su hermano por haber matado a un ranchero norteamericano que habría entrado en sus tierras.]

1937

[Tomado de *El evangelio de Judas de Keyroth*. *Vereda del Norte*. Adriana Candia, comp. Ciudad Juarez: Dirección General de Educación y Cultura, 2005]

Hilarión Cabrisas

(La Habana 1893-1939)

Poeta y periodista cubano. Colaboró en numerosos periódicos como *La Nueva Aurora*, de Matanzas, y *La Correspondencia*, de Cienfuegos. Fue actor de la compañía dramática de Enrique Borrás. La mayor parte de su carrera profesional la vivió en Matanzas, hasta 1917, que se mudó a La Habana y colaboró en el influyente *Diario de la Marina*. Entre sus libros se destacan *Esperanza* (1911, poesía), *Doreya* (1919, teatro), *Breviario de mi vida* (1932, poesía), *La caja de Pandora* y *Sed de infinito* (1939, poesía).

A Safo

Porque eres canallesca, porque eres exquisita,
y porque eres perversa, y porque eres fatal,
mi carne pecadora tu carne necesita
para libar las mieles de las flores del mal.

Porque tiene tu vientre albor de margarita,
y tus piernas, columnas de tu templo carnal,
guardan el tabernáculo de mi hostia maldita
y ocultan el secreto de mi anhelo sensual.

Porque tus ojos glaucos, para el hombre inconstantes,
brillan faunescamente, lesbianos, inquietantes,
cuando pasa una núbil doncella junto a ti,

anhelo pecadora, tu lascivo contacto
para la complicada consumación del acto,
¡con la santa lujuria que está latente en mí!

De *Sed de infinito*

[Tomado de *Sus mejores poesias eróticas*. Miami: Language Research Press, 1970]

Mário de Andrade
(Brasil, 1893-1945)

Uma das figuras mais importantes da literatura brasileira moderna, e central no movimento modernista brasileiro. Autor do melhor romance da vanguarda latino-americana, a "rapsódia" *Macunaíma* (1927), e também de muitos outros livros: contos, estudos da música brasileira e uma grande obra poética. A sua homossexualidade foi ocultada durante sua vida (embora ele sofresse ataques homofóbicos) e pouco comentada depois na crítica; a situação está mudando agora. Na sua correspondência é presente o assunto: ele escreve, por exemplo, numa carta a Manuel Bandeira: "Mas em que podia ajuntar em grandeza ou milhoria para nós ambos, pra você, ou pra mim, comentarmos e elucidar você sobre a minha tão falada (pelos outros) homossexualidade? Em nada", e seguindo a carta ele diz que poderia "explicar minhas amizades platônicas". No famoso "Prefácio Interessantíssimo" a *Paulicéia desvairada* (1922) ele escreve: "Toda canção de liberdade vem do cárcere", e a sua provável homossexualidade não assumida seria uma das fontes da sua criatividade.

O tema do homoerotismo na obra de Mário de Andrade foi tratado por críticos como João Silvério Trevisan, Raúl Antelo e Denilson Lopes. Alguns artigos mais específicos: Marcus Rodolfo Bringel de Oliveira, "Apontamentos para uma estética homoafetiva: *Frederico Paciência* de Mário de Andrade" [*Revista Claraboia* 1.2 (2015)] e dois artigos de Jorge Vergara, "Homoerotismo e subalternidade em *Paulicéia desvairada*" [*Remate de males* 38.2 (2018)] e "Homofobia e efeminação na literatura brasileira: o caso Mário de Andrade" [*Revista Vortex* 3.2 (2015)].

Cabo Machado[1]

Cabo Machado é cor de jambo.
Pequenino que nem todo brasileiro que se preza.
Cabo Machado é moço bem bonito.
É como si a madrugada andasse na minha frente.

---

[1] Salvador Novo também escreveu poemas que eram retratos de jovens proletários: ver seus *Poemas proletários* por exemplo: "Gaspar, el cadete", "Roberto, el subtenente" y "Bernardo, el soldado"). Cfr. Também "Antonio" de César Moro (incluído nesta antologia).

Vidas escandalosas

Entreabre a boca encarnada num sorriso perpétuo
Adonde alumia o Sol de oiro, dos dentes
Obturados com um luxo oriental.

Cabo Machado marchando
É muito pouco marcial.
Cabo Machado é dançarino, sincopado,
Marcha vem-cá-mulata.
Cabo Machado traz a cabeça levantada
Olhar dengoso pros lados.
Segue todo rico de jóias olhares quebrados
Que se enrabicharam pelo posto dele
E pela cor-de-jambo.

Cabo Machado é delicado gentil.
Educação francesa mesureira
Cabo Machado é doce que nem mel
É polido que nem manga rosa.
Cabo Machado é bem o representante de uma terra
Cuja Constituição proíbe as guerras de conquista
E recomenda cuidadosamente o arbitramento.
Só não bulam com ele!
Mais amor menos confiança!
Cabo Machado toma um jeito de rasteira...

Mas traz unhas bem tratadas
Mãos transparentes frias,
Não rejeita o bom-tom do pó-de-arroz.
Se vê bem que prefere o arbitramento.
E tudo acaba em dança!
Por isso Cabo Machado anda maxixe.
Cabo Machado... bandeira nacional!

[De *Losango cáqui*, 1924. Na edição das *Poesias completas*]

Mário de Andrade

Improviso do rapaz morto

Morto, suavemente ele repousa sobre as flores do caixão.
Tem momentos assim em que a gente vivendo
Esta vida de interesses e de lutas tão bravas,
Se cansa de colher desejos e preocupações.
Então para um instante, larga o murmúrio do corpo,
A cabeça perdida cessa de imaginar,
E o esquecimento suavemente vem.
Quem que então goze as rosas que o circundam?
A vista bonita que o automóvel corta?
O pensamento que o heroiza?...
O corpo é que nem véu largado sobre um móvel,
Um gesto que parou no meio do caminho,
Gesto que a gente esqueceu.
Morto, suavemente ele se esquece sobre as flores do caixão.

Não parece que dorme, nem digo que sonhe feliz, está
                                                    morto.
Num momento da vida o espírito se esqueceu e parou.
De repente ele assustou com a bulha do choro em redor,
Sentiu talvez um desaponto muito grande
De ter largado a vida sendo forte e sendo moço,
Teve despeito e não se moveu mais.
E agora ele não se moverá mais.

Vai-te embora! vai-te embora, rapaz morto!
Ôh, vai-te embora que não te conheço mais!
Não volta de-noite circular no meu destino
A luz da tua presença e o teu desejo de pensar!
Não volta oferecer-me a tua esperança corajosa,
Nem me pedir para os teus sonhos a conformação da Terra!

O universo muge de dor aos clarões dos incêndios,
As inquietudes cruzam-se no ar alarmadas,
E é enorme, insuportável minha paz!
Minhas lágrimas caem sobre ti e és como um Sol quebrado!
Que liberdade em teu esquecimento!

Vidas escandalosas

Que independência firme na tua morte!
Ôh, vai-te embora que não te conheço mais!

[De *Remate de males*, 1925; na edição das *Poesias completas*]

Mario de Andrade por Anita Malfatti

Mário de Andrade

Girassol da madrugada[2]

1.
De uma cantante alegria onde riem-se as alvas uiaras
Te olho como se deve olhar, contemplação,
E a lâmina que a luz tauxia de indolências
É toda um esplendor de ti, riso escolhido no céu.

Assim. Que jamais um pudor te humanize. É feliz
Deixar que o meu olhar te conceda o que é teu,
Carne que é flor de girassol! sombra de anil!
Eu encontro em mim mesmo uma espécie de abril
Em que se espalha o teu sinal, suave, perpetuamente.

2.
Diga aos menos que nem você quer mais desses gestos traiçoeiros
Em que o amor se compõe feito uma luta;
Isso trará mais paz, por quanto o caminho foi longo,
Abrindo o nosso passo através dos espelhos maduros.

Você não diz porém o vosso corpo está delindo no ar,
Você apenas esconde os olhos no meu braço e encontra a paz na escuridão.
A noite se esvai lá fora serena sobre os telhados,
Enquanto o nosso par aguarda, soleníssimo,
Radiando luz, nesse esplendor dos que não sabem mais pra onde ir.

3.
Si o teu perfil é puríssimo, si os teus lábios
São crianças que se esvaecem no leite,
Si é pueril o teu olhar que não reflete por detrás,
Si te inclinas e a sombra caminha na direção do futuro:

---

[2] Esse poema foi considerado "impublicável" por Manuel Bandeira, que o discutiu em várias cartas com o Mário, quem finalmente mudou alguns versos abertamente homoeróticos. Ver artigo de Horácio Costa, "Do afloramento da palabra homoerótica na poesía moderna: Portugal, México, Brasil (correspondencia Manuel Bandeira / Mário de Andrade em foco)", *Homografías* (2009).

Vidas escandalosas

Eu sei que tu sabes o que eu nem sei si tu sabes,
Em ti se resume a perversa e imaculada correria dos fatos,
És grande por demais para que sejas só felicidade!

És tudo o que eu aceito que me sejas
Só pra que o sono passe, e me acordares
Com a aurora incalculavelmente mansa do sorriso.

4.
Não abandonarei jamais de-noite as tuas carícias,
De-dia não seremos nada e as ambições convulsivas
Nos turbilhonarão com as malícias da poeira
Em que o sol chapeará torvelins uniformes.

E voltarei sempre de-noite às tuas carícias,
E serão búzios e bumbas e tripúdios invisíveis
Porque a Divindade muito naturalmente virá.
Agressiva Ela virá sentar em nosso teto,
E seus monstruosos pés pesarão sobre nossas cabeças,
De-noite, sobre nossas cabeças inutilizadas pelo amor.

5.
Teu dedo curioso me segue lento no rosto
Os sulcos, as sombras machucadas por onde a vida passou.
Que silêncio, prenda minha... Que desvio triunfal da verdade,
Que círculos vagarosos na lagoa em que uma asa gratuita roçou...

Tive quatro amores eternos...
O primeiro era uma donzela,
O segundo... eclipse, boi que fala, cataclisma,
O terceiro era a rica senhora,
O quarto és tu... E eu afinal me repousei dos meus cuidados.

6.
Os trens-de-ferro estão longe, as florestas e as bonitas cidades,
Não há senão Narciso entre nós dois, lagoa
Já se perdeu saciado o desperdício das uiaras,

Mário de Andrade

Há só meu êxtase pousando devagar sobre você.
Oh que pureza sem impaciência nos calma
Numa fragrância imaterial, enquanto os dois corpos se agradam,
Impossíveis que nem a morte e os bons princípios.

Que silêncio caiu sobre a vossa paisagem de excesso dourado!
Nem beijo, nem brisa... Só, no antro da noite, a insônia apaixonada
Em que a paz interior brinca de ser tristeza.

7.
A noite se esvai lá fora serena sobre os telhados
Num vago rumor confuso de mar e asas espalmadas,
Eu, debruçado sobre vossa perfeição, num cessar ardentíssimo,
Agora pouso, agora vou beber vosso olhar estagnado, oh minha lagoa!

Eis que ciumenta noção de tempo, tropeçando em maracás,
Assusta guarás, colhereiras e briga com os arlequins,
Vem chegando a manhã. Porém, mais compacta que a morte,
Para nós é a sonolenta noite que nasce detrás das carícias esparsas.

Flor! Flor!...

Graça dourada!...

Flor...

[1931, incluído nas *Poesias completas*]

Soneto

Aceitarás o amor como eu o encaro?...
...Azul bem leve, um nimbo, suavemente
Guarda-te a imagem, como um anteparo
Contra estes móveis de banal presente.

Tudo o que há de melhor e de mais raro
Vive em teu corpo nu de adolescente,

Vidas escandalosas

A perna assim jogada e o braço, o claro
Olhar preso no meu, perdidamente.

Não exijas mais nada. Não desejo
Também mais nada, só te olhar, enquanto
A realidade é simples, e isto apenas.

Que grandeza... a evasão total do pejo
Que nasce das imperfeições. O encanto
Que nasce das adorações serenas.

[Dezembro de 1937, incluído no *Grã Cã de Outubro* e nas *Poesias completas*]

Frederico Paciência[3]

Frederico Paciência.. Foi no ginásio... Éramos de idade parecida, ele pouco mais velho que eu, quatorze anos.

Frederico Paciência era aquela solaridade escandalosa. Trazia nos olhos grandes bem pretos, na boca larga, na musculatura quadrada da peitaria, em principal nas mãos enormes, uma franqueza, uma saúde, uma ausência rija de segundas intenções. E aquela cabelaça pesada, quase azul, numa desordem crespa. Filho de português e de carioca. Não era beleza, era vitória. Ficava impossível a gente não querer bem ele, não concordar com o que ele falava.

Senti logo uma simpatia deslumbrada por Frederico Paciência, me aproximei franco dele, imaginando que era apenas por simpatia. Mas se ligo a insistência com que ficava junto dele a outros atos espontâneos que sempre tive até chegar na força do homem, acho que se tratava dessa espécie de saudade do bem, de aspiração ao nobre, ao correto, que sempre fez com que eu me adornasse de bom pelas pessoas com quem vivo. Admirava lealmente a perfeição moral e física de Frederico Paciência e com muita sinceridade o invejei. Ora em mim sucede que a inveja não consegue nunca se resolver em ódio, nem mesmo em animosidade: produz

---

[3] Sobre o homoerotismo neste texto, ver artigo de Marcus Rodolfo Bringel de Oliveira.

mas uma competência divertida, esportiva, que me leva à imitação. Tive ânsias de imitar Frederico Paciência. Quis ser ele, ser dele, me confundir naquele esplendor, e ficamos amigos.

Eu era o tipo do fraco. Feio, minha coragem não tinha a menor espontaneidade, tendência altiva para os vícios, preguiça. Inteligência incessante mas principalmente difícil. Além do mais, naquele tempo eu não tinha nenhum êxito pra estímulo. Em família era silenciosamente considerado um caso perdido, só porque meus manos eram muito bonzinhos e eu estourado, e enquanto eles tiravam distinções no colégio, eu tomava bombas.

Uma ficou famosa, porque eu protestei gritando em casa, e meu Pai resolveu tirar a coisa a limpo, me levando com ele ao colégio. Chamado pelo diretor, lá veio o marista, irmão Bicudo o chamávamos, trazendo na mão um burro de Virgílio em francês, igualzinho ao que me servira na cola. Meio que turtuviei mas foi um nada. Disse arrogante:

– Como que o senhor prova que eu colei!

Irmão Bicudo nem me olhou. Abriu o burro quase na cara de Papai, tremia de raiva: – Seu menino traduz latim muito bem!... mas não sabe traduzir francês!

Papai ficou pálido, coitado. Arrancou:

– Seu padre me desculpe.

Não falou mais nada. Durante a volta era aquele mutismo, não trocou sequer um olhar comigo. Foi esplêndido mas quando o condutor veio cobrar as passagens no bonde, meu Pai tirou com toda a naturalidade os níqueis do bolsinho mas de repente ficou olhando muito o dinheiro, parado, olhando os níqueis, perdido em reflexões inescrutáveis. Parecia decidir da minha vida, ouvi, cheguei a ouvir ele dizendo "Não pago a passagem desse menino". Mas afinal pagou.

Frederico Paciência foi minha salvação. A sua amizade era se entregar, amizade era pra tudo. Não conhecia reservas nem ressalvas, não sabia se acomodar humanamente com os conceitos. Talvez por isto mesmo, num como que instinto de conservação, era camarada de toda a gente, mas não tinha grupos preferidos nem muito menos amigos. Não há dúvida que se agradava de mim, inalteravelmente feliz de me ver e conversar comigo. Apenas eu percebia, irritado, que era a mesma coisa com todos. Não consegui ser discreto.

Vidas escandalosas

Depois da aula, naquela pequena parte do caminho que fazíamos juntos até o largo da Sé,[4] puxando o assunto para os colegas, afinal acabei, bastante atrapalhado, lhe confessando que ele era o meu "único" amigo. Frederico Paciência entreparou num espanto mudo, me olhando muito. Apressou o passo pra pegar a minha dianteira pequena, eu numa comoção envergonhada, já nem sabendo de mim, aliviado em minha sinceridade. Chegara à esquina em que nos separávamos, paramos. Frederico Paciência estava maravilhoso, sujo do futebol, suado, corado, derramando vida. Me olhou com uma ternura sorridente. Talvez houvesse, havia um pouco de piedade. Me estendeu a mão a que mal pude corresponder, e aquela despedida de costume, sem palavra, me derrotou por completo. Eu estava envergonhadíssimo, me afastei logo, humilhado, andando rápido pra casa, me esconder. Porém Frederico Paciência estava me acompanhando!

– Você não vai pra casa já!
– Ara... estou com vontade de ir com você...

Foram quinze minutos dos mais sublimes de minha vida. Talvez que pra ele também. Na rua violentamente cheia de gente e de pressa, só vendo os movimentos estratégicos que fazíamos, ambos só olhos, calculando o andar deste transeunte com a soma daqueles dois mais vagarentos, para ficarmos sempre lado a lado. Mas em minha cabeça que fantasmagorias divinas, devotamentos, heroísmos, ficar bom, projetos de estudar. Só na porta de casa nos separamos, de novo esquerdos, na primeira palavra que trocávamos amigos, aquele "até-logo" torto.

E a vida de Frederico Paciência se mudou para dentro da minha. Me contou tudo o que ele era, a mim que não sabia fazer o mesmo. Meio que me rebaixava meu Pai ter sido operário em mocinho. Mas quando o meu amigo me confessou que os pais dele fazia só dois anos que tinham casado, até achei lindo. Pra que casar! é isso mesmo! O pior é que Frederico Paciência depusera tal confiança em mim, me fazia tais confissões sobre instintos nascentes que me obrigava a uma elevação constante de pensamento. Uns dias quase o odiei. Me bateu clara a intenção de acabar com aquela "infância". Mas tudo estava tão bom.

Os domingos dele me pertenceram. Depois da missa fazíamos caminhadas enormes. Um feriado chegamos a ir até a Cantareira[5] a-pé.

---

[4] Praça do centro histórico de São Paulo.
[5] Serra da Cantareira, localizada ao norte da cidade de São Paulo.

Mário de Andrade

Continuou vindo comigo até a porta de casa. Uma vez entrou. Mas eu não gostava de ver ele na minha família, detestei até Mamãe junto dele, ficavam todos muito baços. Mas me tornei familiar na casa dele, eram só os pais, gente vazia, enriquecida à pressa, dando liberdade excessiva ao filho, espalhafatosamente envaidecida daquela amizade com o colega de "família boa".

Me lembro muito bem que pouco depois, uns cinco dias, da minha declaração de amizade, Frederico Paciência foi me buscar depois da janta. Saímos. Principiava o costume daqueles passeios longos no silêncio arborizado dos bairros. Frederico Paciência falava nos seus ideais, queria ser médico. Adverti que teria que fazer os estudos no Rio e nos separaríamos. Em mim, fiz mas foi calcular depressa quantos anos faltavam para me livrar do meu amigo. Mas a ideia da separação o preocupou demais. Vinha com propostas, ir com ele, estudar medicina, ou ser pintor pois que eu já vivia desenhando a caricatura dos padres.

Fiquei de pensar e, dialogando com as aspirações dele, pra não ficar atrás, meio que menti. Acabei mentindo duma vez. Veio aquele prazer de me transportar pra dentro do romance, e tudo foi se realizando num romance de bom-senso discreto, pra que a mentira não transparecesse, e onde a coisa mais bonita era minha alma. Frederico Paciência então me olhava com os olhos quase úmidos, alargados, de êxtase generoso. Acreditava. Acreditou tudo. De resto, não acreditar seria inferioridade. E foi esse o maior bem que guardo de Frederico Paciência, porque uma parte enorme do que de bom e de útil tenho sido vem daquela alma que precisei me dar, pra que pudéssemos nos amar com franqueza.

No ginásio a nossa vida era uma só. Frederico Paciência me ensinava, me assoprava respostas nos momentos de aperto, jurando depois com riso que era pela última vez. A permanência dele em mim implicava aliás um tal ou qual esforço da minha parte pra estudar, naquele regime de estudo abortivo que, sem eu ainda atinar que era errado, me revoltava. Um dia ele me surpreendeu lendo um livro. Fiquei horrorizado mas imediatamente uma espécie de curiosidade perversa, que eu disfarçava com aquela intenção falsa e jamais posta em prática de acabar com "aquela amizade besta", me fez não negar o que lia. Era uma História da prostituição na Antiguidade, dessas edições clandestinas portuguesas que havia muito naquela época. E heroico, embora sempre horrorizado, passei o livro a ele. Folheou, examinou os títulos do índice, ficou olhando muito o desenho da capa. Depois me deu o livro.

Vidas escandalosas

– Tome cuidado com os padres.
– Ah... está dentro da pasta, eles não veem.
– E se examinarem as pastas...
– Pois se examinarem acham!

Passamos o tempo das aulas disfarçando bem. Mas no largo da Sé, Frederico Paciência falou que hoje carecia ir já pra casa, ficando logo engasgadíssimo na mentira. Mas como eu o olhasse muito, um pouco distraído em observar como é que se mentia sem ter jeito, ele ainda achou força pra esclarecer que precisava sair com a Mãe. E, já despedidos um do outro, meio rindo de lado, ele me pediu o livro pra ler. Tive um desejo horrível de lhe pedir que não pedisse o livro, que não lesse aquilo, de jurar que era infame. Mas estava por dentro que era um caos. Me atravessava o convulsionamento interior a ideia cínica de que durante todo o dia pressentira o pedido e tomara cuidado em não me prevenir contra ele. E dizer agora tudo o que estava querendo dizer e não podia, era capaz de me diminuir. E afinal o que o livro contava era verdade... Se recusasse, Frederico Paciência ia imaginar coisas piores. Na aparência, fui tirando o livro da mala com a maior naturalidade, gritando por dentro que ainda era tempo, bastava falar que ainda não acabara de ler, quando acabasse... Depois dizia que o livro não prestava, era imoral, o rasgara. Isso até me engrandeceria... Mas estava um caos. E até que ponto a esperança de Frederico Paciência ter certas revelações... E o livro foi entregue com a maior naturalidade, sem nenhuma hesitação no gesto. Frederico Paciência ainda riu pra mim, não pude rir. Sentia um cansaço. E puro. E impuro.

Passei noite de beira-rio. Nessa noite é que todas essas ideias da exceção, instintos espaventados, desejos curiosos, perigos desumanos me picavam com uma clareza tão dura que varriam qualquer gosto. Então eu quis morrer. Se Frederico Paciência largasse de mim... Se se aproximasse mais... Eu quis morrer. Foi bom entregar o livro, fui sincero, pelo menos assim ele fica me conhecendo mais. Fiz mal, posso fazer mal a ele. Ah, que faça! ele não pode continuar aquela "infância". Queria dormir, me debatia. Quis morrer.

No dia seguinte Frederico Paciência chegou tarde, já principiadas as aulas. Sentou como de costume junto de mim. Me falou um bom-dia simples mas que imaginei tristonho, preocupado. Mal respondi, com uma vontade assustada de chorar. Como que havia entre nós dois um sol que não permitia mais nos vermos mutuamente. Eu, quando queria

Mário de Andrade

segredar alguma coisa, era com os outros colegas mais próximos. Ele fazia o mesmo, do lado dele. Mas ainda foi ele quem venceu o sol.

No recreio, de repente, eu bem que só tinha olhos pra ele, largou o grupo em que conversava, se dirigiu reto pra mim. Pra ninguém desconfiar, também me apartei do meu grupo e fui, como que por acaso, me encontrar com ele. Paramos frente a frente. Ele abaixou os olhos, mas logo os ergue com esforço. Meu Deus! por que não fala! O olho, o procuro nos olhos, lhe devorando os olhos internados, mas o olho com tal ansiedade, com toda a perfeição do ser, implorando me tornar sincero, verdadeiro, digníssimo, que Frederico Paciência é que pecou. Baixou os olhos outra vez, tirando de nós dois qualquer exatidão. Murmurou outra coisa:

– Pus o livro na sua mala, Juca. Acho bom não ler mais essas coisas.

Percebi que eu não perdera nada, fiquei numa alegria doida. Ele agora estava me olhando na cara outra vez, sereno, generoso, e menti. Fui de uma sem-vergonhice grandiosa, menti apressadamente, com um tal calor de sinceridade que eu mesmo não chegava bem a perceber que era tudo mentira. Mas falei comprido e num momento percebi que Frederico Paciência não estava acreditando mais em mim, me calei. Fomos nos ajuntar aos colegas. Era tristeza, era tristeza sim o que eu sentia, mas com um pouco também de alegria de ver o meu amigo espezinhado, escondendo que não me acreditava, sem coragem pra me censurar, humilhado na insinceridade. Eu me sentia superior!

Mas essa tarde, quando saímos juntos no passeio, numa audácia firme de gozar Frederico Paciência não dizendo o que sentia, eu levava um embrulho bem-feitinho comigo. Quando Frederico Paciência perguntou o que era, ri só de lábios feito uma caçoada amiga, o olhando de lado, sem dizer nada. Fui desfazendo bem saboreado o embrulho, era o livro. Andava, olhava sempre o meu amigo, riso no beiço, brincador, conciliador, absolvido. E de repente, num gesto brusco, arrebentei o volume em dois. Dei metade ao meu amigo e principiei rasgando miudinho, folha por folha, a minha parte. Aí Frederico Paciência caiu inteiramente na armadilha. O rosto dele brilhou numa felicidade irritada por dois dias de trégua, e desatamos a rir. E as ruas foram sujadas pelos destroços irreconstituíveis da História da prostituição na Antiguidade. Eu sabia que ficava um veneno em Frederico Paciência, mas isso agora não me inquietava mais. Ele, inteiramente entregue, confessava, agora que estava

Vidas escandalosas

liberto do livro, que ler certas coisas, apesar de horríveis, "dava uma sensação esquisita, Juca, a gente não pode largar".

Diante de uma amizade assim tão agressiva, não faltaram bocas de serpentes. Frederico Paciência, quando a indireta do gracejo foi tão clara que era impossível não perceber o que pensavam de nós, abriu os maiores olhos que lhe vi. Veio uma palidez de crime e ele cegou. Agarrou o ofensor pelo gasnete e o dobrou nas mãos inflexíveis. Eu impassível, assuntando. Foi um custo livrar o canalha. Forcejavam pra soltar o rapaz daquelas mãos endurecidas numa fatalidade estertorante. Eu estava com medo, de assombro. Falavam com Frederico Paciência, o sacudiam, davam nele, mas ele quem disse acordar! Só os padres que acorreram com o alarido e um bedel atleta conseguiram apartar os dois. O canalha caiu desacordado no chão. Frederico Paciência só grunhia "Ele me ofendeu", "Ele me ofendeu". Afinal – todos já tinham tomado o nosso partido, está claro, com dó de Frederico Paciência, convencidos da nossa pureza – afinal uma frase de colega esclareceu os padres. O castigo foi grande mas não se falou de expulsão. Eu não. Não falei nada, não fiz nada, fiquei firme. No outro dia o rapaz não apareceu no colégio e os colegas inventaram boatos medonhos, estava gravíssimo, estava morto, iam prender Frederico Paciência. Este, soturno. Parecia nem ter coragem pra me olhar, só me falava o indispensável, e imediato afinei com ele, soturnizado também. Felizmente não nos veríamos à saída, ele detido pra escrever quinhentas linhas por dia durante uma semana – castigo habitual dos padres. Mas no segundo dia o canalha apareceu. Meio ressabiado, é certo, mas completamente recomposto. Tinha chegado a minha vez.

Calculadamente avisei uns dois colegas que agora era comigo que ele tinha que se haver. Foram logo contar, e embora da mesma força que eu, era visível que ele ficou muito inquieto. Inventei uma dor-de-cabeça pra sair mais cedo, mas os olhos de todos me seguindo, proclamavam o grande espetáculo próximo. Na saída, acompanhado de vários curiosos, ele vinha muito pálido, falando com exagero que se eu me metesse com ele usava o canivete. Saí da minha esquina, também já alcançado por muitos, e convidei o outro pra descermos na várzea perto. Eu devia estar pálido também, sentia, mas nada covarde. Pelo contrário: numa lucidez gélida, imaginando jeito certo de mais bater que apanhar. Mas o rapaz fraquejou, precipitando as coisas, que não! que aquilo fora uma brincadeira besta dele, aí um soco nas fuças o interrompeu. O sangue saltou com fúria, o rapaz avançou pra cima de mim, mas vinha como sem vontade, descontrolado, eu gélido. Outro soco lhe atingiu de novo o nariz. Ele num desespero me agarrou pelo meio do corpo, foi me dobrando, mas com os braços livres, eu malhava a cara dele, gostando do sangue me manchando as mãos. Ele gemeu um "ai" flébil, quis chorar num bufido infantil de dor pavorosa. Não sei, me deu uma repugnância do que ele estava sofrendo com aqueles socos na cara, não pude suportar: com um golpe de energia que até me tonteou, botei o cotovelo no queixo dele, e um safanão o atirou longe. Me agarraram. O rapaz, completamente desatinado, fugiu na carreira.

Umas censuras rijas de transeuntes, nem me incomodei, estava sublime de segurança. Qualquer incerteza, qualquer hesitação que me nascesse naquele alvoroço interior em que eu escachoava, a imagem, mas única, exclusiva realidade daquilo tudo, a imagem de Frederico Paciência estava ali pra me mover. Eu vingara Frederico Paciência! Com a maior calma, peguei na minha mala que um colega segurava, nem disse adeus a ninguém. Fui embora compassado. Tinha também agora um sol comigo. Mas um sol ótimo, diferente daquele que me separa de meu amigo no caso do livro. Não era glória nem vanglória, nem volúpia de ter vencido, nada. Era um equilíbrio raro – esse raríssimo de quando a gente age como homem-feito, quando se é rapaz. Puro. E impuro.

Procurei Frederico Paciência essa noite e contei tudo. Primeiro me viera a vaidade de não contar, bancar o superior, fingindo não dar importância à briga, só pra ele saber de tudo pelos colegas. Mas estava grandioso por demais pra semelhante inferioridade. Contei tudo, detalhe por detalhe. Frederico Paciência me escutou, eu percebia que ele escutava devorando, não podendo perder um respiro meu. Fui heroico, antes: fui artista! Um como que sentimento de beleza me fez ajuntar muito pouca fantasia à descrição, desejando que ela fosse bem simples. Quando acabei, Frederico Paciência não disse uma palavra só, não aprovou, não desaprovou. E uma tristeza nos envolveu, a tristeza mais feliz de minha vida. Como estava bom, era quase sensual, a gente assim passeando os dois, tão tristes...

Mas de tudo isso, do livro, da invencionice dos colegas, da nossa revolta exagerada, nascera entre nós uma primeira, estranha frieza. Não era medo da calúnia alheia, era como um quebrar de esperanças insabidas, uma desilusão, uma espécie amarga de desistência. Pelo contrário, como que basofientos, mais diante de nós mesmos que do mundo, nasceu de tudo isso o nos aproximarmos fisicamente um do outro, muito mais que antes. O abraço ficou cotidiano em nossos bons-dias e até-logos.

Agora falávamos insistentemente da nossa "amizade eterna", projetos de nos vermos diariamente a vida inteira, juramentos de um fechar os olhos do que morresse primeiro. Comentando às claras o nosso amor de amigo, como que procurávamos nos provar que daí não podia nos vir nenhum mal, e principalmente nenhuma realização condenada pelo mundo. Condenação que aprovávamos com assanhamento. Era um jogo de cabeças unidas quando sentávamos pra estudar juntos, de mãos unidas sempre, e alguma vez mais rara, corpos enlaçados nos passeios noturnos. E foi aquele beijo que lhe dei no nariz depois, depois não, de repente no meio duma discussão rancorosa sobre se Bonaparte era gênio, eu jurando que não, ele que sim. – Besta! – Besta é você! Dei o beijo, nem sei! parecíamos estar afastados léguas um do outro nos odiando. Frederico Paciência recuou, derrubando a cadeira. O barulho facilitou nosso fragor interno, ele avançou, me abraçou com ansiedade, me beijou com amargura, me beijou na cara em cheio dolorosamente. Mas logo nos assustou a sensação de condenados que explodiu, nos separamos conscientes. Nos olhamos olho no olho e saiu o riso que nos acalmou. Estávamos verdadeiros e bastantes ativos na verdade escolhida. Estávamos nos amando de amigo outra vez; estávamos nos desejando, exaltantes no ardor, mas decididos, fortíssimos, sadios.

– Precisamos tomar mais cuidado.

Quem falou isso? Não sei se fui eu se foi ele, escuto a frase que jorrou de nós. Jamais fui tão grande na vida.

Mas agora já éramos amigos demais um do outro, já o convívio era alimento imprescindível de cada um de nós, para que o cuidado a tomar decidisse um afastamento. Continuamos inseparáveis, mas tomando cuidado. Não havia mais aquele jogo de mãos unidas, de cabeças confundidas. E quando por distração um se apoiava no outro, o afastamento imediato, rancoroso deste, desapontava o inocente.

O pior eram as discussões, cada vez mais numerosas, cada vez porventura mais procuradas. Quando a violência duma briga, "Você é uma besta!", "Besta é você!", nos excitava fisicamente demais, vinha aquela imagem jamais confessada do incidente do beijo, a discussão caía de chofre. A mudez súbita corrigia com brutalidade o caminho do mal e perseverávamos deslumbradamente fiéis à amizade. Mas tudo, afastamentos, correções, discussões quebradas em meio, só nos fazia desoladamente conscientes, em nossa hipocrisia generosa, de que aquilo ou nos levava para infernos insolúveis, ou era o princípio dum fim.

Com a formatura do ginásio descobrimos afinal um pretexto para iniciar a desagregação muito negada, e mesmo agora impensada, da nossa amizade. Falo que era "pretexto" porque me parece que tinha outras razões mais ponderosas. Mas Frederico Paciência insistia em fazer exames ótimos aquele último ano. Eu não pudera me resolver a estudos mais severos, justo num ano de curso em que era de praxe os examinadores serem condescendentes. Na aparência, nunca nos compreendêramos tão bem, tanto eu aceitava a honestidade escolar do meu amigo, como ele afinal se dispusera a compreender minha aversão ao estudo sistemático. Mas a diferença de rumos o prendia em casa e me deixava solto na rua. Veio uma placidez.

Tinha outras razões mais amargas, tinha os bailes. E havia a Rose aparecendo no horizonte, muito indecisa ainda. Se pouco menos de ano antes, conhecêramos juntos para que nos servia a mulher, só agora, nos dezesseis anos, é que a vida sexual se impusera entre os meus hábitos. Frederico Paciência parecia não sentir o mesmo orgulho de demonstração e nem sempre queria me acompanhar. Às vezes me seguia numa contrariedade sensível. O que me levava ao despeito de não o convidar mais e a existir um assunto importantíssimo pra ambos, mas pra ambos de importância e preocupações opostas. A castidade serena de meu amigo, eu continuava classificando de "infâncias". Frederico Paciência, por seu lado, se escutava com largueza de perdão e às vezes certa curiosidade os meus descobrimentos de amor, contados quase sempre com minúcia raivosa, pra machucar, eu senti mais de uma vez que ele se fatigava em meio da narrativa insistente e se perdia em pensamentos de mistério, numa melancolia grave. E eu parava de falar. Ele não insistia. E ficávamos contrafeitos, numa solidão brutalmente física.

Mas ainda devia ter razões mais profundas para aquela desagregação sutil de amizade, desagregação, insisto, em que não púnhamos reparo. É que tínhamos nos preocupado demais com o problema da amizade, pra que a nossa não fosse sempre um objeto, é pena, mas bastante exterior a nós, um objeto de experimentação. De forma que passada em dois anos toda a aventura da amizade nascente, com suas audácias e incidentes, aquele prazer sereno da amizade cotidiana se tornara um "caso consumado". E isso, para a nossa rapazice necessariamente instável, não interessava quase. Nos amávamos agora com verdade perfeita mas sem curiosidade, sem a volúpia de brincar com fogo, sem aprendizado mais. E fora em defesa da amizade mesma que lhe mudáramos a... a técnica de manifestação. E esta técnica, feita de afastamentos e paciências, naquele estádio de verdades muito preto e branco, era uma pequena, voluntária desagregação impensada. De maneira que adquiríamos uma convicção falsa de que estávamos nos afastando um do outro, por incapacidade, ou melhor: por medo de nos analisarmos em nossa desagregação verdadeira, entenda quem quiser. No colégio éramos apenas colegas. De-noite não nos encontrávamos mais, ele estudando. Mas que domingos sublimes agora, quando algum piquenique detestado mas aceito com prazer espetacular muito fingido, não vinha perturbar nosso desejo de estarmos sós. Era uma ventura incontável esse encontro dominical, quanta franqueza, quanto abandono, quanto passado nos enobrecendo, nos aprofundando e era como uma carícia longa, velha, entediada. Vivíamos por vezes meia hora sem uma palavra, mas em que nossos espíritos, nossas almas entreconhecidas se entendiam e se irmanavam com silêncio vegetal.

Estou lutando desde o princípio destas explicações sobre a desagregação da nossa amizade, contra uma razão que me pareceu inventada enquanto escrevia, para sutilizar psicologicamente o conto. Mas agora não resisto mais. Está me parecendo que entre as causas mais insabidas, tinha também uma espécie de despeito desprezador de um pelo outro... Se no começo invejei a beleza física, a simpatia, a perfeição espiritual normalíssima de Frederico Paciência, e até agora sinto saudades de tudo isso, é certo que essa inveja abandonou muito cedo qualquer aspiração de ser exatamente igual ao meu amigo. Foi curtíssimo, uns três meses, o tempo em que tentei imitá-lo. Depois desisti, com muito propósito. E não era porque eu conseguisse me reconhecer na impossibilidade completa de imitá-lo, mas porque eu, sinceramente, sabei-me lá por quê! não desejava mais ser um Frederico Paciência!

O admirava sempre em tudo, mesmo porque até agora o acho cada vez mais admirável, até em sua vulgaridade que tinha muito de ideal. Mas pra mim, para o ser que eu me quereria dar, eu... eu corrigia Frederico Paciência. E é certo que não o corrigia no sentido da perfeição, sinceramente eu considerava Frederico Paciência perfeito, mas no sentido de uma outra concepção do ser, às vezes até diminuída de perfeições. A energia dele, a segurança serena, sobretudo aquela como que incapacidade de errar, aquela ausência do erro, não me interessavam suficientemente pra mim. E eu me surpreendia imaginando que se as possuísse, me sentiria diminuído.

    E enfim eu me pergunto ainda até que ponto, não só para o meu ideal de mim, mas para ele mesmo, eu pretendera modificar, "corrigir" Frederico Paciência no sentido desse outro indivíduo ideal que eu desejara ser, de que ele fora o ponto-de-partida?... É certo que ele sempre foi pra comigo muito mais generoso, me aceitou sempre tal como eu era, embora interiormente, estou seguro disso, me desejasse melhor. Se satisfazia de mim para amigo, ao passo que a mim desde muito cedo ele principiou sobrando. Assim: o nos afastarmos um do outro em nossa cotidianidade, o que chamei já agora erradamente, tenho certeza, de "desagregação", era mas apenas um jeito da amizade verdadeira. Era mesmo um aperfeiçoamento de amizade, porque agora nada mais nos interessava senão o outro tal como era, em nossos encontros a sós: nos amávamos pelo que éramos, tal como éramos, desprendidamente, gratuitamente, sem o instinto imperialista de condicionar o companheiro a ficções de nossa inteira fabricação. Estou convencido que perseveraríamos amigos pela vida inteira, se ela, a tal, a vida, não se encarregasse de nos roubar essa grandeza.

    Pouco depois de formados, ano que foi de hesitação pra nós, eu querendo estudar pintura mas "isso não era carreira", ele medicina, mas os negócios prendendo a São Paulo a gente dele, uma desgraça me aproximou de Frederico Paciência: morreu-lhe o Pai. Me devotei com sinceridade. Nascera em mim uma experiência, uma... sim, uma paternidade crítica em que as primeiras hesitações de Frederico Paciência puderam se apoiar sem reserva.

    Meu amigo sofreu muito. Mas, sem indicar insensibilidade nele (aliás era natural que não amasse muito um pai que fora indiferentemente bom) me parece que a dor maior de Frederico Paciência não foi perder o Pai, foi a decepção que isso lhe dava. Sentiu um espanto formidável essa primeira vez que deparou com a morte. Mas fosse decepção, fosse amor, sofreu muito. Fui eu a consolar e consegui o mais perfeito dos sacrifícios, fiquei muito mudo, ali. O melhor alívio para a infelicidade da morte é a gente possuir consigo a solidão silenciosa duma sombra irmã. Vai-se pra fazer um gesto, e a sombra adivinha que a gente quer água, e foi buscar. Ou de repente estende o braço, tira um fiapo que pegou na vossa roupa preta.

Dois dias depois da morte, ainda marcados pelas cenas penosas do enterro, a Mãe de Frederico Paciência chorava na saleta ao lado, se deixando conversar num grupo de velhas, quando ouvimos:
— Rico! (com erre fraco, era o apelido caseiro do meu amigo).
Fomos logo. De-pé, na frente da coitada, estava um homem de luto, plastrom, nos esperando. E ela angustiada:
— Veja o que esse homem quer!
Viera primeiro apresentar os pêsames.
—... conheci muito o vosso defunto pai, coitado. Nobre caráter... Mas como a sua excelentíssima progenitora poderá precisar de alguém, vim lhe oferecer os meus préstimos. Orgulho-me de ter em nosso cartório a melhor clientela de São Paulo. Para ficar livre das formalidades do inventário (e mostrava um papel) é só a sua excelentíssima...
Não sei o que me deu, tive um heroísmo:
— Saia!
O homem me olhou com energia desprezadora.
— Saia, já falei!
O homem era forte. Fiz um gesto pra empurrá-lo, ele recuou. Mas na porta quis reagir de novo e então o crivei, o crivamos de socos, ele desceu a escada do jardim caicaindo. Outra vez no quarto, era natural, estávamos muito bem-humorados. Contínhamos o riso pela conveniência da morte, mas foi impossível não sorrir com a lembrança do homem na escada.
— Deite pra descansar um pouquinho.
Ele deitou, exagerando a fadiga, sentindo gosto em obedecer. Sentei na borda da cama, como que pra tomar conta dele, e olhei o meu amigo. Ele tinha o rosto iluminado por uma frincha de janela vespertina. Estava tão lindo que o contemplei embevecido. Ele principiou lento, meio menino, reafirmando projetos. Iriam logo para o Rio, queria se matricular na Faculdade. O Rio... Mamãe é carioca, você já não sabia?... Tenho parentes lá. Com os lábios se movendo rubros, naquele ondular de fala propositalmente fatigada. Eu olhava só. Frederico Paciência percebeu, parou de falar de repente, me olhando muito também. Percebi o mutismo dele, entendi por que era, mas não podia, custei a retirar os olhos daquela boca tão linda. E quando os nossos olhos se encontraram, quase assustei porque Frederico Paciência me olhava, também como eu estava, com olhos de desespero, inteiramente confessado. Foi um segundo trágico, de tão exclusivamente infeliz. Mas a imagem do morto se interpôs com uma presença enorme, recente por demais, dominadora. Talvez nós não

pudéssemos naquele instante vencer a fatalidade em que já estávamos, o morto é que venceu.

    Depois de dois meses de preparativos que de novo afastaram muito Frederico Paciência de mim, veio a separação. A última semana de nossa amizade (não tem dúvida: a última. Tudo o mais foram idealismos, vergonhas, abusos de preconceitos), a última semana foram dias de noivado pra nós, que de carícias! Mas não quisemos, tivemos um receio enorme de provocar um novo instante como aquele de que o morto nos salvara. Não se trocou palavra sobre o sucedido e forcejamos por provar um ao outro a inexistência daquela realidade estrondosa, que nos conservara amigos tão desarrazoados mas tão perfeitos por mais de três anos.

    Positivamente não valia a pena sacrificar perfeição tamanha e varrer a florada que cobria o lodo (e seria o lodo mais necessário, mais "real" que a florada?) numa aventura insolúvel. Só que agora a proximidade da separação justificava a veemência dos nossos transportes. Não saíamos da casa dele, com vergonha de mostrar a um público sem nuanças, a impaciência das nossas carícias. Mudos, muitas vezes abraçados, cabeças unidas, naquele sofá trazido da sala-de-visitas, que ficara ali. Quando um dizia qualquer coisa, o outro concordava depressa, porque, mais que a complacência da despedida, nos assustava demais o perigo de discutir. E a única vez em que, talvez esquecido, Frederico Paciência se atirou sobre a cama porque o sono estava chegando, fiquei hirto, excessivamente petrificado, olhando o chão com tão desesperada fixidez, que ele percebeu. Ou não percebeu e a mesma lembrança feroz o massacrou. Foi levantando disfarçado. E de repente, quase gritando, é que falou:

    – Mas Juca, o que você tem!

    Eu tinha os olhos cheios de lágrimas. Ele sentou e ficamos assim sem falar mais. E era assim que ficávamos aquelas horas exageradamente brevíssimas de adeus. Depois um vulto imaterial de senhora, sacudindo a cabeça, querendo sorrir, lacrimosa, nos falava:

    – Meus filhos, são onze horas!

    Frederico Paciência vinha me trazer até casa. Sofríamos tanto que parece impossível sofrer com tamanha felicidade. E toda noite era aquilo: a boca rindo, os olhos cheios de lágrimas. Sucedeu até que depois de deixado, eu batesse de novo à porta, fosse correndo alcançar Frederico Paciência, e o acompanhasse à casa dele outra vez. E agora íamos abraçados, num desespero infame de confessar descaradamente ao universo o que nunca existira entre nós dois. Mas assim como em nossas casas agora todos nos respeitavam, enlutados na previsão dum drama venerável de milagre, nos deixando ir além das horas e quebrar quaisquer costumes, também os transeuntes tardos, farristas bêbados e os vivos da noite, nos miravam, não diziam nada, deixando passar.

Afinal a despedida chegou mesmo. Curta, arrastada, muito desagradável, com aquele trem custando a partir, e nós ambos já muito indiferentes um pelo outro, numa já apenas recordação sem presença, que não entendíamos nem podia nos interessar. O sorriso famoso que quer sorrir mas está chorando, chorando muito, tudo o que a vida não chorou. "Então? adeus?"; "Qual! até breve!"; "Você volta mesmo!..."; "Juro que volto!". O soluço que engasga na risada alegre da partida, enfim livre! O trem partindo. Aquela sensação nítida de alívio. Você vai andando, vê uma garota, e já está noutro mundo. Tropeça num do grupo que sai da estação, "Desculpe!", ele vos olha, é um rapaz, os dois riem, se simpatizam, poderia ser uma amizade nova. E as luzes miraculosas, rua de todos.

Cartas. Cartas carinhosíssimas fingindo amizade eterna. Em mim despertara o interesse das coisas literárias: fazia literatura em cartas. Cartas não guardadas que ficam por aí, tomando lugar, depois jogadas fora pela criada, na limpeza. Cartas violentamente reclamadas, por causa da discussão com a criadinha, discussões conscientemente provocadas porque a criadinha era gorda. Cartas muito pouco interessantes. O que contávamos do que estava se passando com nossas vidas, Rico na Medicina, eu na música e fazendo versos, o caso até chateava o outro. Sim: tenho a certeza que a ele também aporrinhava o que eu dizia. As cartas se espaçavam. Foi quando um telegrama veio me contando que a Mãe de Frederico Paciência morrera. Não resistira à morte do marido, como um médico bem imaginara. É indizível o alvoroço em que estourei, foi um deslumbramento, explodiu em mim uma esperança fantástica, fiquei tão atordoado que saí andando solto pela rua. Não podia pensar: realidade estava ali. A Mãe de Rico, que me importava a Mãe de Frederico Paciência! E o que é mais terrível de imaginar: mas nem a ele o sofrimento inegável lhe importava: a morte lhe impusera o desejo de mim. Nós nos amávamos sobre cadáveres. Eu bem que percebia que era horrível. Mas por isso mesmo que era horrível, pra ele mais forte que eu, isso era decisório. E eu me gritava por dentro, com o mais deslavado dos cinismos conscientes, fingindo e sabendo que fingia: Rico está me chamando, eu vou. Eu vou. Eu preciso ir. Eu vou.

Desta vez o cadáver não seria empecilho, seria ajuda, o que nos salvou foi a distância. Não havia jeito de eu ir ao Rio. Era filho-família, não tinha dinheiro. Ainda assim pedi pra ir, me negaram. E quando me negaram, eu sei, fiquei feliz, feliz! Eu bem sabia que haviam de me negar, mas não bastava saber. Como que eu queria tirar de cima de mim a responsabilidade da minha salvação. Ou me tornar mais consciente da minha pobreza moral. Fiquei feliz, feliz! Mandei apenas "sinceros pêsames" num telegrama.

Foi um fim bruto, de muro. Ainda me lembrei de escrever uma carta linda, que ele mostrasse a muitas pessoas que ficavam me admirando muito. Como ele escreve bem! diriam. Mas aquele telegrama era uma recusa formal. Sei que em mim era sempre uma recusa desesperada, mas o fato de parecer formal me provava que tudo tinha se acabado entre nós. Não escrevi. E Frederico Paciência nunca mais me escreveu. Não agradeceu os pêsames. A imagem dele foi se afastando, se afastando, até se fixar no que deixo aqui.

Me lembro que uma feita, diante da irritação enorme dele comentando uma pequena que o abraçara num baile, sem a menor intenção de trocadilho, só pra falar alguma coisa, eu soltara:

– Paciência, Rico.

– Paciência me chamo eu!

Não guardei este detalhe para o fim, pra tirar nenhum efeito literário, não. Desde o princípio que estou com ele pra contar, mas não achei canto adequado. Então pus aqui porque, não sei... essa confusão com a palavra "paciência" sempre me doeu malestarentamente. Me queima feito uma caçoada, uma alegoria, uma assombração insatisfeita.

[Escrito e reescrito em São Paulo durante muitos anos, de 1924 a 1942. Seguimos a versão de *Contos novos*, São Paulo: Martins, 1972, com a atualização ortográfica de Iba Mendes.]

Gabriela Mistral

Seudónimo de Lucila Godoy (1889-1957)

Escritora, educadora y diplomática chilena, fue la primera escritora latinoamericana en recibir el Premio Nobel de Literatura (1945). En 1922 publicó su primer libro de poemas *Desolación*, al que seguirían mucho otros títulos: *Tala* (1938), *Los sonetos de la muerte y otros poemas elegíacos* (1952), *Lagar* (1954) y, póstumamente, *Poema de Chile* (1967) y *Lagar II* (1992).

Luego de dedicarse durante muchos años a la docencia, aceptó un trabajo en México en 1922 para dar inicio al Sistema Nacional de Educación. Esto daría inicio a una agitada vida de publicaciones y viajes internacionales, que extenderían su fama fuera de Chile. Entre 1926 y 1932 vivió entre Francia e Italia. Desde ese año asumió una serie de puestos consulares en diversas ciudades de Europa y Norteamérica. Falleció en 1957, en la ciudad de Hempstead, Nueva York, donde vivía con su compañera Doris Dana. Su trabajo poético ha recibido gran atención de la crítica especializada, y la construcción de su imagen de escritora ha estado muy vinculada a la concepción nacional chilena. En su importante trabajo *A Queer Mother for the Nation. The State and Gabriela Mistral*, la crítica literaria Licia Fiol-Matta señala varios aspectos queer de la personalidad de Mistral: Era una mujer urbana que pasaba como rural, alguien que viajaba como una nómada mientras que invocaba la fijación y lo intemporal en su poesía, se presentaba como modelo de mujer mientras que era seductoramente masculina. En el terreno de la ficción deben destacarse los relatos "La signatura de la esfinge" (1933) de Rafael Arévalo Martínez y "Álbum de familia", de Rosario Castellanos, dos representaciones de la figura de Mistral. Estas lecturas *queer* han desestabilizado la mirada más canónica sobre su escritura, por lo que decidimos incluir cuatro poemas y algunas de sus cartas a Doris Dana, quien durante años fuera conocida exclusivamente como su secretaria y traductora.

Tres poemas incluidos en esta selección: "La extranjera", "Flor del aire" y "La que camina", fueron prohibidos de ser incluidos en la antología *A corazón abierto* de Juan Pablo Sutherland. Esta prohibición fue hecha por Jaime Quezada, en nombre de la Fundación Gabriela Mistral, quien escribió a Editorial Sudamericana para negar dicho permiso.

Vidas escandalosas

Amo amor

Anda libre en el surco, bate el ala en el viento,
late vivo en el sol y se prende al pinar.
No te vale olvidarlo como al mal pensamiento:
¡le tendrás que escuchar!

Habla lengua de bronce y habla lengua de ave,
ruegos tímidos, imperativos de mar.
No te vale ponerle gesto audaz, ceño grave:
¡lo tendrás que hospedar!

Gasta trazas de dueño; no le ablandan excusas.
Rasga vasos de flor, hiende el hondo glaciar.
No te vale el decirle que albergarlo rehúsas:
¡lo tendrás que hospedar!

Tiene argucias sutiles en la réplica fina,
argumentos de sabio, pero en voz de mujer.
Ciencia humana te salva, menos ciencia divina:
¡le tendrás que creer!

Te echa venda de lino; tú la venda toleras.
Te ofrece el brazo cálido, no le sabes huir.
Echa a andar, tú le sigues hechizada aunque vieras
¡que eso para en morir!

[De *Desolación*, 1922]

Gabriela Mistral

Gabriela Mistral. Fuente: Encyclopædia Britannica

Vidas escandalosas

La extranjera

A Francis de Miomandre[1]
Habla con dejo de sus mares bárbaros,
con no sé qué algas y no sé qué arenas;
reza oración a Dios sin bulto y peso,
envejecida como si muriera.
Ese huerto nuestro que nos hizo extraño,
ha puesto cactus y zarpadas hierbas.
Alienta del resuello del desierto
y ha amado con pasión de que blanquea,
que nunca cuenta y que si nos contase
sería como el mapa de otra estrella.
Vivirá entre nosotros ochenta años,
pero siempre será como si llega,
hablando lengua que jadea y gime
y que le entienden solo bestezuelas.
Y va a morirse en medio de nosotros,
en una noche en la que más padezca,
con solo su destino por almohada,
de una muerte callada y extranjera.

[De *Tala*, 1938]

La flor del aire

A Consuelo Saleva

o la encontré por mi destino,
de pie a mitad de la pradera,
gobernadora del que pase,
del que le hable y que la vea.

Y ella me dijo: –"Sube al monte.
Yo nunca dejo la pradera,

---

[1] Traductor francés cercano al círculo de escritores latinoamericanos radicados en París durante la entreguerra, especialmente a Mistral, Lydia Cabrera y Teresa de la Parra.

Gabriela Mistral

y me cortas las flores blancas
como nieves, duras y tiernas".

Me subí a la ácida montaña,
busqué las flores donde albean,
entre las rocas existiendo
medio dormidas y despiertas.

Cuando bajé, con carga mía,
la hallé a mitad de la pradera,
y fui cubriéndola frenética,
con un torrente de azucenas.

Y sin mirarse la blancura,
ella me dijo: "Tú acarrea
ahora solo flores rojas.
Yo no puedo pasar la pradera".

Trepé las peñas con el venado,
y busqué flores de demencia,
las que rojean y parecen
que de rojez vivan y mueran.

Cuando bajé se las fui dando
con un temblor feliz de ofrenda,
y ella se puso como el agua
que en ciervo herido se ensangrienta.

Pero mirándome, sonámbula,
me dijo: "Sube y acarrea
las amarillas, las amarillas.
Yo nunca dejo la pradera".

Subí derecho a la montaña
y me busqué las flores densas,
color de sol y de azafranes,
recién nacidas y ya eternas.

Vidas escandalosas

Al encontrarla, como siempre,
a la mitad de la pradera,
segunda vez yo fui cubriéndola,
y la dejé como las eras.

Y todavía, loca de oro,
me dijo: –"Súbete, mi sierva,
y cortarás las sin color,
ni azafranadas ni bermejas

Las que yo amo por recuerdo
de la Leonora y la Ligeia,
color del Sueño y de los sueños.
Yo soy Mujer de la pradera".

Me fui ganando la montaña,
ahora negra como Medea,
sin tajada de resplandores,
como una gruta vaga y cierta.

Ellas no estaban en las ramas,
ellas no abrían en las piedras
y las corté del aire dulce,
tijereteándolo ligera.

Me las corté como si fuese
la cortadora que está ciega.
Corté de un aire y de otro aire,
tomando el aire por mi selva...

Cuando bajé de la montaña
y fui buscándome a la reina,
ahora ella caminaba,
ya no era blanca ni violenta,

Ella se iba, la sonámbula,
abandonando la pradera,

Gabriela Mistral

y yo siguiéndola y siguiéndola
por el pastal y la alameda.

Cargada así de tantas flores,
con espaldas y mano aéreas,
siempre cortándolas del aire
y con los aires como siega...
Ella delante va sin cara;
ella delante va sin huella,
y yo la sigo todavía
entre los gajos de la niebla,

Con estas flores sin color,
ni blanquecinas ni bermejas,
hasta mi entrega sobre el límite,
cuando mi Tiempo se disuelva...

[De: *Lagar*, 1954]

La que camina

Aquel mismo arenal, ella camina
siempre hasta cuando ya duermen los otros;
y aunque para dormir caiga por tierra
ese mismo arenal sueña y camina.
La misma ruta, la que lleva al Este
es la que toma aunque la llama el Norte,
y aunque la luz del sol le da diez rutas
y se las sabe, camina la Única.
Al pie del mismo espino se detiene
y con el ademán mismo lo toma
y lo sujeta porque es su destino.

La misma arruga de la tierra ardiente
la conduce, la abrasa y la obedece
y cuando cae de soles rendida

Vidas escandalosas

la vuelve a alzar para seguir con ella.
Sea que ella la viva o que la muera
en el ciego arenal que todo pierde,
de cuanto tuvo dado por la suerte
esa sola palabra ha recogido
y de ella vive y de la misma muere.

Igual palabra, igual, es la que dice
y es todo lo que tuvo y lo que lleva
y por su sola sílaba de fuego
ella puede vivir hasta que quiera.
Otras palabras aprender no quiso
y la que lleva es su propio sustento
a más sola que va más la repite
pero no se la entienden sus caminos.

¿Cómo, si es tan pequeña la alimenta?
¿Y cómo si es tan breve la sostiene
y cómo si es la misma no la rinde
y a dónde va con ella hasta la muerte?
No le den soledad por que la mude,
ni palabra le den, que no responde.
Ninguna más le dieron, en naciendo,
y como es su gemela no la deja.
¿Por qué la madre no le dio sino esta?
¿Y por qué cuando queda silenciosa
muda no está, que sigue balbuceándola?
Se va quedando sola como un árbol
o como arroyo de nadie sabido
así marchando entre un fin y un comienzo
y como sin edad o como en sueño.
Aquellos que la amaron no la encuentran,
el que la vio la cuenta por fábula
y su lengua olvidó todos los nombres
y solo en su oración dice el del Único.

Gabriela Mistral

Yo que la cuento ignoro su camino
y su semblante de soles quemado,
no sé si la sombrean pino o cedro
ni en qué lengua ella mienta a los extraños.

Tanto quiso olvidar que le ha olvidado.
Tanto quiso mudar que ya no es ella,
tantos bosques y ríos se ha cruzado
que al mar la llevan ya para perderla,
y cuando me la pienso, yo la tengo,
y le voy sin descanso recitando
la letanía de todos los nombres
que me aprendí, como ella vagabunda;
pero el Ángel oscuro nunca, nunca,
quiso que yo la cruce en los senderos.

Y tanto se la ignoran los caminos
que suelo comprender, con largo llanto,
que ya duerme del sueño fabuloso,
mar sin traición y monte sin repecho,
ni dicha ni dolor, nomás olvido.

[De: *Lagar*, 1954]

[*En verso y prosa: antología.* Ed. conmemorativa. Madrid: Real Academia Española, 2010]

Niña errante. Cartas a Doris Dana.

[1949]

Doris mía, ayer yo salí hacia Mata de Caña y volví a ver las casas (ahora por dentro). Hay dos buenas, pero vacías de muebles.
    Hace un montón de días, mi amor, que yo vivo hablando sin parar, como un fonógrafo. Y tengo por eso la fatiga permanente. Si duro aquí hay que huir al campo. Yo no resisto ya la gente, no puedo echar a la gente. Parece que en verdad, no quiero sino un desierto... verde con una sola persona. Y hablar solo a esa personita. Y oír música, y dormir, dormir.

Y si he de quedarme sin la personita, quiero morirme, pero de la muerte dulce de Yucatán. Y llegar a donde esté Yin, y mi madre, y mi hermana.

Hay cartas perdidas, mías y tuyas. Ya eso ha comenzado y es cosa fatal. ¡Me da una cólera! No olvides este dato.

Tú español ha mejorado grandemente. En la última carta solo hay dos faltas –errores– ¡Qué alegría! En un año, eso estará hecho.

Pienso muchas veces en que tú puedes traducirme al inglés. Yo te explicaría todos los vocablos difíciles, mi vida y las nuances que hay entre los sinónimos.

Nunca te he dicho yo lo que pienso de ti. Y aquí comienzo a decírtelo. He observado –con una punzada de dolor a pleno corazón– que tú me crees enteramente sorda y ciega para ti. Yo soy solo un ser lento que necesita de tiempo para ver, oír, palpar y entender. Nunca tuve inteligencia rápida. En España me dijeron que "el Godoy" es un apellido que significa "gente de gotha", es decir godo, o sea alemán. Pon encima de eso el indio quechua y las abuelas judías ¡y tienes una combinación! De lentitud, de pasión porque también el vasco es lento de cabeza.

El tipo de ser que tú eres solo estoy "orillándolo"; solo tengo cogida una orilla, un pedazo de una orilla.

Tú eres para mí como como algunas criaturas inglesas entrevistas en la poesía de Inglaterra, más varios dibujos de Burne-Jones, más un escocés que se me apareció a los catorce años, más mucho de Vida nueva del Dante. Lo que me desconcierta son tus cualidades positivas: la eficacia, la rapidez, la sensatez, la racionalidad cabal.

Sí, yo creo que tú me quieres como a madre, a hermana y a hija. Esto es todo. Y pienso que yo debo ajustarme a eso y quedarme con eso, que es un bien grande, y profundo; y agradecerlo infinitamente. Yo te prometo hacer todo lo posible por corresponder a esas tres gracias, tan anchas y profundas.

He comenzado en mí ya un esfuerzo en relación con eso, una especie de menuda y sutil operación en mí misma para eso. Tú vas a ayudarme en ello. Yo sé que, en el fondo, tú deseas eso mismo. Tú puedes lograr en mí las mudanzas que quieras. Tienes el don de hacerlo todo sin que nada duela, de una manera inefable. Porque hay en ti *mucho, mucho* de inefable, de angélico; una delicadeza, una piedad, *y una aristocracia en los sentidos y en las potencias, una categoría humana muy subida,* de la cual me

Gabriela Mistral

doy cuenta cabal, aunque tú no lo creas. La bastedad –la rudeza– está en mí, la cáscara; la almendra es otra cosa.

Yo solo comienzo a decirte algo, de lo que tú eres en mí. Voy a seguir, *pero en verso*.

Es imposible que yo continúe esta vida de hablar todo el día. Una mujer de la cual te hablaré después, ha invitado, a *nombre mío* a tres personas de México. Se han quedado aquí tres y cuatro días. Aparte de eso está la gente local. Y M. R. y su nieta. *Es demasiado para mí*. Yo estoy tocando fondo de fatiga. Pero no te alarmes. Eliminada la mujer esto va a parar. Ella ha estado aquí conmigo además. *Yo no sé echar a la gente*. La echó la señora del hotel y la policía anda averiguando qué cosa es ese pájaro...

Coni va en la tercera carta y en la tercera tarjeta postal. Yo no le contesto. Siempre me dieron esta cosa satánica del cariño con un revés de odio sombrío, como el anverso de una hoja maldita de árbol.

No creas que yo no comprenda la realidad: si tú has de que darte conmigo indefinidamente, debes dejar allá arreglado y seguro lo de tu libro. Toma autos. ¡Por favor no te fatigues más! Yo voy a mandarte cien dólares en días más. Son para eso: para que te cuides. (León Felipe habla a las gentes *muy bien* de tus cuentos. Tú solo me has contado uno. Y me duele esto.)

Devuelta Beta yo estoy viviendo sola.

Mandé a Beta por ladroncita y porque se salía a la calle.

Los dos millones de la penicilina no me han aliviado de nada. ¿Y a ti? Gracias a Dios que ya caminas, ríes y escribes

Gabriela

Hoy 26 de abril [1949]

Yo no debería escribirte el día 26. Es 13 + 13. Pero voy a procurar que esta carta salga *medida*. La carta adjunta la escribí así porque temí que cayese en manos de Emma. (Nada hay más feo, plebeyo y sucio que la tiranía y el abuso latinos en la vida común.)

Doris mía: yo acabo de recibir de ti dos cartas de esas que suelen pararme el aliento. Las impresiones felices me dejan un largo rato inmóvil y casi sin pensamiento. Yo te digo mil veces gracias.

Vidas escandalosas

Hoy debo caminar, e ir a almorzar, y a comprar algunas cosas. Por esto escribiré corto.

El corazón no ha empeorado. Pero la gente viene a verme *y me hace hablar*. Y es eso lo que me fatiga el corazón. A ver si puedo irme al campo. Hoy llegan Palma y Manuela y veré si el lugar es bueno.

Yo deseo, que mi pobre corazón espere para volver a enfermarse el que tú llegues, ay, el que tú vuelvas.

Tus cartas dicen que estás mejor, pero yo no sé *hasta donde tú estás mejor, vida mía*. (A mí me parece que fue cosa fatal nuestra separación. Y me sujeto de decirte más sobre este tema.)

El dinero que te mandé, fue para lo que te dije [...], alguna ropa tuya. Solo allí puedes comprarla a tu gusto. No guardes el dinero, Doris, no me des cólera en tristeza con eso. Te repito que te mandaré tus pasajes *de barco*. Tú no debes, por ti y por mí, volver a viajar nunca en avión ni hacer tampoco viajes con calor (daña mucho el corazón) ni en jornadas largas *por tierra*. No me hagas repetírtelo como una *obsesión*. Tú eres el ser más precioso que yo tengo, y eres además lo único que tengo.

Necesito *absolutamente* el que me digas cuándo vienes. La Beta no sirve y si tú te quedas allá un mes más tendré que buscar aquí una persona y me da miedo siempre la gente desconocida. Dime para tomar a alguien con plazo definido. Dame pronto la fecha aproximada de tu regreso. *Para todos mis cálculos preciso saberla*.

Mis ojos están puestos en ti. *Tú eres toda mi razón de vivir*. Sufrir largo tiempo de esta dolencia me parece una penitencia muy dura. Eso solo puedo vivirlo a tu lado. Repito que hay asuntos míos que debo resolver contigo. Dame fecha, dame día. Es malo para mí *no saber*. Me pone a desvariar.

Te estrecha en sus brazos tu Gabriela

[5 de agosto de 1952]

Doris chiquita:

Tú eres mucho más niño de lo que yo te creía y de lo que me creo ser yo misma. Ahí te has quedado en el camino y quién sabe por cuánto tiempo. Me preocupa el calor espantoso, por ti y por mí. (Estoy empapándome la cabeza a cada rato.)

Gabriela Mistral

A la tarde, cuando refresque algo, quiero escribir dos cartas sobre ti para dos gentes que tú me digas de tu ministerio: no recuerdo el nombre del hombre bonito y del subsecretario y *su mujer, la chilena*. Es *urgente* que me des eso. Por favor, procura salir de esta zona de fuego. No andes en la calle hasta el atardecer.

Sueño me parece todavía el no tenerte, el que te has escapado *a tu manera*, con tu sonrisa que te hace ser perdonada siempre. Pero óyelo bien: tu tiempo, te lo he *dejado o dado* solo para Washington a fin de que obtengas algo que te devuelva a mí.

Yo no he renunciado a ti, Doris Dana. Óigalo Ud. bien. Tengo mucha, pero mucha inquietud de perderte. Es muy fácil perderte a ti, Doris Dana y para mí eso sería un desastre. Creo –no lo veo todavía– que tomaste un cheque de la chequera nuestra. Dime si es así y dime si te mando otros *para que no te falte*. No sé dónde estás hoy en este día que aquí es terrible de calor, a estas horas –9 a.m.–. ¡Cuídate en todos los sentidos! No sé qué cosa ponerme, tal es el peso del sol. No puedo ni leer ni escribir, creo. Mi salud no es mala, no, creo que los remedios que tomo están haciéndome bien, pero creo que el Dr. me debe tratar por arteriosclerosis. Ayer salimos a buscar casas en el campo. Yo no puedo más con las ciudades después de meses. Y son casi dos o tres años los que soportó ya. ¿Es eso? No hallamos nada que valga ayer. Pero iremos después hacia Caserta. De pasada, me gustó. Pero por ti pienso que sería mejor coger algo en la campiña romana. Como el calor es imposible para mí, tal vez mande al secretario. Palma, ya sabes, no haría nada. Dice que la tiene muy ocupada los romanos con eso del intercambio Italia-México. Es bueno que trabaje; solo así se salvará de que la cese el gobierno que viene, cosa probable si ella no se mueve. No puedo seguir por el calor. Voy a empaparme la cabeza. Ay, Doris, ¿por qué te has ido? Son muy malas las separaciones de los seres, casi siempre acaban en una cancelación, en un desgaste a lo menos. Cuida de ti, sí, mucho.

No te inquiete lo de mi ajetreo por casa en el campo: yo siempre comienzo a morir dentro de las ciudades, a decaer, a enrabiarme. Ayer fui feliz solo de ver campo, huertas lindas, preciosas. En una de esas vivió y murió Leopardi, el poeta segundo después del Dante. Me conmovió divisarla; es el poeta italiano del cual estoy más cerca. Ya lo leerás conmigo, si Dios quiere.

Buscaré una pluma fuente para no hacerte sufrir con mis garabatos. Tengo miedo de ti en París. Y en Londres.

Vidas escandalosas

Repito que no sé cuánto dinero tomaste; por favor, pide siempre lo que te falte.

Caserta está a una hora de aquí; es ciudad, pero tiene campo. Ya te lo contaré si Dios quiere.

¡Cuídate, cuídate, cuídate! ¡Por favor! ¡Y sé limpia y buena!

Tu Gabriela

[*Niña errante, cartas a Doris Dana.* Santiago de Chile: Editorial Lumen, 2009]

César Moro

Seudónimo de Alfredo Quíspez Asín (1903-1956)

Poeta y pintor peruano. Escribió la mayor parte de su obra poética en francés y fue parte del movimiento surrealista francés. Luego de vivir un tiempo en París, volvió al Perú para establecer una exposición surrealista. En 1938 viajó a México y entró en contacto con el grupo de los Contemporáneos y algunos exiliados, con quienes organizó la Exposición Internacional del Surrealismo. Entre sus obras más destacadas tenemos: *Le chateau de grisou* (1943), *La tortuga ecuestre y otros poemas* (1957).

La crítica ha destacado su relación con el grupo surrealista de André Breton y la manera en que se distanció de este para elaborar una poética más personal. La participación y asimilación de los principios surrealistas establece una huella imborrable en la escritura de Moro: la contraposición frente al logocentrismo occidental y su cerrada racionalidad, la construcción de metáforas de gran carga sensorial y su relación con los cuatro elementos naturales (especialmente el agua y el fuego), revela un universo pasional que aspira a lograr la unidad de un mundo que se presenta fragmentado. También se han realizado aproximaciones a su escritura desde las reelaboraciones de los mitos prehispánicos y de la modernidad. Véanse principalmente los trabajos de Yolanda Westphalen: *César Moro: la poética del ritual y la escritura mítica de la modernidad*; Martha Canfield: "Los mitos de la modernidad en *La Tortuga ecuestre*" y Camilo Fernández: "La poesía de César Moro y el pensamiento mítico. Una aproximación", ambos en el número monográfico de *Fuegos de Arena*, Revista de Literatura, editado por Claudia Salazar Jiménez en el 2003.

Los poemas que constituyen *La Tortuga ecuestre*, así como las Cartas a Antonio, datan de la misma época: los años 1938 y 1939. Todos estos textos fueron escritos en español.

Vienes en la noche con el humo fabuloso de tu cabellera

Apareces
La vida es cierta
El olor de la lluvia es cierto
La lluvia te hace nacer

Vidas escandalosas

Y golpear a mi puerta
Oh árbol
Y la ciudad el mar que navegaste
Y la noche se abren a tu paso
Y el corazón vuelve de lejos a asomarse
Hasta llegar a tu frente
Y verte como la magia resplandeciente
Montaña de oro o de nieve
Con el humo fabuloso de tu cabellera
Con las bestias nocturnas en los ojos
Y tu cuerpo de rescoldo
Con la noche que riegas a pedazos
Con los bloques de noche que caen de tus manos
Con el silencio que prende a tu llegada
Con el trastorno y el oleaje
Con el vaivén de las casas
Y el oscilar de luces y la sombra más dura
Y tus palabras de avenida fluvial
Tan pronto llegas y te fuiste
Y quieres poner a flote mi vida
Y solo preparas mi muerte
Y la muerte de esperar
Y el morir de verte lejos
Y los silencios y el esperar el tiempo
Para vivir cuando llegas
Y me rodeas de sombra
Y me haces luminoso
Y me sumerges en el mar fosforescente donde acaece tu estar
Y donde solo dialogamos tú y mi noción oscura y pavorosa de tu ser
Estrella desprendiéndose en el apocalipsis
Entre bramidos de tigres y lágrimas
De gozo y gemir eterno y eterno
Solazarse en el aire rarificado
En que quiero aprisionarte
Y rodar por la pendiente de tu cuerpo
Hasta tus pies centelleantes
Hasta tus pies de constelaciones gemelas
En la noche terrestre

César Moro

Que te sigue encadenada y muda
Enredadera de tu sangre
Sosteniendo la flor de tu cabeza de cristal moreno
Acuario encerrando planetas y caudas
Y la potencia que hace que el mundo siga en pie y guarde el equilibrio
                                                                               de los mares
Y tu cerebro de materia luminosa
Y mi adhesión sin fin y el amor que nace sin cesar
Y te envuelve
Y que tus pies transitan
Abriendo huellas indelebles
Donde puede leerse la historia del mundo
Y el porvenir del universo
Y ese ligarse luminoso de mi vida
A tu existencia

                                      [De *La tortuga ecuestre*, 1938]

La leve pisada del demonio nocturno

En el gran contacto del olvido
A ciencia cierta muerto
Tratando de robarte a la realidad
Al ensordecedor rumor de lo real
Levanto una estatua de fango purísimo
De barro de mi sangre
De sombra lúcida de hambre intacto
De jadear interminable
Y te levantas como un astro desconocido
Con tu cabellera de centellas negras
Con tu cuerpo rabioso e indomable
Con tu aliento de piedra húmeda
Con tu cabeza de cristal
Con tus orejas de adormidera
Con tus labios de fanal
Con tu lengua de helecho

Vidas escandalosas

Con tu saliva de fluido magnético
Con tus narices de ritmo
Con tus pies de lengua de fuego
Con tus piernas de millares de lágrimas petrificadas
Con tus ojos de asalto nocturno
Con tus dientes de tigre
Con tus venas de arco de violín
Con tus dedos de orquesta
Con tus uñas para abrir las entrañas del mundo
Y vaticinar la pérdida del mundo
En las entrañas del alba
Con tus axilas de bosque tibio
Bajo la lluvia de tu sangre
Con tus labios elásticos de planta carnívora
Con tu sombra que intercepta el ruido
Demonio nocturno
Así te levantas para siempre
Pisoteando el mundo que te ignora
Y que ama sin saber tu nombre
Y que gime tras el olor de tu paso
De fuego de azufre de aire de tempestad
De catástrofe intangible y que merma cada día
Esa porción en que se esconden los designios nefastos y la sospecha que tuerce la boca del tigre que en las mañanas
                                      escupe para hacer el día

[De *La tortuga ecuestre*, 1938]

César Moro

César Moro, c. 1935. Fuente: César Moro papers. The Getty Research Institute, 980029, box 1, folder 20

La vida escandalosa de César Moro

Dispérsame en la lluvia o en la humareda de los torrentes que pasan
Al margen de la noche en que nos vemos tras el correr de nubes
Que se muestran a los ojos de los amantes que salen
De sus poderosos castillos de torres de sangre y de hielo
Teñir el hielo rasgar el salto de tardíos regresos

Mi amigo el Rey me acerca al lado de su tumba real y real
Donde Wagner hace la guardia a la puerta con la fidelidad
Del can royendo el hueso de la gloria
Mientras lluvias intermitentes y divinamente funestas
Corroen el peinado de tranvía aéreo de los hipocampos relapsos
Y homicidas transitando la terraza sublime de las apariciones
En el bosque solemne carnívoro y bituminoso
Donde los raros pasantes se embriagan los ojos abiertos
Debajo de grandes catapultas y cabezas elefantinas de carneros

Vidas escandalosas

Suspendidos según el gusto de Babilonia o del Trastévere
El río que corona tu aparición terrestre saliendo de madre
Se precipita furioso como un rayo sobre los vestigios del día
Falaz hacinamiento de medallas de esponjas de arcabuces
Un toro alado de significativa alegría muerde el seno o cúpula
De un templo que emerge en la luz afrentosa del día o en medio de las
ramas podridas y leves de la hecatombe forestal

Dispérsame en el vuelo de los caballos migratorios
En el aluvión de escorias coronando el volcán longevo del día
En la visión aterradora que persigue al hombre al acercarse la hora entre
todas pasmosa del mediodía
Cuando las bailarinas hirvientes están a punto de ser decapitadas
Y el hombre palidece en la sospecha pavorosa de la aparición definitiva
trayendo entre los dientes el oráculo legible como sigue:

"Una navaja sobre el caldero atraviesa un cepillo de cerdas de dimensión ultrasensible; a la proximidad del día las cerdas se alargan hasta tocar el crepúsculo; cuando la noche se acerca las cerdas se transforman en una lechería de apariencia modesta y campesina. Sobre la navaja vuela un halcón devorando un enigma en forma de condensación de vapor; a veces es un cesto colmado de ojos de animales y de cartas de amor llenas con una sola letra; otras veces un perro laborioso devora una cabaña iluminada por dentro. La obscuridad envolvente puede interpretarse como una ausencia de pensamiento provocada por la proximidad invisible de un estanque subterráneo habitado por tortugas de primera magnitud".

El viento se levanta sobre la tumba real
Luis II de Baviera despierta entre los escombros del mundo
Y sale a visitarme trayendo a través del bosque circundante
Un tigre moribundo
Los árboles vuelan a ser semillas y el bosque desaparece
Y se cubre de niebla rastrera
Miríadas de insectos ahora en libertad ensordecen el aire
Al paso de los dos más hermosos tigres del mundo

[De *La tortuga ecuestre*, 1938]

César Moro

El fuego y la poesía

I
Amo el amor
El martes y no el miércoles
Amo el amor de los estados desunidos
El amor de unos doscientos cincuenta años
Bajo la influencia nociva del judaísmo sobre la vida monástica
De las aves de azúcar de heno de hielo de alumbre o de bolsillo
Amo el amor de faz sangrienta con dos inmensas puertas al vacío
El amor como apareció en doscientas cincuenta entregas durante cinco
años
El amor de economía quebrantada
Como el país más expansionista
Sobre millares de seres desnudos tratados como bestias
Para adoptar esas sencillas armas del amor
Donde el crimen pernocta y bebe el agua clara
De la sangre más caliente del día

IV
El agua lenta el camino lento los accidentes lentos
Una caída suspendida en el aire el viento lento
El paso lento del tiempo lento
La noche no termina y el amor se hace lento
Las piernas se cruzan y se anudan lentas para echar raíces
La cabeza cae los brazos se levantan
El cielo de la cama la sombra cae lenta
Tu cuerpo moreno como una catarata cae lento
En el abismo
Giramos lentamente por el aire caliente del cuarto caldeado
Las mariposas nocturnas parecen grandes carneros
Ahora sería fácil destrozarnos lentamente
Arrancarnos los miembros beber la sangre lentamente
Tu cabeza gira tus piernas me envuelven
Tus axilas brillan en la noche con todos sus pelos
Tus piernas desnudas
En el ángulo preciso

Vidas escandalosas

El olor de tus piernas
La lentitud de percepción
El alcohol lentamente me levanta
El alcohol que brota de tus ojos y que más tarde
Hará crecer tu sombra
Mesándome el cabello lentamente subo
Hasta tus labios de bestia

[De *El Hijo Pródigo*, 1944]

Antonio

ANTONIO es Dios
ANTONIO es el Sol
ANTONIO puede destruir el mundo en un instante
ANTONIO hace caer la lluvia
ANTONIO puede hacer oscuro el día o luminosa la noche
ANTONIO es el origen de la Vía Láctea
ANTONIO tiene pies de constelaciones
ANTONIO tiene aliento de estrella fugaz y de noche oscura
ANTONIO es el nombre genérico de los cuerpos celestes
ANTONIO es una planta carnívora con ojos de diamante
ANTONIO puede crear continentes si escupe sobre el mar
ANTONIO hace dormir el mundo cuando cierra los ojos
ANTONIO es una montaña transparente
ANTONIO es la caída de las hojas y el nacimiento del día
ANTONIO es el nombre escrito con letras de fuego sobre todos los planetas
ANTONIO es el Diluvio
ANTONIO es la época Megalítica del Mundo
ANTONIO es el fuego interno de la Tierra
ANTONIO es el corazón del mineral desconocido
ANTONIO fecunda las estrellas
ANTONIO es el Faraón el Emperador el Inca
ANTONIO nace de la Noche
ANTONIO es venerado por los astros
ANTONIO es más bello que los colosos de Memnón en Tebas

César Moro

ANTONIO es siete veces más grande que el Coloso de Rodas
ANTONIO ocupa toda la historia del mundo
ANTONIO sobrepasa en majestad el espectáculo grandioso del mar
                                                                              enfurecido
ANTONIO es toda la Dinastía de los Ptolomeos
México crece alrededor de ANTONIO

[Tomados de *Obra poética completa*. Ed. crítica de André Coyné, Daniel Lefort y Julio Ortega. Poitiers/Córdoba: CRLA-Archivos/Alción Editora, 2015]

Cartas a Antonio

I
Un deseo de verdadera comunicación contigo se hace más y más urgente. A veces me parece que no somos bastante amigos, que tienes todavía muchas reservas conmigo. Quizá yo, sin quererlo, tengo la culpa.
    Enteramente a la merced de tu presencia ardientemente deseada o de tu ausencia desesperadamente vivida, cuando estoy frente a ti estoy bajo tu imperio absoluto. Si estás alegre estoy alegre, si estás triste estoy triste: no tengo tiempo de pensar, solo puedo sentir. Cuando te vas pienso y reflexiono y me avergüenzo de imaginar que puedes juzgarme egoísta, o aun peor, que puedes interpretar mi vehemencia como la voracidad elemental de la satisfacción de un deseo. Esto estaría muy lejos de la verdad. Mi afecto por ti es tan profundo, tan leal, tan puro que no puede tener uno sino múltiples aspectos.
    Cuando te digo cosas que pueden parecerte pueriles, no hago sino exteriorizar en forma espontánea una convicción. No me explico cómo los demás no perciben inmediatamente lo que yo veo, no supongo, veo en ti. O quizá hay demasiada gente que lo ve como yo, y entonces me entristece pensar que, si bien nadie puede quererte como yo, en cambio todos tienen más méritos y mayor posibilidad de hacerse querer por ti.
    Cuando digo quererte hago abstracción de todo aquello que pueda parecerte equívoco y queda siempre una extensión inmensa de afecto y de ternura.
    Pensar que tú puedes creer que me divierto, que estoy alegre o siquiera tranquilo lejos de ti, me entristece como si hubiera cometido un crimen. Nada puede distraerme de mi única preocupación, de mi solo

pensamiento, de la tristeza incurable de no verte a todas horas, de estar lejos del maravilloso espectáculo, de tu presencia. Te quiero, comprende solamente esta cosa sencilla y terrible: querer y querer cada día más y con más fuerza y hacer que el Universo dependa de tu voluntad o de tu capricho. El tiempo es hermoso si tú quieres, horriblemente triste si estás triste o si tu rostro se cubre con las nubes de la cólera o del disgusto. Apenas te alejas y ya el cielo radioso se oscurece.

Domingo, 23 de octubre de 1938

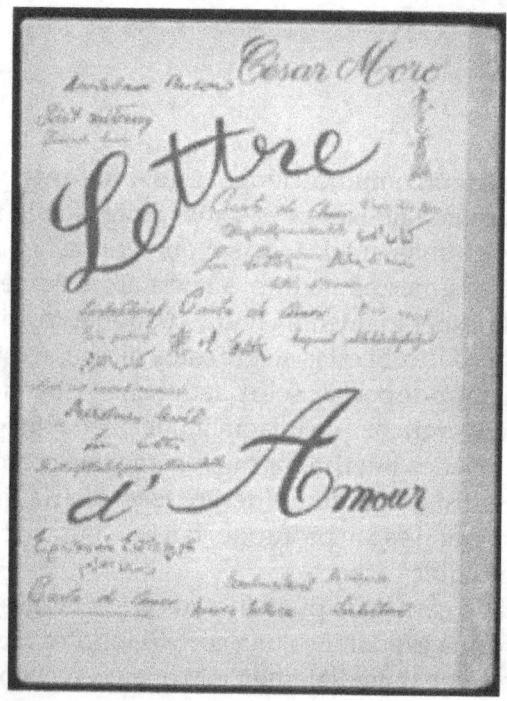

Portadilla de *Lettre d'Amour*, de César Moro. México: Ediciones Dyn, 1944. Fuente: The Getty Research Institute, 980029.3, Box 1 Folder 9

César Moro

V

Yo puedo pronunciar tu nombre hasta perder el conocimiento, hasta olvidarme de mí mismo; hasta salir enloquecido y destrozado, lleno de sangre y ciego a perderme en las suposiciones y en las alucinaciones más torturantes. Todo me persigue con tu nombre. Tu imagen aparece a cada instante debajo de todas las imágenes, de todas las representaciones.

Nada puede hacerme sufrir más que el espectáculo del amor. Yo solo, frente al mundo, fuera del mundo, en el mundo intermedio de la nostalgia fúnebre, de las aguas maternas, del gran claustro, del paraíso perdido; frente a ti y lejos, tan lejos que ya nada puede salvarme, ni la muerte.

Me has arrojado por debajo de mí mismo: las palabras se van acumulando; hay palabras de las que ya no se vuelve, que abren una brecha por la que se introducen el veneno y la tristeza de muerte; la desolación total, la soledad, el abandono definitivo.

Encerrado dentro de mí, solo con tu recuerdo que me persigue noche y día sin reposo. Ya no puedo acordarme de cuando sonreías, ahora apareces alejándote y con una mirada que yo no hubiera querido conocer. Ya sé todo lo que nunca hubiera querido saber, lo que algunos hombres conocen solamente pocos instantes antes de su muerte. Y debo seguir viviendo sin esperanza, sin estímulo, sin ese pequeño espacio de refugio de descanso que todos necesitamos. Quizás más que nadie tenía yo necesidad de una tabla de salvación, de una última apariencia engañosa de la vida para seguir adelante, para salvarme de mí mismo y de la conciencia que del mundo y de la vida he tenido desde que pude darme cuenta de la vida.

Ahora, dónde ir, dónde volver la cara, a quién contar lo que puede sufrir un ser humano que a veces desconozco y que siento como un extranjero enloquecido dentro de una casa vacía. Qué puede reservarme la vida sino la repetición constante de un solo instante, del más amargo de los instantes. Cada nuevo día que viene no hace sino traerme la misma desesperación; mi primer pensamiento, al despertar, eres tú; el último, al dormir, eres tú.

Y mi sueño no es sino una angustiosa búsqueda de ti. Sueño que te vas, que me abandonas, como si pudiera abandonarse algo que nunca se ha aceptado. Porque tú nunca me has aceptado, nunca has querido saber nada de mí. Apenas llegaste, ya no pude ver nada, salí despavorido tras de ti y así he continuado.

Vidas escandalosas

Ojalá fuera verdad el mito del alma que se vende al diablo, ya la hubiera yo vendido por toda una eternidad para estar más cerca de ti, para tener la seguridad de verte siempre. Lo que me aterroriza de la muerte es saber que entonces no podré pensar en ti, que ya no vendrá tu recuerdo a torturarme; que mi ternura, mi pobre ternura rechazada no podrá envolverte en una mirada, en un anhelo infinito.

El cielo es azul, la vida es hermosa, el aire se vuelve respirable porque existes. Yo sé que la vida es hermosa aunque no la recuerdo, sé que el cielo es azul aunque no lo miro nunca, sé que puede ser más azul que nunca cuando tú sonríes. Tu sonrisa es lo más bello y humano que yo conozca. Cuando sonríes parece que todas las montañas del mundo tuvieran sol y árboles y que vinieran a tu encuentro a besar las huellas de tus pasos; parece que la noche se hubiera acabado para siempre y que ya solo la luz y el amor y una inocencia cósmica reinaran sobre el universo, donde los planetas y los astros no pueden compararse a ti sino como reflejos o emanaciones de tu presencia en el mundo. Ya que en tu poder está volver sombrío el día y hacer clara la noche y desencadenar lluvias tempestuosas y hacer gemir los elementos, ¿por qué no quieres transformarme en un pedazo de tu sombra, o en tu aliento o simplemente en una partícula de tu pensamiento?

Si no quieres salvarme condéname a una muerte fulminante, condéname a la desaparición total, pero que no siga esta larga angustia, este temor de cada día, de cada hora. Haz que vuelva al origen de mi vida, a la nada, y no vuelvas a crearme ni a traerme nuevamente a la vida ni siquiera bajo la forma de una piedra; aún así tendría la nostalgia insaciable de ti, la memoria de tu recuerdo. Dispérsame en el aire o en el fuego o en el agua o mejor en la nada, fuera del mundo.

Solo pido a la vida que nunca me deje un momento de reposo, que mientras haya un soplo de vida en mí, me torture y me enloquezca tu recuerdo, que cada día se me haga más odiosa tu ausencia y que por una fuerza incontenible me llegue a encerrar en una soledad que no esté habitada sino por tu presencia. Ya no sé quién soy ni quién fui antes de conocerte. ¿Acaso yo existía antes de conocerte? No, no era sino un reflejo de la luz que iba llegando, de tu presencia que se acercaba. Persígueme, tortúrame, maldíceme, pero no me abandones a mi propia desesperación. Trata de comprender los sentimientos de un ser mortal que te venera, que siente un ansia irracional de confundirse contigo, que no conoce de la vida otra cosa que lo que tú le has enseñado; que sabe que el día es un largo período de siglos que parecen un instante cuando tu presencia se manifiesta; el resto del tiempo es noche. Manifiéstate a mí bajo tu apariencia humana; no tomes el aspecto del sol o de la lluvia para venir a verme; a veces me es difícil reconocerte en el rumor del viento o cuando en mis sueños adquieres el aspecto demasiado violento de una enorme piedra de basalto que rueda por el espacio infinito sin detenerse y me arrastra a la desolación de playas muertas que la planta del hombre no había hollado aún, playas todas negras en que una montaña que ocupa todo el horizonte sostiene una reproducción del tamaño del cielo de tu cabeza tal como yo la conozco, tu cabeza rodeada de centellas y que despide un fuego tan terrible que a veces se propaga hasta las nubes e incendia el mundo. Pero basta el movimiento imperceptible de uno solo de tus músculos, el más pequeño, para que todo vuelva a ser como nosotros creíamos que era, antes de que tu presencia se manifestara al mundo y antes de que yo fuera el primero y el último de tus adeptos, oh espíritu nocturno. Abrásame en tus llamas poderoso demonio; consúmeme en tu aliento de tromba marina, poderoso Pegaso celeste, gran caballo apocalíptico de patas de lluvia, de cabeza de meteoro, de vientre de sol y luna, de ojos de montañas de la luna.

Gran vendaval, dispérsame en la lluvia y en la ausencia celeste, dispérsame en el huracán de celajes que arremolina tu paso de centella por la avenida de los dioses donde termina la Vía Láctea que nace de tu pene.

25 de julio de 1939

[*Prestigio del amor* / *César Moro*. Selección, traducción y prólogo de Ricardo Silva-Santisteban. Lima: Pontificia Universidad Católica del Perú, 1998]

Xavier Villaurrutia

(1903-1950)

Poeta, dramaturgo y crítico literario mexicano, co-fundador con Salvador Novo de la revista *Ulises* en 1926 y participante central en *Contemporáneos* (1928-1931). Fundador del teatro experimental mexicano. Su libro más importante es *Nostalgia de la muerte* (1938). Autor del gran poema homoerótico "Nocturno de los ángeles".

Hemos seguido aquí las versiones de los poemas de la edición de sus *Obras* (1953 y 1966), con prólogo de Alí Chumacero y recopilación de Chumacero, Miguel Capistrán y Luis Mario Schneider (México: Fondo de Cultura Económica, edición de 1973).

Nocturno de la estatua
A Agustín Lazo[1]

Soñar, soñar la noche, la calle, la escalera
y el grito de la estatua desdoblando la esquina.

Correr hacia la estatua y encontrar solo el grito,
querer tocar el grito y solo hallar el eco,
querer asir el eco y encontrar solo el muro
y correr hacia el muro y tocar un espejo.
Hallar en el espejo la estatua asesinada,
sacarla de la sangre de su sombra,
vestirla en un cerrar de ojos,
acariciarla como a una hermana imprevista
y jugar con las fichas de sus dedos
y contar a su oreja cien veces cien cien veces
hasta oírla decir: «estoy muerta de sueño».

[Publicado en *Contemporáneos* en 1928, e incluido en *Nostalgia de la muerte*, 1938]

---

[1] Pintor y dramaturgo mexicano (1896-1971) estrechamente asociado a Villaurrutia y a la revista *Contemporáneos*. Entre sus obras de teatro está *El caso de Juan Manuel* sobre un asesino serial de jóvenes en la época colonial.

Vidas escandalosas

Nocturno amor

A Manuel Rodríguez Lozano[2]

El que nada se oye en esta alberca de sombra
no sé cómo mis brazos no se hieren
en tu respiración sigo la angustia del crimen
y caes en la red que tiende el sueño.
Guardas el nombre de tu cómplice en los ojos
pero encuentro tus párpados más duros que el silencio
y antes que compartirlo matarías el goce
de entregarte en el sueño con los ojos cerrados
sufro al sentir la dicha con que tu cuerpo busca
el cuerpo que te vence más que el sueño
y comparo la fiebre de tus manos
con mis manos de hielo
y el temblor de tus sienes con mi pulso perdido
y el yeso de mis muslos con la piel de los tuyos
que la sombra corroe con su lepra incurable.
Ya sé cuál es el sexo de tu boca
y lo que guarda la avaricia de tu axila
y maldigo el rumor que inunda el laberinto de tu oreja
sobre la almohada de espuma
sobre la dura página de nieve
No la sangre que huyó de mí como del arco huye la flecha
sino la cólera circula por mis arterias
amarilla de incendio en mitad de la noche
y todas las palabras en la prisión de la boca
y una sed que en el agua del espejo
sacia su sed con una sed idéntica
De qué noche despierto a esta desnuda
noche larga y cruel noche que ya no es noche
junto a tu cuerpo más muerto que muerto
que no es tu cuerpo ya sino su hueco
porque la ausencia de tu sueño ha matado a la muerte

---

[2] Pintor mexicano (1894-1971) asociado a la revista *Contemporáneos*, autor de un famoso retrato de Salvador Novo.

Xavier Villaurrutia

y es tan grande mi frío que con un calor nuevo
abre mis ojos donde la sombra es más dura
y más clara y más luz que la luz misma
y resucita en mí lo que no ha sido
y es un dolor inesperado y aún más frío y más fuego
no ser sino la estatua que despierta
en la alcoba de un mundo en el que todo ha muerto.

[Publicado en *Nostalgia de la muerte*, 1938]

Nocturno de los ángeles
a Agustín J. Fink[3]

Se diría que las calles fluyen dulcemente en la noche.
Las luces no son tan vivas que logren desvelar el secreto,
el secreto que los hombres que van y vienen conocen,
porque todos están en el secreto
y nada se ganaría con partirlo en mil pedazos
si, por el contrario, es tan dulce guardarlo
y compartirlo solo con la persona elegida.

Si cada uno dijera en un momento dado,
en solo una palabra, lo que piensa,
las cinco letras del DESEO formarían una enorme cicatriz
                                        luminosa,
una constelación más antigua, más viva aún que las otras.
Y esa constelación sería como un ardiente sexo
en el profundo cuerpo de la noche,
o, mejor, como los Gemelos que por vez primera en la vida
se miraran de frente, a los ojos, y se abrazaran ya para
                                        siempre.

De pronto el río de la calle se puebla de sedientos seres,
caminan, se detienen, prosiguen.

---

[3] Para información sobre este mexicano aspirante a actor de Hollywood y su prodigioso sexo, véanse *La estatua de sal* de Salvador Novo y *Tropics of Desire* de José Quiroga.

Vidas escandalosas

Cambian miradas, atreven sonrisas,
forman imprevistas parejas...

Hay recodos y bancos de sombra,
orillas de indefinibles formas profundas
y súbitos huecos de luz que ciega
y puertas que ceden a la presión más leve.

El río de la calle queda desierto un instante.
Luego parece remontar de sí mismo
deseoso de volver a empezar.
Queda un momento paralizado, mudo, anhelante
como el corazón entre dos espasmos.

Pero una nueva pulsación, un nuevo latido
arroja al río de la calle nuevos sedientos seres.
Se cruzan, se entrecruzan y suben.
Vuelan a ras de tierra.
Nadan de pie, tan milagrosamente
que nadie se atrevería a decir que no caminan.

¡Son los ángeles!
Han bajado a la tierra
por invisibles escalas.
Vienen del mar, que es el espejo del cielo,
en barcos de humo y sombra,
a fundirse y confundirse con los mortales,
a rendir sus frentes en los muslos de las mujeres,
a dejar que otras manos palpen sus cuerpos febrilmente,
y que otros cuerpos busquen los suyos hasta encontrarlos
como se encuentran al cerrarse los labios de una misma
                                              boca,
a fatigar su boca tanto tiempo inactiva,
a poner en libertad sus lenguas de fuego,
a decir las canciones, los juramentos, las malas palabras
en que los hombres concentran el antiguo misterio
de la carne, la sangre y el deseo.

Xavier Villaurrutia

Tienen nombres supuestos, divinamente sencillos.
Se llaman Dick o John, o Marvin o Louis.
En nada sino en la belleza se distinguen de los mortales.
Caminan, se detienen, prosiguen.
Cambian miradas, atreven sonrisas.
Forman imprevistas parejas.

Sonríen maliciosamente al subir en los ascensores de los
                                                                          hoteles
donde aún se practica el vuelo lento y vertical.
En sus cuerpos desnudos hay huellas celestiales;
signos, estrellas y letras azules.
Se dejan caer en las camas, se hunden en las almohadas
que los hacen pensar todavía un momento en las nubes.
Pero cierran los ojos para entregarse mejor a los goces de
                                                su encarnación misteriosa,
y, cuando duermen, sueñan no con los ángeles sino con
                                                los mortales.

                                             Los Angeles, California, 1936

[Publicado como plaquette en 1936 e incluido en *Nostalgia de la muerte*
                                                             en 1938]

Nocturno de la alcoba

La muerte toma siempre la forma de la alcoba
que nos contiene.

Es cóncava y oscura y tibia y silenciosa,
se pliega en las cortinas en que anida la sombra,
es dura en el espejo y tensa y congelada,
profunda en las almohadas y, en las sábanas, blanca.

Los dos sabemos que la muerte toma
la forma de la alcoba, y que en la alcoba

Vidas escandalosas

es el espacio frío que levanta
entre los dos un muro, un cristal, un silencio.

Entonces solo yo sé que la muerte
es el hueco que dejas en el lecho
cuando de pronto y sin razón alguna
te incorporas o te pones de pie.

Y es el ruido de hojas calcinadas
que hacen tus pies desnudos al hundirse en la alfombra.

Y es el sudor que moja nuestros muslos
que se abrazan y luchan y que, luego, se rinden.

Y es la frase que dejas caer, interrumpida.
Y la pregunta mía que no oyes,
que no comprendes o que no respondes.

Y el silencio que cae y te sepulta
cuando velo tu sueño y lo interrogo.

Y solo, solo yo sé que la muerte
es tu palabra trunca, tus gemidos ajenos
y tus involuntarios movimientos oscuros
cuando en el sueño luchas con el ángel del sueño.

La muerte es todo esto y más que nos circunda,
y nos une y separa alternativamente,
que nos deja confusos, atónitos, suspensos,
con una herida que no mana sangre.

Entonces, solo entonces, los dos solos, sabemos
que no el amor sino la oscura muerte
nos precipita a vernos cara a los ojos,
y a unirnos y a estrecharnos, más que solos y náufragos,
todavía más, y cada vez más, todavía.

[Publicado en *Nostalgia de la muerte*, 1938]

Xavier Villaurrutia

Amor condusse noi ad una morte[4]

Amar es una angustia, una pregunta,
una suspensa y luminosa duda;
es un querer saber todo lo tuyo
y a la vez un temor de al fin saberlo.

Amar es reconstruir, cuando te alejas,
tus pasos, tus silencios, tus palabras,
y pretender seguir tu pensamiento
cuando a mi lado, al fin inmóvil, callas.

Amar es una cólera secreta,
una helada y diabólica soberbia.
Amar es no dormir cuando en mi lecho
sueñas entre mis brazos que te ciñen,
y odiar el sueño en que, bajo tu frente,
acaso en otros brazos te abandonas.

Amar es escuchar sobre tu pecho,
hasta colmar la oreja codiciosa,
el rumor de tu sangre y la marea
de tu respiración acompasada.

Amar es absorber tu joven savia
y juntar nuestras bocas en un cauce
hasta que de la brisa de tu aliento
se impregnen para siempre mis entrañas.

Amar es una envidia verde y muda,
una sutil y lúcida avaricia.

Amar es provocar el dulce instante
en que tu piel busca mi piel despierta;
saciar a un tiempo la avidez nocturna

---

[4] "Amor me lleva a una muerte", verso del quinto canto del *Inferno* de Dante. Hay un diálogo interesante entre este poema y "Amor" de Salvador Novo ("Amor es este tímido silencio…").

Vidas escandalosas

y morir otra vez la misma muerte
provisional, desgarradora, oscura.

Amar es una sed, la de la llaga
que arde sin consumirse ni cerrarse,
y el hambre de una boca atormentada
que pide más y más y no se sacia.

Amar es una insólita lujuria
y una gula voraz, siempre desierta.

Pero amar es también cerrar los ojos,
dejar que el sueño invada nuestro cuerpo
como un río de olvido y de tinieblas,
y navegar sin rumbo, a la deriva:
porque amar es, al fin, una indolencia.

[Publicado en *Hoy* y en *Taller* en 1939, e incluido en *Canto a la primavera y otros poemas*]

Soneto de la esperanza

Amar es prolongar el breve instante
de angustia, de ansiedad y de tormento
en que, mientras espero, te presiento
en la sombra suspenso y delirante.

¡Yo quisiera anular de tu cambiante
y fugitivo ser el movimiento,
y cautivarte con el pensamiento
y por él solo ser tu solo amante!

Pues si no quiero ver, mientras avanza
el tiempo indiferente, a quien más quiero,
para soñar despierto en tu tardanza

Xavier Villaurrutia

la sola posesión de lo que espero,
es porque cuando llega mi esperanza
es cuando ya sin esperanza muero.

[Publicado en *Papel de Poesía* en 1943 y en Sur en 1948, y luego incluido en *Canto a la primavera y otros poemas*, 1948]

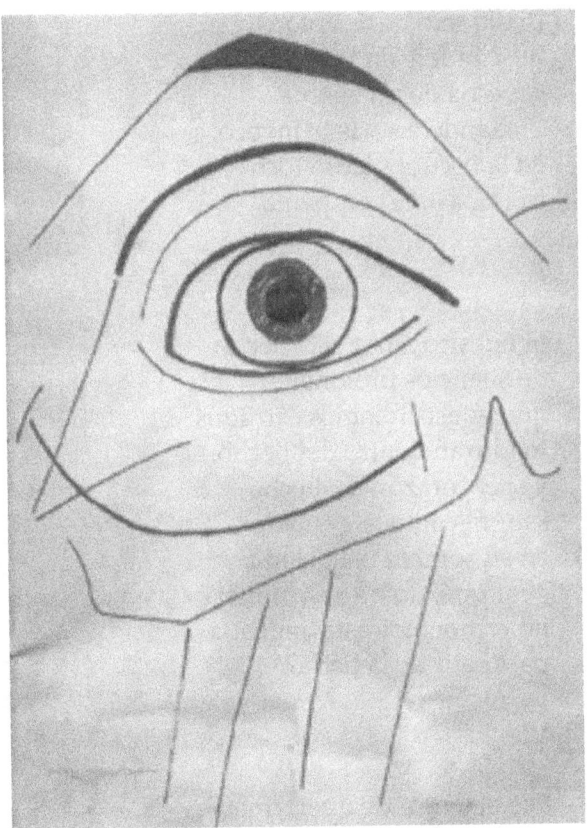

Autocaricatura de Xavier Villaurrutia. Fuente: Xavier Villaurrutia. Entre líneas. Dibujo y pintura. Luis Mario Schneider comp. México: Ediciones Trabuco y Clavel, 1991.

Vidas escandalosas

Décimas de nuestro amor

I

A mí mismo me prohibo
revelar nuestro secreto
decir tu nombre completo
o escribirlo cuando escribo.
Prisionero de ti, vivo
buscándote en la sombría
caverna de mi agonía.
Y cuando a solas te invoco,
en la oscura piedra toco
tu impasible compañía.

II

Si nuestro amor está hecho
de silencios prolongados
que nuestros labios cerrados
maduran dentro del pecho;
y si el corazón deshecho
sangra como la granada
en su sombra congelada,
¿por qué, dolorosa y mustia,
no rompemos esta angustia
para salir de la nada?

III

Por el temor de quererme
tanto como yo te quiero,
has preferido, primero,
para salvarte, perderme.
Pero está mudo e inerme
tu corazón, de tal suerte
que si no me dejas verte

Xavier Villaurrutia

es por no ver en la mía
la imagen de tu agonía:
porque mi muerte es tu muerte.

IV

Te alejas de mí pensando
que me hiere tu presencia,
y no sabes que tu ausencia
es más dolorosa cuando
la soledad se va ahondando,
y en el silencio sombrío,
sin quererlo, a pesar mío,
oigo tu voz en el eco
y hallo tu forma en el hueco
que has dejado en el vacío.

V

¿Por qué dejas entrever
una remota esperanza,
si el deseo no te alcanza,
si nada volverá a ser?
Y si no habrá amanecer
en mi noche interminable
¿de qué sirve que yo hable
en el desierto, y que pida
para reanimar mi vida,
remedio a lo irremediable?

VI

Esta incertidumbre oscura
que sube en mi cuerpo y que
deja en mi boca no sé
qué desolada amargura;
este sabor que perdura

y, como el recuerdo, insiste,
y, como tu olor, persiste
con su penetrante esencia,
es la sola y cruel presencia
tuya, desde que partiste.

VII

Apenas has vuelto, y ya
en todo mi ser avanza,
verde y turbia, la esperanza
para decirme: "¡Aquí está!"
Pero su voz se oirá
rodar sin eco en la oscura
soledad de mi clausura
y yo seguiré pensando
que no hay esperanza cuando
la esperanza es la tortura.

VIII

Ayer te soñé. Temblando
los dos en el goce impuro
y estéril de un sueño oscuro.
Y sobre tu cuerpo blando
mis labios iban dejando
huellas, señales, heridas...
Y tus palabras transidas
y las mías delirantes
de aquellos breves instantes
prolongaban nuestras vidas.

IX

Si nada espero, pues nada
tembló en ti cuando me viste
y ante mis ojos pusiste

la verdad más desolada;
si no brilló en tu mirada
un destello de emoción,
la sola oscura razón,
la fuerza que a ti me lanza,
perdida toda esperanza,
es... ¡la desesperación!

X

Mi amor por ti ¡no murió!
Sigue viviendo en la fría,
ignorada galería
que en mi corazón cavó.
Por ella desciendo y no
encontraré la salida,
pues será toda mi vida
esta angustia de buscarte
a ciegas, con la escondida
certidumbre de no hallarte.

[Publicado en *Papel de Poesía* en 1941, e incluido en *Canto a la primavera y otros poemas*, 1948]

Nuestro amor

Si nuestro amor no fuera,
al tiempo que un secreto,
un tormento, una duda,
una interrogación;

si no fuera una larga
espera interminable,
un vacío en el pecho
donde el corazón llama
como un puño cerrado
a una puerta impasible;

Vidas escandalosas

si nuestro amor no fuera
el sueño doloroso
en que vives sin mí,
dentro de mí, una vida
que me llena de espanto;

si no fuera un desvelo,
un grito iluminado
en la noche profunda;

si nuestro amor no fuera
como un hilo tendido
en que vamos los dos
sin red sobre el vacío;

si tus palabras fueran
solo palabras para
nombrar con ellas cosas
tuyas, no más, y mías;

si no resucitaran
si no evocaran trágicas
distancias y rencores
traspuestos, olvidados;

si tu mirada fuera
siempre la que un instante
–¡pero un instante eterno!–
es tu más honda entrega;

si tus besos no fueran
sino para mis labios
trémulos y sumisos;

si tu lenta saliva
no fundiera en mi boca
su sabor infinito;

Xavier Villaurrutia

si juntos nuestros labios
desnudos como cuerpos,
y nuestros cuerpos juntos
como labios desnudos
no formaran un cuerpo
y una respiración,
¡no fuera amor el nuestro,
no fuera nuestro amor!

[Publicado en El *Hijo Pródigo* en 1946 e incluido en *Canto a la primavera y otros poemas*, 1948]

Inventar la verdad

Pongo el oído atento al pecho,
como, en la orilla, el caracol al mar.
Oigo mi corazón latir sangrando
y siempre y nunca igual.
Sé por quién late así, pero no puedo
decir por qué será.
Si empezara a decirlo con fantasmas
de palabras y engaños, al azar,
llegaría, temblando de sorpresa,
a inventar la verdad:
¡Cuando fingí quererte, no sabía
que te quería ya!

[De *Canto a la primavera y otros poemas*, 1948]

Deseo

Amarte con un fuego duro y frío.
Amarte sin palabras, sin pausas ni silencios.

Amarte solo cada vez que quieras,
y solo con la muda presencia de mis actos.

Amarte a flor de boca y mientras la mentira
no se distinga en ti de la ternura.

Amarte cuando finges toda la indiferencia
que tu abandono niega, que funde tu calor.

Amarte cada vez que tu piel y tu boca
busquen mi piel dormida y mi boca despierta.

Amarte por la soledad, si en ella me dejas.
Amarte por la ira en que mi razón enciendes.

Y, más que por el goce y el delirio,
amarte por la angustia y por la duda.

[De *Canto a la primavera y otros poemas*, 1948]

[*Obras: poesía, teatro, prosas varias, crítica*. Prólogo de Alí Chumacero; Miguel Capistrán, Alí Chumacero y Luis Mario Schneider, recop. Luis Mario Schneider, bibliografía. México: Fondo de Cultura Económica, 1996]

Cartas a Salvador Novo

[junio de 1936]
Querido Salvador: Estoy en Pasadena. Mi dirección: 189 North Oakland St., Pasadena, Cal. Viviré aquí hasta el 19 de julio en que se vence mi contrato con la Fundación. Veo que estás desarrollando exageradamente el sentido de la equidad: si te escribo carta, me contestas carta; tarjeta si tarjeta. De veras extrañé no encontrar en Los Ángeles entre las cartas de los amigos las fieles tuyas.

Estuve encantado en New Orleans, una semana. Luego, un pesado viaje hasta Alburquerque donde vi a nuestro querido Kerchville,[5] casado con una hija preciosa llamada Francina, porque el padre es Franz y la

---

[5] Francis Monroe Kerchville.

madre Cristina. Se acuerda de ti con mucho cariño y no olvida que nosotros lo presentamos con Diego, de quien tiene tres buenos dibujos.

¡Qué cielo el de Alburquerque! No tienes idea. La gente es sencilla y buena, menos dulce, afortunadamente, que esta de California.

El ferrocarril otra vez: te dejé caer unas líneas en el Gran Cañón ¿las recibiste o se perdieron en el espacio sin fondo? Llegamos a Los Ángeles, directamente al Consulado de México, a recoger correspondencia. Cuando entro en un Consulado de México veo la muerte. Irremisiblemente. Está aquí de Cónsul uno de nuestros más encarnizados propagandistas, [Gómez Maganda] negrito del Estado de Guerrero, cursi, romántico, orador, proletario, y caballo al tiempo mismo que Cónsul. Se mostró amabilísimo conmigo. Yo le hice dos o tres chistes, con dos o tres filos. Todos esos [cabrones] nos temen y admiran en el fondo del alma.

A las primeras horas de cambio encontré en la calle nada menos que a Pérez Gavilán, ¿te acuerdas? Me preguntó por ti. Vive aquí como le da la gana, sin aquellos complejos que lo estaban haciendo desdichado en México. No he vuelto a verlo.

Nos instalamos en Pasadena en una casa en que viven unos chicos conectados con el Teatro de Gilmore Brown, adonde, se supone, hemos venido a observar los métodos de estudio.[6] Son encantadores. Algunos han estado en Hollywood o ansían estar. Cantamos, jugamos pick up sticks,[7] platicamos y callamos juntos. En el teatro de Pasadena se prepara el ciclo de Shakespeare, las piezas grecorromanas, una verdadera lucha. Hoy por la noche, Troilus. Seguirán César, Pericles, Antonio, Coriolano, etc. En esta escuela de teatro se trabaja infatigablemente. Hemos asistido a ensayos. La impresión general es buena. Pero hay algo irreductible, un "toque" de cursilería en el que se advierte que ya nos vamos acercando a México.

Fui a pasar el week end a Los Ángeles. Si la ciudad es fea de día, es maravillosa de noche. Ni en New York fluye, como aquí, el deseo y la satisfacción del deseo. [Parejas de todas clases. Night Clubs repletos de marineros, putas, lesbianas y todo el alfalfa cosmopolita (sin faltar

---

[6] George Gilmor Brown (1886-1960). Desde 1916 comenzó a dirigir un teatro local que devendría en el famoso Pasadena Playhouse, donde surgiría una escuela de actuación a finales de los años veinte. En su *Behind the Screen: How Gays and Lesbians Shaped Hollywood*, William J. Mann afirma que Gilmor fue una suerte de padrino para un grupo de actores varones a quienes guió hacia la fama.

[7] Evidente uso del slang gay inglés.

los filipinos de ojos taquigráficos, ni los hawaianos que tú conoces).] El viernes y el sábado las pasé sin dormir casi. El domingo no tuve fuerzas sino para volverme a Pasadena, con la mala suerte que tenía una invitación a cenar con el Mayor de la ciudad, y, luego, una conferencia a que asistir: la visita y la conferencia las viví entre el sueño y la fatiga. Me levanté tarde. Salí a tomar un poco de aire en esta pequeña ciudad perfecta por su ambiente, por su elegancia sin mancha, y te escribo ahora como si tuviera urgencia de volcar noticias que, al mismo tiempo, sé que te llegarán heladas.

[Recuerdo que Enrique me aconsejó que no me enamorara en este viaje. No quiero ni pensarlo; creo que el sábado me clavé con la chica más preciosa que puedas imaginarte. (Fink, que me vio hacer la conquista, se quedó atónito). Pasamos la noche juntos. Y quedamos de vernos el sábado próximo. Temo y deseo, a un solo tiempo, que no nos volvamos a ver.]

El caballero Usigli está un tanto neurasténico. Me pide que te salude.[8] Creo que está resentido porque no le escribes. Como italiano que es, desarrolla cuidadosamente sus resentimientos. Y, no en tu caso, naturalmente, cultiva pequeños odios y planea inocentes venganzas. Tiene buena memoria para recordar los desprecios que, dice, le hacen las gentes. Pero no sé por qué estoy hablando de esto que no viene al caso y que no tiene importancia.

Escríbeme y cuéntame cosas ¿Qué fue de la Medea de Séneca Unamuno comparada con la que tú y yo sabemos? Recibí carta de Roberto. Voy a procurar localizar los cigarrillos medicinales que quiere. Salúdalo. Pronto le escribiré. Dile a tu mamá que la recuerdo cariñosamente. Y tú, claro, recibe y guarda mi cariño.

Xavier

[Los Ángeles, junio 1936]

Recibí tu carta escrita en papel color paja, y luego otra en que tampoco dejas títere con cabeza. [Si la primera carta traía el nombre de no sé quien y la dirección de Altamirano, en cambio las postales con la vida y pasión de Shirley Temple pasaron peligrosamente por el Consulado. No creo que el Margarito Gómez se atreva a abrir la correspondencia.

---

[8] Rodolfo Usigli Wainer, considerado el padre del teatro mexicano, de padre italiano y madre húngara.

Xavier Villaurrutia

Por fortuna ya tienes mi dirección, y eso es lo que importa.]⁹

Creo que lo que dices acerca de la impaciencia de la curiosidad pública por mi regreso, es solo una figura retórica. Fuera de unas cuantas personas, mi regreso, como mi ausencia... Pero no voy a ponerme modesto.

Supe que Elías Nandino tenía un automóvil, y respiro ahora que me dices que tiene chofer, porque con esa cabeza no le iba a durar mucho el coche si se atreviera a manejarlo él mismo: ¡el bisturí es otra cosa!¹⁰ [Creo que las diferencias con las muchachas de Windsor, pasarán pronto, y que no tendré que fungir como paloma de la paz a mi regreso. Y, a propósito de palomas, de albos palomos, ya veo que Albo reaparece y que, Rómulo y Remo, se alimenta en las ubres de la loba romana. ¿Qué fue de los cadetes? ¿Qué se hicieron los Pontes y los demás? Has resuelto, querido Salvador, el movimiento continuo que es, como si dijéramos, el punto muerto: la verdadera inercia. Tienes tantos, que se te escapan; se te escapan, porque son tantos. Y esta sensación es la que se experimenta aquí en Los Ángeles, donde la belleza fluye, uniformemente uniforme, dejándote siempre una sed nueva. ¡Ni Nueva York (dicen que, apenas Chicago)!]

Vengo a este hotel todos los fines de semana: viernes, sábado y domingo. Voy a las playas los domingos por la mañana y me quedo allí, maravillado, hasta el anochecer. Agustín Fink fue mi cicerone,¹¹ y ahora está maravillado por lo pronto que he tomado el hilo para sacar el ovillo.

Los Ángeles no tiene belleza sino en la noche irresistible. Los night clubs son preciosos y en ellos descanso, bebiendo cerveza [con los marinos,] antes de emprender una nueva ascensión al cielo de mi cuarto, en el noveno piso.¹² Cuando crees que esa ascensión será la última de la noche, una tentación, una nueva oportunidad. No sé de qué color es el sueño de Los Ángeles, solo sé que estos son azules.

---

⁹ Los textos entre corchetes fueron expurgados de la edición de las cartas de 1966.
¹⁰ Por los comentarios de Salvador Novo en *La estatua de sal* sobre el gremio de los choferes y su *slang*, es posible que haya un segundo oficio en este ayudante del escritor y cirujano Elías Nandino.
¹¹ Término antiguo para designar a un guía turístico explicando aspectos de ineterés. Más que guía de la ciudad, Fink le ha indicado las posibilidades de la zona para encuentros sexuales. La expresión final del párrafo, "el hilo para sacar el ovillo", es un refrán que evidencia que Villaurrutia ha hecho un uso excelente de la indicación dada por Fink.
¹² Posible referencia al noveno cielo del paraíso en la *Divina Comedia*, de Dante (*Paraíso*, cantos XXVII-XXIX), donde residen los ángeles, lo que genera un juego de palabras con el nombre de la ciudad. La mención del color azul de esos "ángeles" se entiende mejor si se lee la versión no expurgada del párrafo por la que sabemos que se trata de marineros.

Vidas escandalosas

Algún día, presiento, vendremos juntos, a pasar unas semanas. ¿Estará Rivas Cherif[13] en México a mi regreso? Me interesa conocerlo. Y si él se interesa en mis cosas podría escribirle una pieza a la Xirgu. Tengo pensado y distribuido perfectamente el asunto. Y escribir teatro es lo único que no solo no me cuesta trabajo sino me divierte.

[Recibí carta de Marta. Me insinuaba algo de tus diferencias con Tinina que, al fin, se aclararon con tus noticias. Me alegro que se diviertan, a veces, juntos. Yo extraño a Marta, me habría gustado que realizaramos, esta vez, uno de sus incontables proyectos de viaje, le hubiera encantado aquí.] He evitado, cuidadosamente, los encuentros con las estrellas mexicanas de acá. No he visto los estudios sino por fuera.

Solo he conocido, dos veces, en diferentes lugares, con diferentes personas, a Tom Brown (¿has visto sus películas?) que me ha perseguido con la persistencia de una obsesión de paranoico. Entre las mil caras que se irán borrando cada vez más y más de mi memoria, surgirá la suya como una marca de juego, como un tatuaje indeleble de mi viaje a los Estados Unidos.

Espero recibir, todavía, cartas tuyas, te abraza

Xavier

[Tomado de *Cartas de Villaurrutia a Novo, 1935-1936*. México: Instituto Nacional de Bellas Artes, 1966 y fotocopias de las cartas conservadas por el Centro de Estudios de Historia de México. Fundación Carlos Slim.]

---

[13] Escritor, traductor y crítico español considerado uno de los directores escénicos más importantes de comienzos del siglo XX en España. Dirigió a Margarita Xirgu –a quien Villaurrutia enseguida menciona– en el estreno de *Yerma*, de Federico García Lorca, en 1934.

José Diez Canseco

José Diez Canseco Pereyra (Lima, 1904-1949)

Periodista y escritor peruano. Publicó una colección de cuentos y novelas cortas titulada *Estampas mulatas* (ediciones en 1930, 1938 y 1951), la novela *Duque* (1934). Fue militante del recientemente fundado partido aprista peruano y tuvo que exiliarse por motivos políticos. Es considerado uno de los fundadores de la narrativa urbana en el Perú.

Teddy Crownchield es el protagonista de *Duque*, novela que es la primera que tocará el tema gay masculino en el Perú, y que será reconocida como influencia clave en novelas peruanas posteriores como *Un mundo para Julius* de Alfredo Bryce y *No se lo digas a nadie* de Jaime Bayly. Sus personajes pertenecen a la alta burguesía limeña, un mundo lleno de privilegios que ocultan una profunda hipocresía heteronormativa, un mundo de doble moral donde no se castiga el pecado sino el escándalo. La novela se dedica a enumerar minuciosamente los elementos que componen el status social de los personajes: "Polo, Pitigrilli, Oxford, tenis, Austin Reed, cabarets, cocaína, pederastas, golf, galgo ruso, caballos, Curtis, Napier... ¡Teddy Crownchield Soto Menor, hombre moderno!" (21). El cruce entre descripciones costumbristas, narrativa vanguardista (donde la proliferación de voces intenta escapar de una narrativa lineal) y la represión del deseo homosexual configuran un espacio en el que las maneras y las fachadas exhiben el precio de la permanencia a esta élite. Precio que, finalmente, el protagonista no podrá pagar y que terminará empujándolo al exilio.

En su estudio preliminar a la edición de 1972, el crítico Tomás Escajadillo incide en las técnicas narrativas de la novela y en la descripción del mundo limeño elitista, así como en la abyección y decadencia de esta burguesía, pero elude profundizar en la representación de la homosexualidad a la que reduce a una "oscura aventura homosexual", sin considerar que esa represión es el eje del mundo representado.

Duque

VII

—Lleve usted al señor al cuarto del señor Teddy —ordenó doña Carmen a Toribio.

Este, precediendo a Carlos Suárez, que se despedía con una inclinación ligerísima de doña Carmen, siguió por el hall, deteniéndose un instante ante un aguafuerte que firmaba Doré.

Carlos Suárez Valle, punto final de una estirpe de hombres bravos y mujeres virtuosas. Rezago, un poco gastado, de una familia bizarra, noble, sencilla, cuyos abuelos se habían batido a las órdenes de Jaime el Conquistador.[1] El rostro rasurado, de mentón prógnata, aguileña nariz sobre un bigotillo de escobilla de dientes, ojos medio adormecidos, ancha frente, tenía a pesar de su vulgaridad, una dura expresión de altivez. Manos delgadas, finas, fuertes a pesar de su feminidad, fueron por su belleza objeto de burlas en los lejanos días del colegio de Jesuitas.

El arrendamiento de su hacienda en Ica le permitía a Carlos y a su abuelo, don Nicanor del Valle, vivir con un decoro discreto; encargar sus trajes a Poole (tenían la insolencia de desdeñar a Curtis)[2] e invitar, cada seis meses, una cena fastuosa en el amplio comedor de su vieja casona de la calle de San Ildefonso, en la que todavía lucía, esculpido en piedra, el viejo blasón de mote altivo: Cuidado, heme aquí...

—¡Buenos días! —grito Carlos desde el quicio de la puerta.

Teddy se despertó sobresaltado.

—¿Qué hora de dormir es esta, hombre?

—Nada, Carlos, una siesta racional...

—¿Racional? ¡Caramba, son las seis y cuarto!

—¡Demonio! Bueno, todo se ha perdido menos el honor. ¡Toribio!

—Niño...

---

[1] Jaime I de Aragón (1208-1276), su reinado marcó el nacimiento de una conciencia territorial en las reegiones aragonesa, valenciana y en los condados catalanes.

[2] Henry Poole, sastrería londinense fundada en 1806 y que creó, por encargo de la corona inglesa, varios de los estilos semi-formales e informales de trajes masculinos populares en la moda de comienzos del siglo XX. Hawes & Curtis, también reconocida por sus camisas y trajes, es una firma menos antigua —fundada en 1913— que no recibió encargos similares hasta 1922. Ambos forman parte de una serie de referencias a objetos, marcas y costumbres propias de la época que conforma en sí misma una curiosa colección.

—Sírvenos el té. Saca mi traje gris. ¡El de franela, hijo!

Carlos contempló sonriente a Teddy, admirando la armonía de sus líneas fuertes y gramosas. Este saltó del diván, abrió los brazos y bostezó.

—Voy a bañarme. Cinco minutos, *old chap*,[3] y listo, ¿quiere?

Suárez Valle observaba curioso el menaje del dormitorio. Se acercó al tocador y tomó un frasco:

—Leche Innoxa![4] Esto es femenino...

Una copia de Fragonard le detuvo extasiado. Más allá, cerca de la ventana, una cortina quería velar unas nieves de Foujita.[5] Tras la puerta que separaba el baño, se oía el fofo fregotear de la esponja. A poco salió Teddy envuelto en una sábana.

—Ave, Carolus, ¿qué novedades?

—Qué serie de ingredientes raros tiene usted aquí, Teddy...

—Y todos absolutamente indispensables para explotar el físico...

—¡Ja, ja! Lo que tenemos que hacer es afearnos, porque apenas nos ponen pantalones largos, somos buenos partidos... En Lima la pesca es ya una institución familiar. Felizmente, yo he tenido la suerte de escurrirme de entre ¡cuántas redes! Y, oiga, Teddy, Beatriz Astorga, a quien encontré, en el Centro, me encargó decirte que estaba invitada a tomar el té donde las Matos Silva, en La Punta, y que luego saldría con Teresita Matos, ¿no la conoce?, a quién me adjudica para hacerles compañía...

—¿Teresa Matos?

—Sí, hombre, hermana de Leonor.

—*My Christ*! Esto va en serio... Oiga, Carlos, hijo, yo tengo miedo de que esto se complique —murmuró Teddy rociando el pañuelo.— ¿Vamos?

—¡No, hombre! —consoló Carlos tomando del brazo a Teddy que le llevaba al comedor.— Estas son cosas indispensables para una muchacha: usted está recién llegado de Europa, trae un ropero completo; hay un prestigio de millones, de haciendas, de acciones, de Napier y Citroën;[6]

---

[3] Expresión arcaica británica para refereirse afectuosamente a un hombre que hoy se utiliza para nombrar al pene.
[4] Crema limpiadora e hidratante. Una publicidad de 1932 la describe así: "Limpia, suaviza y nutre el cutis. Indispensable a las señoras que utilizan polvos, coloretes y fards", lo que explica la conclusión de Suárez Valle.
[5] Léonard Tsuguharu Foujita (1886-1968), pintor japonés radicado en Francia que aplicó técnicas japonesas a temas y estilos occidentales.
[6] David Napier & Son Limited, pioneros de la industria automovilística británica, activos entre 1900 y 1924. El color verde adoptado por la marca en 1902 se convirtió en el *British racing green* de los autos de carrera de ese país. Citroën, fundada en 1919, se ha destacado también tanto en la construcción de autos comerciales como de competición.

Vidas escandalosas

de... ¡qué se yo! Usted viene a ser para ella el motivo de envidia de sus amigas, y el muchacho agradable que baila bien, que es fino, que es galante, que invita, y... ¡nada más! Es una exageración suya eso de asustarse...

–Sí, ¿pero su padre?

–¡Bah! Astorga es un buen hombre que solo tiene un vicio: los muchachos...

–¿Y le parece poco?

–No, pero... le gusta y se acabó.

–Y, ¿usted?

–No, no me gusta; esto es todo. Si me agradara, lo haría. Estas cosas de moral son cuestiones de costumbres, de climas, de conveniencias... A más de que "eso" no es sino una facultad, ya muy generalizada, de apreciar otro género de belleza a más del femenino. Todas las cosas bellas llevan en sí la facultad de despertar un deseo de posesión: un caballo, un cuadro, un traje, una mujer, un florete siempre nos sugieren el deseo, más o menos furioso, de que sean nuestros. Carlos es un buen sujeto y Beatriz es magnífica.

–Hombre, usted ve el "asunto'" con una tranquilidad...

–No, no es tranquilidad. Me doy cuenta que ello es... sucio, asqueroso, ¡lo que usted quiera! Pero que entre ellos hagan de su capa un sayo no tiene por qué asustar a nadie, absolutamente a nadie.

Llegaron al comedor. Carlos se detuvo maravillado ante un bodegón de Cézanne, espeso, caliente, luminoso.

–¡Qué maravilla, señora!

–Bello, ¿verdad? Es regalo de Sybil Trevillian, una duquesita inglesa, linda como una virgen.

Doña Carmen servía té de una tetera china, en unas tacitas de Wedgewood.[7]

–Señora, tiene usted un gusto exquisito. Estas tazas son maravillosas. En este comedor tiene que despertarse un apetito...

–Fatal –apuntó Teddy.– Yo he aumentado dos kilos y mamá uno.

–¿Leche, Suárez?

–Sí, señora, gracias. Ya, es suficiente. Gracias.

---

[7] Fabricante inglesa de porcelana y accesorios de lujo fundada en 1759.

Serena, enlutada, con el cerquillo cayéndole sobre las cejas depiladas, tenía ese no sé qué altanero y sencillo a la vez, que hacía pensar a Suárez, que la contemplaba extasiado: "buen bocado"...

–¿Y qué tal, Lima?

–Bien... Esto es agradable por sencillo. La gente es buena, insulsa, cariñosa. Me parece que nunca hubiera estado aquí antes, y a pesar de serme desconocido todo esto, no salgo: me voy sintiendo vieja.

Carlos protestó risueño, halagando la serena belleza de Mrs. Crownchield. Sí, debía dejar el traje negro. Si se había permitido la melena, justo era que se permitiese colores claros, alegres.

–No, amigo mío: de los cuarenta para arriba, luto perenne, azul o negro, por la Juventud que se fue... A más de que el negro me encanta, y me queda muy bien. En cuanto a la melena, es cuestión de comodidad, de frescura, y... ¡rejuvenecerse!

–*Sure, mamy*, vas teniendo razón, pero en cuanto a la juventud –prosiguió Teddy dirigiéndose a Carlos– ¡cuántas quisieran tener la frescura y la alegría de esta señora, ¿verdad, Carlos?

Carlos aseguró que a la señora de Crownchield la hubiera tomado por una muchacha de veinticinco.

–*Mon Dieu!* –se asustó doña Carmen.

Tan discreta, tan elegante, de tan buen gusto, con esa alegría, con esas manos, sin arruga, y ese camafeo rojo en el índice derecho, y la disposición de la casa...

–¿Le gusta? En París tenemos cosas lindas, ¿verdad Teddy? Muebles viejos que me llevé de casa, armas, lozas de Talavera, huacos, sedas de Manila, ¡qué sé yo! He ordenado que me lo envíen todo, y en cuanto eso llegue, se viene usted a almorzar para que conozca mi *bric-à-brac*.[8]

Interrumpió Claudio, dirigiéndose a Teddy:

–Niño, allí hay un señor que le busca.

–¿Sí? ¿Quién es?

–Dice que es el Único...

Carlos y Teddy soltaron una risotada ante el pasmo de doña Carmen.

–Que pase.

---

[8] Expresión propia de la era victoriana referida a una colección de objetos valiosos, raros o curioso.

Reluciente de polvos y brillantina, con un enorme cigarro puro, y el eterno traje azul, lleno de manchas, se presentó Rigoletto que saludó desde la puerta:

–¡La reina madre! A los pies de su merced, señora... ¿Cómo estás, príncipe? ¡Don Carlos Suárez y del Valle, nombre ilustre en las letras y en las artes!

–¿En las letras? –inquirió doña Carmen, ante la sonrisa de Carlos.

–Sí, señora: Carlos es un fino escritor y un fino crítico, pero en este ambiente de mazamorra aguada... Bueno, ¿yo no tomo té?

Doña Carmen rio encantada con el desparpajo de Rigoletto. Luego le pidió permiso para llamarle así, Rigoletto.

–¡Ya lo creo, señora! Llámeme Rigoletto y don Pedro. Y no me quite el don que es lo único decente que me queda... ¿Ustedes van a La Punta? Pues, yo también; tengo que hacer en La Punta.

–¿En La Punta, tú? –preguntaron simultáneamente Teddy y Carlos.

–Sí, muchachos... Tengo el alma triste, y voy a reconfortarla, a saturarla de alegría y entusiasmo con el espectáculo del crepúsculo iluminando el Frontón...

Una salva de risas hizo temblar las tazas. Luego, todos reprendieron la crueldad del bohemio que explicaba arrogante:

–Las cosas, por su nombre: ¡el que no mata, muere! Además, esto dura, y, de otro modo, me costaría un trabajo inmenso hacer creer a los que vengan en la efectividad de mis servicios y en la incondicionalidad de mi adhesión... ¿Nos largamos?

Doña Carmen los despidió con un destello de la esmeralda de su anillo, y el tin-tin de sus pulseras. Ya en el auto, Rigoletto aulló galante:

–Señora, disponga de todo lo mío, pero no de mi vida: ¡me debo a América! La prueba la tiene usted en que mis biógrafos se están matando en la búsqueda de mi padre: todos lo ignoran: ¡yo, también!

Partió el coche, y, como una serpentina, les siguió unos instantes la risa de doña Carmen que se desenvolvía ligera y frágil. Al minuto de marcha, don Pedro tuvo a bien descender de su actitud olímpica para ordenar al *chauffeur*:

–Román, a La Punta.

–Bueno, ¿a ti qué te lleva a La Punta? –inquirió, severo, Suárez.

–Te diré: a pesar de que una confidencia es siempre una "buitreada" sentimental –así dice un amigo mío– voy a hacerla por especial deferencia.

—Cuidado con que ensucies el carro –advirtió Teddy.
—No: voy a prestigiarlo: ¡amo!
Una bulla de las risas reventó en el auto.
—¿Y a quién, angelito de Dios?
—Os diré, garzones: en una dorada tarde de enero...
—¡No me vengas! ¡Desembucha y rápido!

Rigoletto se dio un beso largo tenue en las puntas de los dedos apiñados, y murmuró con los ojos en blanco:

—Un hermanito de Pepe Camacho... ¡Ay, Carlos! Recita algo, ¿quieres?

Teddy y Carlos le llenaron de insultos. Un asco, si señor, un asco. ¿A esa edad con esas cosas? Positivamente, asqueroso. Era absurdo, inexplicable que siguiese en ese plan cochino.

Dulcemente, con ternura, repuso Rigoletto:

—Sus dieciséis años me limpian de toda mancha... Voy a entrar en el reino de los Cielos...

—Pero, ¿no te da vergüenza? –se sorprendió Teddy.

—Nene –replicó Rigoletto,– ¿tú no has estado en Oxford? ¿Y cuántas veces te habrán sorprendido en las "bombitas" que te dabas en París, y después cuando dormías esas borracheras, pero... ¡es cierto! Ni en el colegio, ni borracho, ni dormido, vale.

Suárez Valle se amoscó de veras.

—Oye, tú: cállate y basta de bromas de mal gusto. Esas porquerías están fuera de todas las bromas y de todas las frases. Es inmundo, y me quema la sangre esa soltura de huesos que tienes. Cállate, hazme el favor.

—Ya está, cholito, no te calientes –apaciguó Rigoletto, y acordándose de la inmensa y bigotuda Lucila Menacho, gritó con un gesto de cabrón avieso y sazonando la frase, con ajos:

—¡Me muero por Lucy Menacho!
Incontenible, estalló la carcajada.
—¡Este Pedro!
—¡Este Pedro!

XII

Calle de la Amargura. De los balcones –barroco morisco– escapa el jazz negro: saxofón, timbales, violín –gato que maulla.– A lo largo de la calle, libreas lujosas comparan sus coches y sus señores. El municipal pita,

Vidas escandalosas

desesperadamente, ordenando el tránsito. La noche –zamba cálida y constelada– baila sin ruido de manera que hace titilar sus joyas altas. Ancho patio: madreselvas, jazmines, surtidor morisco, jarrones de barro con palmeras enanas. Joaquín Matos Silva recibe en la pechera del frac la gomina de los concurrentes. Servidumbre del Palais atiende con champagne la sed exquisita del concurso. Dentro, en el *hall* orlado con duros sillones de baqueta cordobesa y plantas lujosas, las parejas apresuradas confunden sus perfumes, sus locuras, sus gulas; sus lujurias. Todo refinadísimo. Aquí la gente defeca *chic*. En los amplios salones –retratos de antepasados supuestos, escudos heráldicos, arañas de cristal, muebles dorados, alfombras espesas, platas y porcelanas– se despereza el mah-jong.[9] Chistes que todos saben y que ríen como nuevos. En el *buffet*, pleitos por el *foie-gras*. Vuelan los *sandwiches*.

–Dos diamantes...
–Dos de royal...
–Bien... Bien...

Es el bridge en el que sintetizan su britanismo de exportación los mulatos de este lado de América.

Queta Saldívar, la esposa del diplomático en vacación perenne, narra –gruesa voz, ademanes plebeyos– cuentos verdes que el champagne sazona. Doña Leonor de Matos luce cuarenticinco años descotados, lujuriosos, deslumbrantes. Un corro, de seis señoras, esgrime su látigo de risas que restallan. Luz, perfumes, jazz, mah-jong, pebleyismo, champagne, *flirt*, bailarines sudorosos: ¡fiesta limeña!

En el billar, Carlos y Ráez paraban una "pinta". Jamonas bullangueras, solteronas flacas y esmirriadas. Una dama divorciada y lesbiana. Con su *ad-látere*.[10] Dos hermanas, altas, granujientas, escandalosas, antihigiénicas. Al entrar esparcieron un olor a ropa sucia. Ráez pagaba "pintas sencillas" y cobraba "puertas".

–¡Esa media libra, al azar!
–¿Aquí?
–No, ¡al azar!

Quina y sena. Siguió el juego. Gritos sin compostura. Lío por una parada.

---

[9] Juego de mesa chino desarrollado a finales del siglo XIX y expandido por el mundo a comienzos del XX.
[10] Adlátere: persona subordinada a otra de la que parece inseparable.

—Perdón, hija: era mía...
—¿Sí? Discúlpeme cholita...

Un tipo, casi joven y casi viejo, solterón y *clubman*, ganaba siempre con una suerte de cabrón, al decir de Ráez. Beatriz insistía en la suerte. Ganaba. De pronto, expectación; una señorita, sexagenaria y emperifollada, entró derramando frufruses de sedas y taconeos fuertes. En el antebrazo regordete y zurdo, lucía, entre esclavas de marfil y oro, tres relojitos pulseras. Todos la rodearon piropeándola. Se esponjaba la pavona en regocijos antañones. Maniquí del año 90. Disfuerzos infantiles en la carita pintarrajeada. Muestra de rizos y perifollos de peluquería de Malpartida. La Pompadour.[11] Risas y bromas. Chunga y bullanga. Reiniciaron el juego. Otra vez, discusión por una puesta. Carlos paró el juego:

—Paso la mano.

Hicieron las cuentas. En la gaveta de Ráez faltaban cuarentitrés soles.

—¡Habré pagado de más!

Carlos le miró fijamente.

—No le hace, viejo, no le hace...

El solterón ganancioso tomó la banca. Carlos y Beatriz se alejaron hacia un patio interior. Guirnaldas, tango, luz tenue, besos voraces en la sombra propicia...

—Aquí hay más paz...

Allí charla Beatriz, contándole al amigo de su amante, la historia —sesentisiete días— de sus amores. Cuenta también —elegante impudicia de las amistades antiguas— el paso definitivo que, en el golf, diera, y pide una solución al grave problema de una posible maternidad ilegal. Carlos sonríe:

—¡Bah! Un purgante, una sonda, y aquí no pasó nada. En lo sucesivo, preservativos de caucho.

—Sí, pero es grave ...

—Haberlo pensado, querida. Además, yo no soy de la profesión. En último caso, casarse.

—¿Casarme?

—¡Claro! Es el único medio legal de acostarse con un hombre.

—Pero papá se opone...

---

[11] Peinado que toma su nombre de Madame de Pompadour, amante de Luis XV de Francia.

—¿Se opone? ¡Hum! Bueno, y a ti, ¿qué? ¿Es él quien va a tener el hijo si tú sigues en tus relaciones con Teddy?
—Puede que sí...
Doble carcajada enorme.
—No seas cínica.
—*Mon Dieu*! Tú lo sabes por tu abuelo. Papá a la postre no resultó ser sino el marido de mamá... Me enteré por unas cartas que la pobre dejó al morir. Pero yo no puedo romper con él, porque, para mi matrimonio con Teddy, él es el apoyo económico.
—Entonces, rompe con Teddy.
—¡Nunca! ¡Lo adoro!
—Hasta que te canses. Pero, Teddy es rico y no necesita la autorización de tu padre.
—¿Y el escándalo?
—No seas cínica.
Y bailaron.

En el Packard de Astorga, llegaba éste con Crownchield.
—¿Qué tendría? Salvo que un prejuicio religioso...
—No, eso no...
—¿Entonces? Yo no te pido sino una amistad cierta, real, sin prejuicios.
—La tienes...
—Sí, pero de lejos. ¿No comprendes que en esto hay una locura de la cual no puedo —¡y no quiero!— escapar? Yo no te pido la brutalidad de... eso que adivinas. Te pido la... cosa efusiva de dos amigos que se estiman, se quieren, con un poco de más altura y sinceridad que esta gente estúpida que no ve en "esto" sino la brutalidad inmediata, perentoria. Esa misma amistad de los griegos...
—¡No me vengas con literatura!
—No es literatura. Es ¡todo!
Llegaron.

Don Joaquín Matos reprendió a ambos por la tardanza inexcusable. Ellos sin embargo, formularon una excusa. Entregaron los clacs —fichas 114 y 115— y prosiguieron. Saludos. Doña Leonor tuvo una especial galantería, repetida hasta ese momento 115 veces, para Teddy.
En esto, las parejas invadieron el salón y ya no hubo juego. Todos, en una furia de júbilo, empezaron a bailar al descompás bullanguero

de la orquesta cubana. Carlos entregó su pareja a Teddy. Y en medio del laberinto rutilante, en un abrazo apretado y violento, Teddy se llevó a su hembra, a su hembra suya, que una mañana había tomado, con un relincho de potro en celo, sobre la hierba humilde de un campo lejano. Y la concurrencia –frases y descotes– medio borracha de champagne y lujuria, siguió girando furiosamente, vertiginosamente, bajo la dulce mirada del Corazón de Jesús, a quien estaba consagrado el hogar dignísimo de los señores Matos Silva.

Cuando terminó la fiesta –cuatro y veinte de la madrugada– Queta Saldívar, ataviada con lujoso mantón de Manila, en medio de un círculo asqueado, vomitó champagne, cremas, pavo trufado, cuentos verdes, a consecuencia, decía su marido que la sostenía la frente, de su estado interesante...

XVII

¿Cómo fué? ¿Cómo pudo, rápido y astuto, rendir al mozo? ¿Cómo fue que él, Roberto Crownchield Soto-Menor, ocurriera al sucio cubil donde le aguardaba el sucio demonio sodomita? ¿Cómo fue que, amante de Beatriz, se rindiese al inexplicable influjo del casi padre de su hembra?

Lo cierto es que fue. Astorga le espera con un lunch copioso: *sandwiches* y licores fuertes. Bebieron primero. Luego, con el pretexto del calor se despojaron del saco. Tornaron a beber. Astorga aprovecha del otro su débil resistencia al alcohol. Una vez encandilado, todo fue sobre rieles.

¿Vergüenza? No. Solo cierta inquietud, cierto vago desasosiego. ¿Si lo llegaba a saber Beatriz? ¡No, nunca! Las mujeres no se dan cuenta de ciertas cosas. Astorga dividió su gula entre Petronio y Teddy. Y tan tranquilo. Nada de aspavientos. Era, para ambos, natural y sencillo.

Y así prosiguió el amancebamiento. Cambiáronse retratos y recuerdos, una pulsera, un reloj de mesa, libros, bastones, un prendedor. ¿Vergüenza? Y luego una labor de zapa de celos y cierto rubor inexplicable –para alejar a Teddy de su hija. Estaban juntos a todas horas. Suárez Valle iba a casa de Crownchield sin encontrarle nunca. ¡Tanto mejor! El otro absorbía absolutamente la vida del mozo que, una vez caído, no trepidó en seguir el curso de la voluntad astuta y ambigua del otro. Así pasa hasta en los tangos.

Vidas escandalosas

Hablaban libremente. Se contaban sus impresiones, sus sensaciones, sus anhelos. Algunas veces, muy pocas, Astorga habló de un retiro donde vivir al margen de la ciudad chismorrera y pacata. ¡Un idilio!

Quand on prend du galon on n'en saurait trop prendre. Y seguían bebiendo. Un pecado, sea cual fuere, si no lo hemos cometido, nos asombra hasta lo infinito. Una vez realizado, la desilusión de saber que no era tanto. Y así, ante el testimonio indiferente de Petronio, ambos siguieron el diálogo socrático. Nunca, pero nunca, ni el menor desaire y ni la más pequeña censura. Nombre y fortuna les ponían al margen de reprobaciones.

Una tarde, Astorga puso fin a esto. En el cubil de la Avenida Grau, puso un espejo ante el diván. ¡Y se vio! Vio allá. en el fondo de la luna impasible, el acoplamiento de dos hombres. No, no eran él y Astorga. Eran otros a quienes él no conocía y acaso por esto le pareció más asqueroso y peor. Para no ver hundió la cara, roja de ira, entre los brazos sin vellos. El otro jadeaba en una angustia de delicias. ¡Un asco! El bigotillo de Astorga le picaba en la mejilla. Luego, le mordió.

Al salir, Teddy no quiso ir en el auto con el otro. Tomó un coche cualquiera, y velozmente; sintiendo vergüenza de que la gente le viese, corrió desatinadamente a su casa. Se encerró. Duque dormitaba a los pies de su lecho.

—*Get out!*

Meneando la cola, el perro se marchó cabizbajo. ¿Era posible? ¡Y tanto! Allí, en esa mesa, guardaba el retrato de Astorga con una dedicatoria: "A ti, Teddy, en cuyo espíritu he evocado el mito dulce de Narciso. Carlos". ¡Sí, allí estaba! Y ese retrato, esa dedicatoria, habían sido dirigidos a él, ¡a él! ¿Que no tenía importancia? Desde luego, pero era inmundo, inmundo. Recordó todo: las primeras frases ambiguas sobre la amistad; los piropos a su buen gusto, a su figura sobre el caballo, a sus corbatas, a su agilidad en el tennis, a su elegancia en el baile. Todo, todo para esto. ¡Ira y asco!

Y se acusó en furia pueril y tonta:

—Si un tipo nace invertido, ¿qué va a hacer? ¿Pero yo? ¡Yo, no! Yo he nacido normal, bien constituido. Entonces, ¿por qué caí? No fue sino la labia del otro que me rindió, que me ensució en esta abyección. ¡Demonio, demonio! Pero eso sí, nunca más. *God dam!* ¡Nunca, nunca!

¿Pero acaso no sabía que no reincidir no significaba nada? El hecho cometido no se lo podía perdonar el no repetirlo. Repetirlo no hubiese sido enfangarse más. ¡No! Ni Wilde, ni Verlaine, ni Miguel Ángel, ninguno disculparía ni con sonetos ni con novelas el acoplamiento de dos hombres. Y eso, ¡demonio!, ya estaba realizado. Y no fue una vez: treinta y ocho días, ¡treinta y ocho días mancebo de un hombre!

¿Cómo iba a presentarse a Beatriz? ¿Con qué desfachatez inédita la tomaría de nuevo, a ella, a la hembra que así se le había entregado, naturalmente, según la apacible ley de Dios? ¿Qué significaban su sexo, su inteligencia, su señorío, si un cualquiera, con dos frases, le había rendido en el diván perfumado de una *garçonnière* cualquiera? ¡Asco tremendo: treinta y ocho días!

¿A cuál amigo le tendería la mano sin sospechar una censura? No; censura, no. Su fortuna, su posición, le ponían a salvo de cualquier reprobación, ¿pero la lengua de Lima? Él sabía que esos pecados en sus años de colegial eran disculpables, no por ignorancia, sino por sus pocos años que le ponían en condición inferior a otros mayores. Él sabía que si había soportado esa vergüenza, allá en París, fue para no soportar una paliza. De esos malos pasos no tenía él culpa alguna, pero ¿ahora? Ahora, con veinticinco años, mozo corrido, frecuentador de entretenidas y cabarets, ¿qué disculpa podría alegar? ¡Inútil la vergüenza ¡y todo inútil!

1934

[*Obra narrativa completa*. Lima: Amaru Editores, 2005]

Emilio Ballagas

(Camagüey, 1907-La Habana, 1954)

Autor de varios poemarios y artículos sobre la poesía vanguardista y, particularmente, el negrismo. La recopilación de su obra poética la inició Cintio Vitier un año después de la muerte del poeta. Posteriormente se han publicado *Obra poética* (Letras Cubanas, 1984) y *Obra poética, Edición autorizada* (Lulu Publishing, 2012), siendo esta última la mejor de ellas. Su obra fue inicialmente aclamada dentro de la corriente negrista por su *Cuaderno de poesía negra* (1934), pero luego Ballagas se apartó de esa línea y se integró a los poetas que conformarían el grupo Orígenes. A pesar de esas filiaciones, Ballagas posee una voz poética singular y preocupaciones alejadas de la teleología insular de ese grupo de poetas. En 1951 obtuvo el Premio Nacional de Poesía por *Cielo en rehenes*, un libro que no vio publicado. Los poemas que se incluyen en esta selección corresponden a la última etapa.

El *outing* de Ballagas comenzó casi inmediatamente después de su muerte. Primero, sugestivamente, en las páginas de Orígenes, quien le rindió homenaje en su tercer número de 1954 publicando varios de los poemas del inédito Cielo en rehenes (entre ellos, "Soneto agonizante", que se incluye en esta selección). Los poemas vienen presentados por una nota en la que se reproduce el exergo de John Donne que Ballagas colocó al inicio de la última sección del libro: "Aunque enmascares tu rostro con nubes de ira, a través de esa máscara reconozco Tus Ojos". Un año después, en septiembre de 1955, Virgilio Piñera lo aborda directamente en *Ciclón* con su "Ballagas en persona", un ensayo que responde a lo que Vitier ocultaba en el prólogo a la *Obra poética*:

> La verdad es que Ballagas nunca "hizo trizas su copa de escanciar la tragedia". Lo quiso con todas las fuerzas de su alma; para hacer trizas esta copa dio pasos decisivos: se casó, tuvo un hijo, complicó su religiosidad –todo eso, debemos aclararlo en honor suyo, hecho con entera sinceridad, con verdadera grandeza de alma [...] La lucha de Ballagas no era con la sociedad sino consigo mismo [...] Su inversión sexual se le presentaba siempre y únicamente a título de pecado, de "pecado nefando". Todos sus actos, comprendiendo en esos actos su obra entera, son el reflejo de esa lucha a brazo partido con el pecado. (42)

Vidas escandalosas

Como muestra del cambio de aires en la política cultural cubana, Piñera elimina este argumento de su colaboración ("Permanencia de Ballagas") para el número especial que *Lunes de Revolución* dedicó al poeta en septiembre de 1959.

De otro modo

Si en vez de ser así,
si las cosas de espaldas (fijas desde los siglos)
se volvieran de frente
y las cosas de frente (inmutables)
volviesen las espaldas,
y lo diestro viniese a ser siniestro
y lo izquierdo derecho...
¡No sé cómo decirlo!

Suéñalo
como un sueño que está detrás del sueño,
un sueño no soñado todavía,
al que habría que ir,
al que hay que ir,
(¡no sé cómo decirlo!)
como arrancando mil velos de niebla
y al fin el mismo sueño fuese niebla.

De todos modos, suéñalo
en ese mundo, o en este que nos acerca y nos apaga
donde las cosas son como son, o como dicen que son
o como dicen que debieran ser...
Vendríamos cantando por una misma senda
y yo abriría los brazos
y tú abrirías los brazos
y nos alcanzaríamos.
Nuestras voces unidas rodarían
hechas un mismo eco.
Para vernos felices
se asomarían todas las estrellas.

Emilio Ballagas

Querría conocernos el arcoíris
palpándonos con todos sus colores
y se levantarían las rosas
para bañarse un poco en nuestra dicha...
(¡Si pudiera ser como es,
o como no es... en absoluto diferente!)

Pero jamás,
jamás.
¿Sabes el tamaño de esta palabra:
Jamás?
¿Conoces el sordo gris de esta piedra:
Jamás?
¿Y el ruido que hace
al caer para siempre en el vacío:
Jamás?

No la pronuncies, déjamela.
(Cuando esté solo yo la diré en voz baja
suavizada de llanto, así:
Jamás...)

De *Sabor eterno*, 1939

Retrato de tu voz

En tu armoniosa voz un gamo herido
que fue cisne y por fin alza una rosa
de ruiseñor risueño que soñara
con una pausa musical de alondras.
En tu silencio: un lirio convertido
en luz quebrada y en Jacinto antiguo
(Y bajo la neurosis del cabello
el cisne roto y el doblado lirio.)

Para que las ventanas desperecen
distancias de cristal, formas de cielo,

Vidas escandalosas

agualuz estelar, vastos espejos
y áulicas naves en azul fugadas
donde el tiempo sus pasos aproxima
al leve corazón; tus manos tienen
dedos que distribuyen en el aire
rumor de abejas tristes y cerezas.

Levantas desde el pecho en mármol puro
la esbelta luz, y el ónice sagrado.
Campanas cuyo grave peso anula
la voz dulce que su entraña modula.
O el aletear de espumas por la niebla
que convoca a los ángeles tranquilos.
Levantas o desmayas tu figura
de danza fatigada y escultura.

Riges, desde los labios, tus luceros,
tus pinos soñolientos, tus gacelas;
el palomar donde la tarde posa
su pie descalzo; la suntuosa brisa
que desnuda la frente del efebo
soñando torres donde izar el sueño.
Todo lo riges. (Y la mar en llamas
de azul, arde delgada en tus pupilas.)

Tus pupilas, que el Príncipe llamaba
desde su vasta púrpura cansada.
Tus pupilas que el sol enajenaron
para soñar en dobles claridades.
Tus pupilas que el ciervo adolescente
ocultó en un suspiro resbalado
hacia la tierra donde el llanto llora
desde amargas pupilas solitarias.

¡Oh! enamorada voz que te derramas
por bóvedas de luz y altas campanas.
La muerte se detiene en las arcadas
del puente de tu sangre y ejercita

Emilio Ballagas

su misterioso dédalo de cítaras,
de maderas doradas y arpas breves.
Porque conduces un sencillo coro
de desnudas muchachas y donceles.

Porque vas en sandalias hasta el templo
donde el vino sus furias apacigua
y abre rosadas vetas donde oficia
el amor nuestras carnes redimiendo.
Parajes mudos donde las parejas
transfiguradas por el vino esperan
inventar la sonata de un suspiro
y herir las cuerdas de olvidado beso.

Porque de nuevo torno, remontando
la corriente hasta el gamo que agoniza
y entre las frondas de su sangre tierna
tu voz erige y tu canción de alondras;
garganta de coral; nido de arenas
que cantan dialogando si las hieren.
Qué temblor de apresarte en poesía
en melódica red y luz redonda

¡En voz para caricia de la frente!

15 de junio de 1942

Declara qué cosa sea amor

(fragmentos)

I

Porque el amor no es cosa triste
sino la luz, la luz hasta cegarnos
en otra luz en que la sangre danza
levantada en las velas más veloces

Vidas escandalosas

o en flamígeras alas,
sobre la entera tierra enamorada.
Esto debiera ser y no lo otro.
Porque el amor no es esa cosa triste,
ese escuálido aullido
de famélicos lobos extraviados
o de perros
aprendices de lobos.
Esa carpa difunta, viscosa, irrespirable
pesadamente muerta entre las moscas,
manchada por la tierra de la orilla.
No es este dolor sucio de los días
en que resbala lenta la llovizna
igual que un lloro de pupilas ciegas,
ciegas pupilas, purulentas llagas,
muñón sanguinolento de miradas,
donde la luz se encharca o donde en vano
llaman golpeando el sol, las rosas, los colores...
(Ojos deshabitados de la gloria, ojos sin luz como las almas húmedas,
que juegan al amor y lo profanan.)

No, no es esa llovizna
que pone telarañas, polvo agrio en el aire
y un lodo apenas lodo en los zapatos;
agua manchada que no llega a cieno.
(Una avispa cruzada en la garganta).
Porque el amor, Dios mío, no es llovizna
sino una blanca lluvia arrasadora.
Relámpagos y ráfagas.
Reino vivo del agua.
Porque el amor es otra cosa, un Río.
Una dormida playa suspirante
con esbozos de cuerpos que respiran
bajo su blanca sábana de arenas.
Mareas que sostienen la alegría
flotando azul arriba, luz adentro;

Emilio Ballagas

esplendoroso mar, cielo marino
en que citéreas islas
de nubes arrobadas se extasían
soñando ser eternas mientras mueren
lentas, desvanecidas por la brisa.

Porque el amor es como un gran caballo
de espadas con las crines de diamante.
Una elevada llama, una columna
de fuego. Un arcoíris
triunfal para que mozos y doncellas
desfilen enlazados por los talles.
El amor es un árbol sagradamente quieto
bajo el agobio de sus frutos castos
con el secreto peso de su sabor entre las hojas.
Su augusto trono de dulzura.

II

Porque el amor es esto, es esto, es esto:
la luz gloriosa sobre las santas bestias de la tierra.
Un pájaro que pica una fruta madura
hiriéndola de gozo, penetrándola
del dulcísimo canto silencioso,
del leve pico azucarado.

Porque el amor es himeneo. Es canto;
voz perpendicular de cielo a Cielo;
la horizontal del lecho, las cámaras nupciales
tibiamente alumbradas por los besos;
arpas de fuego, cítaras de agua.
Y en medio de su pueblo
El Señor convirtiendo el agua en vino.
Que es esto y no es aquello. Es una rosa
dormida entre los dientes...
Porque el amor. Muy pocos lo sabemos;
todos creen que lo saben. ¡Nadie sabe!,

Vidas escandalosas

es esto y no un silbido de serpiente podrida
con un perro de opio en la mirada.
No es el vaho asqueroso en la mirilla;
torvo celestinaje de entresuelo
donde oficia una larva destruida,
llanto de velón triste que en su propia lascivia se consume
llanto de grifo roto
y comadrejas que del sol se esconden.
No, no es eso, no es eso, pasadizos
oscuros por las ratas frecuentados.
Porque el amor no es esa cosa inmunda
de carne opaca y afilados dientes
de mágica mentira y flor de trapo
pavoneándose en un tallo de alambre.
No es esa piedra falsa, esa vidriosa
solicitud de baba o de ceniza.

Porque el amor no es un resuello impuro
detrás de una cortina envenenada.
Torpe moneda, alacranado labio
bruja y raposa a un tiempo.
Un árbol de miseria y de escondrijo
cuaja esos frutos y los alimentan
de su sabor a lepra y cojín viejo.
¡Aves del cielo y hombres de la tierra!
Cruzad lejos del odio de sus ramas;
No abrevéis en la fuente de vitriolo
Que corre bajo de su tronco amargo

1942

Emilio Ballagas

Estrofas para un lirio

I

¿Cómo puedes ser bello sin saberlo?
¿Por qué enarcas el cuello y adelantas
la pálida cabeza solitaria
como un ansioso niño que pregunta?
¿Cómo tan hondo, dime, tan tímido y altivo
el trono de cristal del vaso riges
con descuido que ignora
que mis ojos te visten de esplendores?

¿Sabes, doncel de nieve, reservada hermosura,
que con mi mano aparto las caricias
con que la brisa impura
tu frente amada viene a disputarme?

II

Yo te daría un rostro, el que recatas,
labios con el color de un vino rosa
que embriagaran al roce de su tacto.
Humo rubio a manera de cabellos,
oro, miel, luz tostada, fuego regio.

Y ojos de aguamarina te pondría,
Oh, lirio allí tan quieto, blanco enigma;
para que me miraras y supieras
solitario de luz, sol que no arde:

cuánto puede el amor de la Belleza;
cuánto duele el fulgor de las espadas
forjadas en la furia de su fragua.
¡Cuán poco –oh, Lirio– pueden las palabras...!

Nueva York, febrero de 1947

Vidas escandalosas

Del fuego inmaterial

Homenaje a Sor Juana

Escríbelo en el cielo con estrellas
o en la tierra con flores. O en el aire
con el rumor de alígeras palabras.
Yo prefiero escribirlo a medianoche
con temblorosos dedos en tu frente,
o con aquella luz que no defino
–el corazón en sueños la pronuncia–
y es rosa que en la boca se dibuja
o la música breve de un chasquido.

Escríbelo en el humo; yo he callado,
salamandra en el fuego retorcida
o fuente de los ojos transformada
en largo río de amorosos brillos.
Libera tu secreto. ¿Desconoces
el premio que a la altiva cobardía
le es otorgado por cerrar el pecho
con las llaves de bronce del misterio?
No sé, pero mi cárcel rompería
a golpes, no de puños, de latidos.

Prófugo voy huyendo de tu acento,
de tu encendida frente y tu correo.
Por miedo atormentado corro esquivo
y aún de lejos me embriaga tu jacinto.
Miedo te tengo pues a mí me temo
y de pie no podría sostenerme
cuando te escucho, abandonado y mudo.

Logro esquivarte, pero si apareces
con la paloma musical del verso
y los dedos llorando poesía,
no me contengo, en descuidado arrobo
contra mi sien oprimo la cuartilla

Emilio Ballagas

y mi boca que apóyase en la rima
tu sangre espiritual bebe y respira;
cada letra me hiere alucinante
por llevar a tus venas sangre mía,
mas al volver del éxtasis no miro
sino la soledad que en torno vuela
con sus alas heladas de vampiro,
y me entro en la tiniebla donde vela,
como un ciego, mi lámpara apagada.

Húyeme, yo te huiré, mas si me buscas
resuena un eco en ti de lo que sueña
el corazón suspenso del desvelo.
Huye de mí porque valor no tengo
ni tú quizás para que encarcelada
dejes quebrar tu mano entre las mías.
O no te vayas, vuélvete de frente,
adéntrate en mis fieras galerías
que ya como una mina ofrezco el pecho
—pozos de amor, cavernas de dulzura—
a la linterna que mi amor desnuda,
al hierro que entra sordo por la herida.

1951

Soneto agonizante

¡Ah, cuándo vendrás, cuándo, hora adorable
entre todas, dulzura de mi encía,
en que me harte tu presencia. Envía
reflejo, resplandor al miserable!

En tanto que no acudas con tu sable
a cortar este nudo de agonía,
no habrá tranquila paz en la sombría
tienda movida al viento inconsolable.

Vidas escandalosas

Luz increada, alegra la soturna
húmeda soledad del calabozo:
desata tu nupcial águila diurna.

Penetra hasta el secreto de mi pozo,
mano implacable... Adéntrate en la urna:
remueve, vivifica, espesa el gozo.

De *Cielo en rehenes*, 1954

[*Poesías*. Cintio Vitier, prol. La Habana: Editorial Letras Cubanas, 1997]

Cronología de literatura de temática LGBTQ en América Latina de 1850 a 1970

Incluye textos significativos no incluidos en la antología por cuestiones de derecho de autor.

1850   Luis José Junqueira Freire, "A um moçoilo"

1859   Maria Firmina dos Reis, *Úrsula*

1865   Maria Firmina dos Reis, "A uma amiga"

1885   Lourenço Ferreira da Silva Leal, *O Homem gasto*

1888   Raúl Pompéia, *O Ateneu*

1890   Julián del Casal, *Hojas al viento*
         Aluísio Azevedo, *O Cortiço*

1893   Julián del Casal, "El amante de las torturas" y *Nieve*

1895   Adolfo Caminha, *Bom Crioulo*

1896   Amado Nervo, "Lubricidades tristes" [publicado en *Poemas*, 1901]

1901   Escándalo de "los 41" en Ciudad de México

1902   Roberto de las Carreras, *Amor libre*

1903   Francisca Júlia da Silva, *Esfinges*

1906   Eduardo Castrejón, *Los 41*
         Joaquim Maria Machado de Assis, "Pílades e Orestes"

1907   João do Rio, "A fisonomía dos jardins"

Vidas escandalosas

1908   João do Rio, *A alma encantadora das ruas*
        Ángel Falco, *Vida que canta*

1910   João do Rio, "História de gente alegre"

1911   Alberto Nin Frías, "Hiera odos"
        Porfirio Barba Jacob, "Retrato de un jovencito"

1912   Bahiano, "O Francesco"

1913   Alberto Nin Frías, "Marcos, amador de la belleza" [escrito en 1911]

1914   José González Castillo, *Los invertidos*
        Capadocio Maluco, "O menino de Gouveia"
        Rafael Arévalo Martínez, "El hombre que parecía un caballo" (sobre Porfirio Barba Jacob)

1916   Efrén Rebolledo, *Caro Victrix*

1917   José Manuel Poveda, "Los cuerpos"

1921   Porfirio Barba Jacob, "Primera canción delirante"

1922   Gabriela Mistral, *Desolación*
        Enrique Loynaz Muñoz, "Has llegado cuando estaba en el remanso..."

1924   Augusto D'Halmar, *Pasión y muerte del cura Deusto* y *La sombra del humo en el espejo*
        Teresa de la Parra, *Ifigenia*
        Porfirio Barba Jacob, "Balada de la loca alegría"
        Mário de Andrade, *Losango caqui*

1925   Mário de Andrade, *Remate de males*

1926   Salvadora Medina Onrubia, *El vaso intacto y otros cuentos*
        Miguel Rasch Isla, *La manzana del Edén*

Cronología

1927   Pablo Palacio, *Un hombre muerto a puntapiés*

1928   Alfonso Hernández Catá, *El ángel de Sodoma*

1929   Delia Colmenares, *Confesiones de Dorish Dam*
Teresa de la Parra, *Memorias de Mamá Blanca*
Ofelia Rodríguez Acosta, *La vida manda*
José María Vargas Vila, *En los jardines de Lesbos* [publicada en 2015]

1931   Carlos Pellicer, "Salir a verte sin que nadie sepa" (sobre su relación con Octavio Paz, cuyo nombre aparece en el poema como adivinanza)
Mário de Andrade, "Girassol de madrugada"

1932   Alberto Nin Frías, *Alexis o el significado del temperamento urano*
Bernardo Arias Trujillo, *Por los caminos de Sodoma: confesiones de un homosexual* (bajo el seudónimo de Sir Edgar Dixon)
Porfirio Barba Jacob, "Elegía platónica" [*Poemas intemporales*]

1933   Porfirio Barba Jacob, *Rosas negras*
César Moro, *Renommée de l'amour* (publicado por *Le Surréalisme au service de la révolution*)
Salvador Novo, "Balada de Angelillo y Adela" (sobre el encuentro de Novo con Federico García Lorca en Buenos Aires) y *Nuevo amor*
Alberto Nin Frías, *Homosexualismo creador*
Paulo Vellozo, Jayme Santos Neves y Guilherme Santos Neves, *Cantáridas*
Rafael Arévalo Martínez, "La signatura de la esfinge" (sobre Gabriela Mistral)
Bernardo Arias Trujillo, "Canción a Roby Nelson"

1934   José Diez Canseco, *Duque*
Salvador Novo, *Poemas proletarios*
Porfirio Barba Jacob, *Canciones y elegías*

Vidas escandalosas

1936   Xavier Villaurrutia, *Nocturno de los ángeles* (publicación inicial como plaquette)
Elías Nandino, *Sonetos*
Otto Miguel Cione, *Luxuria: La vida nocturna en Buenos Aires*

1937   Porfirio Barba Jacob, *La canción de la vida profunda y otros poemas*
Mário de Andrade, "Soneto" ("Aceitarás o amor como eu o encaro?")

1938   Gabriela Mistral, *Tala*
Xavier Villaurrutia, *Nostalgia de la muerte*
Carlos Montenegro, *Hombres sin mujer*
César Moro, *La tortuga ecuestre* (publicado póstumamente por André Coyné en 1958)

1939   Xavier Villaurrutia y Agustín Lazo, *La mulata de Córdoba*
Xavier Villaurrutia, "Amor condusse noi ad una morte"
Hilarión Cabrisas, *Sed de infinito*
Emilio Ballagas, *Sabor eterno*

1940   Juan Rodolfo Wilcock, *Libro de poemas y canciones*
Juan Gil-Albert, Xavier Villaurrutia, Octavio Paz y Emilio Prados, compiladores de *Laurel*, antología de la poesía hispánica

1941   José Bianco, *Sombras suele vestir*

1942   Augusto D'Halmar, Premio Nacional de Literatura en Chile
Virgilio Piñera, *La isla en peso*
Emilio Ballagas, "Retrato de una voz" y "Declara qué cosa sea amor"

1943   José Bianco, *Las ratas*

1944   César Moro, *El hijo pródigo*

1945   Gabriela Mistral, Premio Nobel de Literatura

Cronología

1945   Nelson Rodrigues, *Álbum de família*
Salvador Novo, *La estatua de sal* [texto autobiográfico publicado por Carlos Monsivais en 1988]

1946   Juan Rodolfo Wilcock, *Paseo sentimental*

1947   Emilio Ballagas, "Estrofas para un lirio"
Traducción colectiva de Witold Gombrowicz, *Ferdydurke* (Virgilio Piñera presidió el comité)
Adolfo Bioy Casares, *El perjurio de la nieve* (en parte sobre Juan Rodolfo Wilcock)

1948   Xavier Villaurrutia, *Canto a la primavera y otros poemas*

1951   Emilio Ballagas, *Cielo en rehenes*

1953   Virgilio Piñera, *La carne de René*
Jorge Jaime, *Homossexualismo masculino*

1954   Gabriela Mistral, *Lagar*
Severo Sarduy, "Del alma" (I, II y III), "Poema a la enredadera" y "Qué volcán de ilusiones" [publicados en *El Camagüeyano*]

1955   Virgilio Piñera, "Ballagas en persona" (sobre Emilio Ballagas, muerto el año anterior)
Fernando Santiván, *Memorias de un tolstoyano* (sobre Augusto D'Halmar, muerto en 1950)

1956   Virgilio Piñera, *Cuentos fríos*
João Guimarães Rosa, *Grande Sertão: Veredas*

1959   Carlos Correas, "La narración de la historia" (cuento de temática homosexual publicado en la revista estudiantil *Centro* de la Facultad de Filosofía y Letras de la Universidad de Buenos Aires. Escándalo, censura, cierre de la revista)

1960   Nelson Rodrigues, *O beijo no asfalto*

Vidas escandalosas

1961   Cassandra Rios, *Copacabana pôsto seis (a madrasta)*

1962   Marta Brunet, *Amasijo* (tiene un personaje homosexual, Julián García)

1965   Juan José Hernández, *El inocente* (cuentos)
          Manuel Mujica Láinez, *El unicornio*

1966   José Donoso, *El lugar sin límites*
          José Lezama Lima, *Paradiso*
          Cartas de Villaurrutia a Novo (seleccionadas y expurgadas)

1967   Reinaldo Arenas, *Celestino antes del alba*
          Severo Sarduy, *De donde son los cantantes*

1968   Manuel Puig, *La traición de Rita Hayworth*

1969   Abigael Bohórquez, *Acta de confirmación*
          Manuel Puig, *Boquitas pintadas*
          Severo Sarduy, *Escrito sobre un cuerpo*

Bibliografía

Antologías

Acevedo, David C., Moisés Agosto Rosario y Luis Negrón. *Los otros cuerpos. Antología de temática gay, lésbica y queer desde Puerto Rico y su diáspora*. San Juan: Ed. Tiempo Nuevo, 2007.

Ardila, Omar y Hernán Vargascarreño. *Las cinco letras del Deseo. Antología latinoamericana de poesía homoafectiva del s. XX*. Bogotá: Ediciones Exilio, 2016.

Barquet, Jesús y Virgilio López Lemus. *Todo parecía. Poesía cubana contemporánea de tema gay*. Las Cruces, NM: Ediciones La Mirada, 2015.

Brizuela, Leopoldo. *Historia de un deseo: el erotismo homosexual en veintiocho relatos argentinos contemporáneos*. Buenos Aires: Planeta, 2000.

Damata, Gasparino y Walmir Ayala. *Poemas do amor maldito*. Brasilia: Coordenada Ed, 1969.

García, Mélida y Miguel de Camps Jiménez. *Antología de la literatura gay en la República Dominicana*. Santo Domingo; Editora Manatí, 2004.

Jiménez Polanco, Jacqueline. *Divagaciones bajo la Luna: Voces e Imágenes de Lesbianas Dominicanas*. Santo Domingo/New York: Idegraf Editora, 2006.

Machado, Amanda, Marina Moura y Alessandra Safra. *Poesia gay brasileira: antología*. Belo Horizonte: Editora Machado, 2017.

Muñoz, Mario. *De amores marginales. 16 cuentos mexicanos*. Xalapa: U Veracruzana, 1996.

_____ y León Guillermo Gutiérrez. *Amor que se atreve a decir su nombre. Antología del cuento mexicano de tema gay*. Xalapa: U Veracruzana, 2014.

Rojas Sánchez, Paulina y Odette Alonso Yodúx. *Versas y diversas. Muestra de poesía lésbica mexicana contemporánea*. Universidad Autónoma de Aguascalientes, 2020.

Salado, Minerva. *Dos orillas. Voces en la narrativa lésbica*. Barcelona/Madrid: Ed. Egales, 2008.

Salazar Jiménez, Claudia y Melisa Ghezzi. *Voces para Lilith. Literatura contemporánea de temática lésbica en Sudamérica*. Lima: Estruendomudo, 2011.

_____ y Lawrence La Fountain-Stokes. *Contemporary Queer Writing in English and Spanish in the Americas.* Hostos Review #16. New York: Latin American Writers Institute, 2020.

Sutherland, Juan Pablo. *A corazón abierto: geografía literaria de la homosexualidad en Chile.* Santiago de Chile: Editorial Sudamerica, 2001.

Estudios críticos

Arroyo, Jossianna. *Travestismos culturales: literatura y etnografía en Cuba y Brasil.* Pittsburgh: IILI, 2003.

Artieda, Pedro. *La homosexualidad masculina en la narrativa ecuatoriana.* Quito: Eskeletra Editorial, 2003.

Balderston, Daniel. *El deseo, enorme cicatriz luminosa.* Rosario: Beatriz Viterbo, 2004.

_____ *Los caminos del afecto.* Bogotá: Instituto Caro y Cuervo, 2015.

_____ y Donna Guy, comp. *Sexo y sexualidades en América Latina.* Buenos Aires: Paidós, 1997.

_____ y Arturo Matute Castro. *Cartografías queer: sexualidades y activismo LGBT en América Latina.* Pittsburgh: Instituto Internacional de Literatura Iberoamericana, 2011.

_____ y José Quiroga. *Sexualidades en disputa: homosexualidades, literatura y medios de comunicación en América Latina.* Buenos Aires: U de Buenos Aires, 2005.

Bergmann, Emilie L. y Paul Julian Smith. *¿Entiendes? Queer Readings, Hispanic Writings.* Durham: Duke UP, 1995.

Balutet, Nicolas. *Cet obscur objet du désir. Représentations Homosexuelles dans la culture Hispanophone.* Paris: L 'Jarmattan, 2003.

Bejel, Emilio. *Gay Cuban Nation.* Chicago: University of Chicago, 2001.

Canty Quinlan, Susan y Fernando Arenas, comp. *Lusosex: Gender and Sexuality in the Portuguese-Speaking World.* Minneapolis: U of Minnesota P, 2002.

Craig, Herbert E. *Marcel Proust and Spanish America: From Critical Response to Narrative to Narrative Dialogue.* Lewisburg: Bucknell University Press, 2002.

Delgado, Celeste Fraser y José Esteban Muñoz. *Everynight Life: Culture and Dance in Latin/o America.* Durham: Duke UP, 1997.

Bibliografía

Ellis Robert R. *They Dream Not Of Angels But Of Men. Homoeroticism, Gender, and Race in Latin American Autobiography*. Gainesville: UP of Florida, 2002.

Falconí, Diego. *Resentir lo "queer" en América Latina: diálogos desde/con el sur*. Barcelona: Egales Editorial, 2016.

Foster, David William, comp. *Latin American Writers on Gay and Lesbian Themes: A Bio-Critical Sourcebook*. Westport: Greenwood Press, 1994.

_____ *Gay and Lesbian Themes in Latin American Writing*. Austin: University of Texas Press, 1991.

_____ *Sexual Textualities: Essays on Queer/ing Latin American Writing*. Austin: University of Texas Press, 1997.

_____ y Roberto Reis. *Bodies and Biases. Sexualities in Hispanic Cultures and Literatures*. Minneapolis: U of Minnesota P, 1996.

Fowler, Víctor. *La maldición. Una historia del placer como conquista*. La Habana: Editorial Letras Cubanas, 1998.

Giaudrone, Carla. *La degeneración del 900. Modelos estético-sexuales de la cultura en el Uruguay del Novecientos*. Montevideo: Ediciones Trilce, 2005.

Giorgi, Gabriel. *Sueños de exterminio. Homosexualidad y representación en la literatura argentina contemporánea*. Rosario: Beatriz Viterbo, 2004.

Ingenschay, Dieter. *Desde aceras opuestas: literatura/cultura gay y lesbiana en Latinoamérica*. Madrid: Iberoamericana Editorial Vervuert, 2006.

Kaminsky, Amy K. *Reading the Body Politic: Feminist Criticism and Latin American Women Writers*. Minneapolis: U of Minnesota P, 1993.

Kozak, Gisela: "El lesbianismo en Venezuela es asunto de pocas páginas: literatura, nación, feminismo y modernidad". *Revista Iberoamericana* 74.225 (2009): 999-1017.

La Fountain-Stokes, Lawrence. *Queer Ricans: Cultures and Sexualities in the Diaspora*. Minneapolis: U of Minnesota P, 2009.

Lopes, Denilson. *O homem que amava rapazes e outros ensaios*. Rio de Janeiro: Aeroplano Editora, 2002.

Maristany, José, comp. *Desde el armario: Género y disidencia sexual en la literatura argentina*. La Plata: Editorial de la Universidad Nacional de La Plata, 2019.

Martínez, Elena M. *Lesbian Voices from Latin America*. New York: Garland Press, 1996.

Melo, Adrián. *Historia de la literatura gay en Argentina: representaciones sociales de la homosexualidad masculina en la ficción literaria*. Buenos Aires: Ed. lea, 2011.

Mogrovejo, Norma. *Contra-amor, poliamor, relaciones abiertas y sexo casual: reflexiones de lesbianas del Abya Yala*. Bilbao: Liburuak, 2017.

Molloy, Sylvia. *Poses de fin de siglo. Desbordes del género en la modernidad*. Buenos Aires: Eterna Cadencia Editora, 2012.

_____ y Robert McKee Irwin, eds. *Hispanisms and Homosexualities*. Durham/London: Duke UP, 1998.

Monasterios, Elizabeth. *No pudieron con nosotras. El desafío del feminismo autónomo de Mujeres Creando*. Pittsburgh/La Paz: U of Pittsburgh/Plural, 2006.

Muñoz, José Esteban. *Disidentifications: Queers of Color and the Performance of Politics*. Minneapolis/London: U of Minnesota P, 2015.

Ortiz, Ricardo. *Cultural Erotics in Cuban America*. U of Minnesota P, 2007.

Quiroga, José. *Mapa callejero: crónicas sobre lo gay desde América Latina*. Buenos Aires: Eterna Cadencia, 2010.

_____ *Tropics of Desire: Interventions from Queer Latino America*. New York: New York UP, 2000.

Salessi, Jorge. *Médicos, maleantes y maricas: higiene, criminología y homosexualidad en la construcción de la nación argentina (Buenos Aires, 1871-1914)*. Rosario: Beatriz Viterbo, 2000.

Schaefer, Claudia. *Danger Zones: Homosexuality, National Identity, and Mexican Culture*. Tucson: University of Arizona Press, 1996.

Serrano Amaya, José Fernando. *Otros cuerpos, otras sexualidades*. Bogotá: Pontificia Universidad Javeriana, Instituto Pensar, 2006.

Shaw, Deborah. "Erotic or Political: Literary Representations of Mexican Lesbians." *Journal of Latin American Cultural Studies* 5.1 (1996): 51-63.

Smith, Paul Julian. *The Body Hispanic. Gender and Sexuality in Spanish and Spanish American Literature*. Oxford: Clarendon Press, 1989.

Sutherland, Juan Pablo. *Nación marica: prácticas culturales y crítica activista*. Santiago: Ripio Ediciones, 2009.

Wasem, Marcos. *El amor libre en Montevideo. Roberto de las Carreras y la irrupción del anarquismo erótico en el Novecientos*. Montevideo: Ed. de la Banda Oriental, 2015.

Coordinadores

Daniel Balderston es Andrew W. Mellon Professor of Modern Languages en la Universidad de Pittsburgh, donde dirige el Borges Center. Organizó el congreso del IILI en la Universidad de Iowa en 2002 y fue presidente del Instituto de 2004 a 2008; actualmente es el secretario tesorero. Sus libros más recientes son: Leído primero y escrito depsués: aproximaciones a las obras de Roa Bastos, Piglia y Saer (Eduviim, 2000), El método Borges (Ampersand, 2021) y, de próxima aparición, una reedición de Los caminos del afecto (ahora por Saraza Editorial) y Lo marginal es lo más bello: Borges en sus manuscritos (Eudeba).

Claudia Salazar Jiménez es Profesora asistente del Departamento de Inglés y Lenguas Modernas de California Polytechnic State University, Pomona. Es doctora en Literatura Latinoamericana por la Universidad de Nueva York (NYU) y Graduada en Literatura por la Universidad Nacional Mayor de San Marcos. Su primera novela La sangre de la autora, escrita desde una perspectiva femenina sobre el conflicto armado interno del Peru, obtuvo el Premio Las Américas de Narrativa en 2014. Ha editado las antologías Voces para Lilith. Literatura contemporánea de temática lésbica en Latinoamérica (2011), Escribir en Nueva York. Antología de narradores hispanoamericanos (2014) y Pachakuti feminista. Ensayos y testimonios sobre arte, escritura y pensamiento feminista en el Perú contemporáneo (2020). Ha sido co-editora del número monográfico de la Hostos Review #16: Escritura queer en las Américas (2020). Obtuvo el Premio Sylvia Molloy de LASA a la producción académica sobre estudios de género y sexualidad.

Ricardo Vázquez Díaz es estudiante graduado en el Departamento de Lenguas y Literaturas Hispánicas de la Universidad de Pittsburgh. Máster en Cultura Latinoamericana por la Universidad de La Habana. Investiga las relaciones entre auralidad, literatura y política en América Latina y el Caribe. Ha publicados los libros La Unión espirituana: periodismo y relaciones raciales (Ediciones Luminaria, Cuba, 2013) y La casa de los espejos. Identidad y discurso en Paradiso (Sed de

Vidas escandalosas

Belleza editores, Cuba, 2012). Editó los libros conmemorativos por los 500 años de las villas cubanas Sancti Spíritus y Santísima Trinidad. Artículos suyos han aparecido en revistas como Revista Iberoamericana, Variaciones Borges, Cuban Studies e Islas.

www.ingramcontent.com/pod-product-compliance
Lightning Source LLC
Chambersburg PA
CBHW071354300426
44114CB00016B/2060